Rowan Hooper

WUNDER DER EVOLUTION

Rowan Hooper

WUNDER DER EVOLUTION

Von der Autistin, die alle Harry-Potter-Bände auswendig kann, bis zum Extremläufer, der in 24 Stunden 303 Kilometer lief

riva

Bibliografische Information der Deutschen Nationalbibliothek:
Die Deutsche Nationalbibliothek verzeichnet diese Publikation in der Deutschen Nationalbibliografie; detaillierte bibliografische Daten sind im Internet über http://d-nb.de abrufbar.

Für Fragen und Anregungen:
info@rivaverlag.de

1. Auflage 2018

Nymphenburger Straße 86
D-80636 München
Tel.: 089 651285-0
Fax: 089 652096

Übersetzung: Silvia Kinkel
Redaktion: Asta Machat
Umschlaggestaltung: Marc-Torben Fischer, München
Umschlagabbildung: Getty Images/2016 Kyodo News
Satz: ZeroSoft, Timisoara
Druck: GGP Media GmbH, Pößneck
Printed in Germany

ISBN Print 978-3-7423-0338-7
ISBN E-Book (PDF) 978-3-7423-0749-1
ISBN E-Book (EPUB, Mobi) 978-3-7423-0750-7

INHALT

EINLEITUNG

Vor ein paar Jahren nahm ich an einer Konferenz für Primatenforscher teil und unterhielt mich auf dem Empfang mit einem anderen Wissenschaftler. Ich nahm an, dass er meine Meinung teilte, und schwärmte davon, wie ähnlich uns Schimpansen doch seien und dass ich die Unterschiede zu uns Menschen als relativ erachten würde. Ich erging mich also in Lob auf die Schimpansen – möglicherweise versuchte ich, mich bei diesem Primatologen einzuschmeicheln. Meine Haltung deckte sich allerdings auch mit meinen Veröffentlichungen, in denen ich über die Fähigkeiten von Tieren geschrieben hatte, die man früher ausschließlich Menschen zuteilte. Zum Beispiel wurden wilde Schimpansen dabei beobachtet, dass sie Stöcke wie Puppen benutzten,[1] mit Speeren Jagd auf andere Wirbeltiere machten,[2] ihre eigene Zeichensprache hatten[3] und Krieg führten.[4] Man hatte sie sogar bei einem Verhalten beobachtet, das aussah, als würden sie eine Art Ur-Religion praktizieren.[5] Für mich als Evolutionsbiologe zeigten diese Entdeckungen, dass wir Fähigkeiten und sogar Verhaltensweisen mit anderen Lebewesen gemeinsam haben: Wir sind alle miteinander verwandt; wir teilen viele Gene; Gene beeinflussen das Verhalten. So weit ist das keine große Überraschung. Alles – selbst das, was wir als »gut« und »böse« bezeichnen – hat in der Evolution einen Ausgangspunkt, es ist also zu erwarten, dass wir in den Tieren unser Echo finden.[6] Als Journalist gefiel mir die Vorstellung, dass wir Menschen nicht einzigartig sind. Das hob unsere Gemeinsamkeiten mit anderen Lebewesen hervor und könnte die Empathie zwischen den Spezies steigern.

Mit einem Weinglas in der Hand behauptete ich fröhlich, dass es an uns Menschen nichts Einzigartiges gebe. »Und schauen Sie auf die Genetik«, sagte ich. »Wir sind praktisch identisch.« Der Primatologe, mit dem ich plauderte, lächelte verschlagen und sagte: »Dann konstruieren Schimpansen also ihre eigenen Herzschrittmacher?«

Diese eine Bemerkung brachte meine jahrelange Überzeugung zu Fall, dass Schimpansen uns so ähnlich seien. Erst kurz zuvor war es mithilfe des Großen Hadronen-Speicherrings im Forschungszentrum CERN in Genf gelungen, das Elementarteilchen Higgs-Boson nachzuweisen. Es fiel mir wie Schuppen von den Augen. Ich hatte nicht nur überschätzt, wozu Tiere in der Lage sind. Ich hatte auch die Menschen unterschätzt. Jetzt kommt mir das lächerlich vor, geradezu absurd. Der Primatologe hätte genauso gut fragen können, wann ein Schimpanse zum letzten Mal auf dem Mond gewesen ist oder etwas wie *Guernica* gemalt hat. Sicher, Schimpansen sind wunderbare, intelligente Tiere, aber das Bemerkenswerte ist nicht, wie clever *sie* sind, sondern wie außergewöhnlich *wir* sind. Als Biologe habe ich das Verhalten der Tiere vor Ort studiert. Ich staunte darüber, was für Lösungen die natürliche Auslese für das Überleben und Finden eines Partners hervorbringt. Das tue ich immer noch. Aber manchmal vergesse ich dabei, die herausragenden Leistungen menschlichen Verhaltens und menschlicher Fähigkeiten wertzuschätzen.

Dieses Buch ist deshalb auch der Versuch, meine Ansichten zu korrigieren. Ich habe mich aufgemacht, um Menschen zu treffen, die in den unterschiedlichsten Bereichen den Gipfel menschlicher Exzellenz verkörpern. Menschen, die zu den besten der Welt zählen, was ihre Fähigkeiten anbelangt, sei es Intelligenz, Musikalität, Tapferkeit oder Ausdauer. Wir werden auch Menschen begegnen, die ein besonders glückliches und langes Leben führen. Es ist eine Würdigung unseres Potenzials. Wir werden die Vielfalt und herausragenden Fähigkeiten der menschlichen Spezies bestaunen, zu verstehen versuchen, wie es diesen Menschen gelungen ist, Großes zu erreichen – und wir werden sie dekonstruieren.

Solche Menschen mögen übermenschlich sein, aber sie sind nicht übernatürlich. Ich möchte diese Supermenschen verstehen, um sie näher an uns heranzurücken. Ein bisschen von dem Sternenstaub könnte auf uns abfärben und wir erhaschen vielleicht einen Blick auf den Menschen der Zukunft. Zu verstehen, was außergewöhnlichen Fähigkeiten zugrunde liegt, zerstört nicht den Zauber; es steigert sogar unsere Wertschätzung und lehrt uns etwas über unser ganz alltägliches Leben. Und auch wenn wir möglicherweise nicht alle herausragend sind, so verfügen wir doch über mehr Fähigkeiten, als uns bewusst ist. Wir schöpfen unsere Potenziale nicht aus. Dabei handelt es sich um jene Fähigkeiten, nach deren Vervollkommnung wir streben.

Bei den meisten Fähigkeiten, die wir uns ansehen werden, ist es ziemlich einfach zu entscheiden, wer weltweit am besten ist, auch wenn ich nicht gerade wissenschaftlich vorgehe. Ich definiere die besten Sänger auf der Welt danach, wer von seinem Beruf leben kann; die Menschen mit der größten Ausdauer als jene, die am weitesten laufen können; die ältesten Menschen weltweit – nun, das definiert sich von selbst. Bei Eigenschaften wie Tapferkeit und Intelligenz ist die Auswahl subjektiver, aber ich hoffe, Sie überzeugen zu können, dass ich würdige Kandidaten gefunden habe.

Dieses Buch besteht aus drei Teilen. Teil I »Denken« betrachtet die von der Kognition abhängigen Fähigkeiten. Wir stützen uns dabei auf Fallstudien zu Intelligenz, Erinnerungsvermögen, Sprachbeherrschung und Fokussierung – die Fähigkeit, sich auf etwas zu konzentrieren. In Teil II, »Handeln«, habe ich Tapferkeit, Gesangsfähigkeit und Ausdauer als Fähigkeiten ausgesucht, die von Menschen enorm weit vorangebracht wurden. Abschließend habe ich in Teil III »Sein« Langlebigkeit, Resilienz (psychische Widerstandsfähigkeit), Schlaffähigkeit und Glück als Fähigkeiten ausgewählt, die auf den ersten Blick schlichtweg Teile unseres Lebens sind, bei denen manche Menschen jedoch sehr viel effizienter zu sein scheinen als andere. Wir werden bei jeder Fähigkeit die wissenschaftlichen Erklärungen für die Höchstleistung von Menschen berücksichtigen sowie die relative Bedeutung von Veranlagung und Umwelt. Es gibt so viele Hinweise, wodurch diese »Supermenschen« herausragend geworden sind, und so viel für uns andere zu lernen. Die hier besprochenen elf Fähigkeiten decken ganz sicher nicht alles ab, was uns zu Menschen macht, aber ich denke, der Bogen wird doch recht weit gespannt. Mir haben diese Erkenntnisse vor Augen geführt, wie vielfältig die menschliche Spezies ist, und sie haben meine Begeisterung für unser außergewöhnliches Potenzial befeuert.

TEIL I
DENKEN

1
INTELLIGENZ

Angenommen, das Wissen könnte auf eine Quintessenz reduziert und in einem Bild, einem Zeichen, an einem Ort, der kein Ort ist, aufbewahrt werden. Angenommen, der menschliche Schädel würde sich erweitern, Räume würden sich in ihm auftun, summende Kammern wie Bienenstöcke.

HILARY MANTEL, *WÖLFE*

Sie werden es erkennen, wenn Sie es sehen. Mir ging es so bei einem jungen Orang-Utan-Männchen auf Borneo, das durch Abholzung zum Waisen geworden war. Als wir ihm begegneten, wanderte er mit einem Primatologen in einem geschützten Regenwaldgebiet umher.

Weil er in einem Rehazentrum aufgezogen wurde, vertraute er den Menschen, und wie sich herausstellte, mochte er Männer besonders. Er kam sofort auf uns zugesprungen. Ich wurde nervös, als dieser junge, aber kräftige Affe an meiner Kleidung zog und versuchte, an mir hochzuklettern, als wäre ich ein Baum. Ich schob ihn ein paar Mal weg. Schließlich hockte er sich hin, schaute zu mir hoch und reichte mir die Hand. Ich erinnere mich, wie ich sie ergriff und spürte, dass er seine warme Hand behutsam und sanft um meine schloss. Ich schaute ihm in die Augen und konnte die unterschiedlichsten Gefühle darin sehen – eine Mischung aus Verzweiflung, Schmeichelei und Hoffnung. Er war es leid, dass ich ihn wegschob, und hoffte, dass ich endlich verstehen würde, dass er nur spielen wollte.

Sie erkennen Intelligenz, wenn sie Ihnen begnet. Und ich sah sie in diesem Orang-Utan. Nach dem Händedruck und dem Blick, den wir wechselten, spielten wir eine gute Stunde lang, was hauptsächlich daraus bestand, dass er an mir hochkletterte und ich ihn herumschwang. Er war im Wesentlichen ein kräftiges, haariges Orang-Utan-Kind. Damals war er sechs Jahre alt und ich frage mich, was wohl aus ihm geworden ist und ob er in diesem geschützten Teil des Regenwaldes gefahrlos leben kann.

Für mich ist das eine besondere Erinnerung, gleichzeitig zeigt diese Anekdote verschiedene problematische Aspekte bei der Beobachtung von Intelligenz. Vielleicht habe ich die genannten Gefühle nur auf das Tier projiziert. Viele Menschen würden sagen, sie hätten diesen Ausdruck auch schon bei Hunden gesehen. Es ist gut möglich, dass Hunde und Orang-Utans in gewissem Sinne intelligent sein könnten – aber in welchem Sinne? Und wie können wir das messen?

Um Intelligenz zu studieren, müssen wir sie definieren und messen und beides ist überraschend knifflig. Es ist nicht so wie bei der Körpergröße, obwohl Intelligenz insofern tatsächlich wie Körpergröße *ist*, als dass sie genauso unterschiedlich ausfällt. Intelligenz ist komplex, vielschichtig, veränderlich und schwer greifbar, und es ist die Fähigkeit, die wir möglicherweise mehr als alle anderen anstreben. Erstaunlich, wie schwer es uns fällt, uns auf eine Definition zu einigen. Die American Psychological Association Task Force on Intelligence hat sich für folgende entschieden: »Individuen unterscheiden sich in ihrer Fähigkeit voneinander, komplexe Ideen zu begreifen, sich effizient an ihre Umgebung anzupassen, aus Erfahrungen zu lernen, zu schlussfolgern und durch Nachdenken Hindernisse zu überwinden.« Das ist ja schön und gut, aber ich möchte wissen, wie Künstler und Wissenschaftler neue Ideen hervorbringen und entwickeln können, die uns an Orte bringen, an denen wir nie zuvor gewesen sind.

Intelligenz ist etwas, das wir bei anderen leicht erkennen, und mit IQ (Intelligenzquotient)-Tests können wir zumindest einige Aspekte davon messen. Der Intelligenz einen Messwert zuzuordnen verrät uns jedoch nicht, *wie es ist*, intelligenter zu sein. Und was ist mit den Menschen, die nie einen Intelligenztest gemacht haben? Wir werden später in diesem Kapitel den IQ noch genauer betrachten, aber ich will damit beginnen – wie ich es im gesamten Buch tun werde –, Menschen vorzustellen, die beispielhaft sind für die jeweilige Fähigkeit. Jemand mag ja einen IQ von über 150 haben, aber wie *fühlt* sich das für den Betreffenden an? Wo kommt die Intelligenz her? Welche Vorteile, wenn überhaupt, bietet sie? Wie sehen Menschen, die übermäßig intelligent sind, die Welt? Können wir die Voraussetzungen schaffen, dass unsere Kinder intelligenter sind?

Die erste Person, die ich treffen werde, ist ein Schachgroßmeister. Ich habe mich für Schach entschieden, weil es ein rein intellektuelles Spiel zu sein scheint oder zumindest eines, das intellektuell höchst anspruchsvoll ist. Zudem wurde es ausgiebig von Wissenschaftlern untersucht. Es heißt, dass Schach für die Kognitionswissenschaft das ist, was die Fruchtfliege *Drosophila*, der vermutlich am ausführlichsten untersuchte Organismus auf Erden, für die Genetik ist.

John Nunn ist einer der besten Schachspieler aller Zeiten. Auf dem Höhepunkt seiner Laufbahn gehörte er zu den zehn Weltbesten. Mit 15 Jahren ging er nach Oxford, um Mathematik zu studieren, war der jüngste Student seit Kardinal Wolsey im Jahr 1490 (was mir praktischerweise eine thematische Verbindung zu jemand anderem liefert, den wir auch noch in diesem Kapitel kennenlernen werden) und machte seinen Doktor in algebraischer Topologie, einem Thema, zu dem ich so gar nichts Bedeutsames beitragen kann.

Mit 26 wurde Nunn Schachprofi. Er war eindeutig etwas Besonderes, aber obwohl er große Höhen erklomm, konnte er nie den höchsten Titel für sich beanspruchen. Magnus Carlsen, Schachspieler mit der höchsten Wertungszahl (Elo-Zahl) in der Geschichte des Schachspiels, erklärte, dass Nunn nie Schachweltmeister wurde, weil er *zu* clever sei. »Er hat so unglaublich viel in seinem Kopf. Einfach zu viel. Sein enormes Begriffsvermögen und sein ständiger Wissenshunger lenkten ihn vom Schach ab.«

Ich gebe zu, dass es mich ein bisschen einschüchterte, John Nunn zu treffen. Da ich mir meines mangelnden Verständnisses der algebraischen Topologie vollauf bewusst bin, hatte ich auf Wikipedia nachgeschaut und erfahren, dass das Ziel dieses Gebietes darin besteht, »algebraische Invarianten zu finden, die topologische Räume bis zur Homotopieäquivalenz klassifizieren«. Das hat mir nicht wirklich geholfen, eher im Gegenteil. Mich mit ihm zu unterhalten, während wir eine Partie Schach spielten, wäre bestimmt toll gewesen, aber das wollte ich gar nicht erst vorschlagen. Das ist keine falsche Bescheidenheit: Es wäre einfach nur peinlich für ihn, sich auf mein Niveau herunterbegeben zu müssen. Das wäre so, als würde ich Usain Bolt vorschlagen, dass wir zusammen eine Runde um den Park laufen. Nunn ist der Mann, der 1985 Alexander Beliavsky aus der Ukraine in einer Partie geschlagen hat, von der es heißt, dass »Nunn seinen Namen damit unsterblich machte«. Der *Chess Informant*, die Bibel des Schachs für Spieler und Lehrer – eine Art *Wisden* des Schachs – nennt die Beliavsky-Partie als die sechstbeste je gespielte Partie seit 1966 (seit Beginn der Aufzeichnung von Partien) bis zum heutigen Tag.

Wir haben uns in einem Coffeeshop in Richmond, im Südwesten von London, verabredet. Ich treffe zehn Minuten früher dort ein und sichere uns einen Tisch. Bisher erfolgte unsere Kommunikation ausschließlich per E-Mail, von daher ist unsere Beziehung eher förmlich. Ich habe keine Ahnung, wie er in natura ist, aber da kommt er, in Jeans und Converse mit einer schwarzen Motorradjacke über einem Hoodie. Ich hatte nicht wirklich darüber nachgedacht, wie er wohl aussehen würde, aber als ich ihn jetzt sehe, wird mir klar, dass ich nicht mit einem derartig coolen Großmeister gerechnet habe.

Mit dem Schachspielen hat er im Alter von vier Jahren angefangen. Soweit er sich erinnert, sagt er, könnte es gut sein, dass er schon Schach spielen konnte, als er auf die Welt kam. »Ich kann mich nicht wirklich daran erinnern, es gelernt zu haben.« Es wurde jedoch schon bald deutlich, dass er ein angeborenes Talent besaß. Wie sich das zeigte? »Nun ja«, antwortet er verhalten, »wenn du ständig Turniere gewinnst, ist es ziemlich offensichtlich.«

Sofort fühlt es sich an, als seien wir etwas Interessantem auf der Spur. Wenn Nunn von einem angeborenen Schachtalent spricht, dann sagt er damit, dass die Genetik eine wichtige Rolle spielt. Natürlich musste er das Spiel erlernen, aber er glaubt, über eine natürliche Fähigkeit zu verfügen, die ihm half, gut darin zu werden. Das bringt auf den Punkt, was Talent ist und in welchem Maße sich Können aufgrund genetischer Voraussetzungen und Übung entwickelt. Wir werden dem noch oft in diesem Buch begegnen.

Es gibt zwei Lehrmeinungen zum Thema »Können«, die auf jeweils einer Seite längs der Grenze zwischen Veranlagung und Umwelt angesiedelt sind. Auf der Seite der Umwelt steht Anders Ericsson, ein schwedischer Professor für Psychologie an der Florida State University. Er formulierte die bekannte Regel (die mittlerweile weithin kritisiert wird), dass man mit 10 000 Stunden Übung in allem zum Experten werden kann (wir werden in Kapitel 6 darauf zurückkommen.) Durch bewusstes Üben, so Ericsson, kann ein jeder außergewöhnliche Leistungen vollbringen.

Ich erwähnte, dass sich die beiden Lager hinsichtlich ihrer Meinung zu Veranlagung und Umwelt unterscheiden, aber das eigentliche Problem bei dieser Auseinandersetzung ist, dass es diese Abgrenzung eigentlich nicht geben sollte. Nichts von beidem funktioniert allein. Gene brauchen eine Umwelt, in der sie agieren, und ohne genetische Werkzeuge wird Ihnen auch noch so viel Übung nicht helfen. Die Auseinandersetzung dreht sich in Wahrheit um den verhältnismäßigen Beitrag von Veranlagung und Übung.

Zach Hambrick, der das Expertise Lab an der Michigan State University leitet, könnte man als Vertreter des anderen Lagers bezeichnen. »Übung ist sicher ein wichtiger Faktor«, sagt mir Hambrick, »jedoch nicht verantwortlich für alle Unterschiede beim Können, also müssen auch andere Faktoren beteiligt sein.« Und die Faktoren, für die wir uns interessieren, sind die genetischen.

Betrachten wir Magnus Carlsen, der die mit Abstand höchste Punktzahl in der Geschichte des Schachspieles erreichte. Eine Analyse, wie viel er und die zehn nächsthöheren Großmeister an Arbeit investiert haben, zeigt, dass er deutlich *weniger* Jahre trainiert hat als die anderen Spieler.[7] Hat er Talent? Anders ausgedrückt, ist seine Fähigkeit genetisch begründet? »Die Antwort auf diese Frage ist in der Schachwelt so offensichtlich, dass sie nicht einmal gestellt wird – Carlsen gilt als der ›Mozart des Schachs‹«, sagen die Autoren der Analyse, Fernand Gobet von der University of Liverpool und Morgan Ereku von der Brunel University. Im Kapitel über das Singen werden wir noch intensiver auf die Rolle des Übens eingehen, lassen Sie uns für den Moment zurückkehren zu Nunn und tiefer graben.

»Magnus Carlsen sagte über Sie«, wende ich mich an Nunn, »dass Sie intelligenter sind, als gut für Sie ist, und deshalb nie die Weltmeisterschaft gewonnen haben.«

»Das war aber nett von ihm«, sagt Nunn.

»Ist es wahr?«

Nunn zuckt mit den Schultern. »Vielleicht hat er recht. Um wirklich erfolgreich zu sein, musst du ein Monomane sein. Du musst dein Leben dieser einen Sache verschreiben. Manche Menschen können das einfach nicht. Sie haben andere Interessen, sie sind nicht glücklich, wenn sie ihr ganzes Leben damit verbringen, sich auf eine Sache zu fokussieren.«

Aber auch Carlsen hat ein Leben außerhalb des Schachs. Er sagt, zu seinen anderen Interessen gehöre das Chatten mit Freunden, Online-Poker, Skifahren und Fußball.[8] Aber diese Aktivitäten sind kognitiv nicht so anspruchsvoll wie Nunns Interessen – Astronomie, Physik und extrem anspruchsvolle Mathematik.

»Wenn du dich zu 100 Prozent engagierst und es dann nicht gut läuft, tut das ganz schön weh«, sagt Nunn. »Du hast dann nämlich nichts anderes, auf das du zurückgreifen kannst.«

In den meisten Betätigungsfeldern werden aber unvermeidlich Dinge »nicht gut laufen«, da Leistung und Fähigkeiten mit steigendem Alter abnehmen. Nunn reagierte darauf, indem er aufhörte. Zahlreiche Studien haben gezeigt, dass die sogenannte fluide Intelligenz, die Fähigkeit, abstrakte Probleme zu lösen, und die Geschwindigkeit der geistigen Verarbeitung im Alter von etwa 30 Jahren anfangen, an Leistungsfähigkeit abzunehmen. Dagegen hält eine weitere Intelligenzform, bekannt als die kristalline Intelligenz, die erlerntes Wissen nutzt, ihren Spitzenpegel über viele Jahre, bevor sie langsam abnimmt. Nunn scheint nur zögerlich akzeptieren zu wollen, dass sich irgendetwas an seiner Gehirnfunktion verändert hat, und sagt tatsächlich, dass er in etwa noch genauso gut spielt wie zu seiner Zeit als Profi.

»Manches verändert sich auch. Du hast jetzt Familie und andere Prioritäten«, sagt er. »Du willst dich nicht ausschließlich auf das Schachspielen konzentrieren. Aber mit steigendem Alter ermüdest du schneller. Ich habe immer noch das Gefühl, genauso stark spielen zu können wie früher, aber so ein langes Turnier ist ganz schön anstrengend.«

Ich unterhielt mich mit Neil Charness, Professor für Psychologie und Leiter des Institute of Successful Longevity an der Florida State University. Charness und sein Kollege in Florida, Roy Roring, führten eine Studie über die Veränderung der Schachspielfähigkeit im Laufe des Lebens durch.[9] Unter Verwendung eines Datenbestands von 5011 Schachspielern stellten sie fest, dass das durchschnittliche Alter, in dem Spieler ihr Spitzenranking erreichen, bei 43,8 Jahren liegt. Sie fanden zudem heraus, dass das Alter »zu den Fähigeren netter ist«, was bedeutet, dass hoch qualifizierte Spieler nach ihrem Leistungsgipfel im Schnitt moderatere Rückgänge bei ihrem Rating aufweisen. »Die Probleme für ältere Spieler«, so Charness, »sind vermutlich ähnlich denen jedes alternden Erwachsenen: die Lerngeschwindigkeit nimmt ab.« Das Lerntempo halbiert sich zwischen 20 und 60 und als Folge davon gibt es jede Menge aufstrebende junge Spieler, die dich überholen und schlagen. Da wir einmal bei dem sentimentalen Thema des Schwunds kognitiver Fähigkeiten sind, fügt Charness hinzu, dass es vermutlich altersbedingte Veränderungen bei der Motivation gibt. Zudem nimmt die Gehirnleistung auf vielfältige Weise ab, einschließlich dem Gedächtnis, der Aufmerksamkeit und Verarbeitungsgeschwindigkeit. »Obwohl Schach für die Menschen hauptsächlich ein Spiel ist, das sich auf Wissen und das Erkennen von Mustern stützt, und trotz der Tatsache, dass Sie ein Leben lang lernen können, haben Sie vielleicht Probleme, die relevante Information rechtzeitig zu erfassen.«

All das scheint mit Nunns Erfahrungen übereinzustimmen. Aber ich interessiere mich dafür, wie Menschen zum Gipfel ihres menschlichen Potenzials gelangt sind. Und ich möchte herausfinden, wie es war, als er jünger gewesen ist. Nunn bestätigt, dass er sich natürlich anders gefühlt habe als andere Kinder. War es für ihn offensichtlich, dass er über diese Stärke verfügte? »Wenn du ständig Turniere gewinnst, ist es ziemlich offensichtlich«, sagt er. »Ich habe das Schachturnier der U12 [unter Zwölfjährigen] in London im Alter von neun Jahren gewonnen.« Wurde er durch seinen Erfolg arrogant? Er sagt, er sei ein ausgeglichenes Kind gewesen, wenn auch eher ein Einzelgänger, was gleichaltrige Freunde anbetraf.

Gab es noch andere Anzeichen, dass er sich von anderen unterschied? »Als ich klein war und noch nicht lesen konnte, bemerkten meine Eltern einmal, dass ich sämtliche Bücher aus dem Buchregal durchging. Auf ihre Frage: ›Was tust du da? Du kannst doch gar nicht lesen?‹, antwortete ich, dass ich nachsehen würde, wie viele Seiten jedes Buch habe. Ich hatte herausgefunden, wie das mit der Nummerierung unten auf den Seiten funktionierte. Also fragten sie mich nach der Seitenzahl einiger Bücher und ich wusste die Antwort. Von daher würde ich sagen, dass sich meine mathematische Begabung schon früh zeigte.«

Mit 14 machte Nunn Abitur und erreichte die volle Punktzahl in abstrakter und angewandter Mathematik. Aber warum ging er so jung schon zur Universität? »Ich wollte das. Ich war 14. Andernfalls hätte ich ein paar Jahre einfach nur herumgehangen. Keine wirklich gute Idee bei einem Teenager. Deshalb wollte ich studieren und meine Eltern waren einverstanden. Es ist dann ziemlich gut gelaufen.«

Ich frage mich, ob wohl ein ähnliches Gespräch im Haushalt der Wolseys stattgefunden hat, als der junge Thomas (spätere Kardinal) Wolsey im Alter von 14 Jahren nach Oxford ging, um Theologie zu studieren. Mehr als 500 Jahre lang sollte es keinen so jungen Studienanfänger mehr geben – bis zu Nunn. (Nebenbei bemerkt, hat es seither einen noch jüngeren Studienanfänger gegeben. 1983 ging die damals zwölfjährige Ruth Lawrence nach Oxford. Ihr Studienfach? Algebraische Topologie.)

Wie war es, sich in dem Alter um sich selbst zu kümmern? Die meisten Studenten können nicht einmal eine Waschmaschine bedienen. »Das war ganz schön knifflig«, sagt er auf eine Weise, die mir zu verstehen gibt, dass es das ganz und gar nicht war. »Aber ich habe es hinbekommen.«

Die größere Herausforderung war das Sozialleben. An der University war Nunn zu jung, um Alkohol zu trinken. »Der Unterschied zwischen 15 und 18 ist riesig. Viele Aktivitäten sind nicht sonderlich reizvoll. Andererseits hatte ich Mathematikerfreunde und Freunde im Schachclub. Als ich dann 17 war, fühlte sich alles ganz normal an.«

Nunns Einschätzung seiner Fähigkeit und seines Erfolgs spiegelt die Thematik, die Hambrick in seiner Forschung betrachtet: dass Können auf einer angeborenen Fähigkeit aufbaut. »Ich glaube, meine Begabung für Mathematik und Schach war angeboren«, sagt Nunn. »Aber wie bei jeder Aktivität, in der man an die Spitze will, muss man Talent haben und Arbeit investieren.«

Ich begann mit der Annahme, dass Schach ein rein intellektuelles Spiel sei. Waren Schachexperten deshalb auch intelligenter als der Durchschnitt? Das scheint Sinn zu ergeben, ist jedoch strittig. Schachexperten haben in der Regel jahrelang geübt und es ist schwer, das von einem angeborenen Talent oder der Intelligenz zu trennen.

Hambrick, stets darauf aus, die relativen Rollen von Übung und angeborener Fähigkeit so weit wie möglich zu bestimmen, ging dieser Frage zusammen mit seinem Kollegen Alexander Burgoyne nach, ebenfalls an der Michigan State University. Burgoyne durchkämmte Tausende Studien über Schachfertigkeiten und wählte 19 Studien mit gut 1800 Teilnehmern aus, die Messungen zu objektiven Schachspielfertigkeiten und kognitiven Fähigkeiten einschlossen, was gleichbedeutend mit dem IQ-Wert ist. Im Großen und Ganzen entdeckte das Team eine Verbindung zwischen Intelligenz und Schachfertigkeiten. »Allgemeine Intelligenz und allgemeine kognitive Fähigkeiten korrelieren moderat mit Schach«, sagt Hambrick.

Die Verbindung war nur moderat, vielleicht weil die Spitzenschachspieler alle über dem Intelligenz-Durchschnittswert liegen. Bei jüngeren Spielern und denen auf einem niedrigeren Level zeigte sich eine stärkere Verbindung zwischen Schachfertigkeiten und Intelligenz. Hambrick sagt, das könne daran liegen, dass hochintelligente Menschen sehr schnell gut im Schachspielen werden. Durchschnittlich intelligente Menschen können auch gut werden, brauchen aber sehr viel mehr Übung. Eine Folgestudie von 2017[10] zielte darauf ab, Ericssons Behauptung zu überprüfen, dass Experten nicht nur zu Experten werden, weil sie cleverer sind, sondern weil sie besseren Zugang zu Trainingsmöglichkeiten haben.[11] Ericsson hat folgende Theorie: Wenn Wissenschaftler oder Musiker höhere IQs als Nichtexperten haben, dann liegt das daran, dass Menschen mit einem höheren IQ für fachliche Förderung an den Universitäten ausgesucht werden. Laut der traditionellen Sichtweise sagt der IQ voraus, wer zu einem Experten werden wird. Die Argumente unterscheiden sich im Hinblick auf die Rolle des Trainings, wobei Ericsson dem Training mehr Gewicht zuteilt. Hambricks Team überprüfte das, indem es Schachspieler mit Menschen verglich, die nicht Schach spielen. Die Grundüberlegung ist, dass es beim Schach keinen Selektionsprozess gibt wie bei Wissenschaftlern und Musikern, die versuchen, einen Platz an einer Akademie zu bekommen. Wenn Ericsson recht hat, dann sollte es im Hinblick auf den IQ keinen Unterschied geben zwischen Schachspielern und Menschen, die nicht Schach spielen. Aber es gab einen Unterschied: Die Schachspieler übertrafen Nicht-Schachspieler bei kognitiven Aufgaben, was bedeutet, dass das Training allein die Leistung nicht erklären kann.

Welche angeborenen Fähigkeiten könnten das sein? Nunn sagt, dass man für Schach Vorstellungskraft brauche, um zu erkennen, welche Optionen man nach den nächsten vier oder fünf Zügen hat. Man braucht ein gutes Gedächtnis. Gute Rechenfähigkeiten. Man muss Muster erkennen können. Jung anzufangen ist im Schach wichtig. Studien haben festgestellt, dass selbst nach Berücksichtigung des Übungsumfangs gilt: Je früher man anfängt, desto höher wahrscheinlich die Platzierung.

Laut Charness spielt das Erkennen von Mustern eine entscheidende Rolle beim Optimieren des Suchprozesses, mit dem Schachspieler herausfinden wollen, welches der beste Zug ist. »Sollte es diese angeborenen oder genetischen Unterschiede tatsächlich geben, dann würde ich nach jemandem suchen, der schneller Muster erkennen kann. Was nicht heißen soll, dass es so etwas wie ein Schachspiel-Gen gibt. Aus Sicht der Evolution gibt es keine Notwendigkeit, meisterlich Schach zu spielen – abgesehen von diesen Autoaufklebern: ›Chess Players mate better‹ (hier wird mit der Doppelbedeutung von *mate* ›jemanden matt setzen‹ und ›begatten‹ gespielt)«.

Ich habe nun eine Vorstellung davon, über welche Bestandteile von Intelligenz Schachspieler in hohem Maß zu verfügen scheinen, und ich verstehe besser, wie sich Schachfertigkeiten in jungem Alter entwickeln und mit der Zeit abnehmen. Aber all das verrät mir nicht, wie es sich anfühlt zu spielen und warum Nunn es bis unter die zehn Besten der Welt geschafft hat. Nach unserer Unterhaltung schaute ich mir deshalb eine Rekonstruktion des legendären Spiels gegen den sowjetischen Großmeister Beliavsky auf YouTube an, mit dem »Nunn unsterblich wurde«. Dieses Spiel ist deshalb so sagenhaft, weil Nunn eine besondere Antwort auf Beliavskys Eröffnung mit Weiß (Sämisch-Variante der Königsindischen Verteidigung, falls Ihnen das etwas sagt) fand, die einen starken Angriff von Weiß nahelegte. Als Schwarz offenkundig ins Stolpern gerät, greift Weiß an. Schwarz opfert einen seiner Springer. Nach diesem Verlust scheint das Spiel vorbei zu sein, aber Schwarz gelingt es, ein Netz zu spannen, aus dem Weiß nicht entkommen kann. Während ich mir die Rekonstruktion des Spiels anschaue, glaube ich zu begreifen, was die Menschen daran so beeindruckend finden. Nunn entdeckte eine Möglichkeit in dem weitläufigen Spieluniversum potenzieller Ausgänge, die für jeden anderen verborgen war, selbst für Großmeister, die anschließend das Spiel analysierten. Auf diese Weise kann Schach jene Qualität erlangen, die wir normalerweise mit Kunst assoziieren. Die Partie Beliavsky-Nunn repräsentiert eine Idee, die zuvor noch nie gedacht wurde.

»Mir war während des Spiels bewusst, dass es etwas Besonderes sein könnte, eine Gelegenheit, wie es sie nur einmal im Leben gibt, und ich war hochmotiviert, sie nicht durch ungenaues Spiel zu verderben«, sagt Nunn. »In dem Fall lief alles gut und ich war hinterher begeistert von dem Spiel.«

Ich fragte Nunn, ob er je einen IQ-Test gemacht habe. Hatte er, als er noch sehr jung war. Das Ergebnis wollte er mir jedoch nicht verraten. »Es war ziemlich hoch, mir kam es unrealistisch vor.« Es gelingt mir, ihm den Punktwert aus den Rippen zu leiern, indem ich verspreche, ihn nicht zu veröffentlichen. Ich kann Ihnen jedoch versichern, dass er, nun ja, »ziemlich hoch« ist, wenn Sie unter »ziemlich hoch« schneebedeckte, erhabene Berggipfel weit über den Tälern, Sümpfen und bescheidenen Hügeln der überwiegenden Mehrzahl der menschlichen Spezies verstehen. Den Mund weit offen starre ich ihn an. »Was denn?«, sagt er. »Das hat vermutlich gar nichts zu bedeuten.«

Lassen Sie uns einen kurzen Schlenker zum IQ machen.

Wenn er sagt, dass sein IQ nichts zu bedeuten habe, lässt sich Nunn vermutlich von seiner Bescheidenheit hinsichtlich des Wertes eines IQ-Tests leiten. Es ist jedoch vielsagend, dass er den Wert von IQ-Tests leugnet und sagt, die Tests würden lediglich feststellen, wie gut man im Durchführen von IQ-Tests sei. Laut Stuart Ritchie, einem Intelligenzforscher am Fachbereich Psychologie der University of Edinburgh »ist das ein bisschen so, als würde ein Multimilliardär sagen: ›Sicher, ich kann nicht klagen, aber Geld ist nicht alles.‹« Diese Kritik hört man jedoch öfter, lassen Sie uns also einen Blick darauf werfen. IQ-Werte korrelieren stark mit einem breiten Spektrum dessen, was wir im Leben erreichen. »Wenn wir einen Schritt zurücktreten und uns die ganze Bandbreite von Menschen ansehen könnten, mit viel niedrigeren und viel höheren IQs als unserem eigenen, würden wir Muster erkennen, inwiefern dieser verknüpft ist mit Ausbildung, Gesundheit, beruflichem Erfolg, Lebensdauer und so weiter«, sagt Ritchie. »Der IQ misst etwas, das im Leben ziemlich wichtig zu sein scheint, und nicht nur, wie gut Sie darin sind, diese Tests zu absolvieren.«

Ich gebe Ihnen ein anschauliches Beispiel. 1947 machten etwa 94 Prozent der 1936 geborenen schottischen Bevölkerung einen IQ-Test. Der Test weist eine lebenslange Stabilität auf, was bedeutet, dass die von Kindern im Alter von elf Jahren erreichte Punktzahl stark mit dem IQ-Wert im späteren Leben korreliert. 2017 gelang es den Wissenschaftlern, bei mehr als 65 000 dieser Kinder nachzufassen. Sie stellten fest, dass das Risiko für einige Todesursachen umso niedriger ist, je höher der IQ in der Kindheit war.[12] Dazu zählten Tod durch Atemwegserkrankungen,

Herzinfarkt und Schlaganfall sowie Demenz und Selbstmord. Der sozioökonomische Status hatte nur einen geringen Einfluss auf die Sterbewahrscheinlichkeit.

Ich habe nie einen IQ-Test gemacht. Es macht mich einfach zu nervös, womöglich nicht so gut abzuschneiden. Tatsächlich ist die Sorge unangebracht. Feststellungen über den IQ wie jene in der schottischen Studie besprochenen basieren stets auf IQ-Punktwerten, die über die Grundgesamtheit gemittelt werden. Bezogen auf Individuen ist ein hoher oder niedriger Punktwert kein verlässlicher Prädikator für Erfolg oder Scheitern.[13] Für viele Menschen besteht die größere Sorge jedoch darin, dass wir andere möglicherweise anhand des IQs bewerten, obwohl das menschliche Leben natürlich aus sehr viel mehr besteht. Es ist das »ich möchte nicht auf eine Zahl reduziert werden«-Argument. Dazu zwei treffsichere Antworten. Erstens, sagt Ritchie, »hat nie jemand behauptet, dass es eine einzelne Zahl sei«. Niemand behauptet, Ihr IQ repräsentiere Ihr ganzes Leben. Der IQ ist eine zweckmäßige Zusammenfassungsgröße, aber Wissenschaftler bauen statistische Modelle mit einer ganzen Hierarchie von kognitiven Fähigkeiten, die von spezifisch bis allgemein reichen, und sehen sich an, wie diese mit verschiedenen Lebenssituationen verknüpft sind.

Zweitens, wenn wir uns weigern, komplexe Dinge auf Zahlen zu reduzieren, können wir sie nicht wissenschaftlich untersuchen – das bezieht sich auf alles, von psychologischen Tests bis zu Klimaforschung. »Wir sind uns alle überaus bewusst, wie komplex Intelligenz ist«, sagt Ritchie, »und diese Zahlen und Modelle sind lediglich ein erster Schritt auf dem Weg, wirklich zu verstehen, warum manche Menschen klüger sind als andere.«

Der IQ-Test mag das kontroverseste Maß in der Wissenschaft sein, aber die Psychologie hat kein noch exakteres und differenziertes Beurteilungsverfahren. »Alle Tests und Studien weisen Probleme auf«, sagt Dana Joseph, eine Psychologin im Fachbereich Management der University of Central Florida, »aber Intelligenztests wurden ausgiebiger analysiert als vermutlich jede andere Art von Test, sodass diese Probleme so weit wie möglich minimiert wurden.« IQ-Tests decken nicht alle Formen von Intelligenz ab, aber kein Test erfasst 100 Prozent des Gebildes, das er zu messen beabsichtigt. »Wir haben Hinweise, dass viele Intelligenztests die Intelligenz ziemlich gut erfassen«, sagt sie.

Ein geeigneter IQ-Test misst eine Bandbreite verschiedener Fähigkeiten – Erinnerungsvermögen, Schlussfolgern (sowohl verbal als auch abstrakt), Allgemeinwissen, Geschwindigkeit geistiger Verarbeitung und räumliches Vorstellungsvermögen. Die Ergebnisse jeder Testuntergruppe werden zusammengefasst zu einer Gesamtpunktzahl und der Durchschnitt der Bevölkerung wird von den Testern bei 100 angesetzt. Viele von uns sagen jetzt vielleicht so etwas wie, »Oh, ich bin gut mit Worten, aber ein hoffnungsloser Fall in Mathe« oder »Ich bin gut im Schlussfolgern, aber mein Gedächtnis ist katastrophal« – wir haben den Eindruck, dass wir auf manchen Gebieten über Stärken verfügen und auf anderen nicht. Aber das ist das Eigentümliche und Beeindruckende am IQ: Menschen, die in einem Testgebiet gut sind, sind es in der Regel auch in anderen. Alle Messwerte zusammen ergeben den »Allgemeinen Faktor der Intelligenz«, den die Forscher als *g* bezeichnen.

IQ ist nicht gleichbedeutend mit Allgemeiner Faktor der Intelligenz, aber da er viele verschiedene Aspekte der Intelligenz abfragt, korreliert er stark damit. Zahlreiche Arbeiten haben im Laufe vieler Jahre gezeigt, dass Menschen mit einer hohen Punktzahl bei Intelligenztests in der Schule und im Beruf erfolgreicher sind und sogar über eine bessere Gesundheit verfügen. Wir wissen auch, dass es einen genetischen Einfluss auf die Intelligenz gibt. Es gibt viele Gene, die jedes für sich eine kleine Auswirkung auf die Intelligenz haben, wie wir es von komplexen Fähigkeiten erwarten. Wenn die genetische Auswirkung gemessen wurde, erwies sie sich als geringer in Bezug auf den IQ als auf *g*. Anders ausgedrückt scheinen kulturelle, soziale und Bildungsfaktoren größeren Einfluss auf den IQ haben, während *g* eher biologisch ist. Wenn man den Lebensweg von Menschen mit einem hohen IQ verfolgt, dann entpuppen sich diese in der Regel als extrem erfolgreich. Mit größerer Wahrscheinlichkeit verfügen sie über Macht, einflussreiche Jobs und Einfluss in vielen Lebensbereichen, von Kunst und Musik über Politik bis zu Wissenschaft. Sie sind in der Regel gesünder, weil sie bessere Entscheidungen treffen. Nebenbei bemerkt, liegt die Übereinstimmung beim IQ von Ehepartnern bei etwa 40 Prozent; für Persönlichkeit liegt sie bei 10 Prozent und für Körpergröße und Gewicht bei 20 Prozent.[14]

Erhebliche Kritik bleibt. Eine der ärgerlichsten ist, dass jegliche Unterschiede beim IQ, die zwischen verschiedenen Menschengruppen festgestellt wurden – etwa Afroamerikaner und weiße Amerikaner – genutzt werden können, um nahezulegen, dass es dort Unterschiede bei der Intelligenz gibt. Am wahrscheinlichsten ist, dass etwaige Unterschiede die sozioökonomischen und kulturellen Unterschiede widerspiegeln, wie das Erfahren von Rassismus und Armut, statt etwas Genetisches.

Ein weiterer Kritikpunkt besteht darin, dass der IQ die emotionale Intelligenz ignoriert, also die Fähigkeit, zu verstehen, was andere Menschen denken und fühlen. (An dieser Stelle sei Folgendes erwähnt: Der Journalist Adam Grant hat darauf hingewiesen, dass zu den bedeutenden Persönlichkeiten der Geschichte, die die emotionale Intelligenz stark beherrschten, Martin Luther King Jr. gehörte … und Adolf Hitler.)[15]

Ein Messen der emotionalen Intelligenz wird als nützlich angesehen beim Beurteilen von Bewerbern für Jobs, die Interaktion mit anderen Menschen erfordern. Allerdings legen die Arbeiten von Dana Joseph und ihren Kollegen nahe, dass normale IQ-Tests bessere Leistungsprädikatoren sind.[16] Es sieht so aus, als leiste der IQ-Test bessere Arbeit als andere Tests, bei deren Konzeption an verschiedene Formen von Intelligenz gedacht wurde.

Zusammengefasst: Ja, es gibt Probleme, aber der IQ ist die beste Maßeinheit für Intelligenz, die wir haben, und sie korreliert auffällig mit einer Reihe von Lebenssituationen. Dennoch bin ich mir sehr wohl bewusst, dass Intelligenz umfangreich, komplex und vielfältig ist und sich auf die unterschiedlichste Weise zeigt. Da ich noch mehr Menschen mit unterschiedlichen Intelligenzformen eingehender betrachten möchte, habe ich einen Termin mit einer unserer größten lebenden Autorinnen arrangiert.

Bevor ich mich mit Hilary Mantel treffe, versuche ich, in die Rolle ihres Protagonisten zu schlüpfen. Ich spaziere ein kurzes Stück längs der Themse in West-London, vom Ship Pub in Mortlake längs einer Mauer, die dieselbe Grenze nachzeichnet wie vor 500 Jahren die Wand von Thomas Cromwells Haus. Heinrich VIII. ernannte seinen Generalvikar 1536 zum Lord of the Manor of Mortlake. Ich stelle mir vor, die Uhr um 481 Jahre zurückzudrehen, sodass ich Cromwell aus der Kutsche steigen sehe. Er kehrt aus der Stadt zurück, vielleicht in Begleitung eines kleinen Gefolges von Dienstboten, wo er den König am Hof beraten hat. Ich versuche, mir das Gelände ohne die modernen Gebäude, den Pub, die alte Brauerei und Chiswick Bridge vorzustellen. Aber auch ohne diese Dinge bleiben immer noch ein paar Hundert Jahre, die ich zurückspulen muss. Nur die Form des Flusses ist noch dieselbe wie zu Cromwells Zeiten. Vielleicht stehen hier ein paar alte Eichen, die vor einem halben Jahrtausend noch jung waren. Ich kann mir die Szenerie nur schwer vorstellen – nicht so wie Hilary Mantel, die sie beschrieben, recherchiert, sich ausgemalt und praktisch darin gelebt hat.

Mantel war bereits eine erfolgreiche Romanautorin, bevor sie anfing, über Thomas Cromwell zu schreiben. (Er muss, nebenbei bemerkt, einer der intelligentesten Menschen der Tudorzeit gewesen sein, in jedem Fall aber einer der einflussreichsten.) Mit ihren ersten beiden Büchern der Cromwell-Trilogie (*Wölfe* und *Falken*) gewann sie jeweils den Man Booker Prize (als erste Frau gewann sie diesen Preis zweimal) und erlangte internationale Bekanntheit. Das *Time Magazin* kürte sie 2013 zu einer der 100 einflussreichsten Persönlichkeiten der Welt und sie gilt weithin als eine der besten noch lebenden Autorinnen weltweit. Die Tiefe ihrer Charakterisierung und die Klugheit ihrer Literatur werden in nahezu jeder Rezension hervorgehoben. Wenn jemand ein Kandidat für die Aufnahme in dieses Kapitel ist, dann sie.

»Es hat was von nachgeahmtem Tudor«, sagt Mantel, als sie mir die Wegbeschreibung zu ihrer Wohnung durchgibt – wie passend, dass sie in einer Umgebung lebt, die eine moderne Spielart des Tudorstils ist.

Es überrascht nicht, dass sie ihren Umgang mit Worten als ihre erste besondere Fähigkeit nennt. »In unserer Familie erzählt man sich, ich habe nicht gesprochen, bis ich zweieinhalb Jahre alt war – und dann habe ich sofort geredet wie eine Erwachsene.«

Sie sagt, wenn sie an ihre ältesten Erinnerungen zurückdenkt, dann würden die sich nicht so anfühlen, wie wir uns die Erinnerungen eines Kindes vorstellen. Es ist, als erlebte die junge Hilary eine beschleunigte geistige Reifung. »Beinahe so, als hätte in mir eine sehr viel ältere Person gesteckt.«

Sie hält ihre sprachliche Gewandtheit für eine angeborene Eigenschaft. Als junges Mädchen verbrachte sie Tage in der Gesellschaft ihrer Großmutter und deren Schwester, die unentwegt redeten, beinahe ritualisiert und vielleicht nur wenig das variierend, was sie am Vortag gesagt hatten. Aber Hilary saugte alles auf. Als sie eingeschult wurde, verfügte sie bereits über ein umfangreiches Vokabular. Sie war als kleines Mädchen umgeben von Erwachsenen und hatte sich minutiös dem Rhythmus ihrer Sprache angepasst. »Daher rührt mein seltsames Vokabular, als ich zur Schule ging. Bevor ich etwas sagte, habe ich es ausformuliert und erst geredet, wenn ich damit zufrieden und bereit war.«

Diese sprachliche Gabe ist nichts Antrainiertes, da weder Mantel noch die anderen Familienmitglieder diese Art des Sprechens »einstudiert« hatten; ihr Verstand schien bereit zu sein, alles Gehörte korrekt anzuwenden. »Wir können uns alle gut ausdrücken. Sogar meine Mutter, die mit 14 die Schule verließ, macht nie einen Fehler bei Syntax oder Grammatik. Sie kann den längsten Satz bilden – er mag inhaltlich keinen Sinn ergeben, aber die grammatische Form ist perfekt. Und ich glaube, so etwas muss angeboren sein.«

Wir haben bereits gesehen, wie genau der IQ die Intelligenz widerspiegelt und inwiefern das mit vielen Bereichen unseres Lebens korreliert. Das ist umstritten, aber weniger als die Vorstellung, dass einige Aspekte der Intelligenz angeboren sind. Um mehr darüber zu erfahren, treffe ich mich mit Robert Plomin, geboren in Chicago, aber schon vor langer Zeit nach Großbritannien verpflanzt, wo er Professor für Verhaltensgenetik am King's College London ist. Die von Plomin durchgeführte TEDS-Studie (Twins Early Development Study) ist die größte Zwillingsstudie in Großbritannien, an der mehr als 15 000 eineiige und zweieiige Zwillingspaare teilnahmen, die von frühester Kindheit an bis heute (mittlerweile 21 Jahre alt) begleitet werden.[17] Weil Zwillinge identische Gene und nahezu dieselbe Umgebung haben, ist es möglich, eine Fähigkeit wie Intelligenz zu untersuchen – aber auch viele andere Aspekte wie Adipositas – und zu bestimmen, wie sehr diese durch Gene oder die Umwelt beeinflusst werden. Plomin nahm auch Zwillinge, die getrennt voneinander aufwuchsen oder adoptiert wurden, in die Studie auf,[18] und seine Schlussfolgerungen sind stabil, eindeutig und irgendwie erschreckend. Die meisten akademischen Leistungen der Kinder bis zum Alter von 16 Jahren sind in der Genetik begründet. Es spielt keine Rolle, welche Art von Schule das Kind besucht oder in was für einer Art von Elternhaus es aufgezogen wird – der IQ eines Kindes korreliert stark mit dem des getrennt aufgewachsenen Zwillings oder der biologischen Mutter. Er korreliert überhaupt nicht mit den Ziehgeschwistern oder der Adoptivmutter. »All die verschiedenen Ansätze: Adoptionsstudien, eineiige Zwillinge, Zwillinge, die zusammen oder getrennt voneinander aufwachsen, sie alle gehen von unterschiedlichen Annahmen aus und münden in exakt dieselbe Schlussfolgerung. Der Einfluss der

Gene ist sehr viel maßgeblicher als der von Schule oder häuslicher Umgebung. Ich wüsste nicht, wie Menschen diese Daten leugnen wollen«, sagt er.

In einer Studie mit 360 000 Geschwisterpaaren und 9000 Zwillingspaaren stellten Plomin und seine Kollegen fest, dass hohe Intelligenz, von der Art, wie wir sie in diesem Kapitel untersuchen, erblich ist: Fast 60 Prozent der Unterschiede bei hoher Intelligenz sind genetisch bedingt.[19] Das stützt Mantels Intuition, dass ein wesentlicher Teil ihrer Intelligenz ererbt ist.

Es gibt jedoch keine »Intelligenzgene«. Oder besser gesagt, die gibt es schon, aber es sind Tausende, jedes mit einer winzigen Auswirkung auf die Intelligenz und mit Einfluss auf andere Eigenschaften. 2017 wurden bei der Genanalyse von 78 308 Menschen 52 Gene gefunden, die zusammen weniger als 5 Prozent der Intelligenzunterschiede zwischen Menschen erklären.[20] Falls es verwirrend ist, dass 60 Prozent der Intelligenz genetisch bedingt sind, die Studie aber nur 5 Prozent entdecken konnte, so liegt das daran, dass spezifische Gene schwer zu finden sind. Die 5 Prozent beziehen sich auf spezifische Gene und Wissenschaftler arbeiten daran, die übrigen 55 Prozent zu finden.

Mantel bezeichnet sich nicht als Perfektionistin, aber sie hegt eine Leidenschaft dafür, Dinge richtig zu machen. »Es scheint, als habe ich mich stets darauf vorbereitet, Autorin zu werden. Ich habe immer nach den exakten Wörtern für etwas gesucht, etwas Vages kam nicht infrage.« (Meine Antwort darauf lautete, dass es mir auch eine gute Übung zu sein scheint, um Wissenschaftler zu werden.)

Ihrer Einschätzung nach hält sie ein gutes Gedächtnis und eine ausgeprägte sprachliche Fähigkeit für ihre herausragenden Eigenschaften (wir werden in Kapitel 2 und 4 genauer darauf eingehen). Manchmal geht sie dazu über, von sich in der zweiten Person zu reden, und das ist dann so, als würde man ihre Thomas-Cromwell-Bücher lesen, in denen auf Cromwell oft mit dem Pronomen »er« verwiesen wird. »Du hast den

Eindruck, dass du im Hinblick auf allgemeine Intelligenz bei dem Test nicht allzu gut abschneidest«, sagt sie, »aber was ich habe und was ein IQ-Test einem nicht sagt, ist ein ziemlich gutes Gedächtnis und die Fähigkeit, riesige Datenmengen herunterzubrechen.«

Tatsächlich misst ein anständiger IQ-Text zwar das Erinnerungsvermögen, aber möglicherweise nicht das Langzeitgedächtnis, von dem Mantel spricht. In jedem Fall stellte sich heraus, dass Mantel zu den Menschen gehört, über die wir in Bezug auf IQ gesprochen haben: Sie glaubt, dass sie gut mit Worten, aber schlecht mit Zahlen ist. »Ich dachte stets, die Welt würde mich überschätzen, weil ich mich so gut ausdrücken kann. Und ich konnte mich mit geschickten Formulierungen durch einen Test lavieren. Bei Mathe herrscht in meinem Kopf komplette Leere. Ich bin unfähig zu rechnen. Ich weiß noch, wie ich im Unterricht saß und bei Analysis so wenig verstand, dass der Unterricht genauso gut auf Russisch hätte sein können.«

Das ist heftig: Analysis ist schon in der Muttersprache nicht einfach. Aber obwohl man oft Menschen Dinge sagen hört wie »Ich bin gut mit Worten, aber schlecht in Mathe«, hat die Intelligenzforschung immer wieder gezeigt, dass clevere Menschen bei einer großen Bandbreite von verschiedenen Intelligenzarten gut sind. Vielleicht hat Mantel einfach nicht den Dreh herausgefunden, wie sie gut in Mathe sein kann. Sie überlegt und korrigiert ihre Meinung. »Ich hatte dieses Hobby, unglaublich komplexe Multiplikationen zu lösen. Ich hatte nichts gegen Zahlen. Aber als es abstrakter wurde, habe ich den Anschluss verloren.« Das ist ein klassisches Beispiel dafür, dass eine geringfügige Neigung, wie die Psychologen es nennen, in Richtung einer Fähigkeit den ganzen Lebensweg beeinflusst.[21] In Mantels Fall führte es natürlich dazu, dass sie Schriftstellerin wurde.

Extrem intelligente Kinder sind oft einsam, vor allem deshalb, weil sie sich mit Gleichaltrigen langweilen. Mantel erzählt, dass sie als kleines Kind die Angewohnheit entwickelte, Menschen zu ignorieren, die dumme Fragen stellten. Einen Großteil der Schule empfand sie als verschwendete Zeit. Sie fand es schwierig, Freundschaften zu schließen. »Ich glaube, die Menschen dachten, ich sei vor Schüchternheit wie gelähmt. Bei Gruppen gehörte ich nie richtig dazu. Ich war diejenige, die sich ein Spiel überlegte, und alle anderen zogen dann los, um es zu spielen.« Das ist eine typische Äußerung von Autoren: Sie sehen allen anderen zu.

Sie sagt, sie sei eher frustriert als unglücklich gewesen. »Andererseits hatte ich das Gefühl, dass meine Zeit noch kommen würde. Ich versuchte stets, irgendetwas zu erreichen. Ich besaß einen grenzenlosen, aber noch völlig vagen Ehrgeiz. Was also auch immer passierte, ich betrachtete es als vorübergehend.«

Ich glaube, das führt zu dem, was der Schlüssel zu sein scheint, wie intelligente oder zumindest erfolgreiche Menschen funktionieren: Ehrgeiz oder Antrieb. »Sie hatten Tatendrang«, sage ich zu ihr.

»Das ist richtig. Sich zu profilieren. Es war nicht: ›Ich werde diese Kleinstadt verlassen und es allen zeigen‹, es war mehr wie – Sie kennen diese Experimente mit Kindern und Marshmallows, bei denen die Belohnung hinausgeschoben wird? Darin war ich super.«

Der Marshmallow-Test wurde in den 1960ern von Walter Mischel an der Stanford University durchgeführt. Kindern wurde eine Süßigkeit hingelegt und man sagte ihnen, sie könnten diese sofort haben oder aber zwei davon bekommen, wenn sie 15 Minuten warten würden. Etwa ein Drittel der Kinder schaffte es, sich zu beherrschen und die Belohnung zu bekommen. Zu seiner Überraschung fand Mischel sieben Jahre später heraus, dass die Kinder, die Selbstkontrolle gezeigt hatten, sowohl sozial als auch akademisch erfolgreicher waren. Das Ergebnis wiederholte sich auf unterschiedlichste Arten, und 40 Jahre später, als die Wissenschaftler die mittlerweile erwachsenen Kinder erneut testeten, stellten sie fest, dass es in deren Gehirnnetzwerk Unterschiede im Hinblick auf die Kraft der Selbstkontrolle gab. Die mittlerweile Erwachsenen mit mehr Willenskraft wiesen, wie erwartet, andere Muster neuronaler Aktivität auf.[22]

Eine andere Studie stellte fest, dass Menschen mit mehr Selbstkontrolle intelligenter sind. Gehirnscans legten nahe, dass das entsprechende Areal im präfrontalen Cortex aktiver ist.[23] Es handelt sich dabei um jenen Gehirnteil, der am längsten braucht, bis er völlig ausgereift ist. Hört man Hilary Mantels Geschichte, so ist man versucht zu glauben, dass sich ihr Gehirn schneller entwickelte. Sie stellte sich immer vor, dass ein älterer Mensch in ihr steckte, aber ich frage mich, ob ihre Intuition dabei vielleicht auf etwas Reales zugreift.

»Wenn ich daran zurückdenke, wie ich als Kind Menschen beurteilt habe, kam mir das oft wie die Wahrnehmung eines Erwachsenen vor«, sagt sie. »Ich glaube, ich fand die Menschen einfach unterhaltsam. Und wenn man darauf wartet, was sie als Nächstes Verrücktes oder Verschrobenes machen, oder wenn man danach sucht, dass sie sich auf irgendeine extreme Weise zeigen – dann fürchtet man sich nicht so vor ihnen wie Kinder es manchmal tun. Du hast dich dem entzogen.«

Sie überlegt und sagt dann, dass sie soeben auf etwas gestoßen sei, das ihr zuvor nie bewusst gewesen ist, über das Warten darauf, dass Menschen sich zeigen. »Du hast eine Vorstellung von jemandem und dann wartest du darauf, dass er diese mit seinem Verhalten bestätigt. Ich glaube, so bin ich vorgegangen. Als würde auf der Bühne ein Stück aufgeführt und ich sitze wartend im Zuschauerraum. Ich will nicht behaupten, dass ich nicht litt. Kein Kind fühlt sich gern als Außenseiter. Aber ich glaube, ich habe keinen Schaden davongetragen.«

Kristine Walhovd ist Professorin für Kognitive Neuropsychologie an der Universität von Oslo. Ein Schwerpunkt ihrer Forschung ist die Frage, wie sich das Gehirn und die kognitive Fähigkeit mit dem Alter verändern. Ich frage sie, inwiefern sich offenkundig hochintelligente Menschen wie Hilary Mantel anders fühlen könnten und wodurch das zu erklären ist. Walhovd unterbricht mich, bevor ich nicht mehr zu bremsen bin:

»Wir sind alle einzigartig. Wenn Mantel also sagt, dass sie sich anders fühlt, so trifft das natürlich zu. So geht es uns allen. Wenn sie ehrlich sind, würden die meisten Menschen bestimmt genauso wie Mantel sagen, dass sie sich zu irgendeinem Zeitpunkt ihres Heranwachsens anders als ›die anderen‹ fühlten. Sie nicht? Und wir haben alle recht, wir sind anders als alle anderen und ›die anderen‹ sind es auch.«

Nun, das ist gut. Schließlich ist es mein Ziel, »Supermenschen« zu entmystifizieren. Nicht nur Mantel ist *einzigartig*. Ihre ausgeprägte Sprachfähigkeit basiert auch nicht auf der unterschiedlichen Entwicklungsgeschwindigkeit von Jungen und Mädchen: Laut Walhovd wird der Geschlechterunterschied überbewertet.

Falls es Fähigkeiten gibt, über die Mantel seit ihrer Kindheit verfügt, so hängen diese sicher mit ihr als Individuum, ihrer Entschlossenheit und ihrem Fokus zusammen: »Ich verfügte schon immer über ein starkes und ausgeprägtes Selbstwertgefühl, das nicht davon abhing, was andere Leute sagten oder wie sie mich sahen. Innerlich bin ich so unumstößlich wie ein Fels.«

Ihre sämtlichen Projekte, seit ihrer frühen Jugend, sind umfangreich und langfristig. Sie weiß, dass sich etwas fünf Jahre lang nicht bezahlt macht, aber dann schon. Aber warum hat sie die Belohnung hinausgeschoben? Was war ihr Marshmallow?

»Wenn du deine Absicht geklärt hast, wird diese Absicht dich antreiben, während du dich darauf zubewegst. Und am Ende wirst du etwas Größeres, Bedeutenderes geschaffen haben, als du dir vorstellen kannst, und du wirst dich verändert haben und leistungsfähiger sein. Es bleibt also immer vor dir und du streckst dich, um es zu erreichen.«

Wenn es ihr Ziel war, sich selbst zu fordern und zu entwickeln, dann identifiziert sie den Antrieb für diese Entwicklung. »Ich halte Neugier für die Grundlage. Du musst dich jeden Morgen fragen, was könnte heute passieren? Wenn du diese Einstellung konsequent beibehältst, wird dein Verstand bis ins hohe Alter wach bleiben.« Sie macht eine kurze Pause und fährt dann fort: »Dein Körper ist dann natürlich ein anderer.«

Mantel kränkelte viele Jahre lang und der Mangel an körperlicher Belastbarkeit ist ein Grund, wie sie sagt, warum sie nicht in die Politik ging. Sie fügt hinzu: »Und ich merke, dass ein glückliches Leben eines ist, bei dem man auch weit über die Lebensmitte hinaus neue Fähigkeiten entdeckt.«

Am Ende des Buches werden wir darauf zurückkommen, was Glück ausmacht. Einstweilen will ich Mantel eine Frage stellen, die zu Atticus Finch passen könnte, dem Anwalt in *Wer die Nachtigall stört*. Eine ihrer Stärken ist ihre Fähigkeit, das menschliche Befinden aus verschiedenen Perspektiven zu betrachten; es ist ihr Talent, in die Haut einer Figur zu schlüpfen. Wie macht sie das? Sie sagt, sie stellt sich das Schreiben wie eine Aufführung vor, bei der sie alle Rollen spielen muss. »Wenn es eine Figur ist, die in deinem Kopf entstanden ist, dann nehme ich sie als jemanden wahr, der Seiten von dir selbst an sich hat, eine Erkundung von ungenutzten Seiten deiner Persönlichkeit, in etwa so, als würdest du dir als Mann überlegen, was für eine Art Frau du wohl sein würdest. Das Ausleben deiner ungelebten Leben.«

Mantel sagt, dass sie nicht durch die Augen ihrer Hauptfiguren sehen kann, sondern von der Seite zuschaut. »Du versuchst, deinen Hauptfiguren einen freien Willen zu geben«, sagt sie – ich denke an Cromwell und sie bestimmt auch –, »und sie scheinen keine klaren Konturen zu haben.« Im ersten Moment verstehe ich nicht, was sie meint, später denke ich dann, dass sie nicht allmächtig über sie bestimmen kann, weil ihre Hauptfiguren so real geworden sind, dass sie beinahe zu unabhängigen Persönlichkeiten mutieren.

So wie sie es sieht, entspringt ihre Kreativität der Selbstbeobachtung. »Ich registriere aufmerksam, was in meinem Kopf vorgeht und bin weniger auf das konzentriert, was in der realen Welt passiert«, sagt sie und geht über zur Verteidigung des am Stift kauenden, geistesabwesenden, verträumten Schriftstellers: »Menschen haben eine Vorstellung von dem, was sie als Tagträumerei bezeichnen.« Dann führt sie instinktiv etwas an, das Psychologen mithilfe von Gehirnscans gerade erst entdeckt haben.

»Für einen Schriftsteller ist Tagträumen extrem zweckorientiert. Es ist zielgerichtet. Und was du in deinem Film siehst, der vor deinem inneren Auge abläuft, wird in Wörter übertragen oder gespeichert und du wirst es dir noch einmal ansehen, aber es ist keineswegs etwas Diffuses.« Paul Seli von der Harvard University hat gezeigt, dass das Schweifenlassen der Gedanken tatsächlich eng mit zweckgerichtetem Denken verknüpft ist;[24] andere Studien haben gezeigt, dass Tagträumerei die Kreativität ankurbeln und die Problemlösungsfähigkeit unterstützen kann.[25]

»Innerlich stecke ich in einem Zwiespalt, weil ich die Fakten kennen will«, sagt sie, und wieder denke ich an die Parallelen zur Wissenschaft. »Kreativität hat viel mit dem Tolerieren von Ambivalenz zu tun. Die ganze Zeit befasst man sich mit Bedeutungsschichten oder -nuancen.«

Wenden wir uns nun jemandem zu, der ebenfalls gerne die Fakten kennt, der jedoch gegenüber Ambiguität geradezu übermenschliche *Intoleranz* hegt.

Paul Nurse, vor dessen Namen sich eine lange Kette von Titeln und Auszeichnungen befindet, erhielt 2001 den Nobelpreis für die Entdeckung von Schlüsselregulatoren der Zellteilung und -reifung. Er sagt, dass er angetrieben wurde von dem Wunsch, den grundlegenden Unterschied zwischen Leben und Tod zu verstehen, und ihm wurde klar, dass er sich mit Zellteilung beschäftigten musste.

Es gelang ihm, in Hefezellen das Gen für einen der Regulatoren der Zellteilung zu identifizieren. Zudem konnte er zeigen, dass es beim Menschen dieselben Gene sind und dass eine fehlerhafte Zellteilung zu Krebs führen kann. 1999 wurde er zum Ritter geschlagen. Er wurde Präsident der Rockefeller University in New York, anschließend Präsident der Royal Society und ist derzeit Leiter des Francis Crick Instituts in London, dem größten biomedizinischen Labor Europas. Als er mir einmal auf einem Wissenschaftsfestival vorgestellt wurde, fragte ich ihn, wie ich ihn ansprechen sollte, und er antwortete »Der Blob«. (Was ich natürlich ignorierte.) Er ist einer der einflussreichsten Wissenschaftler unserer Zeit.

Er weist zudem einen ungewöhnlichen Familienstammbaum auf. Nach dem Erhalt des Nobelpreises lebte er in New York und entschied, eine Green Card zu beantragen. Diese wurde ihm jedoch verweigert, weil die von ihm eingereichte Geburtsurkunde nur eine Kurzfassung war, in der die Namen seiner Eltern fehlten. Als er die ausführliche Version vom Standesamt in Großbritannien erhielt, stellte er fest, dass der Name seines Vaters unbekannt war, und bei »Name der Mutter« war jene Frau eingetragen, die er stets für seine Schwester gehalten hatte. Pauls Mutter war von einem Unbekannten schwanger geworden und hatte Paul in Norfolk zur Welt gebracht, um seine Unehelichkeit zu verheimlichen. Er wurde von den Großeltern mütterlicherseits aufgezogen, die bis zu ihrem Tod vorgaben, seine Eltern zu sein. Die Frau, die 18 Jahre älter war als er und die er für seine Schwester gehalten hatte, lebte zu dieser Zeit schon nicht mehr. Seine »Brüder« waren seine Onkel. Seinen Vater lernte er nie kennen. In einer Seifenoper würde man diese Geschichte für unrealistisch halten.

Bevor das alles ans Licht kam, wuchs Paul quasi wie ein Einzelkind auf, da seine angeblichen Geschwister so viel älter waren als er. Er verbrachte viel Zeit allein und auf dem langen Weg zur Schule und wieder zurück offenbarte sich eine angeborene und starke Neugier. Wie Hilary Mantel bezeichnet auch er die Neugier als zentrale Komponente seines Intellekts, wobei es in Nurses Fall ergänzt wird durch Logik und Experimentierfreudigkeit, und es sind diese Dinge, die ihn zum Wissenschaftler machen.

Ich spreche von angeborener Neugier, aber Nurse, während ich mit ihm im Crick Institute sitze, hütet sich anzunehmen, dass seine Neugier eine genetische Eigenschaft sei: »Zweifellos habe ich eine geradezu ungesunde Neugier in Bezug auf mich umgebende Natur entwickelt und das lag vielleicht daran, dass ich nicht durch allzu viele familiäre Dinge abgelenkt war.« Die Zeit, die er allein verbrachte, ließ ihn die Natur beobachten. Er begann, sich für Astronomie und Naturgeschichte zu interessieren, und wollte herausfinden, wie die Welt funktioniert. Das weckte eine echte Neugier auf die Natur. Diese Neugier hegt er bis heute.

Er sagt, dass im Großen und Ganzen die meisten unserer höheren Fähigkeiten wie Intelligenz zu etwa 50 Prozent auf die Gene zurückzuführen sind und zur anderen Hälfte auf die Umgebung, manchmal mehr auf das eine als auf das andere. »Als Genetiker bin ich mir vollauf bewusst, wie viel Einfluss Gene haben können. Mein Einfluss aus der Umwelt war weder akademisch noch intellektuell, deshalb habe ich mir verstandesmäßig zu erklären versucht, inwiefern meine Umwelt mich zu dem ermutigt hat, wie ich geworden bin.« Bevor er herausfand, dass niemand wusste, wer sein Vater war, hatte er sich manchmal gefragt, warum er der intellektuelle Sonderfall in der Familie war. Bei ihm zu Hause gab es weder Bücher noch Eltern, die ihn zum Lesen ermutigten oder Wissensdurst weckten. Aber seine eigenmotivierte Neugier langte nach den Sternen am Himmel und den Motten in den Hecken längs seines Schulwegs. Das erinnert mich daran, was Robert Plomin zu mir sagte. Nachdem er gesehen hatte, was mit Zwillingen und Adoptivkindern passierte, die in nicht stimulierenden Umgebungen aufwuchsen oder auf schlechte Schulen geschickt wurden, weiß Plomin, dass Fähigkeiten genutzt werden wollen: »Kinder mit ausgeprägten Fähigkeiten muss man fast schon einsperren, um sie davon abzuhalten, über sich hinauszuwachsen.«

Wissenschaftler sollten eigentlich stolz auf ihre Objektivität und das Festhalten an Logik und Beweisen sein, aber in der Praxis ist es für einige zu verlockend, voreilige Schlüsse zu ziehen und sich an bevorzugte Hypothesen zu klammern, die auf allem anderen als wasserdichten Daten basieren. Nurse scheint die »korrekte« wissenschaftliche Methode zu verkörpern. Er verfährt knallhart mit seinen Ideen. »Ich hatte nie das Gefühl, dass es sehr viel wert ist, einfach nur clevere Ideen zu haben. Sie sind nur etwas wert, wenn du sie auf Herz und Nieren geprüft hast.«

Nurse identifiziert den Wunsch, etwas auf Herz und Nieren zu prüfen, als Bestandteil von Intelligenz. »Es mag mit Stolz zu tun haben. Wenn ich eine Idee habe und diese mit Beobachtungen stützen kann, dann gehe ich damit nicht an die Öffentlichkeit, sondern betrachte sie von allen Seiten und auf unterschiedliche Weise und versuche, sie auseinanderzunehmen. Nur wenn sie dem standhält, fange ich an, darüber zu reden. Seine eigenen Ideen demontieren zu wollen, hat etwas für sich. Wenn sie das überleben, kann man sie nämlich sehr viel selbstbewusster vertreten.«

Als Nurse aufs Gymnasium kam und später dann an die Uni, war er umgeben von Kindern aus Elternhäusern, in denen es Bücher und Ermutigung gab. Das vermittelte ihm das Gefühl, über die Welt lernen zu müssen, weil andere Menschen so viel mehr wussten. Also abonnierte er die Zeitschriften *Times Literary Supplement* und *London Review of Books*, um eine breitgefächerte Bildung zu erhalten, und behielt das bis heute bei. »Möglicherweise wurde ich davon angetrieben, dass ich mich ein bisschen unzulänglich fühlte, aber vor allem lag es daran, dass es in der Welt da draußen so viele Dinge gab, über die ich Bescheid wissen wollte. Wir sind also wieder bei dieser ausgeprägten Neugier.«

Seine Neugier und Entdeckerlust zogen ihn zu den Biowissenschaften. In den Wissenschaften wie Astronomie oder Physik schienen die Fragen zu groß und schwierig, um sie anzugehen, und er wäre sich vorgekommen wie ein winziges Rädchen. Dagegen sind die Probleme in der Biologie Dinge, die man beobachten kann. Er zählte Spinnennetze im Garten und dachte über die korrespondierende Verteilung von Fliegen nach. »Ich konnte die Struktur des Atoms in meinem Garten studieren.«

Ich erwähnte, dass er das in seinem Kopf tun konnte, aber er sagte, er sei nicht in seinem Kopf gewesen, er habe ständig beobachtet und einen Zusammenhang zwischen den Dingen und der Welt hergestellt. Die Vorstellung des Verinnerlichens von Problemen und mathematisch darüber Nachdenkens war ihm fremd, völlig außerhalb dessen, was er in seiner nicht akademischen Familie begegnete. Das erinnert mich an Hilary Mantels Worte, dass sie nicht mehr mitkam, als die Mathematik in der Schule zu abstrakt wurde. Auch sie wuchs in einer nicht akademischen Familie auf (»Ich besuchte damals die schlechteste Schule in Derbyshire«), auch wenn sie außerhalb der Schule ein Bücherwurm war. Und es erinnert mich an die Psychologie der »Neigung«: Mantels sprachliche Fähigkeiten neigten in Richtung des Schreibens; Nurses Neugier über die Natur neigte zur Biologie.

Paul Nurses Kinder sind natürlich in einer akademischen, intellektuellen Familie aufgewachsen. Eine seiner Töchter ist Hochenergiephysikerin. »Sie gehört der nächsten Generation an, wuchs auf ganz andere Weise auf und ließ sich im Gegensatz zu mir offensichtlich nicht einschüchtern«, sagt er.

Während der Schulzeit wie auch in seinem übrigen Leben befand sich Nurse oft »abseits der Piste« – war anfällig dafür, imaginären Spuren zu folgen, zu Höhenflügen abzuheben. »Wenn ich auf interessante Weise jenseits der Piste unterwegs war, gingen meine Schulnoten nach oben, andernfalls gingen sie nach unten.« Und als er heranwuchs, wurde das Abweichen von der Piste lohnender. »Ich bin ziemlich einfallsreich, wenn ich über Lösungen nachdenke, aber ich falle immer wieder zurück auf das Experimentieren und Beobachten und Überprüfen. Womöglich wurzelt das sogar darin, dass ich gern die Welt betrachtete.«

Eingedenk einiger Themen, die ich untersuchen möchte – Gedächtnis und Sprachbeherrschung –, erwähne ich, dass intelligente Menschen darin bestimmt gut sind, aber er wiegelt ab. »Es hängt miteinander zusammen. Sie müssen sich daran erinnern können, dass *chien* Hund heißt«, sagt er. »Aber da ist noch ein Problem – meine Großeltern sprachen mit starkem Norfolk-Akzent.« Er imitiert einen ländlichen Akzent. »Ich lebte in London, wo man sich wegen meiner Art zu sprechen über mich lustig machte.«

Er erklärt, dass seine Unfähigkeit, Wörter »normal« auszusprechen (er meint ohne starken regionalen Akzent), ihn beim Erlernen von Sprachen behinderte und dass er nicht gut im Nachahmen sei. Sein Gedächtnis sei ein Problem, aber Dinge auf ungewöhnliche Weise zusammenzufügen sei eine echte Stärke. »Es ist das Herstellen von Verbindungen zwischen unterschiedlichen Teilen des intellektuellen Universums. Die meisten Menschen haben Schwierigkeiten damit. Es ist ein flächendeckender Heißhunger, aber kombiniert mit Logik. Ich setze Dinge zusammen und wende dann Logik an, und wenn das misslingt, verwerfe ich es.«

Es scheint so, als gäbe es hier ein verbindendes Element. Er stammte aus bescheidenen Verhältnissen und wollte nicht, dass irgendjemand seine Ideen widerlegte – möglicherweise hätten sie ihn dann als Tölpel abgetan.

Mittlerweile ist Nurse 68. Kognitive Fähigkeiten, extrem schnelles Denken und die Fähigkeit, ohne Vorkenntnisse Dinge ableiten zu können, nehmen ab den Dreißigern ab, aber kristalline Intelligenz – der Sie sich bedienen, wenn Sie Informationen über die reale Welt, Fakten, Zahlen und Erfahrungen brauchen – hält Ihr Niveau über mehrere Jahrzehnte.[26] Ich frage Nurse, was sich für ihn verändert hat.

»Ich weiß, dass ich nicht mehr so gut denken kann wie mit 30.«

Eines der Dinge, die im Alter verschwinden, ist die Fähigkeit, sich stundenlang auf etwas konzentrieren zu können. »Ich habe das bei meiner Physiker-Tochter gesehen: wie ein Laser auf ein Problem gerichtet, bis es verdampft. Ich glaube, dass ich mich jetzt zu leicht ablenken lasse, um mich noch derart konzentrieren zu können.«

Bis zu einem gewissen Grad kann er das kompensieren. »Die Denkvorgänge, die bei der Beschäftigung mit einem Problem ablaufen, habe ich früher bereits durchlaufen, deshalb weiß ich, was zu tun ist.« Außerdem entwickelt sich manchmal eine Form von Schlauheit, die ebenfalls helfen kann. Seine rein intellektuellen Bemühungen mögen schwächer geworden sein, aber Nurse hat Erfahrung – von der er mir noch etwas mit auf den Weg gibt.

»Wenn Sie eine Idee zur Erklärung eines Phänomens haben, ist es tatsächlich schwierig, sich eine andere Möglichkeit vorzustellen, und Sie fangen an, wie auf Gleisen zu laufen. Sie müssen Wege finden, aus den Schienen zu springen.«

Deshalb hat er ein paar Tricks, mit denen ihm das gelingt. Man darf nicht zu angestrengt arbeiten. »Wenn Sie ständig über das Problem nachdenken, laufen Sie unentwegt auf denselben Schienen.«

Lesen Sie etwas, das nicht unbedingt relevant ist, und tun Sie Dinge, die Sie zu einem Spurenwechsel zwingen. Nurse ist Pilot und das Fliegen zwingt sein Gehirn, die Spuren zu wechseln. »Wenn du da oben bist, denkst du an nichts anderes als daran, zu überleben. Und wenn du wieder zurück auf dem Boden bist, nachdem du über die Alpen gesegelt bist, betrachtest du alles buchstäblich auf andere Weise, denn du hast deinen Kopf aufgeräumt.«

Zu guter Letzt sagt er noch etwas über das Scheitern. »Sie können es nicht verhindern, zu scheitern. Fehler passieren ständig.« Sie müssen das akzeptieren, daraus lernen und, ganz entscheidend, weitermachen. Er sagt, dass es bei vielen seiner Ratschläge als Betreuer darum geht, die Menschen davon abzuhalten, deprimiert zu sein, wenn sie scheitern, und ihnen zu helfen, eine psychologische Herangehensweise zu entwickeln, um mit Scheitern umzugehen. Um Erfolg zu haben, muss man motiviert sein, aber Sie müssen dafür sorgen, dass Ihre Motivation stabil ist. »Wenn Sie berühmt werden wollen, wird Ihnen das vielleicht nie gelingen. Aber es gibt andere Motivationen. Meine ist die Neugier.«

2
ERINNERUNG

Erinnerung, das größte Geschenk der Natur,
und von allen das Wichtigste für dieses Leben.

PLINIUS DER ÄLTERE, 1. JAHRHUNDERT N. CHR.

Ich konstruiere meine Erinnerungen mit meiner Gegenwart,
ich bin in die Gegenwart zurückgeworfen, verlassen.
An die Vergangenheit versuche ich vergebens anzuknüpfen: Ich kann mir nicht entkommen.

JEAN-PAUL SARTRE, *DER EKEL* (1938)

Ich bin mehr als mein Gehirn, aber meine Erinnerungen sind das,
was mich ausmacht. Wenn ich mich also an nichts erinnern kann,
wer bin ich dann? ... Ich weiß nicht, wann es Zeit ist, zu gehen.

NICOLA WILSON, *PLAQUES AND TANGLES* (2015)

Ireneo Funes stürzte vom Pferd und verlor das Bewusstsein. Als er das Bewusstsein wiedererlangte, war er gelähmt, aber mit einem unfehlbaren Gedächtnis ausgestattet – übermenschlich, könnte man sagen. Er konnte sich an jeden Traum und Tagtraum erinnern, den er je gehabt hatte. »Er kannte die Formen der südlichen Wolken des Sonnenaufgangs vom 30. April 1882 und konnte sie in der Erinnerung mit der Maserung auf einem Pergamentband vergleichen, der ihm nur ein einziges Mal zu Gesicht gekommen war, oder mit den Linien der Gischt, die ein Ruder auf dem Río Negro am Vorabend des Quebracho-Gefechtes aufgewühlt hatte.« Funes, dessen Erinnerung nun grenzenlos war, entwarf ein System, bei dem er allen Zahlen bis 24 000 Namen gab. So hieß die Nummer 7013 zum Beispiel »Maximo Perez« und zu 7014 sagte er »Eisenbahn«.

Natürlich ist Funes nur eine fiktive Gestalt, ein Produkt des außergewöhnlichen Verstandes des argentinischen Schriftstellers Jorge Luis Borges. In seiner Kurzgeschichte *Das unerbittliche Gedächtnis* stellt er fest, dass Funes' Zahlensystem und die nicht weniger verwirrende mentale Katalogisierung sinnlos und für jeden außer ihm selbst nicht nachvollziehbar sind. Aber zumindest zeigen sie uns, was in seinem Kopf vor sich ging. »Sie gestatten uns einen flüchtigen Blick oder einen Rückschluss auf die verwirrende Welt, in der Funes lebt.«

Das ist die Art von Welt, die wir in diesem Kapitel erforschen wollen. Wir werden Menschen begegnen, die sich im Hinblick auf den Umfang und die Genauigkeit ihres Gedächtnisses an Funes annähern, aber umso erstaunlicher sind, da es sich um reale Menschen handelt. Und wir werden auch den anderen Weg gehen und sehen, inwiefern die Fähigkeit des Erinnerns empfindlich, verformbar und völlig unzuverlässig ist – und das ist auch gut so. Die Erinnerung ist genauso seltsam wie, und unter Umständen noch geheimnisvoller als, die absurdeste und schrägste Borges-Geschichte. Während wir voranschreiten, sollten Sie im Hinterkopf behalten, dass die Aussage »Sie hat ein erstaunliches Gedächtnis«, zwei Bedeutungen hat. Die erste ist, dass diese Person über die *Fähigkeit* verfügt, viele Informationen zu speichern. Die zweite bezieht sich darauf, dass der *Inhalt* bemerkenswert ist. Wir werden uns meistens auf die kognitive Fähigkeit konzentrieren.[27] Lassen Sie uns mit einer Zahl beginnen. Es ist eine, an die wir uns alle zumindest noch aus Schulzeiten schwach erinnern: Pi, das Verhältnis des Umfangs eines Kreises zu seinem Durchmesser. Sie beginnt mit 3,14159… und geht immer weiter. Sie ist unendlich und irrational und viele verfallen ihrer Faszination. Zum Teil mag die Anziehungskraft spirituell sein, für andere ist der Sog vielleicht eher eine »weil es da ist«-Begründung von Bergsteigern. Gedächtnissportler – wegen ihres intensiven Trainings so genannt – werden besonders von Pis Endlosigkeit angezogen.

Akira Haraguchi aus Kisarazu, nahe Tokio, zählte 2006, im Alter von 60 Jahren, 100 000 Nachkommastellen von Pi auf, eine Meisterleistung, die mehr als 16 Stunden dauerte. Für ihn repräsentiert Pi eine spirituelle Suche nach Bedeutung. »Pi-Stellen aufzusagen hat dieselbe Bedeutung wie das Skandieren des buddhistischen Mantras und das Meditieren«, sagt er. »Buddhas Geist steckt in allem, was kreist. Meiner Meinung nach ist Pi das ultimative Beispiel dafür.« Er ist Weltmeister, obwohl das Guinnessbuch der Rekorde seine Rezitation nicht aufgenommen hat.

Der offizielle Guinness-Rekordhalter ist der 23-jährige Rajveer Meena aus dem Sawai Madhopur Distrikt in Rajasthan, Indien. Am 21. März 2015 sagte Meena im Vellore Institute of Technology in Tamil Nadu 70 000 Nachkommastellen auf. Seine Augen waren dabei verbunden. Die Meisterleistung dauerte neun Stunden und sieben Minuten. Er erzählte mir, dass seine Erziehung einer der Faktoren sei, die ihn motivierten. Er wollte zeigen, dass er trotz seiner Abstammung aus einfachen Verhältnissen den härtesten Gedächtniswettbewerb der Welt gewinnen konnte.

Diese Gedächtniszauberer haben unterschiedliche Motivationen und setzen verschiedene Techniken ein. Aber im Wesentlichen übertragen beide die Zahlen in eine Geschichte. Wenn sie die Zahlen aufsagen, erzählen sie im Kopf eine Geschichte und übersetzen diese zurück in Zahlen. Haraguchi verwendet ein System, das auf Kana, den beiden Silbenschriften des Japanischen, basiert. Die ersten 50 Stellen dieses Systems lauten (übersetzt ins Deutsche): »Also, ich, dieses zerbrechliche Wesen, das seine Heimatstadt verlassen hat, um Seelenfrieden zu finden, wird in finsteren Ecken den Tod finden; man kann leicht sterben, aber ich denke positiv. Man kann nur hoffen, dass die Geschichte in den verbleibenden 100 000 Nachkommastellen noch ein bisschen Fahrt aufnimmt.«

Meena assoziiert Zahlengruppen mit Wörtern, so wie Funes in der Geschichte von Borges. Als ich mich mit ihm unterhielt, gab er mir ein Beispiel. »Ich gehe aus dem Haus und treffe Roger Federer, gehe in den Park, nehme mir ein Paar Jeans, fahre für 50 Dollar mit dem Taxi ins Büro, wo ich 100 Dollar verdiene.« Umgesetzt ist das die Zahl 749099950100: Ich (74) gehe aus dem Haus und treffe Roger Federer (90), gehe in den Park, nehme mir ein Paar Jeans (999), fahre für 50 Dollar mit dem Taxi ins Büro, wo ich 100 Dollar verdiene.

Er brauchte über sechs Jahre, um sich die Geschichte für eine Abfolge von 70 000 Nachkommastellen einzuprägen. Abgesehen davon, dass er dadurch zeigen konnte, der Weltbeste zu sein, »war es eine gute Methode, um Geduld und Selbstvertrauen zu fördern«, erklärt Meena mit ausdruckslosem Gesicht. Diese Qualitäten wurden auf die Probe gestellt während der siebenmonatigen Wartezeit, bis sein Versuch offiziell bestätigt wurde: »In der Nacht, nachdem ich vom Guiness World Records eine E-Mail bekam, dass mein Rekordversuch erfolgreich gewesen sei, konnte ich nicht schlafen. Immer wieder habe ich die E-Mail gelesen.«

Wenn ich die Menschen, die sich Pi einprägen, verstehe, komme ich der Sache vermutlich ein bisschen näher. Also scrolle ich ein bisschen durch eine Website, die Pi mit einer Milliarde Nachkommastellen auflistet.[28] Ich mache das nun schon eine Weile und der Scroll-Marker am Rand hat höchstens 5 Prozent seines Wegs bis zum Seitenende zurückgelegt. Ich habe den Eindruck, mein Verstand verknotet sich, wenn ich das zu lange mache. Die endlosen Zahlen erinnern an den Film *Matrix*, aber ich kann nichts in ihnen erkennen, weil da nichts zu erkennen ist. Pi ist unendlich und wurde bisher bis auf 22 Billionen Nachkommastellen berechnet. Niemand hat (bisher?) diese Zahl online gestellt. Ich kehre zurück zum Anfang der Nachkommastellen, 3,14159 … und kopiere die ersten 22 514 Nachkommastellen heraus. Das ist nur ein Bruchstück (auch eine Billion Nachkommastellen einer unendlichen Zahl sind nur ein Bruchstück) und betrachte die Zahlen mit mehr Muße.

Das erinnert mich an eine andere Erzählung von Jorges Luis Borges *Die Bibliothek von Babel*, in der es um eine riesige Bibliothek aller möglichen Bücher geht, die sämtliche Kombinationen des Alphabets enthalten. Der überwiegende Teil der Buchstabenkombinationen scheint unsinnig, aber ab und zu findet sich doch ein verständliches Wort oder gar ein zusammenhängender Satz. Die Menschen in der Bibliothek verbringen ihr Leben mit der Suche nach Büchern, die eine Bedeutung haben. Wenn ich mein Bruchstück von Pi betrachte, entdecke ich seltsame Zahleninseln: gehäuft Wiederholungen der Zahl Neun, eine kurze Reihe von Nullen und eine, die aussieht wie zweistellige Zahlen oder Bereiche, in denen sich stachelige Siebener wie ein Leiterspiel-Zickzack durch die Ziffern schlängeln. Aber das ist auch schon alles. Ich erkenne hier keine Bedeutung und ich verstehe auch nicht, dass Menschen sich in diese Zahlen vertiefen können. Und wie soll man sich all diese Zahlen merken?

Für Daniel Tammet haben diese Zahlen jedoch eine Bedeutung. Für ihn haben Zahlen eine Aura. Sie haben Farbe, Struktur, Form – und seltsamerweise sogar Gefühl. Zum Beispiel ist für Tammet die Zahl vier blau, aber sie ist auch eine schüchterne Zahl, eine, der er sich wegen seiner eigenen Schüchternheit nah fühlt. Sie ist sein Spitzname. Eine Zahl kann glühen, zwinkern und vielleicht sogar knurren. Zahlenreihen bilden ganze Sätze von Gefühlen.

Der 38-jährige Tammet ist Bestsellerautor und Übersetzer. In Großbritannien geboren, lebt er heute in Paris, wo ich mit ihm an einem drückend heißen Junitag in einem kühlen Bio-Restaurant in Saint-Germandes-Prés verabredet bin. Vor unserem Treffen stelle ich mein Gedächtnis doppelt auf die Probe. Früher kannte ich mich in dieser Gegend ziemlich gut aus, also spaziere ich in der Hitze durch die alten Straßen und suche nach vertrauten Plätzen (mein Lieblings-Austerngeschäft, Huîtrerie Régis, ist ganz in der Nähe). Außerdem hole ich mein Französisch aus der Versenkung und stelle erfreut fest, dass es nicht völlig eingerostet ist. Lächelnd erinnere ich mich an ein ausgedehntes Mittagessen, bei dem ich einmal bei Régis 21 Austern verzehrt habe.

Tammet ist ein polyglotter Mensch, der etwa zehn Sprachen spricht und zudem über die Eigenschaft der Synästhesie verfügt, ein neurologisches Phänomen mit der Konsequenz, dass Tammet beim Hören von Wörtern gleichzeitig Farben sieht. »Drei ist grün, fünf ist gelb und neun ist blau – sehr blau, ein andres Blau als vier«, erzählt er mir. Tammet ist orange. Rowan ist rot, Hooper ist weiß. (Eine angenehme Kombination, wie ich erleichtert erfahre.) Tammet verfügt zudem über eine Inselbegabung und leidet nach eigenen Angaben unter dem Asperger-Syndrom. Sein IQ beträgt 150 oder 180, »je nachdem, welche Skala« man benutzt.

Es kommt mir seltsam vor, dass die IQ-Testergebnisse bei ein- und derselben Person derartig abweichen können, aber ich lasse es mal dabei bewenden – weitaus mehr überrascht mich, dass er genauso wie John Nunn darauf beharrt, dass der IQ lediglich misst, wie gut man darin ist, diesen Test zu absolvieren, und dass er »die Intelligenz auf eine Zahl reduziert«. Es ist bedeutungslos, sagt Tammet. Und wieder ist es wie bei einem Milliardär, der uns sagt, dass Geld nicht alles sei.

Aber ich bin nicht hier, um mit ihm über den IQ zu reden. Ich möchte hören, wie – und warum – er einen europäischen Rekord für das Aufsagen von Pi aufgestellt hat. Er brauchte dafür gerade einmal etwas mehr als fünf Stunden und nannte 22 514 Nachkommastellen.

Tammet ist das älteste von neun Kindern. Er sagt, dass die Notwendigkeit, als Kind mit so vielen Geschwistern umzugehen, die antisozialen Auswirkungen seines Autismus in gewissem Maße beeinflusst habe. Außerdem sei sein Autismus relativ mild ausgeprägt. Er stellt genauso viel Blickkontakt her wie eine nicht-autistische Person, sagt jedoch, dass er sich daran erinnern muss, das zu tun. Als Kind fiel es ihm schwer, Freundschaften zu schließen und zu kommunizieren. Seine erste Sprache waren Zahlen. In der Schule fühlte er sich von Pi angezogen, war jedoch überwältigt von der Vorstellung einer unendlichen Zahl. In den Zwanzigern spürte er immer noch diese Anziehungskraft und druckte sich 20 Seiten mit Nachkommastellen von Pi aus, eintausend Nachkommastellen je Seite, und vertiefte sich darin. Im Grunde kommunizierte er mit der Zahl.

»Ich betrachtete die Zahlen und entdeckte Gefühle und Formen – für mich ist es wie ein Gedicht, wie Baudelaire auf Französisch oder Shakespeare auf Englisch. Pi ist wie ein in Zahlen geschriebenes Gedicht. Und je weiter ich in diese Zahl eintauchte, desto mehr Sinn ergab sie. Denn desto mehr Material hatte ich, um sie zu verstehen, ihr eine Farbe zu geben.« Das erinnert mich daran, wie Haraguchi davon gesprochen hat, die buddhistische Bedeutung zu finden, je tiefer er in Pi eintauchte.

Tammet schuf aus Pi ein emotionsgeführtes Gedicht und trug es öffentlich vor, in Oxford. Für ihn war es wie das Vortragen eines echten Gedichtes oder die Darbietung eines Schauspielers. »Es war in der Sprache der Zahlen und die Menschen im Publikum waren sehr gerührt, denn obwohl es nicht ihre Muttersprache war«, sagt er, »obwohl es nicht einmal eine Sprache war, die sie verstehen konnten, war ich in der Lage, die Zahl mit meinem Atem, meiner Artikulation, meinem ganzen Ausdruck zu verkörpern. Ich nutzte Zahlen als Sprache und schien eine Wirkung auf Menschen zu haben.«

Wenn Haraguchi Pi als buddhistisches Mantra rezitiert, und Meena, um sein Dorf stolz zu machen und Rekorde zu brechen, so ist Tammets Motivation einfacher: Es geht um Kommunikation.

Während seiner Pi-Phase, hat er da von Pi geträumt? »In dem Moment, bevor ich einschlief, sah ich die Zahlen vor meinen Augen aufblitzen, die Formen, die Farben, die Gefühle und die Bedeutungen, die besondere Bedeutung, sich allein zu fühlen oder zu fürchten«, sagt er. Bedarf es dafür womöglich Mut? »Es gibt Augenblicke bei Pi, da fühlst du dich ganz auf dich allein gestellt. Bei den ersten tausend Nachkommastellen fühlst du dich wie der einzige Mensch im Universum und das ist beängstigend. Und dann geht die Geschichte weiter, du wechselst auf eine andere Ebene.«

Das Rezitieren strengt körperlich an. Meena sagt, dass er während der neun Stunden seiner Rezitation unter Durchfall und Fieber litt und die Zahlen kaum über die Lippen bekam. Tammet sagt, er wisse nicht, wie Schauspieler das bei langen Aufführungen machen würden, aber man brauche Mut für die psychologischen Höhen und Tiefen, die aus den mit Gefühlen getränkten Zahlen hervorgehen.

»Einige Leute sagten hinterher, sie hätten Tränen in den Augen gehabt, und ich muss Tränen in meiner Stimme gehabt haben«, erzählt Tammet. »Es war seltsam, denn ich habe gezählt, aber auch erzählt … Es war etwas, das mich von den Menschen ferngehalten hat, das mir schließlich half, direkt zu kommunizieren.« Sein Bericht erinnert mich an das, was Mark Rylance gesagt hat, was er habe tun müssen, nachdem er in dem Stück *Jerusalem* den Rooster Byron gespielt hat. Die Vorstellung war so intensiv und überwältigend, dass er sich anschließend zu einem Ball zusammenrollte und erst wieder sammeln musste – sich zurückholen musste. »Ich brauchte Mut, denn es gab beunruhigende Momente«, erzählt Tammet. »Aber ich wusste, dass sich etwas Schönes oder Ermutigendes ergeben würde.«

Daniel Bor und seine Kollegen am Fachbereich Psychologie der Universität von Cambridge unterzogen Tammet einer Reihe von Tests, einschließlich eines Gehirnscans und einer psychologischen Messung mittels der Navon-Aufgabe. Dabei werden dem Probanden eine Reihe großer, »globaler« Zeichen gezeigt – Buchstaben oder Zahlen –, die sich aus vielen kleinen, »lokalen« Kopien eines anderen Zeichens zusammensetzen. Der Proband sieht also zum Beispiel eine große 3, die sich aus vielen kleinen 7 zusammensetzt und muss die 7 identifizieren. Tammet war schneller als der Durchschnitt beim Identifizieren der lokalen Zahl und ließ sich weniger von der globalen Zahl ablenken.

Seine Synästhesie ist also von einer speziellen Art.

Wie Bor es in seinem Artikel formuliert: »Anscheinend generiert diese einen strukturierten, in viele Stücke zergliederten Inhalt, die das Verschlüsseln von Ziffern verbessert und sowohl beim Erinnern wie auch beim Rechnen unterstützt.«[29] Als »Chunking« (Bündelung) bezeichnet man das Portionieren sprachlicher Informationen in vertrautere Einheiten, damit sie im Arbeitsgedächtnis gut verarbeitet werden können, und wird oft von Gedächtnissportlern verwendet. Zum Beispiel kann man sich die Zahl 10271962 als Oktober 27, 1962 merken. Tammets Autismus und Synästhesie haben ihn anscheinend beim Merken von Pi unterstützt.

»Tammet hat eine Veranlagung, sich auf die Details dessen zu konzentrieren, was er zu lernen versucht – zum Beispiel die Beziehungen zwischen Zahlen oder die besonderen Eigenschaften von Fremdwörtern – wie sie klingen und mit welchen synästhetischen Details sie möglicherweise verknüpft sind, mit denen er seine Erinnerung unterstützen kann«, sagt Bor. »Ich würde vermuten, dass diese lokalpatriotische Vorgehensweise seine besondere Form von Synästhesie verstärkt.«

Mit anderen Worten sah Tammet Pi in synästhetischen Bröckchen (Chunks), die er mit bestimmten Farben und Emotionen assoziiert hat, und verknüpfte diese Bröckchen zu einer Geschichte. »Er nutzte eine Methode der Gedächtnisstützen, aber eine, die eng mit seiner Synästhesie verbunden ist«, erklärt Bor.

Menschen, die ihr Gedächtnis trainieren, sind als Gedächtnissportler bekannt. Stellen Sie sich diese nicht wie Rocky vor, der die Treppen des Philadelphia Museum of Art hinaufrennt, sondern wie sie sich über einen Tisch beugen und angestrengt versuchen, sich die Reihenfolge der Karten in einem Kartendeck zu merken. So trainieren sie. Wenn Sie wollen, können Sie im Kopf ja trotzdem die Titelmelodie von *Rocky* abspielen.

Auf Regional- und Landesebene finden Wettbewerbe statt und einmal im Jahr werden die World Memory Championships ausgetragen, durchgeführt vom World Memory Sport Council.[30] 2016 wurde ein 25-jähriger amerikanischer Medizinstudent namens Alex Mullen Weltmeister. Unter anderem war Mullen als erster Mensch in der Lage, sich in weniger als 20 Sekunden die Reihenfolge eines gemischten Kartendecks zu merken, und der erste, der sich 3000 einstellige Zahlen in einer Stunde merken konnte.

Wie Daniel Tammet und auch alle anderen Gedächtnissportler nutzt er Techniken, um Informationen in eine Form zu kodieren, die sie einprägsamer machen. Unsere Gehirne lernen nicht gut, wenn wir einfach nur versuchen, sie mit Rohinformationen vollzustopfen – wir müssen ein Bezugssystem zur Verfügung stellen, mit dem das Gehirn vertraut ist. Das liegt daran, dass der beim Verarbeiten kurz- und langfristiger Erinnerungen involvierte Teil des Gehirns, der Hippocampus, auch in das Verarbeiten von Emotionen und die räumliche Navigation einbezogen ist. Für Tammet war die emotional-gesteuerte Geschichte, die er aus den Zahlen konstruierte, das Bezugssystem. Sobald er sich einmal die Geschichte gemerkt hatte, konnte er sie zurück in Zahlen übersetzen. Er »zerbröselte« die Nachkommastellen also in Gruppen, und verband diese zu einer Geschichte, auf ähnliche Weise wie Haraguchi und Meena aus den Bröckchen von Pi eine Geschichte webten.

Man braucht keine besonderen Fähigkeiten oder die Unterstützung von Synästhesie, um das zu bewerkstelligen. Sie müssen einfach nur trainieren. Jeder kann das tun, wie der Wissenschaftsjournalist Joshua Foer demonstrierte, als er über die Gedächtnismeisterschaft schrieb und entschied, diese Fähigkeiten selbst zu erlernen. Am Ende gewann er

2006 die US Memory Championship und stellte einen Rekord in der »speed card«-Disziplin auf (er merkte sich ein Kartendeck in einer Minute und 40 Sekunden).

Ich unterhielt mich mit Martin Dresler vom Donders Institute of Brain, Cognition and Behaviour am Radboud University Medical Centre in den Niederlanden. Er hatte gezeigt, dass jeder die Techniken von Gedächtnissportlern nutzen kann, um ein Meister zu werden. Als Erstes fertigte Dresler von 23 der weltweit erfolgreichsten Gedächtnissportler eine Kernspintomografie an. Diese Sportler hatten Hunderte, wenn nicht gar Tausende Stunden ihre Erinnerungsmethoden trainiert. Die meisten verwenden die sogenannte Loci-Methode, auch bekannt als die Gedächtnispalast-Methode. Bei dieser Methode stellen Sie sich einen Ort vor, der Ihnen bestens bekannt ist, in der Regel Ihr Haus, und Sie bestücken einen Weg durch das Haus mit Gegenständen, entsprechend der Liste von Dingen, die Sie lernen müssen. Es ist wie Meenas Beispiel vom Spaziergang durch den Park und der Begegnung mit Roger Federer. Je ungewöhnlicher, überraschender, gar beunruhigender die Bilder sind, desto einprägsamer sind sie. Indem sie der Route in Ihrem Kopf folgen, können Sie die Gegenstände längs des Weges einsammeln und sie zurück in die Liste übersetzen.

Als Dreslers Team die Ergebnisse des fMRI überprüfte, fanden sie keine strukturellen Unterschiede zwischen dem Gehirn eines Gedächtnissportlers und dem untrainierter Menschen. Sie entdeckten lediglich Unterschiede bei der Gehirnaktivität, und auch dann nur, wenn sich die Sportler ausruhten.[31]

Anschließend schulte Dresler Freiwillige, die Anfänger in Bezug auf die Gedankenpalast-Methode waren, sechs Wochen lang darin. Danach hatte sich ihre Fähigkeit, sich Wörter von einer nach dem Zufallsprinzip zusammengestellten Liste zu merken, verdoppelt. Zudem hatte das Aktivitätsmuster ihres Gehirns angefangen, sich demjenigen anzunähern, das sich bei den Meistern der Erinnerung gezeigt hatte.

Anscheinend kann jeder ein Superstar des Erinnerns werden. Unser potenzielles Erinnerungsvermögen ist riesig, der Schlüssel liegt darin zu verstehen, wie es entstanden ist, und sich auf seine Stärken zu besinnen. »Für unsere Vorfahren gab es im Grunde keinen evolutionären Druck, abstrakte Informationen zu speichern«, sagt Dresler, »wohingegen die Erinnerung an visuospatiale Informationen – den Weg nach Hause oder zu Fütterungsplätzen oder Treffpunkten – für die meisten Tiere essenziell ist.«

Den evolutionären Kontext des Erinnerns zu verstehen ist entscheidend für das Erkennen seiner Verletzlichkeit im Hinblick auf Fehlinformationen. Im ersten Moment scheint es gegen die eigene Intuition zu verstoßen, dass wir Daten in sperrige Formen kodieren, um uns mehr Informationen merken zu können – wir müssen Orte mit Pinguinen und Raumstationen und Roger Federer erschaffen; wir müssen mehr Informationen erschaffen, um uns weniger zu merken – aber Dresler erklärt, woran das liegt.

»Unser Gehirn ist biologisch gesehen immer noch hauptsächlich darauf angelegt, sehr konkrete visuospatiale Informationen zu entschlüsseln, und sehr viel weniger für abstrakte Informationen geeignet. Das Entschlüsseln über einen zusätzlichen Schritt des Transformierens von abstrakter Information in visuospatiale Darstellung und dem Kodieren zusätzlicher Information ist effizienter, als abstrakte Informationen direkt zu entschlüsseln.«

Wir lernen, indem wir uns Geschichten anhören, und wenn wir uns Geschichten ausdenken, können wir lernen, uns zu erinnern. Sämtliche Gedächtnissportler, mit denen Dresler arbeitete, sagten, sie hätten keine angeborene Fähigkeit. Alles, was sie tun, ist erlernt. Aber es gibt eine Art von außergewöhnlichem Gedächtnis, mit der man anscheinend geboren wird.

Ich warte vor einem riesigen Bronzekopf von Nelson Mandela. Die Büste steht neben der Royal Festival Hall an Londons South Bank. Es sind noch ein paar andere Menschen hier, eine Frau mit roten Haaren und ein Mann in Trenchcoat und schwarz geränderter Brille. Andere Leute bleiben stehen, um sich neben der Statue fotografieren zu lassen. Ich trage schwarze Jeans, Lederstiefel, ein gestreiftes, langärmeliges Baumwollhemd und einen khakifarbenen Mantel. Ich erspare Ihnen detaillierte Angaben über meine Socken und die Unterwäsche, möchte aber noch anmerken, dass in meiner Jeans ein (kleiner) Riss war, zu dem es kam, als ich die Woche davor durch das Labyrinth im Jardin des Plantes in Paris gekrochen war. Während ich warte, studiere ich Mandela. Er wirkt noch jung, eher wie der kühne Anführer als der ältere Staatsmann. Die Wolken am Himmel sehen bedrohlich nach Regen aus. Ein junger Mann mit hellen Haaren nähert sich. Er ist größer als ich, trägt schwarze Jeans, ein offenes, helles Hemd über einem schwarzen T-Shirt. Im linken Ohrläppchen hat er einen kleinen silbernen Ring. Er streckt die Hand aus und nennt meinen Namen.

Wenn ich das alles nicht an jenem Morgen sofort nach dieser Begegnung aufgeschrieben hätte, hätte ich sämtliche Details sehr schnell vergessen. Dabei ereignete es sich erst gestern. Fragen Sie mich, was ich am Montag vor zwei Wochen gemacht habe, und ich hätte Mühe, mich zu erinnern, ganz davon zu schweigen, was ich an jenem Tag angehabt habe und wie das Wetter war. Und doch erinnern sich manche Menschen an diese Art von Details und noch an andere, für jeden Tag in den vergangenen Jahren, sogar Jahrzehnten. Sie verfügen über eine sogenannte HSAM (Highly Superior Autobiographical Memory oder: Hyperthymestisches Syndrom).

Zum ersten Mal offiziell beschrieben wurde es 2006, als eine Frau namens Jill Price in Kontakt mit James McGaugh von der University of California, Irvine, kam. Es stellte sich heraus, dass Price in der Lage war, sich riesige Mengen – offen gesagt nicht gerade bemerkenswerter – Informationen exakt zu merken, so wie die zuvor genannten, und zwar für jeden Tag der vergangenen 30 Jahre. »Angefangen mit dem 5.

Februar 1980 erinnere ich mich an alles«, sagte sie. »Das war ein Dienstag.« Sie können ihr wahllos ein Datum nennen – und McGaugh und sein Team nannten ihr viele –, und sie nennt Ihnen den Wochentag und was sie gemacht hat. Zum Beispiel am 3. Oktober 1987? »Das war ein Samstag. Habe das ganze Wochenende in meinem Apartment herumgehangen. Trug den Arm in einer Schlinge, weil ich mich am Ellenbogen verletzt hatte.« Die Wissenschaftler konnten Details mit Einträgen in Tagebüchern vergleichen, die Price jahrelang geführt hatte, und anhand von Kalendern die Wochentage überprüfen. Sie verfügt tatsächlich über eine unfehlbare Erinnerung, die von den Medien schnell als »lückenlose Erinnerung« bezeichnet wurde.

Seither wurde HSAM bei noch mehr Menschen bestätigt, einschließlich der Schauspielerin Marilu Henner (sie spielte in den 1980ern in der Sitcom *Taxi* die Elaine). HSAM ist eine angeborene Art von Supergedächtnis. Das unterscheidet sich von erlernten Fähigkeiten, wie das Rezitieren von Pi, bei dem Gedächtnisstützen verwendet werden. Diese HSAM-Menschen merken es sich einfach.

Ich will das besser verstehen. *Wie* tun sie das? Wie fühlt es sich an, den Kopf so vollgestopft mit Erinnerungen zu haben? »Die meisten bezeichnen es als Gabe, aber ich nenne es eine Last«, sagte Price. »Jeden Tag gehe ich im Kopf mein ganzes Leben durch und das macht mich verrückt!«

Vielleicht können Menschen mit HSAM uns etwas darüber sagen, was Erinnerung ist und wie sie gespeichert wird. Ich erinnere mich an einen Harry-Potter-Film, in dem Dumbledore mit seinem Zauberstab Erinnerungen aus Harrys Kopf zieht. Es fällt mir schwer, die Vorstellung von einer Erinnerung als einem flaumigen, rankenartigen Gebilde loszuwerden. Welche Form hat eine Erinnerung und wie erlangen wir Zugang zu ihr? Ich frage Julia Shaw, Psychologin an der London School of Economics und Autorin von *The Memory Illusion*. »Eine Erinnerung«, sagt sie, »ist ein Netzwerk von Neuronen, die physikalisch miteinander verbunden sind und zusammen ›summen‹, das heißt, auf derselben Wellenlänge funken.«

Ein Netzwerk ist eine physische Struktur, eine Erinnerung hat also tatsächlich eine Form. Sie ist wie ein Spinnennetz im Kopf. Eine Erinnerung wird aktiviert durch das Losschicken einer »Sonde« – wie das Auswerfen einer Angel, an deren Haken kein Wurm hängt, sondern eine Recherche. Angenommen, die Recherche bezieht sich auf einen Strand. Damit verbundene Erinnerungen werden aktiviert. »Automatisch werden jene Vorstellungen aktiviert, die die stärkste Beziehung zu dieser Recherche aufweisen«, erklärt Shaw. »Zum Beispiel der Strand, an dem ich kürzlich in Florida gewesen bin. Sobald diese Erinnerungen abgerufen werden, prüfen wir, ob es die gesuchte ist.« Vielleicht möchte ich nicht über diesen *Strand in Florida* nachdenken, also verfeinere ich meine Untersuchung zu *schwarze Sandstrände*, und ich erhalte die richtige Erinnerung an einen *schwarzen Sandstrand in Neuseeland.* Dieses Bild von der Angelschnur werde ich mir merken.

Der junge, hellhaarige Mann, der größer ist als ich und meine Hand schüttelt, ist Aurélien Hayman und er hat HSAM. Er ist 25. Seit etwa seinem 14. Lebensjahr erinnert er sich an jeden Tag seines Lebens. An einem ruhigen Tisch in der Royal Festival Hall trinken wir ein Bier. Die Flasche hatte ein himmelblaues Etikett, es war ein regionales helles Bier, von der Brauerei … nein, ich weiß es nicht mehr.

Bei Jill Price, die sagt, ihre Erinnerung sei »pausenlos, unkontrollierbar und automatisch«,[32] schien die Fähigkeit quasi über Nacht gekommen zu sein, aber Hayman hat nur eine vage Vorstellung davon, wann es einsetzte. »Ich weiß nicht, wann es passierte. Ich dachte immer, es sei wie ein Party-Kunststück, etwas, das ich einfach konnte. Es ist nicht so, dass ich mir den Kopf gestoßen habe und es dann plötzlich anfing.« Er sah eine Dokumentation, dass es auf der Welt eine Handvoll Menschen gibt, die sich an jeden Tag ihres Lebens erinnern können, und dachte ›Das bin ich‹ und googelte das Phänomen.

Das führte, dominosteinmäßig, zu einem Treffen mit der Erinnerungsforscherin Giuliana Mazzoni von der University of Hull, zu wissenschaftlichen Forschungen, Medienberichten, Fernsehauftritten und einer Dokumentation auf Channel 4.

Ich nahm Verbindung auf mit der 27-jährigen Rebecca Sharrock aus Brisbane, Australien, die unter einer extremen, beinahe Funes-mäßigen Form des Phänomens leidet. »Immer, wenn ich eine Erinnerung durchlebe, ist sie anschaulich detailliert«, sagt sie. »Alle meine Gefühle, die ich mit dem Ereignis verbinde, kommen zurück, genauso wie alles, was meine fünf Sinne bei dem Erlebnis wahrgenommen haben.«

Als ich sie um ein Beispiel bat, erzählte sie, dass sie jedes Jahr an ihrem Geburtstag zurückblende zu einer ihrer glücklichsten Erinnerungen. Es ist ihr siebter Geburtstag. »Ich rieche den Duft von Jasmin und sehe Bilder eines rotgoldenen Sonnenuntergangs. Da ist wieder diese Aufregung, bevor ich meine Geschenke öffnete.« Sie zählt die Geschenke auf, die sie in jenem Jahr bekommen hat, 1996: eine Prinzessinnentiara, ein Spielzeugpony und ein Puppenhaus. Aber da ist auch das, was sie als intrusive Erinnerungen bezeichnet – ungewollte Erinnerungen an Momente voller physischer und emotionaler Schmerzen. Sie kann sich daran erinnern, wie sie sich das Knie aufgeschürft hat, und mit der Erinnerung kommt ein Phantomschmerz. »So unangenehm wie Schmerz ist, das erneute Durchleben negativer Gefühle ist sehr viel schlimmer.«

Lange Zeit war es zermürbend, HSAM zu haben. »Ich dachte, alle würden sich so erinnern wie ich«, sagt sie. »Ich dachte lediglich, dass die meisten Menschen besser darin sind, mit ihren emotionalen Rückblenden umzugehen. Das deprimierte mich und zehrte mich aus.« Aber nun weiß sie – durch den Besuch in Craig Starks Labor an der University of California, Irvine –, dass sie mit diesem Syndrom nicht allein steht. »Ich bin jetzt viel glücklicher.«

Auch Sharrock ist insofern ungewöhnlich, als sie unter Autismus leidet und sämtliche Harry-Potter-Bücher auswendig kann. Die Bücher haben ihr geholfen, sich über Wasser zu halten, wenn sie schlafen wollte und die Erinnerungen sie überfluteten. Ich bat sie, mir eine Lieblingsszene zu schildern. Sie sagt, dass es in Anbetracht unseres Gesprächsthemas die sein müsse, in der Harry mithilfe eines Zaubertranks Professor Slughorn die wahre Erinnerung an das, was dieser einst zu Voldemort gesagt hatte, entlocken will. »Dieser Abschnitt bedeutet mir selber viel, denn Slughorn beschreibt genau, wie ich mich selbst bei beschämenden Erinnerungen fühle.«

Stark sagt, dass Sharrock ein gutes Beispiel dafür sei, dass es HSAM in schwächeren und stärkeren Formen gibt: »Auch die Palette der autobiografischen Fähigkeit ist breit gefächert. Einige schneiden in den Tests besser ab als andere, aber alle liegen weit über den Fähigkeiten des Durchschnittsmenschen.«

So wie Hayman *seine* Erinnerung beschreibt, ist sie keine Bürde. »Es wird oft als Segen oder Fluch bezeichnet, aber für mich ist es einfach eine Facette dessen, wer ich bin. Wenn Menschen fragen, ›Inwiefern beeinflusst es deinen Alltag?‹, nun ja, das tut es nicht wirklich.« Hayman hat seine HSAM völlig unter Kontrolle. »Ich wache nicht morgens auf und denke, ›Oh, wir haben den 5. Juni und lasse dann alle anderen 5. Junis in meinem Kopf Revue passieren. Wenn mich jemand nach einem in der Vergangenheit liegenden Datum fragt, kann ich mich manchmal nicht daran erinnern. Es gibt leere Flecken.«

Dies scheint ein guter Moment, um ihn auf ein zufällig gewähltes Datum anzusprechen. Sagen wir mal, der 1. Mai 2005. Es folgt eine lange Pause. Er starrt aus dem Fenster, schaut offenbar in die Vergangenheit. Ich stelle mir vor, wie er unzählige Aktenschränke durchgeht. »Es gibt nichts, an das ich mich unmittelbar erinnern kann«, sagt er.

Ich vergesse, dass er 2005 erst 13 Jahre alt war. Ich weiß nicht, was ich erwartet habe – computermäßiges Abrufen eines Datums und sofortige Aufzählung sämtlicher Dinge, die an jenem Tag passiert sind? –, aber er fährt fort, nach Details zu jenem Datum zu suchen, so wie wir es alle tun, wenn wir versuchen, uns an etwas zu erinnern. Dann macht es klick und er schnipst mit den Fingern. »Ich hab's«, sagt er. Plötzlich hat sich das Bild geklärt. »Es war ein Sonntag.« (Ich überprüfe das später und stelle fest, dass es stimmt.) »Mein Dad, meine Mum und ich sind an diesem Tag raus in die Chiltern Hills gefahren und haben in einem Pub zu Mittag gegessen. Ich erinnere mich an jede Menge Zeug von diesem Tag – Kleidung und Wetter –, aber das ist für Sie vermutlich banal.«

Ich bitte ihn, den Moment zu beschreiben, als er versucht hat, sich an den Tag zu erinnern.

»Wenn die Erinnerung nicht sofort auf der Hand liegt, dann nutze ich so eine Art Fixpunkte im Kopf. Ich habe also überlegt, ›mein Geburtstag ist der 27. April und etwa um diese Zeit war der Feiertag‹ … du gehst in deinem Kopf herum und findest es.«

Das klingt nach dem, was Julia Shaw über Recherchen und das Suchen nach damit verbundenen Erinnerungen gesagt hat. Wenn ich über Erinnerungen nachdenke, stelle ich fest, dass sie nach dem Ort gruppiert sind, an dem ich mich zu dem Zeitpunkt aufgehalten habe, zum Beispiel mein Apartment in Tokio oder meine Wohnung in Dublin. Ich finde es sehr viel schwieriger, meine Erinnerungen nach Zeiten als nach Orten zu ordnen, aber genau das können Menschen mit HSAM offenbar. »Für Menschen mit HSAM sind Daten der optimale Hinweis, aber es scheint auch eine Art von Kettenreaktion zu geben. Wenn sie dank des Datums etwas abrufen, sind sie auch in der Lage, einige der erhaltenen Elemente als Hinweise für andere Erinnerungen zu nutzen«, erklärt Mazzoni. Wenn man ihnen genug Zeit gibt, können sie sehr viel mehr abrufen, wenn auch nicht jedes einzelne Ereignis in ihrem Leben.

»Die Menschen denken, dass man ein grenzenloses Erinnerungsvermögen haben muss, ein riesiges Fassungsvermögen, um sich all dieses Zeug zu merken«, sagt Hayman. Er glaubt jedoch nicht, dass sein Gedächtnis umfangreicher ist als das anderer Menschen; es scheint einfach nur auf eine Weise organisiert zu sein, die es ihm ermöglicht, an der richtigen Stelle Dinge hervorzuholen. »Es gibt eine Art von Begehbarkeit, die passend für mich eingestellt ist.« Wenn ich nur wollte, so vermutet er, könnte auch ich mich daran erinnern, was an einem bestimmten Tag passiert ist. Vielleicht, aber wenn ich unbedingt will, *bilde* ich mir möglicherweise auch nur *ein*, dass ich mich an das Ereignis erinnern kann. Und das kann verheerende Folgen haben, wie wir noch sehen werden. »Unter den richtigen Bedingungen sollten viele Menschen in der Lage sein, mehr abzurufen«, sagt Mazzoni. Deshalb findet sie HSAM so faszinierend: Es verschafft uns einen kleinen Einblick in die potenzielle Fähigkeit des Langzeitgedächtnisses. Basierend auf HSAM und anderen Phänomenen, so glaubt sie, verfügen wir vermutlich über mentale Repräsentationen von wesentlich mehr Erlebnissen als jene, die wir in einem bestimmten Moment abrufen können.

Okay, ich verstehe nun, wie Hayman sich Zugang zu seinen Erinnerungen verschafft. Aber woher weiß er, zu welchem Tag die Erinnerungen gehören? Mir fällt es ja sogar manchmal schwer, mich zu erinnern, welchen Tag wir gerade haben. Wie kann ich mich also Jahre zurückerinnern? Hayman zuckt mit den Schultern – er weiß auch nicht, wie das funktioniert. Aber wenn ich so darüber nachdenke, selbst wenn ich einen Tag durchgehe, ohne explizit zu sagen, um welchen Wochentag es sich handelt (während ich das hier schreibe, blitzt in meinem Kopf unaufgefordert eine Erinnerung an *Der Pate* auf, und ich höre Michael Corleones sizilianische Frau sagen, »Montag, Dienstag, *Donnerstag*, Mittwoch …«). Auch wenn ich glaube, nicht zu wissen, welchen Tag wir haben, so weiß ich es natürlich doch, tief in meinem Innern. Es wird nur derartig als gegeben hingenommen, wie die Sonne und der Regen, wie das Atmen, dass wir denken, wir würden es gar nicht bemerken.

Ich konfrontiere Hayman mit einem anderen Datum – 9. Juli 2012.

»Lassen Sie mich mal nachdenken.« Er schaltet in seinen Abrufmodus, starrt aus dem Fenster, und ich stelle mir vor, wie sich Gedanken herausschlängeln und die aus dem Nebel ragenden Schilder packen.

»Es ist ein Montag.« Richtig, wie ich später überprüfe. »Ich erinnere mich … Das war der Tag, an dem ich für die Dokumentarsendung gefilmt wurde.« Er lacht, weil ich zufällig diesen Tag erwischt habe. »Ich weiß noch, was ich anhatte, aber das liegt nur daran, dass ich es in dieser Doku trage. Am Vortag war Wimbledon und mein Heuschnupfen war zu der Zeit ziemlich schlimm. Wenn Sie wollen, kann ich Ihnen sagen, wie das Wetter war.« Am Vortag *war* das Wimbledon-Finale: Roger Federer schlug Andy Murray.

Ich frage mich, wie weit die Erinnerungen reichen. Das ist albern, sage ich, aber wissen Sie noch, ob es sehr bewölkt war, oder können Sie sich sogar an die Wolken am Himmel erinnern? Hayman lächelt amüsiert. Kann er nicht. Es sei kein in dem Sinne fotografisches Gedächtnis, sagt er. »Manchmal ist es nur ein Gefühl, wie es war, eine Stimmung.«

Natürlich sollte ich das wissen. Ich habe an Ireneo Funes gedacht und mich hineingesteigert. Nicht einmal Rebecca Sharrock erinnert sich an derartige Details. Es gibt kein »fotografisches Gedächtnis«. Ein sogenanntes eidetisches Gedächtnis kommt dem am nächsten und es tritt bei 5 Prozent der Kinder und niemals bei Erwachsenen auf. Dabei wird die Erinnerung an etwas wie ein Foto vor dem geistigen Auge betrachtet. Angenommen, Sie zeigen einem Kind für ein oder zwei Minuten ein Zimmer und verbinden ihm dann die Augen. Ein paar Minuten lang kann sich das Kind so detailliert an das Zimmer erinnern, als wäre es noch vor seinen Augen.

Einige Menschen mit HSAM scheinen ein überdurchschnittlich gut funktionierendes Arbeitsgedächtnis zu haben. Wie ist das von Hayman? »Ziemlich schlecht. Genau genommen bin ich sehr vergesslich. Ich vergesse, Sachen im Job zu erledigen. Das ist etwas völlig anderes.«

HSAM ist insofern seltsam, als Menschen mit diesem Phänomen, oder dieser Fähigkeit, sich nur an Dinge erinnern können, die sie selbst erlebt haben, und die Abruffähigkeit erhalten sie erst einige Monate nach diesem Erlebnis.[33] Es ist nicht so, dass sie ihre Erinnerungen direkt in eine kristallene Schutzhülle packen. Vielmehr braucht der Weg zurück zu der Erinnerung Zeit, um »zu garen«. Experimente, die das Vorhandensein dieses »verzögerten Garens« zeigten, wurden in Craig Starks Labor durchgeführt. »Was man unter anderem aus dieser Studie mitnehmen kann, ist, dass die Erinnerung dieser Menschen in Bezug auf vieles völlig normal ist – bei allem außerhalb des Selbst-Erlebten – und dass auch die üblichen Mechanismen zugrunde liegen«, sagt Stark. »Es ist nicht so, dass sich Menschen mit HSAM gänzlich von uns unterscheiden und ein völlig unbekanntes System nutzen. Aber sie funktionieren auf einem Leistungsniveau, das Welten über dem von uns anderen liegt – in diesem begrenzten Bereich.«

Zeit, Hayman ein weiteres Datum vorzugeben. Wie ist es mit dem 12. März 2009? Damit hat er ein bisschen Mühe, sagt dann, er könne etwas zum 14. März sagen. »Aber das ist eine Erinnerung, die ich möglicherweise für mich behalten sollte.« Ach, jetzt mach schon. »Es war ein Samstag und das erste Mal, dass ich betrunken war. Wir waren am Strand, Penarth Beach.« Was haben Sie getrunken? »Wodka pur.«

Haymans Erinnerungen sind nicht alle gleich stark, wie bei den Menschen ohne HSAM. Manche Erinnerungen sind ziemlich verwässert, andere sind klar und deutlich. Ich stelle mir vor, wie er zum 14. März greift, weil die Erinnerung an das Betrinken sehr viel klarer ist (zumindest bis er betrunken war) als die vom 12. März. Und »erste Male« prägen sich immer ein. Aber im Grunde weiß er nicht, warum sich die Intensität der Erinnerungen unterscheidet. Möglicherweise hat es damit zu tun, wie viel man hinterher über das Ereignis nachdenkt.

Hayman teilt eine weitere Eigenschaft mit vielen Menschen, die HSAM haben – was nicht heißen soll, dass es viele von ihnen gibt. Bei nur etwa 60 Menschen weltweit wurde dieses Phänomen bisher festgestellt. »Ich habe eine ziemlich rege Vorstellungskraft. Von Natur aus habe ich etwas von einem Tagträumer.« Es scheint nicht dieses gesteuerte Tagträumen zu sei, von dem Hilary Mantel gesprochen hat. Das hier ist sehr viel … losgelöster. »Manchmal kann ich nicht einmal sagen, woran ich gerade gedacht habe«, beschreibt er es. »Meine Eltern würden sagen, dass ich abgetaucht sei in eine Märchenwelt.«

Das könnte der Schlüssel zu der Fähigkeit sein, sagt Lawrence Patihis – der früher ebenfalls zur UC-Irvine-Gruppe gehörte, aber nun an der University of Southern Mississippi in Hattiesburg ist. In einem Artikel über HSAM-Persönlichkeiten schrieb Patihis: »Die persönlichen Ereignisse, in denen sich Menschen mit HSAM gedanklich verlieren und von denen sie später mit offenen Augen träumen, werden sehr wahrscheinlich zu exakten Erinnerungen führen.«[34]

Hayman wiederholt, dass es ein Missverständnis sei, sich HSAM wie eine Last vorzustellen, zumindest in der Form, wie er es hat. »Es ist nicht so, als würde unentwegt deine gesamte Lebensgeschichte im Kopf abgespult. So ist es überhaupt nicht. Aber wenn du dazu aufgefordert wirst, kannst du Dinge abrufen. Es ist eher ein Talent, Zugang zu Erinnerungen zu haben, als Unmengen davon zu besitzen.«

Hayman hat das Gefühl, irgendwo noch sehr viel mehr Erinnerungen zu haben, aber nicht auf sie zugreifen zu können. Er glaubt, dass es uns anderen genauso geht. Vielleicht ist alles, was wir erleben, irgendwo verschlüsselt, aber weggeschlossen oder vernachlässigt und so schwach, dass wir nicht mehr darauf zugreifen können. »Könnte es sein«, fragte sich Dorthe Berntsen vom Institut für Psychologie und Verhaltenswissenschaften an der Aarhus Universität in Dänemark, »dass ich auch als Person ohne HSAM Erinnerungen an jeden Tag meines Lebens gespeichert habe und es mir lediglich nicht möglich ist, darauf zuzugreifen?«[35]

Dies ist eine verlockende und weitverbreitete Meinung, aber ein Mythos. Als ich es Patihis gegenüber erwähne, winkt er energisch ab. »Auf keinen Fall. Diese schon lange entlarvte Vorstellung geht zurück auf den Neurowissenschaftler Wilder Penfield.« Penfield, ein kanadischer Neurowissenschaftler, hat als Erster in einer Zeichnung den Gehirnregionen Funktionen zugeordnet. Außerdem war er ein Pionier bei operativen Behandlungsmöglichkeiten von Epilepsie. »Die meisten Dinge, die wir erleben, sind nicht verschlüsselt«, sagt Patihis, »und selbst die, die wir verschlüsseln, verblassen mit der Zeit.«

Der niederländische Neurowissenschaftler Martin Dresler weist darauf hin, dass schwer vorstellbar ist, wie man diese Theorie testen soll. Aus evolutionärer Sicht ergibt es jedenfalls keinen Sinn, das Gehirn mit der weitreichenden Fähigkeit auszustatten, alles zu verschlüsseln, und es dann vor dem bewussten Zugang zu verbergen. Es würde sehr viel mehr Sinn ergeben, nur jene Erfahrungen vollständig und dauerhaft zu verschlüsseln, die auf irgendeine Weise als sehr wichtig markiert sind, zum Beispiel durch starke Emotionen, nur die Kernaussage banalerer Erlebnisse zu behalten und die langweiligen, unnötigen Details loszuwerden.

Für Hayman lautet die Frage, wie er Zugang zu diesen Erinnerungen erhält, was uns anderen nicht möglich ist. Die Informationen, die er abruft, sind nicht wirklich bedeutsam. Aber Sie können dem Gehirn keine Vorwürfe machen, dass es nicht weiß, was bedeutsam ist und was nicht. Ein Mittagessen im Pub mit Mum und Dad in den Chilterns, darin steckt zumindest *Potenzial* für Bedeutsamkeit. Andererseits steckt in allem Potenzial. Aber nur, wenn wir die Erinnerungen quasi eintätowieren, für Hochzeiten oder besondere Gelegenheiten, oder Eselsbrücken nutzen, oder es wieder und wieder üben, so wie Hafiz' Anhänger beim Lernen des Koran, oder wie Schauspieler, die ihren Text auswendig lernen, werden sie tiefer eingraviert.

Psychologen klassifizieren Erinnerungen nicht nach Gefühlen, so wie wir es in der Regel tun (glückliche Erinnerungen, traurige Erinnerungen), sondern unterteilen sie weiter gefasst in Allgemeinwissen oder persönliche Erfahrung. Ersteres ist bekannt als das semantische Gedächtnis, Letzteres als episodisches Gedächtnis. Es sind diese persönlichen Erinnerungen, die bei HSAM-Menschen extrem detailliert sind.

Von Patihis und seinen Kollegen durchgeführte Experimente haben gezeigt, dass Menschen mit HSAM möglicherweise zwar eine erstaunliche zeitliche Erinnerung haben, aber die Detailliertheit ihrer Erinnerungen ist lediglich durchschnittlich.[36] Sie sind nicht besser als Menschen ohne HSAM beim Erinnern von, sagen wir mal, Wörtern auf einer Liste, die ihnen unter Laborbedingungen präsentiert wurde. Das deckt sich mit Haymans Gefühlen bezüglich seiner Erinnerung. »Ich erinnere mich auf bruchstückhafte Weise an Dinge und an das Drumherum. Wenn Sie mich nach dem Monat in einem bestimmten Jahr fragen, weiß ich, welche Musik ich damals gehört habe, welche Freunde ich hatte und was im Radio lief. Wenn Sie mich mit einem Datum konfrontieren, erinnere ich mich möglicherweise dadurch zum ersten Mal an etwas Geschehenes. Das ist bizarr.«

Das Gespräch mit Haymann war aufschlussreich, nicht nur, weil es entmystifiziert hat, was Menschen mit HSAM tun. Sehr wahrscheinlich nutzen sie die gleichen Erinnerungsmechanismen wie der Rest von uns – denken Sie an die Recherche mittels Angelhaken – und es gibt Beweise dafür durch ein von Patihis und seinen Kollegen durchgeführtes Experiment zu falschen Erinnerungen. In diesen psychologischen Tests wurden Probanden Szenarien gezeigt und sie dann danach befragt. Allerdings wurden sie durch das »Aussäen« falscher Erinnerungen zu Fehlaussagen verleitet. Wir sind alle anfällig dafür, unbekümmert falsche Informationen in unsere Erinnerung aufzunehmen. »Die in dieser Studie angelegten Erinnerungsverzerrungen greifen auf die verschiedenen Wege zurück, wie wir Erinnerungen rekonstruieren«, sagte Patihis. »Das legt nahe, dass das Speichern und Abrufen von Erinnerungen bei Menschen mit HSAM dem von uns anderen gleicht.«

Er denkt, dass HSAM weniger durch Erinnerungsmechanismen zu erklären ist, sondern vielmehr durch Persönlichkeitsunterschiede wie

Besessenheit, eine lebhafte Fantasie und die Tendenz, sich in etwas zu verbeißen.

Menschen mit HSAM sind also am Ende gar nicht *so* überlegen. Natürlich wissen wir nicht, wie sie so viele Erinnerungen aus den Tausenden von Tagen der Vergangenheit herausfischen können. Aber so wie wir anderen sind sie anfällig für Verfälschungen – das Übernehmen und Glauben falscher Erinnerungen. Möglicherweise macht genau das, was verantwortlich ist für das außergewöhnliche Gedächtnis dieser Menschen – das Vertieftsein und die Tagträumerei –, sie anfällig für Fehlinformationen. Tiefe Versunkenheit in irreführende Information kann Fehler bei der Erinnerung hervorrufen, sagt Patihis.

HSAM mag zwar als lückenlose Erinnerung charakterisiert sein, aber wenn Sie an den Film *Die totale Erinnerung – Total Recall* denken, gibt es ein Detail, das den Vergleich verdirbt: Arnies Erinnerungen wurden ihm eingepflanzt. An Großteile seines Lebens hat er falsche Erinnerungen. Das Implantieren falscher Erinnerungen in unsere Gehirne kann tragische Konsequenzen haben, aber dass es sich hierbei um ein weit verbreitetes Phänomen handelt, wird nur unzureichend anerkannt. Zeit, uns eingehender damit zu beschäftigen.

Ledell Lee wurde im April 2017 in Arkansas für den Mord an seiner Nachbarin, Debra Reese, hingerichtet. Laut des Innocence Project, einer Organisation, die sich um die Aufklärung von Justizirrtümern bemüht, gab es bei dieser Verurteilung zahlreiche Probleme. Zum Beispiel wurden am Tatort viele Fingerabdrücke gefunden, die nicht zugeordnet werden konnten, aber alle nicht von Lee stammten. Von dem Blutfleck auf Lees Schuhen wurde keine DNA-Analyse durchgeführt, genauso wenig wie von den am Tatort gefundenen Haaren, von denen die Anklage behauptete, sie würden von Lee stammen. Zudem stützte sich die Anklage stark auf Augenzeugenberichte.

Drei Menschen identifizierten Lee als die Person, die in der Gegend und beim Verlassen von Reeses Haus gesehen wurde. Gemäß eines Berichts des Innocent Projekts wurden jedoch von den 349 durch DNA-Tests entlasteten Strafgefangenen in den USA bis heute mindestens 71 Prozent zumindest teilweise wegen (Fehl-)Identifikation durch Augenzeugen verhaftet. Der Oberste Gerichtshof der USA ordnete im Fall von Lee keinen DNA-Test an und Lee wurde durch die Giftspritze hingerichtet.

Psychologen und Anwälte wissen schon lange, dass eine Identifizierung durch Augenzeugen unzuverlässig ist. Tausende wissenschaftliche Aufsätze haben Probleme aufgezeigt, nicht zuletzt den sogenannten »Ausländereffekt« (own race bias). Darunter versteht man die Neigung, Menschen mit anderem ethnischem Hintergrund als dem eigenen schwerer identifizieren zu können.

Dennoch bleiben Identifizierungen durch Augenzeugen ein starkes Beweismittel; unfassbar, aber die Wissenschaft hat sich noch nicht bis zu den Gerichten herumgesprochen. In einem berühmten Fall von 1984 wurde eine Studentin in ihrem Apartment in Burlington, North Carolina, überfallen und vergewaltigt. Das Opfer, die 22-jährige Jennifer Thompson-Cannino, eine Weiße, sagte aus, sie habe während des Verbrechens versucht, sich das Gesicht des Täters einzuprägen, um ihn identifizieren zu können, falls sie mit dem Leben davonkommen würde. Der Restaurantangestellte Ronald Cotton, ein Schwarzer, war am Abend des Überfalls zu Hause, verwickelte sich aber bei den Angaben zu seinem Alibi in Widersprüche, und Thompson-Cannino wählte ihn aus mehreren Polizeifotos aus. Auch bei der darauf folgenden Gegenüberstellung gab Thompson-Cannino an, sich 100-prozentig sicher zu sein, dass er der Täter sei. Es ist schwer, einer derart sicheren Überzeugung etwas entgegenzuhalten, und wir sind geneigt, sowohl als Geschworene wie auch als Menschen, einer Aussage mehr Gewicht beizumessen als trockenen wissenschaftlichen Beweisen. Durch ihre Zeugenaussage vor Gericht wurde Cotton zu zweimal lebenslänglich plus 54 Jahren verurteilt. Diese Geschichte fand jedoch ein glücklicheres Ende als die von Lee: Mehr als zehn Jahre später entlastete ein DNA-Beweis Cotton (und führte zur Anklage eines anderen Mannes, der im Gefängnis einem Mitinsassen von der Tat erzählt hatte). Thompson-Cannino und Cotton wurden Freunde, schrieben zusammen ein Buch (*Zweimal lebenslänglich*) und halten regelmäßig Vorträge über die Notwendigkeit, das Gesetz im Hinblick auf die Identifikation durch Augenzeugen zu reformieren.

»Selbst wenn Augenzeugen angeben, 100-prozentig sicher zu sein, zeigen Studien, dass ihre Aussage nur wenig präziser ist als die von Leuten, die sagen, dass sie nicht sicher seien«, erklärt Jakke Tamminen, ein Psychologe an der Royal Holloway, University of London. Unter isolierten Bedingungen gibt es eine positive Korrelation zwischen fester Überzeugung und Genauigkeit, aber nicht in der chaotischen realen Welt. Und niemand, am wenigsten Staatsanwälte, berücksichtigt das.

In Tamminens Labor nehme ich an einem Experiment zur Überprüfung von Zuverlässigkeit teil. Er lässt mich ein paar Videos von Verbrechen anschauen, die zu Zwecken der Gedächtnisforschung für die Kamera inszeniert wurden. Beim ersten Verbrechen stehlen zwei Männer einen Computermonitor aus einer Bibliothek; beim zweiten wird einer Frau im verschneiten Cambridge, Massachusetts, auf der Straße von einem Mann das Portemonnaie gestohlen. Jedes Szenario enthält eine Menge verkomplizierende Faktoren – andere Menschen interagieren mit den Hauptfiguren – und bei jedem Video gibt es verschiedene Schauplätze. Nachdem ich mir die Verbrechen angeschaut habe, lese ich eine Liste von Aussagen, die die Handlung und das Verhalten der involvierten Personen zusammenfassen. Am darauffolgenden Tag soll ich zu den Fakten der Verbrechen befragt werden. Das Ziel, erklärt Tamminen, besteht darin, die Genauigkeit von Augenzeugenberichten zu überprüfen.

Schon oft wurde in Experimenten Folgendes gezeigt: Selbst wenn wir noch lebhafte Erinnerungen an ein Geschehen haben, die wir als äußerst zuverlässig einstufen und mit hoher Wahrscheinlichkeit für wahr halten, müssen diese nicht zwangsläufig richtig sein. An dem Morgen, nachdem 1986 das Spaceshuttle *Challenger* explodierte, ließ Ulric Neisser, Psychologe an der Emory University, Studenten einen Fragebogen über die Katastrophe ausfüllen. Drei Jahre später ließ er sie den gleichen Fragebogen noch einmal ausfüllen und verglich die Antworten: Sie unterschieden sich gravierend voneinander. Ähnliche Vergleiche, durchgeführt nach den Anschlägen vom 11. September auf das World Trade Center in New York, brachten erhebliche Diskrepanzen zwischen dem hervor, was wirklich passiert war, und dem, woran sich die Augenzeugen sicher zu erinnern glaubten. Unser Verstand spielt uns im wahrsten Sinne des Wortes Streiche.

Einen Tag, nachdem ich in Tamminens Labor die »Verbrechen« angeschaut hatte, wurde ich dazu befragt und sollte jede meiner Antworten gemäß meiner Sicherheit in Bezug auf ihre Richtigkeit einstufen. Nehmen wir das Beispiel mit der Frau, der das Portemonnaie gestohlen wurde. Als ich am Vortag die zusammenfassenden Aussagen gelesen hatte, stand dort, dass der Mann sie von vorn anrempelte. Ich hielt das für eine Fehlinformation, denn ich erinnerte mich, beim Anschauen des Videos gedacht zu haben, dass es unnatürlich aussah, als der Mann sie von hinten anrempelte. Ich soll zustimmen oder widersprechen und einstufen, wie sicher ich mir dabei bin. Ich widerspreche und gebe an, ziemlich sicher zu sein (4/5 auf der Skala). Aber dann wird mir gesagt, dass »der Mann das Portemonnaie in seine Jackentasche steckte«, und ich kann mich nicht erinnern, ob er es in die Jacken- oder in die Hosentasche gesteckt hat. So ist es auch mit anderen Details. Trug die Frau in der Bibliothek eine Brille? Tamminens Experiment ist so konzipiert, dass es testet, wie sich die Sicherheit bezüglich Erinnerungen verändert, in Abhängigkeit davon, ob der Test kurz nach dem Beobachten eines Ereignisses durchgeführt wird oder eine Schlafphase dazwischenliegt.

Wir wissen, dass auch Erinnerungen aus dem Langzeitgedächtnis beim Abrufen anfällig für »Umgestaltungen« sind. Als im Jahr 2000 in der Zeitschrift *Nature* darüber berichtet wurde, löste das ziemlichen Wirbel aus. Die Forscher hatten nämlich angenommen, dass Erinnerungen im Langzeitgedächtnis quasi unter Verschluss gehalten würden.[37] Und die Arbeit von Jason Chan an der Iowa State University in Ames zeigt, dass wir anfälliger sind für die Kontamination durch falsche Informationen, wenn wir ein Ereignis erzählen, unmittelbar nachdem es passiert ist. Der Vorgang des Erinnerns macht eine Erinnerung instabiler und an dieser Stelle können sich Fehlinformationen einschleichen.[38]

Wir alle neigen anscheinend dazu, Dinge zu glauben, die nicht wahr sind. Wir bilden uns – wahrhaftig, aber fälschlicherweise – ein, dass sich Dinge, die wir nicht gesehen haben, vor unseren Augen ereigneten. Maryanne Garry, Psychologin an der Universität von Waikato in Hamilton, Neuseeland, hat sich viele Jahre mit dem Einprägen falscher Erinnerungen beschäftigt. »Ich vermute«, so sagt sie, »dass nur sehr wenige Menschen, wenn überhaupt, dagegen immun sind.«

Jason Chan stimmt dem zu. »Manche Menschen sind ein bisschen widerstandsfähiger gegenüber falschen Erinnerungen als andere und die Funktionen des Frontallappens – unter anderem sind hier die Steuerung von Bewegung und der Arbeitsspeicher lokalisiert – gelten in der Regel als wichtiger Faktor.« Widerstand ist das eine, Immunität jedoch etwas ganz anderes. »Wir kennen niemanden, der überhaupt nicht anfällig ist für falsche Erinnerungen.«

Gibt es solche Menschen überhaupt? Wenn überhaupt jemand infrage kommt, um durch Training resistent gegenüber der Tendenz unserer Gehirne zu werden, falsche Erinnerungen wie Löschpapier aufzusaugen, dann vermutlich die militärischen Spezialeinheiten, deren Ausbildung besonders intensiv ist. Viele Länder trainieren ihre Elitesoldaten darin, Verhören zu widerstehen.

Charles Morgan III ist Psychiater an der Yale School of Medicine und hat intensiv mit dem amerikanischen und kanadischen Militär zusammengearbeitet, um sie im Hinblick auf die Erinnerungsfähigkeit von Zeugen und psychische Belastbarkeit in Stresssituationen zu beraten sowie bei der Auswahl von Kandidaten für Spezialeinheiten zu helfen. Bei den Untersuchungen nahmen die Soldaten an Rollenspielen teil, die den Bedingungen der Kriegsgefangenschaft nachempfunden waren. 48 Stunden lang wurden ihnen Nahrung und Schlaf entzogen und dann wurden sie »scharf« verhört. Einen Tag nach ihrer »Entlassung« aus dem Kriegsgefangenenlager sollten die Soldaten ihre Befrager bei einer Gegenüberstellung identifizieren. Etliche von Morgans Untersuchungen zeigten, dass viele Soldaten dazu nicht in der Lage waren, manche irrten sich sogar im Hinblick auf das Geschlecht der Befrager. »Nachdem sie auf eine brutal realistische Weise ›verhört‹ worden waren, war der Großteil von ihnen unglaublich schlecht darin, zu erzählen, was passiert war, und den Befrager zu identifizieren«, sagt Maryanne Garry.

Soldaten einer Spezialeinheit sollten besser nicht anfällig für Erinnerungsverzerrungen sein, aber die meisten von uns werden nie in Gefangenschaft geraten und derartigem Stress ausgesetzt sein. So haben wir uns nicht entwickelt und unsere Gehirne arbeiten gewiss anders. Wir sind soziale Affen; wir lernen ebenso von vielen unterschiedlichen Menschen, zu unterschiedlichen Zeiten und unter verschiedenen Bedingungen wie von verschiedenen Anreizen aus unserer Umgebung. Unsere Gehirne müssen formbar sein. »Ich glaube, es ist ziemlich einfach«, sagt Garry. »Im Laufe der Evolution haben wir uns darauf spezialisiert, aus vielen verschiedenen Quellen zu lernen. Aber wir haben uns nicht darauf spezialisiert, Fehler aufzuspüren, wenn sie uns aus Quellen begegnen, die ansonsten legitim oder vertrauenswürdig sind oder es nicht erfordern, sie zu hinterfragen.«

Nichtsdestotrotz gibt es Hinweise, dass manche Menschen resistenter sind als andere.

Bi Zhu vom Institute for Brain Research an der Beijing Normal University in China hat mit Elizabeth Loftus von der UC Irvine zusammengearbeitet, einer Legende auf dem Gebiet von Augenzeugenberichten, um zu testen, ob sich manche Menschen zuverlässiger erinnern als andere. Zhu führte Experimente durch, vergleichbar mit jenem, an dem ich in Royal Holloway teilgenommen hatte. Sie ließ 205 chinesische Studenten gestellte »Verbrechen« anschauen und anschließend Fragen dazu beantworten, während sie sie gleichzeitig mit Falschinformationen fütterte. Der erste Antwortblock wurde eine Stunde nach dem Anschauen der Verbrechen durchgeführt, der zweite erfolgte erst anderthalb Jahre später. Um das Volumen von Schlüsselstrukturen im Gehirn zu messen, wurden MRTs angefertigt. Studenten mit einem größeren Hippocampus erinnerten sich bei mehr Fragen korrekt und waren weniger anfällig für Falschinformationen.[39] Wir wissen jedoch nicht, in welchem Ausmaß die Hippocampusgröße jener Studenten genetisch beeinflusst ist.

Die Erkenntnis, dass Erinnerung unzuverlässig ist, hat – buchstäblich – tiefgreifende Auswirkungen darauf, wie wir uns selbst wahrnehmen. Ihr Leben ist wie eine russische Puppe, in der übereinandergesteckt viele Individuen enthalten sind. Wenn das Ich aus einem Stadium Ihres Lebens mit dem Ich von heute sprechen könnte, würden sie nicht darin übereinstimmen, was sie erlebt haben. Anfangs beunruhigte mich diese Vorstellung, aber mittlerweile bin ich der Evolution ziemlich dankbar, dass sie uns mit einer Methode ausgestattet hat, unsere persönliche Geschichte zu optimieren. Am Vortag hörte ich einen 63-jährigen Mann sagen, dass er endlich glücklich mit der Person sei, die er ist. Dank unserer formbaren Erinnerungen können wir meistens zu den Menschen werden, die wir mögen.

Felipe De Brigard, der bezeichnenderweise am Institut für Philosophie *und* dem Center for Cognitive Neuroscience an der Duke University in North Carolina tätig ist, verfolgt eine erstaunliche Idee.[40] Das Gedächtnis dient nicht nur dem Erinnern, sagt er. Fehlerhaftes Erinnern ist so verbreitet, dass es nicht immer als Fehlfunktion angesehen werden sollte. Seiner Meinung nach hilft es uns in vielen Fällen, Szenarien vergangener Ereignisse zu konstruieren, die sich ereignet haben könnten, um zukünftige Ereignisse besser zu simulieren. Eine unzuverlässige Erinnerung kann auch Ihre Persönlichkeit destabilisieren. Möglicherweise denken Sie, Ihre Persönlichkeit sei ein unveränderbarer wesentlicher Teil von Ihnen, aber eine Studie von 2016, in der über einen Zeitraum von 60 Jahren Persönlichkeitsmerkmale gemessen wurden, zeigte, dass sich diese im Laufe des Lebens tiefgreifend verändern können.[41]

Das Untersuchen übermenschlicher Fähigkeiten erweitert unser Verständnis der Vielfalt der menschlichen Spezies. Unerwarteterweise hat die Erforschung der Erinnerung gezeigt, dass jeder von uns vielfältiger ist, als wir angenommen haben. Es scheint keinen Sinn zu ergeben, zu sagen, dass ein Individuum vielfältig sein kann. Aber die Wahrheit ist, dass in jedem von uns unterschiedliche Menschen stecken.

3
SPRACHE

Sprache entsteht, wie das Bewusstsein, erst aus dem Bedürfnis, der Notdurft des Verkehrs mit andern Menschen.

Karl Marx, *Die deutsche Ideologie*

»Was bekommt man, wenn man einen Menschen, der an Schlaflosigkeit leidet, mit einem widerwilligen Agnostiker und einem Legastheniker kreuzt?« – »Man bekommt jemanden, der sich die ganze Nacht die Frage um die Ohren schlägt, ob es einen Nebel nach dem Tod gibt.«

David Foster Wallace, *Unendlicher Spass* (1996)

Im Zimmer nebenan befindet sich ein großer grüner Papagei. Ich bin in einem Apartment in Thessaloniki, im Nordosten Griechenlands. Mich beunruhigt der Gedanke, dass der Papagei womöglich die ganze Nacht hindurch krächzt und mich wach hält, also gehe ich ihn begrüßen. »γεια σου, γεια σου«, sage ich durch die Stäbe seines Käfigs. »Yassou, yassou.« Damit wäre mein komplettes griechisches Vokabular in einem Zug aufgebraucht. Der Papagei beäugt mich und ich kann tatsächlich erkennen, wie sich seine Pupillen weiten. Dann erlebe ich dieses kurzzeitige Phänomen der durch Serotonin hervorgerufenen Freude, die Zweisprachige permanent verspüren müssen, wenn sie von einem Muttersprachler verstanden werden: Der Papagei erwidert meinen Gruß. »Yah, yah!«

Diese Begegnung verläuft gebührend, zumindest sage ich mir das. Ich bin in Griechenland, um an einer Konferenz von Mehrsprachigen teilzunehmen: Menschen, die mehrere Sprachen beherrschen. Einer der Hauptgründe für das Schreiben dieses Buches bestand darin, Menschen zu treffen, die am besten in dem sind, was ihnen wichtig ist. Sie zu treffen und von ihnen zu lernen. Und wenn Sie nicht gerade außergewöhnlich selbstsicher sind, dann ist es Ihnen nicht egal, ob man Sie versteht. Wir sind eine soziale Spezies. Wir gedeihen durch Kommunikation. Je besser wir kommunizieren, je mehr wir uns unterhalten, desto glücklicher werden wir sein und desto mehr Freunde werden wir haben. Vielleicht ist es nicht zu viel gesagt, dass unser Leben mit besserer Kommunikation glücklicher und die Welt sicherer wird. Das klingt wie ein Werbespruch, aber ich neige dazu, es zu glauben.

Ich bin alles andere als vielsprachig. Ich spreche Japanisch, was ungewöhnlich ist für einen Briten, aber ich habe acht Jahre in Japan gelebt. Während dieser Zeit ist mir überaus klar geworden, dass ich mein Leben dort umso mehr genießen, die Kultur wertschätzen und mit den Menschen zurechtkommen konnte, je mehr ich die Sprache erlernte. Ich war früher ziemlich gut in Französisch, weil ich dieses Fach in der Schule mochte und weil ich zu Studienzwecken während meiner Promotion drei Sommer dort verbrachte. Es existiert immer noch irgendwo in meinem Kopf. In der Schule hatte ich auch Deutsch, kam damals aber nicht gut damit zurecht (mittlerweile gefällt es mir jedoch).

Also bin ich hergekommen, um von den Menschen zu lernen, die gern so viel reden, dass sie sich nicht auf eine Sprache beschränkt haben. Manche von ihnen sprechen Dutzende. Kennen Sie das, wenn Sie im Urlaub der peinliche Tourist sind, der die Sprache nicht beherrscht? Das bin ich auf dieser Konferenz. Ich bin hier die sprachlich bei Weitem eingeschränkteste Person.

In diesem Kapitel werden wir Menschen kennenlernen, die mühelos zwischen Sprachen wechseln. Wir werden die Vorteile untersuchen, polyglott bzw. mehrsprachig zu sein, die beste Methode, um neue Sprachen zu lernen, und untersuchen, welche genetischen Unterschiede Mehrsprachler (Polyglotte) möglicherweise gegenüber uns anderen genießen. Wir werden auch sehen, dass es im Verlauf unserer Entwicklungsgeschichte und die meiste Zeit unserer Geschichte eher die Norm war, mit mehreren Sprachen konfrontiert zu sein, und das ist auch heute noch so. Wir werden herausfinden, was das für unser Gehirn bedeutet – für die Entwicklung während der Kindheit und den unvermeidlichen geistigen Abbau im Erwachsenenalter – und sogar für unser Moralsystem und die Entwicklung der Sprache selbst. Und schließlich werden wir darüber nachdenken, was das für die Zukunft bedeutet, wenn man bedenkt, dass alle drei Monate eine Sprache auf dieser Welt ausstirbt.[42]

Wir beginnen mit Alexander Arguelles, einem großen, schlanken Amerikaner mittleren Alters mit ernstem, würdevollem Auftreten. Als ich ihm in Griechenland begegnete, trug er ein burgunderrotes Hemd, das mein geistiges Auge in einen Umhang verwandeln wollte: wegen seiner erlauchten Ausstrahlung, dieser Aura des Wissens – und er ist umgeben von einer kleinen Gruppe Fans. Wenn er in der Nähe ist, senken die Menschen ehrfürchtig die Stimme; einige Mutigere bitten um ein Selfie. Er ist, so erzählt mir jemand, einer der vielsprachigsten Menschen auf dieser Welt. Arguelles hat 60 oder 70 Sprachen gelernt und in mindestens 50 davon ein hohes Niveau an Sprachverständnis bewahrt. Er ist nicht einfach nur ein Polyglott. Für ihn ist diese Welt zu klein. Er ist ein Hyperpolyglott. (Der Begriff wurde 2008 von dem britischen Polyglotten Richard Hudson geprägt.) Im Allgemeinen verdient man die Auszeichnung hyperpolyglott, wenn man mehr als elf Sprachen beherrscht. Allerdings können Sie bei der International Association of Hyper Polyglots Mitglied werden, wenn Sie mehr als sechs Sprachen fließend sprechen.[43] In dieser Welt ist Arguelles eine Legende; er ist der Ahn der Polyglottbewegung. Kein Wunder, dass er so viel Aufmerksamkeit auf sich zieht.

Ich warte, bis ich mit Reden an der Reihe bin. Jeder auf dieser Konferenz trägt an einem Band eine Karte mit Flaggen und der Einladung um den Hals: »Sie können sich mit mir in folgenden Sprachen unterhalten …« Unsere Konferenzunterlagen enthalten auch ein Blatt mit Stickern verschiedener Flaggen und die Idee ist, dass man sein Namensschild mit den Flaggen schmückt, deren Sprachen man beherrscht. Ich habe die britische und die japanische Flagge. Arguelles Karte ist voller Sticker – auf beiden Seiten. Viele der Flaggen kenne ich nicht einmal. Er plaudert gerade mit jemandem auf Koreanisch.

Die Menschen um mich herum unterhalten sich in unterschiedlichen Sprachen, brechen ab und wechseln in eine andere Sprache. Wie machen sie das? Jemand sagt mir, dass es wie ein Rouletterad sei, das sich dreht und in der nächsten Sprache einrastet. Aber bei einigen ist es, als würde sich ein unsichtbares Gewand einer völlig neuen Kultur über sie legen. Komplett mit Körpersprache und Tonfall und Gesten und Mimik und Kenntnissen gesellschaftlicher Gepflogenheiten. Arguelles ist, wie er selbst einräumt, ein einsamer Lernender. Ich entdecke auf der Konferenz zwei Arten von Mehrsprachlern: jene, die sich in eine fremde Gesellschaft stürzen und die Sprache auf diese Weise lernen, und jene, die es bevorzugen, sich mit Büchern zu verkriechen und die Sprache auf diese Weise zu lernen. Es ist irgendwie passend, dass wir unser Gespräch in einem Gang hinter der Bühne führen, in dem es fast stockdunkel ist (wir können den Lichtschalter nicht finden).

Seine Motivation, so sagt er, viele Sprache zu lernen, bestand darin, dass er die Literatur bestimmter Kulturen in ihrer Originalsprache lesen wollte. Das ist ein Grund, warum er verschiedene tote Sprachen wie Latein und Altnordisch gelernt hat. Während seines Studiums in den USA hat er Altfranzösisch und Frühneuhochdeutsch gelernt sowie Latein, Altgriechisch und Sanskrit. Bei seinem anschließenden Aufenthalt in Berlin als Postdoktorand lernte er germanische Sprachen wie Schwedisch und Niederländisch. Da er eine größere Herausforderung wollte, nahm er eine Stelle an der Handong Universität in Südkorea an. Er bezeichnet das als »klösterliche Phase«, weil er seinen Traum realisieren konnte, ein Polyglott zu werden. Er schottete sich in einem abgelegenen Haus ab und studierte täglich Dutzende von Sprachen, manchmal 18 Stunden am Tag. Sein Erfolg ist bemerkenswert. Er beherrscht Arabisch und Afrikaans, Swahili und Hindi, Gaelisch und Persisch, Russisch und Isländisch … nun, ich will nicht alle aufzählen.

»Ich war dazu bestimmt, ein Mehrsprachler zu werden«, sagt er. Sein Vater, ein Universitätsbibliothekar, war auch einer und Arguelles sah seinen Vater jeden Morgen lernen. Aber sein Vater ermutigte ihn nicht dazu, Sprachen zu lernen. Und obwohl die Familie weltweit in verschiedenen Ländern lebte, wuchs Arguelles einsprachig (monoglott) auf. In der Art, wie er die Geschichte erzählt, schwingt eine Spur von Traurigkeit mit. Das bringt mich zu der Frage: Wollte er Mehrsprachler werden, um so zu sein wie sein Vater? Oder glaubt er, dass es auch einen genetischen Einfluss gab? Anders ausgedrückt, was ist das Huhn und was das Ei: Besaß er schlichtweg das entsprechende Gehirn, um so herausragend beim Erlernen von Sprachen zu sein, oder schreibt er seinen Erfolg und seinen Wunsch, mehr zu lernen, dem indirekten Einfluss seines Vaters zu?

»Falls es einen genetischen Link gibt, dann von meiner Großmutter mütterlicherseits«, erzählt er mir. Seine Großmutter, Tochter deutscher Immigranten im Mittleren Westen der USA, wuchs zweisprachig Deutsch / Englisch auf. Als junges Mädchen verliebte sie sich in einen Spanier und brachte sich die Sprache auf so hohem Niveau selbst bei, dass sie ein Stipendium für das Studium in Mexiko bekam. Sie lernte auch Portugiesisch, wurde professionelle Übersetzerin und Dolmetscherin für vier Sprachen.

Natürlich kann familiärer Einfluss sowohl genetisch als auch über das Umfeld wirken. Es gibt kein »Mehrsprachen-Gen«, aber Arguelles hat möglicherweise etwas Hilfreiches von seiner Großmutter geerbt. Und was ist mit seinen Kindern? Arguelles antwortet darauf zunächst, dass er heute eine großartige »mehrsprachige Beziehung« mit seinem Vater habe. Ich nehme mal an, das heißt, dass er mit seinem Vater in verschiedenen Sprachen kommuniziert. Seinen Kindern gegenüber verhält er sich anders, als sein Vater es getan hat. »Ich spreche die ganze Zeit Französisch mit meinen Söhnen und ich bringe ihnen Latein, Deutsch, Spanisch und Russisch bei. Sie wachsen anders auf.« Nun, dies ist ein Kapitel über Sprachen und keines über die Beziehung von Männern zu ihren Vätern. Wie immer sind sowohl Veranlagung als auch Umwelt am Werk.

Arguelles vergleicht das Lernen von Sprachen mit körperlichem Training. »Sie können die Mehrsprachigkeit angehen wie einen Sport, wie Athletik, Denksport. Mit Regeln und Aufgaben, die Sie umsetzen. Spiele zu spielen macht Spaß, nicht wahr? Es macht also Spaß, ist erfüllend und macht Sie glücklich. Es gibt da draußen eine Menge Dinge, die Sie glücklich machen können, aber glauben Sie mir, es gibt nichts Besseres, nichts auf dieser Welt macht mehr Spaß als autodidaktisches Lernen.«

Hyperpolyglotte können so wirken, als kämen sie von einem anderen Planeten. Sie sehen aus wie alle anderen auch, aber verfügen über die Kraft, ihre Gestalt zu verändern: Sie können die Superstärke der Kommunikation anwenden und sich in eine andere Kultur integrieren. Kein Wunder, dass Geheimdienste gern Linguisten anwerben.

Die Gehirne von Polyglotten und Hyperpolyglotten unterscheiden sich von denen der Einsprachler. Das wissen wir aus zahlreichen Quellen. Der erste Nachweis beruhte auf der Sektion des Gehirns von Emil Krebs, einem deutschen Diplomaten, der von 1867 bis 1930 lebte. Eine Legende in der mehrsprachigen Welt, konnte er sich doch in 65 Sprachen unterhalten, von Arabisch über Mandarin und Türkisch bis zu

Hebräisch, Griechisch und Japanisch. Er besaß die außergewöhnliche Fähigkeit, Sprachen in unfassbarem Tempo zu lernen: zum Beispiel Armenisch von null zu fließend innerhalb von zwei Wochen. Nach seinem Tod konnte seine Familie überzeugt werden, sein Gehirn der Sammlung im Kaiser-Wilhelm-Institut für Gehirnforschung zu übereignen. Als das Gehirn 2002 von Neurowissenschaftlern untersucht wurde, entdeckten sie bauliche Unterschiede zu den Gehirnen »normaler« Menschen im Broca-Areal – einer Region im Frontallappen, die bekanntermaßen in die Sprachfunktion involviert ist.[44] Außerdem waren die beiden Gehirnhälften symmetrischer als üblich. Sein Gehirn unterschied sich also tatsächlich. *Er* war anders.

Eine neue Sprache zu lernen trainiert das Gehirn in etwa so wie Joggen den Körper. Es baut jene Gehirnteile auf, die in Gebrauch sind, und hält sie flexibel. Da präsentiert sich uns ein weiteres Huhn-Ei-Rätsel. Entwickeln Mehrsprachler andere Gehirne, weil sie diese so intensiv trainieren, oder ist ihr andersartiges Gehirn die Ursache?

Johan Mårtensson vom Fachbereich Psychologie an der Lund Universität in Schweden ist dieser Frage mit ein paar klugen Untersuchungen nachgegangen. Bis vor Kurzem konnten sich wehrpflichtige Schweden an der Swedish Armed Forces Interpreter Academy bewerben, wenn sie gerne Fremdspachen lernen. Die Auswahlkriterien waren hart: Von 500 bis 3000 Bewerbern wurden nur 30 angenommen, sagt Mårtensson. Er und seine Kollegen beschäftigten sich mit den Gehirnen dieser ausgewählten Rekruten und maßen die Größe des Hippocampus und die Dicke des Cortex (Großhirnrinde) vor und nach drei Monaten intensiven Sprachtrainings. Als Kontrollpersonen nahmen sie Medizinstudenten von der Umeå Universität – die Idee war, dass sowohl die Probanden als auch die Kontrollgruppe aus jungen Menschen bestand, die intensiv lernten, aber nur eine der beiden Gruppen lernte eine neue Sprache.

Es wurde festgestellt, dass der Umfang des Hippocampus während des Sprachtrainings wuchs, und zwar am meisten bei den Menschen, die das höchste Sprachniveau erreichten. Der Hippocampus ist paarig angelegt und seine Form erinnert entfernt an die eines Seepferdchens (daher stammt auch sein lateinischer Name). Er liegt versteckt unter der Großhirnrinde, jenem Teil des Gehirns, der maßgeblich an unserem Bewusstsein beteiligt ist. Es handelt sich dabei um eine der ersten Regionen, die bei Alzheimer geschädigt werden. Ich konnte das selbst sehen, als ich einmal bei einer Gehirnsektion im Institut für Gehirnwissenschaft am Imperial College in London zuschaute. Das bereits entnommene Gehirn wurde für die Untersuchung sorgfältig in Scheiben geschnitten und diese Scheiben wurden ausgebreitet wie Schinken hinter der Theke eines Feinkostladens. Der Pathologe zeigte, inwiefern der Hippocampus des Toten degeneriert und geschrumpft war. Mårtenssons Team musste nicht abwarten, bis ihre Probanden gestorben waren, um deren Gehirn zu vermessen. Mithilfe von MRTs erkannten sie, dass Probanden, die das höchste Sprachniveau erreicht hatten, im rechten Hippocampus sowie im linken Temporallappen eine größere Formbarkeit aufwiesen.[45]

In einer weiteren Vorher-Nachher-Studie betrachtete Mårtensson Gehirnveränderungen bei Schweden, die in einem zehnwöchigen Kurs Italienisch lernten. Dieses Mal waren die Probanden nicht schon vor dem Experiment Sprachexperten. Es waren durchschnittliche Schweden, die mit einer Anzeige gesucht worden waren. Wieder stellte das Team fest, dass sich der rechte Hippocampus verändert hatte – insbesondere im Hinblick auf die Beschaffenheit der grauen Substanz, den Zellkörpern von Neuronen – im Vergleich zur Kontrollgruppe, die keine neue Sprache gelernt hatte.[46]

Neue Sprachen zu lernen verdrahtet das Gehirn also neu. Wie passt das zu den Untersuchungen, die zeigen, dass Alzheimer bei bi- oder multilingualen Menschen hinausgezögert wird? Es scheint so, als könne der »verdickte« Hippocampus sich länger den verheerenden Auswirkungen dieser Krankheit widersetzen.

Ärgerlich für jene, die »nur« bilingual sind, ist jedoch, dass nicht eindeutig bewiesen ist, ob zwei Sprachen genügen, um diesen Schutz zu bieten.

Morris Freeman von der University of Toronto in Kanada und Kollegen gingen die Fachliteratur bezüglich dieser Schutzwirkung durch und fanden einige Studien, die zeigten, dass das Lernen von zwei oder mehr Sprachen das Ausbrechen von Alzheimer um bis zu fünf Jahre hinauszögerte. Andere besagten dagegen, dass man vier Sprachen lernen müsse, um diese Wirkung zu erzielen.[47] Man nimmt an, dass der Schutz aus der sogenannten kognitiven Reserve herrührt. Das bezieht sich auf Gehirnveränderungen – solche, wie wir sie bei Mårtenssons Untersuchungen gesehen haben –, die helfen können, den mit dem Altern oder Krankheiten einhergehenden Schaden zu kompensieren. Übrigens kann nicht nur das Lernen von Sprachen Ihren Vorrat an kognitiver Reserve erhöhen: Höhere Bildung im Allgemeinen kann dies auch, ebenso ein erfülltes Sozialleben und das Treiben von Sport.

»Die Auswirkung auf den Hippocampus scheint sich durch die mit Trainieren verbrachte Zeit zu erklären und nicht durch Fertigkeit, was jenen von uns Hoffnung schenkt, die zwar sehr hart daran arbeiten, aber nur so la-la erfolgreich sind«, erzählte mir Mårtensson. Anders ausgedrückt: Allein das Üben einer Fremdsprache, auch wenn Sie nicht sonderlich gut darin werden, kann Ihnen in der Zukunft helfen. Möglicherweise haben Sie festgestellt, dass eine Sprache, die Sie lange Zeit nicht gesprochen haben, wieder aktiviert werden kann, wenn Sie sie am Ende doch brauchen. Das stellte ich zu meiner großen Erleichterung fest, als ich nach einer langen Pause einmal wieder nach Japan reiste. Mårtensson sagte, er würde darauf wetten, dass nicht benutzte Sprachen im Gehirn weiterexistieren und quasi schlafen. Er fügt jedoch hinzu: »Die Gehirnstruktur profitiert vermutlich davon, sie zu nutzen – nicht nur im Hinblick auf die Sprache – so wie ein richtiggehender Muskel.« Ich sollte mein Japanisch wirklich mehr üben.

Fremdsprachen zu lernen scheint also eine wertvolle neurologische Wirkung auf das Gehirn auszuüben. Die Nebenwirkungen scheinen geringfügig zu sein – bilinguale Menschen weisen zum Beispiel ein geringfügig beschränkteres Vokabular in jeder Fremdsprache auf als einsprachige Menschen. Die Vorteile liegen woanders. Zum Beispiel verdienen bilinguale Menschen mehr als einsprachige.

Und noch etwas ist mir aufgefallen, als ich mich mit Polyglotten getroffen und unterhalten habe. Einige von ihnen wiesen darauf hin, inwiefern eine Fremdsprache Auswirkungen auf unser Denken und Handeln hat. Manche sagen, dass sich ihr Charakter entsprechend der Sprache, die sie sprechen, verändert. Flirtender, sagen sie, wenn sie brasilianisches Portugiesisch sprechen. Melancholischer bei Russisch. Nachdenklicher bei Französisch. Demütiger bei mexikanischem Spanisch. Möglicherweise handelt es sich dabei um landestypische Klischees, die wir der Sprache zuteilen, oder Einschränkungen, die uns durch die Sprache auferlegt werden, statt wirklicher Veränderungen unserer Persönlichkeit.

Arguelles für seinen Teil widerspricht dem, dass sein Charakter sich entsprechend einer Sprache verändert, sagt jedoch, dass sich die Denkmuster verändern, und wenn auch nur wegen der kulturellen Eigenarten einer Sprache. Zum Beispiel verlangt das Japanische unterschiedliche Endungen bei den Verben je nach Alter und Status der angesprochenen Person. Ich habe gelernt, dass es kulturell besser ist, im Japanischen indirekt zu antworten. Das Deutsche beeinflusst die Art des Redens insofern, als das Verb am Ende des Satzes steht.

Bei Arguelles mag sich zwar nicht die Persönlichkeit ändern, aber das könnte daran liegen, dass er der introvertierte, regelgeleitete Bücherwurm unter den Polyglotten ist. Er ist vermutlich eher polyliterarisch als polyglott: in erster Linie ein Leser und in zweiter ein Sprecher. Was ist aber mit den kontaktfreudigeren, empathischen, geselligen Lernenden?

Richard Simcott, Organisator dieser Vielsprachler-Konferenz, steht in Thessaloniki auf der Bühne, macht Scherze in verschiedenen Sprachen und droht händereibend damit, eine Version von »Let it go« in 25 Sprachen zu singen. (Ich schaue mir das später auf YouTube an und zeige es meiner Tochter, die schier ausflippt vor Begeisterung, als sie Elsa auf Mandarin, Finnisch, Deutsch und Katalonisch singen sieht.) Der 1977 an der englisch-walisischen Grenze in Chester geborene Simcott wird manchmal als Großbritanniens vielsprachigste Person bezeichnet, obwohl ihm dieser Titel unangenehm ist (»Haben Sie auch wirklich überall gesucht?«). Aber zweifellos steht er jetzt da oben.

Auf der Konferenz in Griechenland plauderte er fröhlich in 25 bis 30 Sprachen. Bei sich zu Hause spricht er jeden Tag fünf Sprachen (Mazedonisch, Englisch, Französisch, Spanisch, Deutsch), bis zu 14 in seinem Job (er arbeitet als Sprachdirektor bei einer Social-Media-Beratungsagentur) und beherrscht über 50 Sprachen. Er scheint den geselligen Sprachenlerner zu verkörpern. Als er noch ein (monolinguales) Kind war, liebte er es, Akzente zu imitieren. »Wenn wir in die Ferien fuhren, traf ich Kinder aus verschiedenen Ländern, und es hat mich schon immer interessiert, ihre Art zu sprechen anzunehmen, sobald ich ein paar Brocken dieser Sprache beherrschte, und ich merkte, dass ich das wie von selbst machte, um mich anzupassen«, erzählt er. »Es war auch ein Kommunikationsmittel, um Freundschaften zu schließen. Für mich war das schon immer eine sehr gesellige Angelegenheit.«

Simcott studierte Sprachen an der Universität und auf Partys ging er von Gruppe zu Gruppe, wechselte die Sprache. Was er für sich aus den Sprachen herausholt, scheint sich von dem von Arguelles zu unterscheiden, der von einer intellektuellen Neugier bezüglich der Literatur angetrieben wird. Aber Simcott sagt, dass sich seine Persönlichkeit nicht verändere. Die *Wahrnehmung* seines Charakters mag sich durch die jeweilige Sprache verändern, aber er ist immer noch derselbe. »Es ist keine andere Persönlichkeit, sondern eher wie das Tragen eines anderen

Anzugs«, sagt er. »Als würde man etwas anderes anhaben.« Er könnte sich also anpassen, wenn er auf Niederländisch etwas fragt oder auf Deutsch – direkter –, um nicht so unerträglich englisch dabei zu wirken. Sein Antrieb ist dieser »Rausch« des gegenseitigen Verstehens, den man aus sozialer Interaktion zieht.

Während unseres Gesprächs erwähnt er, dass Isländisch eine seiner Lieblingssprachen sei, und ich bitte ihn, etwas auf Isländisch zu sagen. Weiß der Himmel, was er daraufhin sagt, aber es klingt authentisch nordisch. Ich erkenne seine Stimme kaum wieder. »Das ist so fein, wie ein Hauch – hat etwas Elfenhaftes an sich, so eine Zartheit, die ich wirklich mag«, sagt er. Georgisch, fährt er fort, sei ihm als geschriebene Sprache am liebsten, und als ich mir ein Beispiel anschaue, verstehe ich sofort, was er meint. Das Alphabet ist schön. Tatsächlich sieht es aus wie eine Seite von Tolkiens Elbenschrift: Ich glaube, das ist Simcotts Welt. Eine seiner Lieblingssprachen ist jedoch Deutsch. Nicht wegen der Sprache selbst, die er anfangs, so wie ich und viele andere, unattraktiv fand, sondern wegen der wunderbaren, gastfreundlichen Menschen, die sie sprechen. Ich werde später noch daran denken, wenn ich ein paar ältere britische Veteranen aus dem Zweiten Weltkrieg treffe und sehe, dass einer von ihnen Deutsch lernt.

Etliche Teilnehmer auf dieser Mehrsprachler-Konferenz erzählten mir, halb scherzhaft, dass sie zwanghafte Tendenzen aufweisen würden. Eine New Yorkerin namens Ellen Jovin sagte, dass sie in dem relativ fortgeschrittenen Alter von 40 Jahren angefangen habe, 20 Sprachen zu lernen. Da braucht man schon einen ziemlichen Antrieb, um bei einer solchen Herausforderung nicht aufzugeben. Bis spät in die Nacht büffelt sie russische Verbendungen und träumt anschließend davon. Sie ist ein selbst ernannter Grammatikfreak.

Glaubt Simcott, dass es unterschiedliche Arten von Lernenden gibt? »Auf der Konferenz triffst du auch Leute, die sich in gesellschaftlichen Situationen schwertun, sie sind sprachbegabt, lieben Sprache. Sie beschreiben sich als introvertiert und extrovertiert, aber das Autismus-Spektrum passt dazu und Züge davon finden sich in dieser Gruppe recht häufig.«

Simcott sagt, dass man Polyglotte findet, die nach eigener Aussage gesellschaftlich unbeholfen seien, sich in der Menge unwohl fühlen, im richtigen Moment nicht wissen, was sie sagen sollen und manchmal spüren, dass ihre emotionalen Reaktionen sich von denen anderer Menschen unterscheiden. Das heißt nicht, dass man autistische Züge oder zwanghafte Tendenzen aufweisen muss, um ein Polyglott zu werden. Aber es könnte helfen.

Nun weiß ich also, inwiefern das Denken und Arbeiten in einer anderen Sprache so ist wie das Nutzen einer anderen Software im selben Betriebssystem. Es verändert nicht wirklich Ihren zugrunde liegenden Charakter, aber Sie müssen möglicherweise andere Regeln befolgen. Das Beherrschen einer Zweitsprache hat jedoch einen noch tieferen und überraschenderen Effekt: Es verändert unsere Moral. Wir denken zweckorientierter. Und wenn Sie jemanden bitten, eine gefährliche Aufgabe zu übernehmen, sich dabei jedoch ausschließlich auf den Gebrauch der Zweitsprache zu beschränken, dann wird derjenige sich vernünftiger verhalten, als wenn er dieselben Aufgaben in seiner Muttersprache durchführen würde.

Boaz Keysar an der University of Chicago hat sich sehr intensiv damit beschäftigt. Nehmen wir den klassischen psychologischen Test, bekannt als das Trolley-Problem. Bei diesem Gedankenexperiment werden Probanden gefragt, was sie tun würden, wenn sie sehen, wie ein Schienenfahrzeug, zum Beispiel eine Straßenbahn, auf eine Gruppe von fünf Menschen zurollt. Sie können nichts tun und die Menschen sterben lassen, oder sie können eine Weiche umstellen und die Bahn auf ein anderes Gleis umleiten, wodurch nur ein Mensch zu Tode kommen würde. Die meisten Menschen brauchen nicht lange, um zu entscheiden, dass es moralisch gerechtfertigt sei, die Weiche umzustellen und einen Menschen zu opfern, um fünf zu retten. In einem zweiten Szenario wird das Dilemma jedoch heikler: In diesem Fall stehen Sie neben einem dicken Mann auf einer Brücke. Wieder steuert die Bahn auf fünf Menschen zu. Dieses Mal müssen Sie den Mann von der Brücke stoßen, damit die Bahn zum Stehen gebracht wird. Wieder geht es darum, die Bahn davon abzuhalten, fünf Menschen zu töten. Die meisten Probanden finden die Unmittelbarkeit und den damit verbundenen emotionalen Horror des zweiten Szenarios sehr viel beunruhigender.

Sie würden nicht erwarten, dass sich Ihre Moral verändert, je nachdem, ob Ihnen die Frage in Ihrer Muttersprache oder in einer Fremdsprache gestellt wird, oder? Keysar stellte jedoch fest, dass genau das der Fall ist.[48] Er rekrutierte koreanische, englische und spanische Muttersprachler und präsentierte ihnen das Dilemma auf Englisch, Französisch, Hebräisch oder Französisch, je nach ihrer Fähigkeit in der Zweitsprache. Bei dem Brücken-Dilemma sagten 18 Prozent der die Muttersprache verwendenden Probanden, dass sie den Mann in den Tod schubsen würden, in der Zweitsprache gaben jedoch 44 Prozent an, dass sie es tun würden. Bei der ersten Variante des Dilemmas war die Prozentzahl jeweils ähnlich (80 Prozent in der Muttersprache sagten, sie würden die Weiche umstellen, verglichen mit 81 Prozent bei einer Fremdsprache).

Keysar nimmt an, dass eine Fremdsprache uns eine »psychologische Distanz« zu den Problemen verschafft – ein Problem aus der Vogelperspektive zu betrachten ist oft hilfreich – und die emotionale Reaktion reduziert, die in der Muttersprache ihren Ursprung hat. So viel zum Thema leidenschaftlicher zu sein, wenn man Italienisch spricht: Wenn ich Italienisch sprechen könnte, wäre meine Entscheidungsfindung in dieser Sprache nüchterner und unbeteiligter – weil die Entscheidung aus Vernunfts- und nicht aus Herzensgründen gefällt würde.

Keysar hat auch gezeigt, dass der Gebrauch einer Fremdsprache die Verlustaversion reduziert. Anders ausgedrückt, würden Sie in einer

Fremdsprache eher eine riskante Wette eingehen als in Ihrer Muttersprache.[49] In einem Artikel wiesen Keysar und seine Kollegen darauf hin, dass Entscheidungen davon abhängen, ob die Information in der Mutter- oder einer Fremdsprache übermittelt wird. Dies hat ihrer Meinung nach Auswirkungen auf die Beziehung zwischen Sprechen und Denken.[50]

Sprache spielt eine Rolle dabei, wie wir denken und Entscheidungen treffen. »Unsere Untersuchungen zeigen«, so Keysar, »dass das Benutzen der Muttersprache eine bedeutende Rolle bei Ihren Entscheidungen spielt, sie stellt eine stärkere Verbindung zu Ihren Gefühlen her, und das beeinflusst Ihre Entscheidung.« Sprache hat also eine weitaus größere Auswirkung auf unser Denken und Handeln. Es beeinflusst unsere Entscheidungen, ob wir in der Mutter- oder einer Zweitsprache agieren. »Als Forscher, aber auch ganz allgemein als Mensch, geht man normalerweise nicht davon aus, dass der Gebrauch der Muttersprache den Entscheidungsprozess beeinflusst.«

Obwohl also unsere Mehrsprachler nicht wirklich die Persönlichkeit wechseln, scheinen sie doch ihre moralische Denkweise zu verändern, und der Gebrauch einer Fremdsprache verändert die Art, wie wir Entscheidungen treffen. Der holländische Linguist und Autor Gaston Dorren bezeichnet das als den Vernunftseffekt: »Eine zweite Sprache zu beherrschen, lässt Sie nicht nur schärfer nachdenken, wie Sie etwas sagen, sondern offenbar auch darüber, was Sie sagen, und sogar, was Sie tun. Ich halte das für ein erstaunliches kleines Extra.«

Menschen müssen das erfahren. Risiken – so wie jene in Zusammenhang mit Biotechnologie oder Flugreisen – werden als niedriger wahrgenommen, wenn sie in einer Fremdsprache präsentiert werden. *Capisce?*

Ich habe Michael Levi Harris in dem Kurzfilm *The Hyperglot* gesehen, für den er das Drehbuch geschrieben und in dem er auch mitgespielt hat. Und ich bin ihm auf der Polyglott-Konferenz in Griechenland begegnet. Er war dort, um darüber zu sprechen, dass sich die Techniken, die er in der Schauspielschule gelernt hat, auch beim Sprachenlernen nutzen lassen. Das interessierte mich, denn es kam mir so vor, als würde ein Großteil des effektiven Lernens einer Sprache darin bestehen, sich die Wesensart des entsprechenden Landes anzueignen. Und müssen Sie das nicht tatsächlich tun, um den Rhythmus und Charakter einer Sprache richtig zu verstehen? Beim Lernen einer Sprache geht es natürlich um sehr viel mehr als nur um Nachahmung, aber es gehört auch das Beobachten, Kopieren und Einfühlen dazu. Es scheint also wirklich etwas mit dem Schauspielen gemein zu haben. Natürlich ist es sowohl subjektiv als auch stereotyp zu sagen, dass Italiener leidenschaftlich sind und Deutsche effizient, aber Harris stellt sich genau so die Muster jener Sprachen vor, die sich in seinem Kopf abspielen. Und so kommen sie auch heraus, wenn er sie spricht. Wenn er eine bestimmte Sprache spricht, stellt er sich vor, bestimmte Rollen zu spielen, und das hilft ihm. Für mich war das faszinierend, da ich mich schon immer gefragt habe, wie wohl an einer Schauspielschule unterrichtet wird, und Harris, ein Amerikaner, der gerade seinen Abschluss an der Guildhall School of Music and Drama in London gemacht hat, ließ mich einen kurzen Blick darauf erhaschen.

Harris erzählte uns von Jacques Leroq, einem französischen Schauspieler und Theaterpädagogen, der 1999 verstorben ist. Er wurde berühmt für seine Technik der »Sieben Stufen der Spannung«. Jede Stufe entspricht der Menge nervöser Energie, die ein Schauspieler in die Darstellung steckt. Die Menschen verwenden unterschiedliche Bezeichnungen für jede Stufe, wir werden uns hier an die von Harris halten. Neben jede Stufe habe ich die Sprachen gestellt, die Harris mit dieser Stufe verbindet.

1. Erschöpft (amerikanisches Englisch, Schweizer Französisch)
2. L'americano (brasilianisches Portugiesisch, australisches Englisch)

3. Neutral (Deutsch, Finnisch)
4. Wachsam (britisches Englisch, Französisch)
5. Dramatisch (Spanisch, Griechisch)
6. Opernhaft (Italienisch, Hebräisch)
7. Griechisch/tragisch (Chinesisch, Russisch)

Harris demonstrierte anhand dieser Stufen auf Englisch und gleichzeitig in Amerikanischer Gebärdensprache einige Zeilen aus *Gottes vergessene Kinder*.

Er *ist* Schauspieler, also *muss* er gut darin sein, aber zu sehen, wie er die verschiedenen Stufen auslebt und sich in den verschiedenen Sprachen ausdrückt, begeisterte mich für die Theorie, dass Sprachen ihren eigenen Charakter haben und man beim Sprechen einige dieser Eigenschaften übernimmt.

Mag sein, dass sich Arguelles Charakter nicht durch die jeweiligen Sprachen ändert. Aber bei formbareren Menschen ändert sich der Charakter entsprechend den Menschen, die ihnen begegnen, sogar wenn sie dieselbe Sprache sprechen. Schauspieler gehören sicher zu den einfühlsamsten Menschen, also ein Schauspieler-Polyglotter? Kein Wunder, dass Harris solche Charakteristika übernimmt.

Übrigens betrachtete ich Empathie (also die Fähigkeit, sich in die Lage eines anderen zu versetzen) als einen Wesenszug, der in diesem Buch ein eigenes Kapitel bekommen sollte. Das Problem ist nur, dass sie schwer messbar ist. Sie erkennen, ob jemand empathisch ist, und es gibt auch eine Art Test dafür: den EQ (emotionale Intelligenz)-Test. Aber obwohl wir empathische Menschen mögen, ist das wohl kaum ein Wesenszug, der Sie dazu befähigt, über jemanden sagen zu können: »Das ist der empathischste Mensch der Welt.« Darüber hinaus ist extreme Empathie nicht zwangsläufig gut. Sie hat einen großen Einfluss auf Menschen, die über eine Spur zu viel davon verfügen, weil Empathie beeinflusst, wie gut man in einigen der anderen Fähigkeiten ist, denen wir in diesem

Buch begegnen werden. »Wir sind darauf programmiert, empathisch zu sein, uns ständig in die Lage anderer Menschen zu versetzen, und das macht uns zu sozialen Wesen«, sagt Cornelius Gross vom Europäischen Molekularbiologischen Laboratorium (EMBL) in Monterotondo, Italien. »Das lässt uns leiden, wenn andere leiden.«

Wenn Sie über Empathie verfügen, gehören Sie wahrscheinlich zum Typus sozialer Sprachenlerner, andernfalls sind Sie ein einsamer Studierender. Aber wie gesagt ist Empathie eine konturlose, nicht klar zu definierende Eigenschaft. Es wäre besser, wenn wir etwas Eindeutigeres hätten, um damit zu arbeiten – und dafür müssen wir uns mit der Genetik der Sprache beschäftigen.

Dort, wo ich wohne, befindet sich auf der gegenüberliegenden Seite des Flusses der im Westen von London gelegene Stadtteil Brentford. Er hat nichts besonders Erwähnenswertes an sich und für die meisten Menschen ist es nur ein Ort, den sie auf dem Weg aus London heraus nach Heathrow durchqueren. Um die Mündung des Brent in die Themse herum gebaut, genießt Brentford in unserer Familie hohes Ansehen wegen seines Fußballvereins mit dem Spitznamen »The Bees« (Die Bienen). Und Fußballfans wissen, dass, einzigartig im englischen Fußball, das Stadion an jeder Ecke einen Pub hat. Was sie jedoch vielleicht nicht wissen, ist, dass in den späten 1980ern in Brentford der erste Schritt zu einer der größten Entdeckungen der Evolution menschlicher Sprache gemacht wurde.

Elizabeth Augur, Sonderschullehrerin an der Grundschule von Brentford, kümmerte sich um sieben Mitglieder einer Familie, die in der Fachliteratur über Genetik als die KE-Familie bekannt ist. Augur entdeckte, dass es in der Familie seit drei Generationen ein gehäuftes Auftreten von Sprachstörungen gab, und zog die Schlussfolgerung, dass ein genetisches Problem die Ursache sein müsse. Das passierte lange bevor sich das Humangenomprojekt daran machte, das menschliche Genom zu entschlüsseln. Das genaue Bestimmen des Problems war folglich ein mühseliger Prozess. 1998[51] gelang es einem Team an der Universität von Oxford und am Institute of Child Health in London, die Störung zurückzuverfolgen bis zu einem Abschnitt auf Chromosom 7, auf dem etwa 70 Gene liegen. 2001 wurde dann das für die Störung verantwortliche Gen entdeckt.[52] Das Gen mit dem Namen *FOXP2* wurde von der Presse sofort als das »Sprachgen« bezeichnet.

Das trifft nicht zu, aber *FOXP2* entpuppte sich als Gen mit weitreichenden Wirkungen. Nicht alle unserer 22 000 plus X-Gene sind ständig in all unseren Zellen aktiv, und manche nur in bestimmten Entwicklungsphasen. *FOXP2* ist jedoch im fötalen sowie im erwachsenen Gehirn aktiv, ebenso in der Lunge, der Kehle, im Darm und im Herzen. Wenn es nicht korrekt arbeitet, ist das in etwa so, als würde der Dirigent eines Orchesters falsch arbeiten: Es werden Misstöne produziert. Zum Beispiel sind die Mitglieder der KE-Familie, die die mutierte Form des *FOXP2* in sich tragen, nicht in der Lage, Konsonanten richtig auszusprechen, sie sagen »bu« für »blue« (blau) und »able« für »table« (Tisch).[53] Sie leiden unter Sprechapraxie: Sie können einzelne Laute bilden, haben jedoch Schwierigkeiten, diese zu einer Lautfolge zu verknüpfen, was aber für das Bilden von Wörtern und Sätzen nötig ist.

Wir wissen, dass Hunderte von Genen an dem Bereich Sprache und Sprechen beteiligt sind.[54] Das würden wir bei einer derart komplexen Eigenschaft mit so vielen Elementen auch erwarten – Muskeln und Nerven, die den Mund Geräusche produzieren lassen, die Kontrolle der Atmung und die intellektuelle Fähigkeit, grammatische Regeln und Vokabeln zu erlernen. Aber *FOXP2* ist eines der wenigen Gene, bei dem wir wissen, dass es in eindeutiger Verbindung zur Sprache steht. Deshalb wurde es eingehend untersucht.

Dieses Gen ist das, was Genetiker als *konserviert* bezeichnen. Das bedeutet, es hat sich im Laufe der Evolution kaum verändert. Es sieht bei Wirbeltieren, von denen uns Millionen Jahre Evolution trennen, bemerkenswert ähnlich aus.

Als die menschliche Version von *FOXP2* mit der von Schimpansen verglichen wurde, entdeckte Wolfgang Enard, damals am Max-Planck-Institut für evolutionäre Anthropologie in Leipzig, nur bei zwei von insgesamt 715 Aminosäuren im Gen Unterschiede.[55]

Es gibt lediglich drei Unterschiede zwischen unserer Gen-Version und der von Mäusen, acht zwischen unserer und der von Vögeln. Konservierte Gene bleiben unverändert, weil sie tiefgreifenden und wichtigen Einfluss haben. Man wirft solch ein Erfolgsrezept nicht einfach über den Haufen.

Es wird manchmal behauptet, die Mutation bei der KE-Familie wäre ein Rückschritt auf den Gentyp *FOXP2* der Schimpansen, das ist jedoch nicht der Fall. Stattdessen liegt eine Mutation vor, die die Fähigkeit des Gens behindert, andere Gene zu kontrollieren. Wir wissen, dass die normale Version von *FOXP2* in engem Zusammenhang mit unserer Fähigkeit steht, neue motorische Fähigkeiten zu erlernen. Mäuse mit Mutationen, die das Gen schädigen, sind zum Beispiel weniger in der Lage, zu lernen, in einem gekippten Laufrad zu laufen.[56] Und tatsächlich, als die Forscher das Erbgut der Mäuse so änderten, dass deren *FOXP2*-Gen die menschliche Variante besaß, verbesserte sich die Fähigkeit dieser »humanisierten« Mäuse, etwas Neues zu lernen.[57]

Könnte es sein, dass Hyperpolyglotte über eine Version von *FOXP2* verfügen, die ihre Lernfähigkeit noch weiter verbessert? Im Moody College of Communication an der University of Texas in Austin interessiert sich Bharath Chandrasekaran genau dafür.

Chandrasekaran wusste, dass *FOXP2* innerhalb der Spezies zwar stark konserviert ist, von Mensch zu Mensch jedoch minimal variieren kann. Nicht so wie die Reihenmutationen, die seltene und gravierende Störungen der Sprachfähigkeit verursachen, wie in der KE-Familie, aber bei sehr viel üblicheren Veränderungen in der DNA-Sequenz, die viele Menschen in sich tragen. An bestimmten Stellen innerhalb jedes Gens des Genoms weisen Menschen gemeinsame Varianten auf, zu denen das

Ersetzen eines Nukleotids von DNA durch ein anderes gehört – zum Beispiel ein Adenin (A) statt eines Guanins (G).

Veränderungen dieser Art bezeichnet man als Einzelnukleotid-Polymorphismus (SNP, engl. Single Nucleotide Polymorphism; im Laborjargon gesprochen: »Snip«). Und sie haben oft keine Auswirkung auf unseren Phänotyp – auf unseren von unseren Genen geschaffenen Körper und unser Verhalten (wenn es eine ernsthafte Auswirkung hätte, würde es durch die natürliche Selektion entfernt werden). Chandrasekaran nahm eine der bekannten Varianten von *FOXP2* ins Visier, eine SNP, die in zwei Varianten gefunden wird, entweder ein A oder ein G.

Und da wir von jedem Elternteil eine Kopie von *FOXP2* erben, können wir entweder beide As oder beide Gs oder ein A und ein G für diese SNP haben.

Frühere Arbeiten haben darauf hingewiesen, dass Menschen mit einem AA-Polymorphismus im Vergleich zu Menschen mit einem GG-Polymorphismus bei der Sprachverarbeitung eine leicht erhöhte Aktivität im präfrontalen Cortex aufzeigen. Wenn Sie anfangen, eine Fertigkeit zu erlernen, üben Sie diese bewusst. Das bezeichnet man als explizites oder deklaratives Lernen. Sobald Sie diese Fertigkeit beherrschen, wird sie zu etwas, das Sie automatisch tun, ohne darüber nachzudenken, und von da an wird es durch das prozedurale Lernsystem kontrolliert.

Chandrasekaran fragte sich, ob die höhere Aktivität im präfrontalen Cortex beim AA-Typ dessen Lernfähigkeit verlangsamte, da die Aktivität den Übergang zum automatischen, prozeduralen Lernsystem verlangsamte. Er überprüfte das, indem er Freiwillige ohne Kenntnisse in Mandarin oder irgendeiner anderen tonalen Sprache (eine, in der sich die Wortbedeutung mit der Aussprache der Laute ändert), lernen ließ, unterschiedliche Töne in Mandarin zu kategorisieren. GG-Typ-Probanden waren tatsächlich besser darin, die Unterschiede zu lernen.[58]

Wenn wir eine zweite Sprache lernen, beginnen wir alle auf dieselbe Weise.[59] Wir beginnen mit Regeln und können die Vorgehensweise erklären, die wir beim Lernen nutzen – zum Beispiel eine Konjugationsregel zu befolgen, um eine bestimmte Verbendung anzuhängen. Chandrasekarans Arbeit legt nahe, dass die erfolgreicheren Lerner eher zu einer impliziten Methode des schnelleren Lernens umschalten. In unserem Beispiel würde das bedeuten, dass die Konjugationsregeln automatisch zugeordnet werden. Das ermöglicht dem analytischen, denkenden Teil Ihres Gehirns, sich auf die anderen, zum Lernen einer Sprache notwendigen Dinge zu konzentrieren, wie das Lernen von Vokabeln.

»Sprachenlernen ist wie Jonglieren beim Fahrradfahren«, sagt Chandrasekaran. Wenn man ein paar Dinge in den prozeduralen Bereich seines Gehirns verschieben kann, hilft einem das bei anderen Dingen. »Das heißt, wenn du nicht über das Radfahren nachdenken musst, weil du diese Tätigkeit automatisiert hast, kannst du dich auf das Jonglieren konzentrieren. Aber wenn du an jede Kleinigkeit denken musst, um auf dem Rad zu bleiben, wird Jonglieren nahezu unmöglich.«

Nun, dies ist nur ein kleiner Polymorphismus, der einen von vielen Faktoren beeinflussten Prozess (Lernen einer Sprache) geringfügig beeinflusst. Selbst wenn wir also, sagen wir mal, Föten entwickeln, die den GG-Polymorphismus in sich tragen, wäre es unwahrscheinlich, dass allein dies die Fähigkeit des Sprachenlernens dieser Individuen ankurbelt. Aber Chandrasekaran hat eine bessere Idee: eine Verhaltensintervention für jene erschaffen, die Mühe haben, eine Sprache zu lernen. Es wäre eine Art personalisierte Medizin. Menschen könnten sich routinemäßig einem Gentest zur Bestimmung ihrer Version von *FOXP2* unterziehen und bekämen dann einen auf sie zugeschnittenen Lernplan. »Zum einen werden Sprachlernparadigmen entworfen, die Ihnen bei den Regeln helfen, aber dann langsam dazu übergehen, die Dinge weniger regelbasiert und mehr implizit zu gestalten«, sagt er. »Erwachsene sind anders programmiert und nutzen andere Lernmethoden. Die derzeitigen Lernansätze sind nicht optimal für die Lernmethoden von Erwachsenen.«

Das ist keineswegs eine Abkürzung zum Erlangen von Sprachkompetenz, aber die gibt es wohl auch nicht. Es könnte jedoch – obwohl in Anbetracht der Komplexität der Beziehung zwischen SNPs und Sprachfähigkeiten viele skeptisch sind – eine Methode bieten, Ihre Lernbedürfnisse präzise auf Ihre genetische Veranlagung zuzuschneiden.

Simon Fisher gehörte zu dem Oxford-Team, das *FOXP2* entdeckte. Mittlerweile ist Fisher Professor für Sprache und Genetik an der Radboud Universität in Nimwegen in den Niederlanden sowie Leiter des Max-Planck-Instituts für Psycholinguistik, ebenfalls in Nimwegen. Zudem arbeitet er an der Identifizierung und Erforschung der Funktionen von Genen, die an Sprachstörungen beteiligt sind, und leitet ein Projekt zur Erforschung der biologischen Grundlage außergewöhnlicher Sprachfähigkeiten. Er ist alles andere als überzeugt von Chandrasekarans Ideen bezüglich des GG-Polymorphismus, da ihn ein wichtiges technisches Detail beunruhigt. Wir haben bereits angesprochen, dass man ein *FOXP2*-Gen von jedem Elternteil erbt, die möglichen Gentypen lauten also AA, AG und GG. Bei einer Zufallsstichprobe müsste die Anzahl der Personen mit jedem Gentyp einem Muster folgen, das auf einer Gesetzmäßigkeit beruht, die grundlegendend ist für die Genetik: die Hardy-Weinberg-Regel. Folgt die Verteilung nicht diesem Muster, könnte ein Problem vorliegen – zum Beispiel ein Fehler bei der Genotypisierung oder eine Laune der natürlichen Selektion. Chandrasekarans Team räumte ein, dass bei ihnen die relative prozentuale Häufigkeit nicht den Hardy-Weinberg-Gesetzmäßigkeiten entsprechen würde, aber für Fisher wirft diese Diskrepanz und die Tatsache, dass individuelle SNPs Auswirkungen auf das Verhalten haben, Zweifel im Hinblick auf die Interpretation des Experiments auf.

Derzeit führt Fishers Team eigene Experimente mit *FOXP2*-SNPs zur sprachbezogenen Aktivität im präfrontalen Cortex durch und führt die Messungen mit Gehirnscans bei viel größeren Personengruppen als bei früheren Studien durch. Bisher, so Fisher, sieht die Suche nach einer klaren positiven Wirkung einer Art von Polymorphismus auf die Sprachfähigkeit im Gehirn nicht vielversprechend aus. Es wäre einfach zu schön, bei einer derart komplexen Eigenschaft wie Sprache eine derartig deutliche Auswirkung durch einen relativ kleinen genetischen Unterschied zu haben. Wir werden sehen.

Da *FOXP2* andererseits stark in die Muskelkontrolle und die Artikulation involviert ist, fragt sich Fisher, ob Menschen, die über extreme Fähigkeiten bei der Artikulation verfügen – zum Beispiel Rapper und Beatboxer – möglicherweise eine spezielle Variante oder Kombination von Varianten aufweisen: »Es ist die Frage, ob Kompetenz in diesen Bereichen durch genetische Faktoren beeinflusst sein könnte oder ob jeder bei entsprechendem Training zu diesem Können in der Lage sein sollte.«

Intuitiv, insofern man das sagen kann, fühlt es sich an, als sei die Fähigkeit zum Erlernen einer Sprache teilweise genetisch, aber etwas, an dem die meisten Menschen hart arbeiten müssen. Sie brauchen einen Fokus und damit werden wir uns im nächsten Kapitel beschäftigen.

4
FOKUS

Stehe zur Idee des Augenblicks und vermeide Ablenkung. Anstatt dich abzumühen, mache nichts anderes als Gedanke nach Gedanke zu leben.

Tsunetomo Yamamoto (circa 1710)

In meinen Zwanzigern war ich in Japan Mitglied in einem Kendo-Verein. »Kendo« bedeutet wörtlich »Weg des Schwertes« und ist eine abgewandelte, moderne Art des ursprünglichen japanischen Schwertkampfs, wie ihn Samurai während der vorindustriellen Zeit erlernten und lebten. Ich habe es geliebt. In dem Verein war ich der einzige Nicht-Japaner, und während meiner gesamten Zeit in Japan war es der einzige Ort, an dem keine Rücksicht darauf genommen wurde, dass ich Ausländer war. Zum Beispiel wurde ich nur dort Hooper-*kun* statt Hooper-*san* genannt (»*kun*« ist das ungezwungene informelle Suffix für junge Männer und Knaben). Kendo eifert der Zen-Philosophie nach und es gefiel mir, in ein sehr japanisches Element der Kultur einzutauchen. Ich lernte die Unterschiede zwischen dem kennen, was ein europäischer Ritter über sein Schwert dachte – dass es lediglich seine Waffe war – und was die Samurai darüber dachten. In Japan wurde das Schwert verehrt. Nur dem Samurai war es erlaubt, eines zu tragen; es war sein kostbarster Besitz, sein Erbstück.

Sobald ich einmal mit dem Training begonnen hatte, lehnte ich mich lässig auf mein Bambusschwert, genannt *shinai*. Mein Kendo *sensei* schlug mir mit seinem Schwert hart gegen die Beine und ermahnte mich. Dein Schwert ist dein Herz, sagte er. Ich solle es mit Respekt behandeln. Ich hatte nicht wirklich kapiert, dass mein *shinai* ein Platzhalter für das Samurai-Schwert war. Nie wieder habe ich mich darauf gestützt. Kendo ist ebenso ein Seelenzustand wie eine Form körperlichen Kampftrainings und es war ein Privileg, von traditionellen, hingebungsvollen Lehrern unterrichtet zu werden.

Eines Tages besuchte uns ein hochangesehener Meister eines anderen Vereins. Er war ein alter Mann und uns wurde die Ehre zuteil, mit ihm Zweikampf trainieren zu dürfen. Er hielt sein *shinai* nachlässig, ließ es herabhängen, sodass es über den Boden kratzte. Als ich an der Reihe war, schien er gedankenverloren wegzugucken. Ich stellte mich in der üblichen Pose ihm gegenüber auf, das *shinai* erhoben und bereit. Aber als ich ihn angreifen wollte – es wäre nur eine kurze, schnelle Bewegung nötig, um ihm mit meinem Schwert den Kopf abzuschlagen – bewegte er sich auf eine Weise, die ich im Nachhinein nicht angemessen beschreiben kann. Mit wahnsinniger Geschwindigkeit und doch mit sichtlicher Gelassenheit, hob er seine Waffe und schlug gegen meinen Helm, bevor ich meine Bewegung vollenden konnte. Sofort danach nahm er wieder das Erscheinungsbild eines geistesabwesenden alten Mannes ein. Für den Hauch eines Augenblicks hatte er sein wahres Ich enthüllt.

Okay, diese Anekdote verrät vielleicht mehr über meine armselige Technik als über die Yoda-mäßige Fähigkeit des alten Mannes, aber nachdem er gegangen war, erzählte mein Kendo *sensei*, dass der alte Meister über außergewöhnliche Konzentrations- und Reaktionsstärke verfüge, verfeinert durch jahrzehntelanges Training. Er lebte im Jetzt. Der alte Mann brachte auf den Punkt, was wir in diesem Kapitel erforschen wollen: die Fähigkeit, sich zu fokussieren, zu konzentrieren und zu reagieren. Aufmerksamkeit ist mit der Flamme einer Kerze vergleichbar. Nicht greifbar und doch muss sie gehegt werden; sie ist stets in Bewegung; sie verändert sich, während du sie betrachtest. Es ist das Jetzt, in dem wir leben. Das hört sich an wie ein Zen-*koan*, aber diejenigen, die das Jetzt beherrschen, werden zu Höchstleistungen fähig sein. Wer seinen Verstand fokussieren kann, wird Großes erreichen. Konzentration ist eine Fähigkeit, deren Ausprägung sehr vielfältig ist. Sie kann in kurzen, intensiven Phasen ausgeübt werden, wie bei dem Kendo-Meister, der mir gegenüberstand, oder langfristig auf kontinuierliche Weise. Wir werden beide Arten betrachten, angefangen mit dem folgenden Beispiel.

2004/05 segelte Ellen MacArthur 27 000 Seemeilen rund um die Welt, nonstop und allein. Sie brauchte dafür 71 Tage, 14 Stunden, 18 Minuten und 33 Sekunden. Das brachte ihr den Weltrekord im Einhandsegeln ein. Damals war sie 29. Viele dachten, sie würde es nicht schaffen, den bis dahin existierenden Weltrekord zu brechen. Dieser hatte seinen Vorgänger um 20 Tage unterboten und galt für mindestens ein Jahrzehnt als nicht zu toppen. Zweifellos beruhte ein Teil der vor ihrem Start geäußerten Skepsis darauf, dass sie eine Frau ist. Ihr Erfolg war jedoch ein außergewöhnlicher Triumph. In Frankreich vergleicht man sie mit Jeanne d'Arc; in Großbritannien wurde sie als die beste Seglerin bezeichnet, die das Land je hervorgebracht hat, und als die erste wahre Heldin des 21. Jahrhunderts. Ich habe mich mit ihr verabredet, um herauszufinden, wie sie das geschafft hat. Was ist nötig, um sich so hartnäckig auf etwas zu fokussieren? Wie hält man 24 Stunden am Tag, sieben Tage die Woche, zweieinhalb Monate lang die Konzentration aufrecht, wenn man völlig allein ist? Das klingt wirklich nach einer übermenschlichen Meisterleistung.

MacArthur ist ziemlich klein, 1,58 Meter, und ich erinnere mich daran, dass das 22,86 Meter lange Boot, mit dem sie den Rekord gebrochen hat, speziell für sie angefertigt wurde. Die Reise war unvorstellbar hart. Sie segelte mit einem Trimaran, weil Boote mit drei Rümpfen schneller sind, aber auch instabiler. 2001 belegte sie beim Vendée Globe, dem derzeit härtesten Rennen für Einhandsegler rund um die Welt, den zweiten Platz. Dieses Rennen wird mit einrümpfigen Booten mit Kiel gefahren, wenn sie umkippen, richten sie sich in der Regel wieder auf. »Wenn du einen Trimaran zum Kentern bringst, ist alles aus und du bist wahrscheinlich tot«, sagt sie. »An jedem Punkt während der Weltumrundung, mit ein paar Ausnahmen, kannst du das Boot jederzeit zum Kentern bringen. Du schläfst mit den Seilen in der Hand.« Die meiste Zeit ist Schlafen jedoch ein unmöglicher Luxus und man muss sich mit kurzen Nickerchen begnügen.

Ich habe sie gefragt, wie sie sich an den Stress angepasst hat. »Wenn du mit solch einem Boot um die Welt segelst, bleibt dir keine andere Wahl«, sagt sie. »Es geht nicht darum, sich anzupassen, es geht ums Überleben. Wortwörtlich. Das Boot ist wie ein außer Kontrolle geratener U-Bahn-Zug, so brutal ist das.« Die Hälfte der Zeit segelt man natürlich nachts. Und während der gesamten Reise kann man nie loslassen, weder buchstäblich noch im übertragenen Sinne. »Psychisch ist es brutal. Du kommst an den Punkt, an dem du glaubst, du kannst nicht mehr, und dann läuft etwas schief. Und du hast keine Wahl. Niemand kommt und hilft dir.« »Das klingt furchterregend«, sage ich. »Nein«, erwidert sie. »Es ist dein Zuhause, dein Leben. Du gewöhnst dich daran.«

Woher kommt dieser Antrieb, die Fähigkeit, derart außergewöhnliche Fokussierung aufrechtzuerhalten, die zur Konzentration auf diese Aufgabe nötige Belastbarkeit? »Man braucht ein Ziel. Seit ich vier Jahre alt war, bestand mein Ziel darin, die Welt zu umsegeln.«

Als Kind war sie mit ihrer Tante auf einem Boot gewesen und hatte es sofort geliebt. »Ich verspürte ein unglaubliches Gefühl von Freiheit, ein Boot kann dich überall hinbringen. Das hat mich begeistert und ich konnte es kaum glauben: Auf dem Boot ist ein kleines Haus und du kannst damit reisen.«

Ich finde das außergewöhnlich, lehrreich – und wichtig zu berücksichtigen, wenn wir uns damit beschäftigen – dass sogar kleine Kinder klare und brennende Leidenschaften hegen können.

Schon in diesem sehr jungen Alter, so berichtet MacArthur, hatte sie stets die Vorstellung im Kopf, eines Tages, irgendwie, die Welt zu umsegeln. Das war keine Phase, aus der sie herauswuchs. Sie arrangierte ihr Leben so, dass es auf dieses Ziel zulief, Stück für Stück. »Das gibt die Entscheidungen vor, die du in deinem Leben triffst. Mit vier bist du winzig und dein Leben wird dir vorgeschrieben, du kannst nicht viel entscheiden. Aber wenn du heranwächst, gibt es Situationen, in denen du die Wahl hast.«

Als Erstes musste sie sich ein Boot besorgen. Da sie nicht aus einer Seglerfamilie stammte, war Sparen die einzige Möglichkeit, um das zu erreichen. Aber sie war ein kleines Kind, bekam noch nicht einmal Taschengeld. Also sparte sie ihr Geburtstags- und Weihnachtsgeld und sogar das Geld fürs Mittagessen in der Schule. Jeden Tag aß sie in der Schule Kartoffelbrei mit gebackenen Bohnen, weil das am billigsten war, und sparte den Rest. »Ich war total fokussiert. Ich hätte mittags etwas anderes essen können, aber das tat ich nicht, weil ich dieses Boot kaufen wollte, mit dem ich um die Welt segeln würde. Ich habe für nichts Geld ausgegeben, weil ich auf ein Boot sparte. Ich bin sogar in den Pub gegangen und habe den ganzen Abend nichts getrunken, weil ich so hart daran gearbeitet hatte, das Geld zu sparen.«

Sie betont, dass sie völlig normal ist. »Mag schon sein, dass ich losgezogen bin und etwas Verrücktes getan habe, aber ich habe das Gefühl, absolut normal zu sein. Es kommt mir nicht so vor, als sei ich anders als andere Menschen, ich habe einfach nur entschieden, was ich will.« Die Vorstellung, besonders zu sein, ist ihr unangenehm, aber ich versuche sie zu überzeugen, dass die meisten Vierjährigen sich nicht solche Ziele setzen und die dann auch erreichen. »Du überwindest Hindernisse, wenn du dieses Ziel hast, auf das du zusteuerst«, ist alles, was sie einzuräumen bereit ist.

Der andere entscheidende Punkt hierbei ist, dass man dieses brennende Verlangen erst einmal haben muss. Manche Menschen trifft es wie ein Blitz bereits in jungen Jahren, so wie MacArthur. Aber die meisten von uns müssen auf die Leidenschaft hinarbeiten, genauso wie wir uns Ziele setzen und darauf hinarbeiten. Möglicherweise haben wir Glück und stolpern schon bald über etwas, das wir lieben und in dem wir gut sind, aber die meisten von uns werden suchen müssen.

Es gefällt mir, wie Ellen MacArthur uns anderen den Druck nimmt. »Wenn du wirklich etwas willst, dann darfst du nicht denken, dass du es nicht schaffst«, sagt sie. »Aber die meisten Menschen wollen gar nicht wirklich. Und das ist in Ordnung. Das ist brillant. Im Leben muss es nicht darum gehen, Erstaunliches zu leisten. Es war einfach so, dass ich segeln und die Welt umrunden wollte, also zog ich los und sorgte dafür, dass es Realität wurde.«

Ein Ziel zu identifizieren und es fest zu packen scheint unverzichtbar für den Erfolg und das Verwirklichen Ihres Potenzials zu sein. Das haben wir bei Hilary Mantels langfristigen Projekten gesehen. Dieser Aspekt begegnet uns in diesem Buch immer wieder und er zieht sich quer durch verschiedene Eigenschaften und Fähigkeiten. Aber was wissen wir über die Gehirne von Menschen, die im Jetzt auf hohem Niveau agieren?

Der Lärm Tausender Zuschauer. Das Dröhnen der Motoren. Die Geschwindigkeit. Die Gerüche – die Hitze des Asphalts, Benzin, Öl, Gummi, heißes Metall, Adrenalin. Die Erwartung. Das Geld. Riesige Mengen Geld. Die Formel 1 ist ein Sport wie kein anderer. In jedem Team arbeiten Hunderte Menschen, Tausende sind an der Vorbereitung jedes Rennens beteiligt, und an dem entsprechenden Tag geht es um einen Mann (in der Regel ist es immer noch ein Mann), der am Steuer sitzt.

Am 25. Juni 2017 war ein 18-jähriger Belgisch-Kanadier namens Lance Stroll dieser Mann. Er saß am Lenkrad eines Williams FW40 mit einer Höchstgeschwindigkeit von 321 km/h, im Rennen um den Großen Preis von Aserbaidschan. Stroll ist der derzeit jüngste Fahrer in der Formel 1 und Sohn eines Milliardärs. In der Woche zuvor wurde er von der kanadischen Fahrlegende Jacques Villeneuve als der »schlechteste Rookie in der Geschichte der Formel 1«[60] bezeichnet. Es stimmt, dass er in den vorhergehenden sechs Rennen keine Punkte machen konnte, aber er hatte vor seinen Heimatfans beim Grand Prix von Kanada auf den neunten Platz fahren und zwei Punkte holen können. In Aserbaidschan zeigte er dann eine reife Leistung und schaffte es auf den dritten Platz.

»Das ist ein super Ergebnis für Lance, der es als jüngster Anfänger in der Geschichte aufs Podium schafft. Er hatte ein brillantes Wochenende«, sagte Paddy Lowe, der technische Direktor bei Williams. »Es ist ein riesiges Ergebnis für Lance, dass er der jüngste Rookie der Geschichte geworden ist, der ein Podium einfährt. Er hat sich aus Ärger rausgehalten, es gab keine Zwischenfälle. Er ist sauber geblieben, ein gutes Tempo gefahren und hat Wagen und Reifen gut gemanagt.«[61]

Ich hatte keine Ahnung, was man alles können muss, um Formel 1 zu fahren, bis ich mit der Recherche für dieses Kapitel anfing. Bis zu zwei Stunden sitzt ein Formel-1-Fahrer pro Rennen hinterm Steuer. Eine Runde ist zwischen 4,3 und 6 Kilometer lang und man braucht anderthalb Minuten, um eine der etwa 70 Runden zu absolvieren. Die Fahrer müssen die ganze Zeit über hochkonzentriert bleiben, und das unter Bedingungen, bei denen die meisten von uns in Panik geraten und durchdrehen würden. Wegen der Geschwindigkeit brauchen sie natürlich unglaubliches Reaktionsvermögen, ein exaktes räumliches Denken und die Fähigkeit, alles zu verarbeiten, das auf sie einströmt. Sogar Profis sind erstaunt, wenn sie das erste Mal Formel 1 fahren, wie wenig Zeit zum Reagieren bleibt. Die Fahrer müssen in der Lage sein, das Auto zu spüren – es wird beinahe zu einer Verlängerung ihres Körpers. Sie müssen Sportler sein, um mit den Kräften umgehen zu können, die durch ihren Körper fahren. Beim Rennen wird in den Kurven viel Druck auf den

Körper ausgeübt, vor allem auf den Kopf. Das geht so Runde für Runde, deshalb brauchen sie Ausdauer. Sie benötigen Rennfahrgeschick: die Fähigkeit, zu wissen, wann man überholt, wie sie andere Fahrzeuge zu ihrem Vorteil nutzen, und sie müssen auf den richtigen Moment warten können. Es ist eine Art von Geduld, aber eine, die bei hoher Geschwindigkeit ausgeübt wird. Technisch gesehen sind die Autos nicht leicht zu fahren: Sie gehören zu den weltweit komplexesten Maschinen. Und es gibt ein reales Risiko. Ein Fehler bei dieser Geschwindigkeit kann lebensbedrohlich sein.

Nur sehr wenige von uns werden jemals einen Formel-1-Wagen fahren, aber es wird in unserem Leben längere oder kürzere Phasen geben, in denen wir uns sehr konzentrieren müssen. »Anhaltende Aufmerksamkeit« nennen es die Psychologen. Wenn wir dazu besser in der Lage wären, könnten wir vielleicht verschiedene Aspekte unseres Lebens und unserer Leistung verbessern. Die Fähigkeit, Aufmerksamkeit aufrechtzuerhalten, steht in Zusammenhang mit besseren Resultaten beim Lernen und im Job, und das Gegenteil – Ausfälle bei der Konzentration – sind schuld an einer Reihe von Unfällen.

Ich wollte bei jenen Menschen etwas darüber erfahren, die bei dieser Fähigkeit das höchste Potenzial aufweisen, also bin ich zur Zentrale des Williams-Formel-1-Rennstalls in Oxfordshire gekommen, um mit Stroll und Luca Baldisserri zu sprechen, ehemaliger Sportdirektor bei Ferrari und jetziger Mentor von Stroll bei Williams.

Motorsport hat eine unglaublich hohe Verschleißrate. Zum Teil, weil es ein teurer Sport ist, aber auch wegen der intensiven natürlichen Auslese, durch die Fahrer aller Level aussortiert werden, vom Kartfahren über Formel 4 und 3 bis zur Formel 1. Möglicherweise ist es der elitärste Sport und Stroll ist in doppelter Hinsicht elitär. Zum einen hat sein Vater Williams 80 Millionen Dollar gespendet. Das führte zu Beschwerden, Stroll habe sich seinen Platz im Wagen erkauft, aber Lowe und sein Team hoffen, dass das Rennen von Aserbaidschan der Anfang ist, um diese Kritik endlich zu beenden. Zweitens muss man zuerst eine FIA (International Automobile Federation) Super Licence machen, um bei der Formel 1 fahren zu dürfen. Zudem war Stroll 2016 Formel-3-Champion. Sicher, 80 Millionen sind nicht verkehrt, aber, so Williams, Stroll hat sich seinen Platz würdig verdient.

Ich betrete hier eine exklusive Welt, passiere die Sicherheitskontrolle und steuere meine alte Klapperkiste zu dem weitläufigen Parkplatz, der zum Glück nicht voller Hochleistungsfahrzeuge steht. Dann treffe ich meinen Aufpasser für diesen Besuch. Es ist mir nicht gestattet, den Rennwagen zu sehen, mit dem Williams dieses Jahr fahren wird, aber ich komme nah an das Modell vom Vorjahr heran. Ich war nie ein sonderlich leidenschaftlicher Motorsport-Fan, aber das hier ist zweifellos ein wunderschönes Stück Ingenieurskunst. Das Lenkrad ist für mich ein Buch mit sieben Siegeln – es sieht aus, als wäre das Cockpit eines Flugzeugs hineinkomprimiert worden. Ich hatte gehofft, mich an dem Fahrsimulator versuchen zu dürfen, darf ihn mir aber nicht einmal ansehen. Sowohl das aktuelle Modell als auch der Simulator sind mit sensibler, kostspieliger Technik ausgestattet und die Williams-Ingenieure wollen nicht, dass Informationen durchsickern. Die Simulatoren kosten übrigens mehrere Millionen Dollar. Sie werden von einem Team hingebungsvoller Ingenieure entwickelt, die Parameter wie Reifenkontakt, Abrieb und Motorleistung während des simulierten Rennens überwachen. Die Fahrer sitzen im gleichen Cockpit wie bei einem echten Rennen und tragen einen Helm. Es entspricht dem Fahren eines Formel-1-Wagens, so sehr es nur geht. Die meisten Teenagerjungs haben PlayStations, Lance Stroll hat einen eigenen Formel-1-Simulator in seinem Genfer Apartment.

Stroll ist groß, größer als ich für optimal bei einem Fahrer gehalten hätte, trägt Jeans und ein schwarzes T-Shirt. Er ist entspannt. Er sagt, dass er im Hier und Jetzt lebe, wie es der 18-jährige Sohn eines Milliardärs auch sollte. Aber er steht mit beiden Beinen auf dem Boden und hat nichts von einem Playboy-Rennfahrer an sich. Er wirkt scharfsinniger und reifer, als ich es in dem Alter gewesen bin, das steht mal fest, aber er hatte natürlich auch Medientraining. Wenn er sagt, dass er im Hier und Jetzt lebt, dann bezieht sich das aufs Fahren. Statt sich von all dem Lärm, der Vibration und dem Chaos um ihn herum ablenken zu lassen, genießt er es. Wenn er im Cockpit sitzt, ist er am leistungsfähigsten. »Wenn ich am Lenkrad sitze und meinen Helm aufhabe, gibt es keine Ablenkung, nichts irritiert mich, nichts stellt sich mir in den Weg, das ist mein wahres Ich«, sagt er. »Ich bin ein Kämpfer, ein Angreifer, und ich liebe die Geschwindigkeit und habe schon immer den Motorsport geliebt.«

Ich rede mit James Hewitt darüber, was nötig ist, um bei der Formel 1 erfolgreich zu sein. Hewitt ist der Leiter Wissenschaft und Innovation bei Hinsta Performance, einer Firma, die mit Sportlern und Profis zusammenarbeitet, einschließlich Formel-1-Fahrern, um deren Fähigkeiten zu verbessern. Zu den ehemaligen Kunden gehören die früheren Formel-1-Champions Sebastian Vettel, Mika Häkkinen und Nico Rosberg. Hewitt sagt, dass in den Fahrern immer eine Mischung aus intrinsischer und extrinsischer Motivation stecke.

Das Gewinnen bringt riesige Belohnungen und vor allem die jungen Fahrer spüren den Druck, die erheblichen Investitionen ihrer Unterstützer in sie zu rechtfertigen. Aber es gibt auch ein starkes hedonistisches Vergnügen, mit hoher Geschwindigkeit zu fahren. Bei den meisten von uns würde dieses Tempo Stress verursachen, unter dem wir zusammenbrechen würden. »Aber diese Höchstleister«, so Hewitt, »interpretieren diesen Stress als angenehm.« Die Bestleistung eines Durchschnittsmenschen wird bei einem moderaten Erregungsniveau erzielt, aber beim Motorsport erreicht der Fahrer sein Optimum an Leistung auf einem höheren Niveau. »Die Welt rast mit 300 Stundenkilometern auf dich zu, es ist auch sehr laut, dein Körper ist also hochgradig stimuliert«, sagt Hewitt. »Wenn man die erfolgreichsten Fahrer, mit denen ich gearbeitet habe, danach fragt, was sie fühlen, dann sagen sie, dass sie es lieben, es einfach nur lieben.«

Strolls Liebe schimmert durch, als ich ihn frage, was er davon hat. »Während des Rennens finde ich zu mir selbst«, sagt er. »In diesem Wagen zu sitzen, das tue ich für niemanden, nur für mich selbst, es gibt nur mich, den Wagen und die Strecke, und das ist meine Leidenschaft. Ich fühle mich lebendig und spüre, dass es meine Droge ist.«

Um die Auswirkung dieser Art von Motivation auf unsere Konzentrationsfähigkeit zu testen, wurden verschiedene Experimente durchgeführt. Michael Esterman ist Mitgründer des Boston Attention and Learning Lab und Psychologe an der Boston University. »Die Wissenschaft zeigt, dass motivierte Menschen – sei es intrinsisch, das heißt, sie lieben es, oder extrinsisch, das heißt, sie werden einen Preis bekommen –, besser in der Lage sind, anhaltend die Gehirnaktivität aufrechtzuerhalten und bereit sind für Unerwartetes.« Durch die Motivation bleibt die Konzentration konstant.

Estermans Team hat im Laufe der Zeit verschiedene Experimente durchgeführt, um das zu testen. Bei einem Experiment wurde den Teilnehmern eine zufällige Abfolge von Fotos von Städten oder Bergen gezeigt, alle 800 Millisekunden eines, während sie in einem MRT-Scanner lagen. Sobald sie eine Stadt sahen, mussten sie auf einen Knopf drücken (was bei 90 Prozent der Fall war) und den Knopf nicht drücken, wenn eine Berglandschaft zu sehen war (die übrigen 10 Prozent). Manchmal nahmen sie an Tests teil, die belohnt wurden. In dem Fall bekamen die Teilnehmer 1 Cent für jede richtige Stadtaufnahme und 10 Cent, wenn sie bei einem Bergbild nicht den Knopf betätigten. Falsche Reaktionen wurden bestraft. Bei anderen Versuchen gab es weder Belohnung noch Bestrafung. Die Ergebnisse der Hirnaktivität zeigten, dass sich die Teilnehmer ohne die Motivation einer Belohnung als »kognitive Knauserer« entpuppten: Sie machen sich nicht die Mühe, die Aufmerksamkeitsressourcen ihres Gehirns zu bemühen, und ihre Leistung sank. Bis sie, anders ausgedrückt, gedanklich abschalteten. Wenn sie durch eine Belohnung motiviert wurden, waren die Teilnehmer jedoch »kognitive Investoren«. Sie bemühten nur zu gern ihr Gehirn und konzentrierten sich, um auf die Aufgabe fokussiert zu bleiben.[62]

»Motivation«, sagt Esterman, »spielt eine große Rolle beim Erhalten optimaler Aufmerksamkeit und Fokussierung.« Wenn Menschen gedanklich dabei sind, nutzen sie die Aufmerksamkeitsareale im Gehirn effizienter, erklärt er. »Es kommt zu mehr Verschaltung, Kommunikation und Informationstransfer im Gehirn und sie verarbeiten sensorische und visuelle Informationen mit höherer Genauigkeit.«

Genau das passiert, wenn Stroll fährt. Es ist beinahe so, als würde alles in seinem Kopf dann schneller arbeiten. Mit 320 km/h zu fahren ist für ihn also vielleicht so wie für mich 100 Stundenkilometer. Natürlich ist das Steuern eines Formel-1-Wagens ein anderes Unterfangen als das Drücken eines Knopfes als Reaktion auf Fotos. Aber die Experimente stützen die Idee, dass eine Belohnung hilft, die Fokussierung zu motivieren. »Früher sind die Wissenschaftler davon ausgegangen, dass Aufmerksamkeit eine begrenzte Ressource ist, die erschöpft werden kann und dann erst wieder aufgefüllt werden muss«, sagt Hewitt. »Aber es ist komplexer und steht in engem Zusammenhang mit unserer Motivation.« Wenn Belohnung und Motivation dem Weltklasse-Talent, das die Fahrer bereits demonstriert haben, indem sie es in die Formel 1 schafften, hinzugefügt werden, bekommt man herausragende Ergebnisse.

»Dieser unglaubliche Preis kombiniert mit dem Selektionsprozess bringt das hervor, was wir als diese ununterbrochene Konzentration wahrnehmen«, sagt Hewitt. Die Aufmerksamkeit dieser Menschen ist so beschaffen, dass Formel-1-Fahrer in der Regel über die verblüffende Fähigkeit verfügen, sich konturenscharf an das zu erinnern, was in ihrer Umgebung passiert. Hewitt bezeichnet das als Superkraft und nennt das Beispiel eines Fahrers im Simulator. »Wenn Sie den Simulator anhalten, ist der Fahrer in der Lage, die visuellen Anhaltspunkte auf der Strecke zu beschreiben.« Zum Beispiel nutzen Fahrer Gebäude als Hinweise zum Bremsen. Sie sind aber auch in der Lage zu beschreiben, was auf der Strecke passiert: die genaue Position ihrer Gegner sowie Daten über die Leistung des Rennwagens. Hewitt sagt, dass das Arbeitsgedächtnis eines Formel-1-Fahrers mehr unterschiedliche Punkte festhalten kann als das eines normalen untrainierten Fahrers. Die Formel-1-Regeln bezüglich der Fortsetzung des Rennens bei schlechtem Wetter sind heutzutage ziemlich streng, aber vor noch nicht allzu langer Zeit fuhren die Fahrer sogar bei strömendem Regen mit quasi null Sicht. »Ein Fahrer erzählte, wenn man bei Regen mit 300 Stundenkilometern fährt, muss man allein durch Intuition und dem, an was man sich erinnert, entscheiden, wann man bremst und um die Kurve lenkt«, erzählt Hewitt. Besagter Fahrer beschrieb, wie er auf der Geraden zählte. Wenn er bei einer bestimmten Zahl ankam – zum Beispiel eintausend, zweitausend, dreitausend – bremste er ab und lenkte um die Kurve.

Dass Stroll diesen Sport so liebt – warum er sich beim Fahren mehr wie er selbst fühlt – liegt daran, dass er einen Flow-Zustand erreicht, und Flow ist ein Zustand, in dem zu sein man sich wünscht. Dieser Begriff stammt von dem ungarischen Psychologen Mihaly Csikszentmihalyi. Flow – was Esterman damit bezeichnet, gedanklich dabei zu sein – ist, sich auf eine herausfordernde Aufgabe derart einzulassen, dass man sich absolut darauf konzentriert. Die Aufgabe ist nicht so herausfordernd, dass Sie Panik bekommen und nicht in der Lage sind, etwas zu leisten, aber sie ist auch nicht so einfach, dass sie für Ihre Fähigkeiten langweilig, weil unterfordernd wäre. Das ist der Zustand, in den Formel-1-Fahrer für zwei Stunden eintreten, wenn sie fahren. Ich habe den Hauch einer Ahnung, wie sich das anfühlen muss. Beim Snowboarden komme ich manchmal in einen Rhythmus des Kurvenschneidens, der unglaublich meditativ und fließend ist. Sogar durch den Londoner Verkehr mit dem Rad zur Arbeit zu fahren kann Vergnügen machen, weil mein Kopf von den alltäglichen Sorgen abgelenkt ist.

Stroll erklärt, was mental am schwierigsten beim Rennfahren ist: »Das Schwerste ist, in der Qualifikationsrunde ein bisschen aus deiner Wohlfühlzone herauszukommen. Die zusätzlichen zwei Zehntel einer Sekunde zu holen. Du weißt, dass du es schaffen kannst. Aber das Risiko, alles zu verlieren, ist hoch.«

Ich frage ihn, ob es auch Angst gibt, dabei weiß ich bereits, dass er das verneinen wird. Hewitt erzählte mir, dass die jungen Fahrer in der Regel nicht einmal über Gefahren nachdenken wollen, und wenn sie es doch tun, schieben sie die Gedanken schnell beiseite und machen einfach weiter.

»Es ist nicht beängstigend, es ist riskant«, sagt Stroll. Aber das Risiko, von dem er spricht, bezieht sich nicht auf die Möglichkeit körperlichen Schadens, sondern darauf, das beabsichtigte Manöver nicht zu fahren und dadurch Zeit zu verlieren. »Es ist leicht, im Qualifying zu sagen, ›die Zeit kann ich schaffen‹, aber du musst dich dahin bringen, es auch zu tun. Das gilt auch für Tennis. Du willst den Ball quer über den Platz schlagen. Es ist riskant, aber du kannst es schaffen. Genau das ist der Spaß.«

Wenn es funktioniert, fährst du eine super Runde und das ist die Belohnung. »Dein Körper übernimmt, du bist völlig frei, und es ist überwältigend«, sagt er. »Ein Wahnsinnsgefühl.«

Strolls derzeitiger Fahr-Coach Luca Baldisseri war viele Jahre Renningenieur bei Ferrari, wo er mit Michael Schumacher und Kimi Räikkönen gearbeitet hat, bevor er Ferraris Young-Driver-Programm entwickelt hat. Er sieht viele Kinder, die fahren können, sagt er, aber wonach er in diesem jungen Alter sucht – was er für am vielversprechendsten bei einem Kind hält – ist nicht die Fahrfähigkeit, sondern ob der Betreffende ein Ziel hat. Das, was wir bei Ellen MacArthur gesehen haben. Junge Menschen, erklärt er, lassen sich leicht ablenken, sie verlieren schnell die Konzentration. »Du suchst also vor allem nach einem 13-jährigen Kind, das ein Ziel hat.«

Er begegnete Stroll, als der zwölf Jahre alt war und erkannte, dass der Junge etwas Besonderes ist. Stroll gewann Kartrennen in Nordamerika, aber Baldisseri wollte wissen, ob sein Ziel darin bestand, Formel-1-Fahrer zu werden.

Das war der Fall bei Stroll, sogar schon als Kind. Wie alle Rennfahrer war und ist er sehr wettbewerbsorientiert. Ich frage ihn nach seinen Zielen. »Du musst im Augenblick leben«, sagt er, »aber mein Ziel ist, Formel-1-Weltmeister zu werden, und darauf arbeite ich hin.« Ich nehme an, man kann genauso gut einen Spitzenplatz anstreben. »Ich möchte der bestmögliche Fahrer sein, der ich sein kann«, sagt Stroll. »Ich mache einen Schritt nach dem anderen. Jeden Tag den Sieg davonzutragen. Darauf muss dein Fokus gerichtet sein.«

»Jeden Tag den Sieg davonzutragen« klingt wie das Mantra aus einem Handbuch über die Psychologie der Leistung schlechthin, aber es bringt eine auf Fortschritt gerichtete Denkweise hervor, und das ist Baldisseris Aufgabe. »Wir setzen Zwischenziele, gehen stufenweise vor, einen Schritt nach dem anderen«, sagt er.

Er unterteilt das Trainingsprogramm für einen Fahrer in drei Hauptbestandteile: physisch, technisch, mental. Er betrachtet den Fahrer als Sportler, der trainieren muss, um körperlich vorbereitet zu sein, während er sich technisch dafür rüstet, einen Wagen zu fahren. »Du musst mit dem Wetter umgehen, mit den Temperaturen. Du musst verstehen, wie sich die Reifen verhalten.«

So wie die Fähigkeit, den Fokus aufrechtzuerhalten, braucht man auch mentale Stärke.

»Bei Teamsportarten wie Fußball ist das anders. Ein Fahrer ist allein, wenn er fährt. Die Familie, Sponsoren, Fans, alle schauen zu. Dann musst du mit all den Kommentaren umgehen.« Stroll musste eine Menge Kritik einstecken. »Es steht dir ins Gesicht geschrieben, wenn du auf dein Handy schaust«, sagt Baldissari.

»Die Fahrer müssen auf ihr Ziel konzentriert bleiben. Du musst ihnen ein Ziel geben und ihnen helfen, mit dem Stress umzugehen.«

Genauso wie wir sagen, dass manche Sänger über eine natürliche Gabe verfügen, sagt man das auch von einigen Rennfahrern. Von Lewis Hamilton wird besonders oft gesagt, er sei ein großes Naturtalent. Baldissari glaubt, dass man wahres Talent an der Art und Weise erkennen kann, wie der Fahrer den Kampf während des Rennens beurteilt, einschätzt, wie er überholt oder sich davor schützt, überholt zu werden. Er braucht auch eine Vision des Rennens. »Du musst den Wagen völlig in der Hand haben. Das ist der große Unterschied zwischen einem talentierten und einem durchschnittlichen Fahrer. Die Technik des Fahrens kann man lernen.«

Er erklärt, was er darunter versteht, den Wagen in der Hand zu haben. In dem Fahrzeug gibt es Sensoren, die detailliert jede Bewegung des Wagens protokollieren. Sie können die zeitliche Verzögerung messen zwischen dem Moment, in dem der Wagen sich bewegt, und dem Moment, in dem der Fahrer eine Korrektur vornimmt. »Kürzere Verzögerungen bedeuten, dass der Fahrer sehr viel Gefühl hat. Das ist eine Möglichkeit einzuschätzen, ob der Fahrer mit schnelleren Wagen umgehen kann.«

Die Macht langfristiger Ziele haben wir bei Ellen MacArthur gesehen. Und wir haben gesehen, wie Belohnung und Motivation Formel-1-Fahrern helfen können, einen intensiven Fokus aufrechtzuerhalten. Aber was läuft im Gehirn ab? Um das zu verstehen, müssen wir uns Menschen anschauen, die Experten darin sind, im Hier und Jetzt zu leben. Wir müssen sie finden und sie in MRT-Scanner legen. Zum Glück gibt es viele solcher Menschen und sie wurden intensiv untersucht.

Im Alter von sechs Jahren war Yi-Yuan Tang ein Schuljunge in Dalian, einer gemütlichen Küstenstadt in der Provinz Liaoning im Nordosten Chinas. Hier begann er mit kontemplativen Übungen – die verwandt sind mit der Meditation –, während derer man über sein Verhalten nachdenkt und sich darin übt, in einen ruhigen, nachdenklichen, friedlichen Zustand überzugehen.

Als Junge begann er mit dem Laufen und stellte fest, dass ihm die langen Distanzen lagen, vor allem die 3000, 5000 und 10 000 Meter. »Während der Mittel- und Oberstufe habe ich alle diese Wettkämpfe gewonnen«, sagt er.

In China werden die Kinder schon in sehr frühem Alter in die Kunst der Meditation eingeführt. Tang erkannte, dass die Praxis der narrow-focus-Meditation – bei der man den Fokus nach innen richtet, für gewöhnlich auf das Atmen – ihm beim Laufen half. Dann begann er mit open-focus-Meditation. Das wird oft im Hinblick auf das Optimieren des Aufmerksamkeitslevels durchgeführt, den man mitbringt, um etwas zu tun. Stellen Sie sich vor, Lance Stroll zu sein, wie er in diesem Rennen in Aserbaidschan fährt. Sie wollen sich nicht zu sehr auf das konzentrieren, was Sie tun, denn das könnte dazu führen, dass Sie zu viel darüber nachdenken. Auf einem Elite-Niveau wirkt sich das nachteilig auf Ihre Leistung aus. Gleichzeitig müssen Sie natürlich völlig auf die anstehende Aufgabe fokussiert sein. Das ist es, was Menschen, die Achtsamkeitsmeditation praktizieren, als Zustand ausgeglichener Konzentration beschreiben, als sich im Flow-Zustand befinden. Entscheidungen werden schnell, korrekt und oft ohne bewusstes Nachdenken getroffen.

Tang stellte fest, dass meditative Übungen und Laufen viele Gemeinsamkeiten haben. Darüber hinaus interagieren sie. Je geübter er im Meditieren wurde, desto mehr profitierte sein Laufen davon. »Es steigerte erheblich meine Leistung, weil diese mühelose Aufmerksamkeit und Handlung meinen Stress reduzierte und meinen Flow-Zustand während des Laufens begünstigte. Meiner Meinung nach sollte ein Spitzenleister sowohl die open- wie auch die narrow-focus-Strategie in der Meditation oder dem Sport anwenden.«

Tang behielt sein Interesse am Trainieren von Körper und Geist sowie die Interaktion zwischen beiden bei. Angelehnt an die traditionelle chinesische Medizin, entwickelte er in den 1990ern die Meditationstechnik Integrative Body-Mind Training (IBMT). Es betont das Wissen um interne und externe Ablenkung, zum Beispiel Rückenschmerzen oder Stimmengewirr. Es geht darum, diese Dinge mit Gleichmut zu akzeptieren – einem Konzept, zu dem wir am Ende dieses Buches zurückkehren werden. Aber Tang wurde auch Wissenschaftler. Derzeit hält er den Lehrstuhl für Neurowissenschaften an der Texas University, Lubbock, inne. Und er ist Professor am Fachbereich Psychologische Wissenschaften der Texas Tech sowie am Fachbereich Innere Medizin am Health Science Center der Universität.

Tangs Arbeit hat stark dazu beigetragen, die Auswirkungen von Meditation auf das Gehirn wissenschaftlich nachzuweisen. Zusammen mit Michael Posner von der University of Oregon sowie Britta Hölzel von der Technischen Universität München veröffentlichte Tang 2015 einen Artikel in der angesehenen Fachzeitschrift *Nature Reviews Neuroscience*. Das Trio zog die Schlussfolgerung, dass mehr als 20 Jahre Forschung über Meditation die Annahme unterstützt, dass sie sowohl der körperlichen als auch der mentalen Gesundheit dient und die kognitive Leistung steigert.[63] Sie verbessert grundlegend die Leistungsfähigkeit des Gehirns.

Zum Beispiel scannte Joshua Grant von der University of Montreal in Kanada die Gehirne von Zen-Praktizierenden, die bereits mehr als eintausend Stunden Meditationserfahrung hatten. Diese erfahrenen Meditierenden zeigten in einigen Hirnarealen weniger Aktivität als Nicht-Meditierende: im präfrontalen Cortex, der Amygdala sowie dem Hippocampus.[64] Diese Areale befassen sich (unter anderem) jeweils mit der Wahrnehmung von Schmerz, dem Verarbeiten von Gefühlen wie Angst und dem Speichern von Erinnerungen. Aber einige Bereiche des Gehirns, die Schmerz verarbeiten, waren bei den Meditierenden dicker.[65]

Das ist kein Widerspruch: Meditierende verarbeiten Schmerz, lassen sich jedoch weniger davon quälen.

Eine andere Studie zeigt, dass Meditierende einen besseren Zugang zu ihrem Unterbewusstsein haben. Das folgt einem berühmten Experiment, das erstmals 1983 durchgeführt wurde und nahelegt, dass wir keinen freien Willen haben. Der verstorbene Benjamin Libet, damals Psychologe an der University of California, San Francisco, maß die Gehirnaktivität bei Freiwilligen, die erst entschieden, einen Knopf zu drücken, und es dann tatsächlich taten. Das erschreckende Ergebnis bestand darin, dass Bereiche des Gehirns, die für die Bewegung der Hand zuständig sind, bereits aktiv wurden, bevor der Proband überhaupt die Entscheidung gefällt hatte, den Finger zu bewegen. Das bedeutet vermutlich nur, dass unsere bewusste Wahrnehmung des Treffens einer Entscheidung ein bisschen hinterherhinkt und nicht, dass wir gar nicht über die Fähigkeit verfügen, Entscheidungen zu treffen beziehungsweise keinen freien Willen haben. Dennoch wiederholte Peter Lush 2016 das Experiment an der University of Sussex, aber dieses Mal mit Probanden, die regelmäßig meditieren. Die Zeitspanne zwischen dem Moment, in dem die Teilnehmer spürten, dass sie entschieden, den Knopf zu drücken, und dem Moment, in dem der Finger sich bewegte, fiel länger aus als bei Nicht-Meditierenden. Lush nimmt an, dass durch das Meditieren das Bewusstsein der Gehirnaktivität gesteigert wird.[66] Man könnte auch sagen, es bedeutet, dass Sie sich selbst besser kennen.

Einmal habe ich aus Jux an einem viertätigen Kurs über Zen-Buddhismus teilgenommen, der im Enkakuji-Tempel in Kamakura, Japan, stattfand. Der Tempel wurde 1282 gegründet und wir wohnten in einem Holzhaus auf dem Gelände, das nahezu genauso alt war. Um vier Uhr morgens wurden wir von den Mönchen für die Morgen-Meditation geweckt. Es war März, noch frostig, und ich saß gegenüber von einem offenen Fenster. Als völliger Neuling hatte ich keinen blassen Schimmer, was wir »tun« sollten, also saß ich im Schneidersitz stundenlang da und ließ meinen Gedanken freien Lauf. Gelegentlich furzte ein Mönch und ich bemühte mich, nicht zu kichern. Ich erinnere mich, dass mir plötzlich auffiel, dass die Gedanken durch meinen Kopf strömten und ich sie beobachtete, so wie man einem Fisch in einem Fluss zusieht. Es war wie Hypnagogie, dem seltsamen Zustand zwischen Schlafen und Wachen (wir werden in Kapitel 10 darauf zurückkommen). Meine andere lebhafte Erinnerung an diesen Morgen hat nichts mit Meditation zu tun, aber sehr viel mit Japan. Wir saßen eine Ewigkeit da, langsam brach der Tag an, und ich konnte allmählich erst die Äste und dann die Blüten der Pflaumenbäume im Tempelgarten erkennen. Ohne die furzenden Mönche hätte es eine Szene aus einem Roman von Yukio Mishima sein können, aber ich liebe diese Erinnerung auch so.

Eine von Tangs Studien zeigt, dass man kein Mönch mit Tausenden Stunden Erfahrung beim Meditieren sein muss, um davon zu profitieren. Tang und seine Kollegen teilten die Probanden, 86 chinesische Studenten, nach dem Zufallsprinzip in zwei Gruppen ein. Die eine Gruppe absolvierte fünf Tage lang sein IBMT. Sie meditierten jeden Tag 20 Minuten. Die andere Gruppe verbrachte die gleiche Zeit mit Entspannungsübungen, was bedeutete, dass sie lernten, wie man die Muskeln gezielt entspannt. Alle Studenten wurden vor und nach den fünf Tagen Attention-Network-Tests unterzogen, einer computergestützten Erfassung, die Aufmerksamkeit und die Konfliktlösungsfähigkeit misst. Außerdem wurden sie mittels des Profile-of-Mood-States-Tests (einer Stimmungsskala) eingestuft. Die Ergebnisse zeigten, dass die Studenten, die an der IBMT-Meditation teilgenommen hatten, beim Attention-Network-Test die größere Verbesserung aufwiesen. Zudem waren ihre Werte für Angst, Depression, Ärger und Müdigkeit niedriger und der für Vitalität höher auf der Profile-of-Mood-State-Skala.[67] Die IBMT-Kurse wurden zwar von erfahrenen Coaches durchgeführt, dennoch widersprechen sie der Annahme, man müsse erst jahrelang meditieren, bevor man davon profitiert.[68]

Meditation führt zu Veränderungen in jeder Gehirnstruktur.[69] Zwei Gehirnareale, die als Schlüssel unserer Fähigkeit der Aufmerksamkeitsfokussierung gelten, der anteriore cinguläre Cortex (ACC – der vordere Teil des cingulären Cortex (des Gyrus cinguli), und die Insula, eine tiefe Falte im zerebralen Cortex, wachsen bei Menschen, die meditieren. Diese Areale sind zusammen mit dem ACC bei kognitiven Aufgaben aktiviert. Zum Beispiel unterstützt der ACC beim Aufrechterhalten der Fokussierung, indem er andere Systeme im Gehirn davon abhält, sich einzumischen und nach Aufmerksamkeit zu verlangen. Wenn wir Tätigkeiten ausüben, die wir immer wieder trainiert haben, wie das Korrigieren der Segel bei einem Trimaran oder das Schalten in einen anderen Gang bei einem Rennwagen, spielt das vegetative Nervensystem eine große Rolle bei der Ausführung. Das ist jener Teil des Nervensystems, der automatisch agiert und Funktionen wie das Regulieren des Herzschlags und die Verdauung steuert. Wenn wir uns in dem mühelosen Zustand des Flows befinden, erfolgt das unterhalb des Levels der bewussten Wahrnehmung, und der ACC sowie die Insula helfen dem vegetativen Nervensystem dabei.[70]

»Wir haben Achtsamkeitsmeditation trainiert, wozu auch gehört, die Aufmerksamkeit auf die Gegenwart zu richten, was hohe Konzentration erfordert«, sagt Michael Posner und bezieht sich auf die narrow-focus-Meditation. »Wir haben gezeigt, dass solche Übungen die Aktivierung des ventralen ACC steigern und die überwiegend aus Nervenfasern bestehende Weiße Substanz, die den ACC umgibt, verändern.«

Wo ist nun der Zusammenhang mit Elitesportlern und Menschen auf dem Höhepunkt ihrer Leistung, die schnell und unter Druck Entscheidungen treffen müssen? Vielleicht arbeiten ihre Gehirne anders als die von Durchschnittsleistern. »Eine unserer Arbeitshypothesen ist, dass Entscheidungen auch unbewusst getroffen werden können«, sagt Peter Lush. »Aber sobald Absichten einmal bewusst geworden sind, können vermutlich auch andere Prozesse darauf zugreifen. Wenn das passiert«, so sagt er, »wird es zum Hindernis für Spitzenleistung.«

Lush versteht Flow so, dass er nicht dadurch funktioniert, dass wir mit unseren Intentionen interagieren, sondern indem wir uns erlauben, sie unvoreingenommen zu beobachten. Beim Formel-1-Rennen oder der Weltumseglung beinhaltet das anhaltende Konzentration auf die Gegenwart, was einigen Aspekten von Achtsamkeit ähnelt und gleichzusetzen ist mit Tangs narrow focus, aber auch einen open focus verlangt, ein Umschalten auf eine globale Sichtweise, und die Fähigkeit, zum dynamischen Flow zurückzukehren.

Es kann sein, dass die Gehirne von Lance Stroll und Ellen MacArthur von Natur aus leistungsfähig sind, um ein hohes Maß an Fokussiertheit zu ermöglichen. »Ihre Hypothese kann richtig sein, auch wenn wir bisher keine eindeutigen Beweise dafür haben«, sagt Tang. Aber vielleicht hatten auch ihr unaufhaltsames Verfolgen eines klaren Ziels, die vielen Jahre Training und ihr Können in der gewählten Sportart eine ähnliche Wirkung wie Meditation und veränderten ihre Gehirne strukturell. Tang stimmt zu: Tätigkeiten wie das Training eines Sportlers können ebenfalls zu Gehirnplastizität führen. Er ist mittlerweile in der Lage, sich in einen Zustand des »statischen Flows« zu meditieren, in dem sein Verstand wunderbar fokussiert ist, und das beim Laufen in einen Zustand des »dynamischen Flows« überführen. »In dieser Situation arbeiten mein Körper und mein Geist perfekt zusammen und optimieren meine Leistung.« Die gute Nachricht aus all dem ist, dass jeder in den Genuss dieser Vorteile kommen und man sich problemlos zu Hause darin üben kann.

Jetzt kann ich besser verstehen, warum mich der alte Mann in meinem Kendo-Klub so leicht besiegen konnte. Es geht nicht darum, mein lädiertes Selbstwertgefühl wieder aufzurichten, sondern mir ist klar geworden, warum er so gut war. Kendo-Training ist sehr stark von der Zen-Meditation beeinflusst und wir haben gesehen, wie sich das Gehirn von Zen-Praktizierenden verändert. Darüber hinaus habe ich von Tang noch etwas über körperliches Training, das vegetative Nervensystem und wie in Meditation und Sport geübte Menschen zwischen einem statischen und einem dynamischen Zustand von Flow wechseln können. Der alte Meister hat Jahrzehnte mit Kendo verbracht und ich nehme an, dass er sogar im Augenblick des Verharrens seinen Verstand in einem perfekten Zustand gehalten hat, im Hier und Jetzt, bereit, aber im Fluss.

TEIL II
HANDELN

5
TAPFERKEIT

Der Held ist einer, der fünf Minuten länger tapfer ist als der gewöhnliche Mensch.

RALPH WALDO EMERSON

Dave Henson ist ein kräftiger Mann: markantes Kinn, wuchtiger Torso, ehemaliger Captain bei der Army. Big Dave Henson, so nennt man ihn. Man will ihn im Team haben. Bei den British Army Royal Engineers war er Offizier beim Bombenräumkommando. Es war seine Aufgabe, nach unkonventionellen Spreng- und Brandvorrichtungen (USBV), auch Sprengfallen genannt, die die Taliban gelegt hatten, Ausschau zu halten.

Die von Wikileaks herausgegebenen Daten des US-Militärs zeigen, dass in den Nachwehen der US-geführten Invasion von Afghanistan 2001 die USBVs stufenweise zu den bevorzugten Waffen der Taliban wurden. Zwischen 2004 und 2009 platzierten Talibankämpfer mehr als 16 000 selbst gebastelte Bomben überall im Land, die Zahlen stiegen mit jedem weiteren Jahr des Konflikts. Per Fernsteuerung, Zeitzünder, einen Stolperdraht oder durch eine Druckplatte zur Detonation gebracht, töteten USBVs Hunderte Zivilisten und wurden schon bald zur häufigsten Todesursache der Koalitionstruppen.

Aber es gab nicht nur viele Todesopfer, Tausende Soldaten verloren Gliedmaßen durch Sprengfallen. Es grassierten makabre Witze, dass zumindest die Paralympics-Teams von diesem Krieg profitieren würden.

Krieg ist die Hölle, ja, aber die Bedrohung durch USBVs, die Gefahr, die sie darstellten, und der Schatten der Angst, den sie über die bewaffneten Streitkräfte und die Zivilbevölkerung warfen, erzeugten eine besonders angespannte Atmosphäre im Land. Bis 2014 waren allein in der US-Army mehr als 70 000 Fälle Posttraumatischer Belastungsstörungen (PTBS) aufgetreten. Was auch immer Sie über die politische Entscheidung denken, in den Krieg zu ziehen, aber ein Soldat, der sich entschieden hat, in Afghanistan zu dienen, um USBVs zu entschärfen, braucht eine besondere Art von Tapferkeit.

Ich habe Dave Henson ausgesucht, um zu analysieren, was Tapferkeit ist, aber seine Geschichte würde genauso gut in die Kapitel über Ausdauer, Resilienz und sogar Glück passen. Seine Geschichte zeigt, nebenbei bemerkt, auch, was für folgenschwere Wege unser Leben nehmen kann.

Henson wuchs in Southampton auf, an der Südküste Englands. Er studierte Maschinenbau an der University of Hertfordshire. Zu diesem Studium gehört ein einjähriges Praktikum in der Industrie. Da die Armee Stellen anbot, leistete Henson sein Jahr bei den Royal Engineers ab. Als er ein Dissertationsthema suchte, schlug ihm einer der Garnisonsingenieure vor, etwas über verletzte Soldaten zu schreiben. »Das war 2006, in Afghanistan ging es los und die ersten Menschen ohne Beine kehrten zurück«, erzählt Henson. Seine Dissertation beschäftigte sich mit dem Wiedereinstieg von Versehrten in den Sport – insbesondere Amputierte, die mit dem Gokartfahren anfangen. »In meiner Studentenwohnung hatte ich einen Rollstuhl, mit dem ich herumgefahren bin. Woher sollte ich schließlich wissen, wie man von einem Rollstuhl in ein Gokart steigt, wenn ich es nicht versucht hätte, als fuhr ich in diesem Rollstuhl herum – es war furchtbar. Aber ich wurde ziemlich gut im Rollstuhlfahren.«

Diese Fähigkeit sollte ihm noch nützen. Nach seinem Abschluss blieb Henson bei der Armee und besuchte die Royal Military Academy Sandhurst, die Akademie zur Ausbildung von Offizieren. Nach seinem Abschluss ging er zum 22. Engineer Regiment und dann wurde eine Stelle beim EOD (Explosive Ordnance Disposal, deutsch: Kampfmittelräumungs-Einheit) der Royal Engineers frei. »Der Job beinhaltete natürlich ein gewisses Risiko, aber ich fand die Arbeit auch interessant«, sagt er. Das dazugehörige Risiko, erzählt er mir so gelassen, als würden wir über das Wetter sprechen, dass einer aus dem Team verletzt oder getötet wird, liegt bei 1:6. Einer von sechs. Wie viele Menschen akzeptieren wohl ein so hohes Risiko bei ihrem Job?

Henson und sein Team trainierten intensiv für verschiedene Verwundeten-Szenarien, wie es in der Armee heißt. Aber dann wurde er Augenzeuge, welche Verletzungen Bombenexplosionen einem Menschen beibringen können. Das war keine Übung, es war echtes Blut. »Ein Afghane hatte aus Versehen eine Bombe gezündet, als er sie platzieren wollte. Er wurde in unsere Basis gebracht«, erinnert sich Henson. »Das zu sehen … vergisst man nicht … er war noch am Leben, starb dann aber. Es war grauenhaft.«

Im Februar 2011 war Henson zum Absichern von Gelände in der Helmand-Provinz, um von den Taliban vertriebenen Familien die Rückkehr in ihre Häuser zu ermöglichen. Das methodische Absuchen des Bodens und Wegschaffen von Bomben ist häufig eine langwierige und stumpfsinnige Arbeit, aber der 13. Februar blieb allen in Erinnerung. Hensons EOD-Einheit hielt sich im Süden des Nad-e-Ali-Distrikts auf, einem landwirtschaftlichen Gebiet etwa 100 Kilometer westlich von Kandahar. Es hatte wochenlang geregnet und dies war der erste trockene Tag seit Langem. Das Team säuberte das erste Teilstück und ging dann weiter zum zweiten. Die Anspannung war groß, denn vier Tage zuvor waren im Norden des Distrikts zwei Soldaten des Parachute Regiments bei einem Feuergefecht getötet worden.

»Ich überquerte das äußere Teilstück, um Sichtkontakt mit den Soldaten herzustellen, die uns bewachten, ging wieder zurück, und das war's«, erinnert er sich. »Es gab kein Klicken, nichts in der Art, ich erinnere mich nur, dass ich auf dem Boden gelandet bin und mich hingesetzt habe. Ich fühlte mich, als hätte mir jemand einen Schlag mit einer Schaufel verpasst, mein Kopf klingelte, ich hatte einen Tunnelblick. Ich schaute hinunter auf meine Beine. Sie waren noch da, hingen aber an Hautfetzen, und die Knochen ragten heraus.« Seine Füße steckten immer noch ordentlich in den Schuhen, sagt er. »Ich erinnere mich nur noch daran, wie ich geschrien habe und rückwärts zu einer Wand rutschte. Einer der Soldaten stand plötzlich vor mir. Das riss mich zurück in die Realität und ich begann wieder klar zu denken.«

Henson ist wie gesagt ein kräftiger Mann, ich habe jedoch nicht erwähnt, dass seine Beine ungefähr dort enden, wo die Knie sein müssten. Sein Twitter-Name ist @leglessBDH. Unser Treffen findet an einem kalten Wintertag statt und er trägt Stahlprothesen mit pinkfarbenen, nackten Latexfüßen. Drinnen braucht er keine Schuhe, da die Gummifüße guten Halt geben. Groteskerweise muss ich mich zurückhalten, ihn zu fragen, ob er bei dem Wetter keine kalten Füße hat.

Die meisten Verletzungen wie die von Henson führen zum Tod, aber der Hubschrauber traf innerhalb von 20 Minuten nach dem Unfall ein. Vollgepumpt mit Morphium und eine Zigarette mit seinem Team rauchend, verbrachte er diese 20 Minuten, als würden sie lediglich die Zeit totschlagen. Dabei hatte er starke Schmerzen. »Ich fühlte mich, als hätte jemand seinen Wagen auf meinen Beinen geparkt. Es war ein dumpfer Druckschmerz, der einfach nicht verschwinden wollte.« Henson schaffte es, sich von dem Schmerz abzulenken, bis der Hubschrauber kam. 37 Minuten später lag er im Camp Bastion auf dem Operationstisch. Zweifellos hat dieses schnelle Handeln sein Leben gerettet. Als er am darauffolgenden Tag zurück in Großbritannien war, wurden sein rechtes Bein oberhalb des Knies und sein linkes in Kniehöhe amputiert.

»Ich wusste, dass der Job gefährlich ist«, sagt er heute über seine Berufswahl. »Ich hatte die Möglichkeit und sogar die Wahrscheinlichkeit in Betracht gezogen, mit einer Verletzung wie dieser zurückzukehren. Von daher traf es mich nicht völlig unerwartet. Es war nicht unbedingt ein Schock.«

Wenn man sich mit Feuerwehrmännern oder Polizisten unterhält, bekommt man etwas Ähnliches zu hören: Mit der Gefahr umzugehen wird zum Teil des Jobs. Wie Henson erklärt, lässt man nicht zu, dass die Angst vor dem, was möglicherweise passieren kann, einen auffrisst. Dann wäre man handlungsunfähig. Die Anspannung ist natürlich immer da, schließlich kann es jederzeit zu einer Katastrophe kommen, aber man lernt, damit zu leben.

An Menschen wie Henson finde ich so außergewöhnlich, dass sie im vollen Bewusstsein einer potenziellen Katastrophe in einen Job hineingehen. Sie kennen das Risiko und tun es trotzdem.

Tapferkeit hat viele Formen, aber Bombenräumung scheint doch etwas Besonderes zu erfordern. Diese Soldaten sind auf eine Weise tapfer, die sie sogar aus den Reihen der anderen Militärangehörigen herausragen lässt. Sie wählen wissend eine Aufgabe, die sie einer konstanten und besonders heimtückischen Art von Gefahr aussetzt, die unsichtbar und potenziell tödlich ist. Einer der Befehlshaber sagte genau das, als die britische Armee ein neues Abzeichen einführte, dass die EOD-Soldaten an der Uniform tragen sollten: »Diese Arbeit den ganzen Tag zu tun, Tag für Tag, sechs Monate lang, erfordert eine besondere Art von Mut – eine unerschütterliche Courage.«[71]

Henson ist der Inbegriff des bescheidenen britischen Offiziers, für den Untertreibung eine Art Wettkampf darstellt: Klar, es gibt ein »gewisses Risiko«. Henson bezeichnet während unseres Gesprächs seine doppelte Amputation einmal als »Fleischwunde«. Aber das Thema Tapferkeit nimmt er sehr ernst. Er sagt, wenn das, was er getan hat, tapfer war, dann war es eine kollektive Tapferkeit. »Ich ziehe nicht allein los, um Bomben zu suchen. Ich gehöre zu einem Team – und das ist ein großer Unterschied.« Er sagt, dass es insofern vergleichbar sei mit anderen hochriskanten Militäraufgaben, als man sie selten allein durchführt. Du musst dir nicht den Kopf darüber zerbrechen, was dir alles passieren könnte, denn du hast Vertrauen, Zusammenhalt und die Überzeugung, dass wir das gemeinsam durchstehen.

Er zitiert den Armeeslogan: The Team works. Teamwork bedeutet so viel wie Gemeinschaftsarbeit. »Unmittelbare Gefahren oder das Denken daran werden verringert«, sagt er. »Wenn du zu viel über die Verletzungsgefahr oder potenzielle Folgen grübelst, schaffst du es nie durch die Tür. Aber als Team kannst du durchkommen.«

Ich beginne zu verstehen, inwiefern Tapferkeit in einem Team gestärkt wird. Aber was treibt Menschen dazu, sich überhaupt auf so etwas einzulassen? Woher nehmen sie den Mumm dafür? Ich könnte das bestimmt nicht und halte es da mit Falstaff aus Shakespears *Heinrich IV*. Ehre und Tapferkeit sind dabei im Grunde austauschbar:

> Kann Ehre ein Bein ansetzen? Nein. Oder einen Arm? Nein. Oder den Schmerz einer Wunde stillen? Nein. Ehre versteht sich also nicht auf die Chirurgie? Nein. Was ist Ehre? Ein Wort. Was steckt in dem Wort Ehre? Was ist diese Ehre? Luft. Eine feine Rechnung!

Zum Glück für die Armee denken viele Menschen anders. Julie Carpenter interviewte für ihre Doktorarbeit im Jahr 2013 an der University of Washington, Seattle, 23 US-EOD-Mitarbeiter (darunter nur eine Frau). »Dabei entdeckte ich, dass sich Menschen unter anderem von der Arbeit beim EOD angezogen fühlen«, erklärt sie, »weil sie dann das Gefühl haben, zu ›helfen‹ statt anderen zu schaden, wenn sie Sprengfallen beseitigen.« Das passt zu dem, was Henson mir über Motivation erzählt hat.

Teamwork ist absolut entscheidend, sagt Carpenter. »Die Geisteshaltung des EOD hat auch etwas Rebellisches; man hält sie für selbstsicher, clever. Sie sind eine verschworene Gemeinschaft, stärker noch als sonst beim Militär üblich.«

Möglicherweise erinnert Sie das so wie mich an den Film *Tödliches Kommando*, aber falls dem so ist, dann kommt hier ein Tadel. Carpenter kritisiert daran, dass der Film lediglich eine ungenaue Hollywood-Version ist, der sich auf eine rebellierende Hauptfigur fokussiert, die kein Teamplayer ist. Echte EOD-Arbeit, betonen sowohl Carpenter als auch Henson, stützt sich auf enge Kommunikation und Teamarbeit. »Bei EOD wird Teamarbeit groß geschrieben und das zeigen die Soldaten jeden Tag, aber sie genießen auch ihren Ruf als Rebellen innerhalb des Militärs«, sagt Carpenter. »Beim EOD muss man nicht nur bereit sein, gut im Team zu arbeiten, sondern man braucht auch Kommunikationsfähigkeiten. Das ist unerlässlich für die Teammitglieder, die sich während einer Mission nahezu nahtlos miteinander austauschen müssen.«

Laut Henson gibt es verschiedene Gründe, warum man sich zum Dienst beim Militär verpflichtet, aber der Ausgangspunkt ist stets, etwas bewirken zu wollen. Sein Team, erklärt er, wurde in einer Region eingesetzt, die schwere Kämpfe erlebt hatte. Um das politische Ziel von Frieden und Stabilität voranzutreiben, hatten seine Leute die Aufgabe, das Gelände zu säubern, damit die Bauern auf ihr Land zurückkehren konnten.

Er ist stolz darauf, beim »Royal Engineer Explosive Ordnance Disposal«-Kommando gewesen zu sein. »Es war unsere Aufgabe, nach Bomben zu suchen, und Bomben waren das, was die Truppen tötete. Natürlich ist damit auch ein gewisser Status verbunden, wird das Ego angesprochen.«

Zu anderen Motivationsquellen gehört unweigerlich der Kick. Henson räumt ein, dass er der Armee beigetreten sei, um die Gefahr zu spüren. »Vielleicht war es Adrenalin, ein Übergangsritus, das Bedürfnis, mich zu beweisen – es gibt jede Menge Gründe, warum Menschen zur Armee gehen.« Als die Stelle angeboten wurde, fand er den Job interessant, wurde aber auch von dem Risiko angezogen. »Das Risiko ist der Spaßfaktor dabei. Der Adrenalinstoß versetzt dich in einen Rausch.« Jugendlicher Wagemut ist sicherlich ein Faktor: Henson sagt, dass er heutzutage nicht mehr so sei.

Als Evolutionsbiologe ist mein erster Gedanke oft die Frage, wie sich ein bestimmtes Verhalten entwickelt haben könnte. Tapferkeit kann sich auf sehr unterschiedliche Weise zeigen: zum Beispiel durch mutiges Handeln zum Schutz von Familie und Freunden oder das Retten Nahestehender oder – vor vielen Generationen – das Beschaffen von Nahrung. Tapferkeit kann auch die Legitimation einer Führungsposition sein und möglicherweise die Eignung für einen Partner demonstrieren. Tapferkeit ist, alles in allem, eine beeindruckende und anziehende Eigenschaft.

Falstaff wird nichts davon haben. Und ich werde nicht mit einem der größten Geister der Literatur streiten, mir sei nur der Hinweis vergönnt, dass Falstaff nicht wegen seines Sexappeals berühmt wurde. Tapferkeit mag nur ein Word und nicht in der Chirurgie bewandert sein, aber tapfere Menschen werden vom anderen Geschlecht nichtsdestotrotz als attraktiv angesehen. Feuerwehrmänner genießen ganz gewiss diesen Ruf. Henson ist nicht überzeugt:

»Ich glaube nicht, dass die Jungs einen Bonus bei den Frauen hatten, weil sie beim EOD waren.« Aber, so räumt er ein, »wenn du sagst, dass du beim EOD oder Bombenräumkommando bist, verschafft dir das Einladungen zu Dinnerpartys.«

Dank der engen Beziehungen, die beim Militär geschmiedet werden, sind Menschen bereit, nahezu alles zu tun, um sich gegenseitig zu helfen. Wie erklären wir das aus evolutionärer Sicht? Laurent Lehmann vom Fachbereich Ökologie und Evolution an der Universität von Lausanne ist wie ich Evolutionsbiologe. Lehmann und seine Kollegen entwickeln mathematische Modelle, um zu erforschen, wie sich Verhalten

---

wie Tapferkeit, Altruismus, Führungsstärke und Tyrannei möglicherweise entwickeln.

Die einfache Erklärung für Tapferkeit lautet, evolutionsgeschichtlich betrachtet, dass wir prädisponiert sind, Risiken einzugehen, wenn unsere Familie in Gefahr ist. Lehmann drückt das etwas technischer aus: Wenn Tapferkeit für das Individuum kostenintensiv ist und es einem solchen Risiko aussetzt, dass die Handlung sich bis zum Lebensende nicht mehr auszahlt, dann kann es sich nur durch Verwandtenselektion weiterentwickeln. Anders ausgedrückt hat Ihr Verhalten zwar für Sie selbst keinen direkten Nutzen, für Ihre Familie aber schon. Zu den Beispielen aus dem Tierreich gehören Vögel, die Zeit und Energie dafür aufbringen, die Küken ihrer Geschwister zu füttern.

»Beim Militär ist die Gruppe wie eine Familie, da sie die gleiche physische Nähe und möglicherweise die gleichen sensorischen Inputs erzeugt – sie schafft ›Brüderbünde‹«, sagt Lehmann. »Möglicherweise bringt die Umgebung des Militärs Soldaten dazu, so zu handeln, als würden sie ihrer Familie helfen.«

In Tausenden von Jahren haben militärische Führer diesen psychologischen Wert eng verbundener Männergruppen erkannt. Vielleicht haben sie dabei tiefliegende evolutionäre Verhaltensmuster angezapft. Gibt es die durch Verwandtenselektion entstandene Tapferkeit erst einmal, kann das Militär sie zweckentfremden, indem es die Bedingungen nachahmt, unter denen dieses Verhalten entstanden ist. Auch wenn die meisten von uns denken, sie wären gar nicht in der Lage, so viel anhaltenden Mut aufzubringen, tragen die entwicklungsgeschichtliche Begründung und die Team-Bonding-Dynamik einiges zur Erklärung bei. Zudem gibt es Hinweise, dass Tapferkeit in gewissem Maße erlernt oder, im Fall des Militärs, eingeträufelt werden kann. Außerdem sind extreme Fälle von Tapferkeit möglich.

Die Teamprotokolle und das intensive Training, das er und seine Kollegen absolvieren mussten, halfen Henson, ruhig zu bleiben, während er auf den Hubschrauber wartete. Es ist das Team, die Kameradschaft, die das ermöglicht. »In solchen Situationen ist man mit Menschen zusammen, die einem viel bedeuten«, sagt Henson. »Das lässt dich seltsame Dinge tun. Es ist fest in uns verdrahtet, das für andere zu tun.«

Tatsächlich tun Menschen in solchen Situationen seltsame und bemerkenswerte Dinge. Peter Singer, Experte für Kriegsführung beim New America Think Tank mit Sitz in Washington, DC, hat den Fall eines US-Soldaten im Irak beschrieben – zufällig ebenfalls ein EOD-Soldat – der 50 Meter durch ein Maschinengewehrfeuer gelaufen ist, um einen Kameraden zu retten. Das ist schon an sich bemerkenswert, aber berücksichtigen Sie dann bitte noch, dass dieser »Kamerad« ein umgestürzter Roboter war. Warum sollte man für einen Roboter ein solches Risiko eingehen? Könnte es sein, dass der Roboter Teil des Brüderbunds geworden ist?

Julie Carpenter betrachtete solche Berichte im Licht dessen, was sie als Roboter-Anpassungs-Dilemma (RAD) bezeichnet – etwas, wofür EOD-Soldaten besonders anfällig sind. Soldaten beim Bombenräumkommando haben eine Beziehung zu Robotern, die sich von anderen militärischen oder zivilmenschlichen Roboterbeziehungen unterscheidet. Das Dilemma besteht darin, dass der Roboter ein Werkzeug ist, und ein entbehrliches dazu. Aber er ist da, um Menschenleben zu retten, er reist und arbeitet mit dem Team. Unweigerlich werden die Roboter antropomorphisiert; sie »machen eine Menge durch«. Ein Soldat erzählte Carpenter, dass ein junger Typ in seinem Regiment ihren Roboter Danielle nannte und an »sie« gekuschelt im Humvee schlief. Carpenters Untersuchungen zeigen, dass Soldaten schnell Vertrautheit mit ihren Robotern erlangen, sie lernen deren mechanische Macken und »Persönlichkeiten« und beginnen die von ihnen genutzten Roboter als Erweiterungen ihres eigenen Körpers zu betrachten. Von ihr befragte EOD-Soldaten gaben an, dass sie den Roboter als ihren Avatar ansehen würden – die Soldaten versetzten sich in den Körper des Roboters und stellten dadurch eine physische Verbindung mit dem Roboter her. Wenn ein Roboter im Kampf zerstört wird, reagieren sie emotional. Carpenter zitiert ein Interview mit einem EOD-Soldaten namens Jed, der seine Gefühle beschreibt, nachdem ein Roboter-Teammitglied in die Luft gesprengt wurde. »Da ist dieser Roboter, der sein Leben für dich geopfert hat, also macht es dich traurig«, sagt Jed. Vielleicht ist es gar nicht so seltsam, dass Soldaten versuchen würden, einen gefangenen Roboter zu retten, mit dem sie so eng zusammengearbeitet haben. Es ist ein weiteres Beispiel, so betont Lehmann, für Tapferkeit, die in einer entwicklungsgeschichtlich neuen Situation zweckentfremdet wird.

Die Teambindung und ausgeprägte Kameradschaft in der Armee fördern Tapferkeit, aber Sie müssen vermutlich vor allem bereit sein, Risiken einzugehen, um sich beim Militär zu bewerben. Und was ist mit Beispielen individueller, einmaliger Tapferkeit – wie erklären wir die?

Im Frühling 2012 erfasste eine unerwartete Hitzewelle den Süden Englands.

Am 26. Mai jenes Jahres, einem Samstag, fuhr ein bulgarisch gebürtiger Elektriker namens Plamen Petkov, der in Südwest-London lebte, mit seiner Freundin an die Küste, um das schöne Wetter zu genießen. Sie suchten sich den West-Wittering-Strand aus, ein langer Streifen mit feinem Sand und klarem Wasser nahe Chichester, bekannt wegen seiner Schönheit und der Möglichkeit zu surfen. Bei Temperaturen um die 28 Grad Celsius hatten Hunderte anderer Menschen die gleiche Idee gehabt. Eine war San Thidar Myint aus Nordwest-London, die ihre fünfjährige Tochter Darlene dabei hatte.

Was an jenem Tag passierte, veranschaulicht zwei extreme menschliche Reaktion auf Katastrophen. Darlene war auf einem aufblasbaren Schwimmreifen im Meer, als eine Brandungsrückströmung sie weit von der Küste fortzog. Das Mädchen schrie und ihre Mutter rief am Strand verzweifelt um Hilfe. Plötzlich waren die Wellen einschüchternd, die

Strömung tückisch. Was würden Sie tun? Schließlich müssten Sie abwägen, wie groß die Gefahr für Sie selbst ist. Vielleicht würden Sie sich sagen, dass bestimmt jemand anderer helfen wird oder dass sich die Situation auch ohne sie klären wird. Sie können sich vorstellen, wie die Menschen unbehaglich im Sand hin und her rutschten. Niemand an dem vollen Strand reagierte auf die Hilferufe der Frau.

San Thidar, die nicht schwimmen konnte, wurde immer verzweifelter. In dem Moment kam Plamen, 32 Jahre alt und gerade mit seiner Freundin zusammengezogen, dort vorbei. Augenzeugen berichteten, dass er, ohne zu zögern, ins Wasser gestürmt sei, obwohl sich Darlene im Bereich der roten Flagge befand, die signalisiert: Nicht schwimmen oder ins Wasser gehen.

Als er Darlene erreichte, ließ sie ihren Schwimmreifen los und klammerte sich an Plamens Rücken. Er begann, zurück zum Strand zu schwimmen und hielt ihren Kopf über den Wellen, obwohl ihn der Wind, die Strömung und das Gewicht des Mädchens immer wieder untertauchten. Plamen schaffte es, Darlene näher zum Strand zu bringen, wo er sie einer Frau übergab, die sie zu ihrer Mutter trug. Plamen wurde jedoch zurückgerissen und ging unter. Als er endlich an Land gebracht werden konnte, war er reglos und konnte nicht wiederbelebt werden. Plamen wurde für tot erklärt. Todesursache war Herzstillstand. Die Gerichtsmedizinerin, die den Fall untersuchte, sagte, das sei die selbstloseste Handlung, die sie je erlebt habe.[72] Plamen wurde posthum die Queen's Gallantry Medal für Tapferkeit verliehen. Darauf eingehend, dass seine selbstlose Tat das Leben des Mädchens gerettet hatte, endet die Lobrede mit folgendem Satz: »Sobald er das Mädchen erreicht hatte, ließ er sie nicht mehr los, auch nicht, um sich selbst zu retten, als er in Schwierigkeiten geriet.«

Berichte wie dieser flößen uns Ehrfurcht gegenüber menschlicher Tapferkeit ein. Sie hören diese Geschichten und denken: Was würde ich in so einer Situation tun? Möglicherweise kann man es dabei bewenden lassen, dass Plamen einfach ein unglaublicher Mensch war, einer in einer Million. Aber ich möchte versuchen, diese Menschen auf dem Höhepunkt ihres Potenzials zu verstehen. Warum riskierte Plamen so viel, opferte am Ende sein Leben für eine völlig fremde Person? Was unterschied ihn von anderen?

Wir wissen jetzt schon eine Menge darüber, was im Kopf von Menschen passiert, wenn sie tapfer sind, und was hormonell bei ihnen abläuft. Wir haben erste Erklärungen, was biologisch stattfindet. Wissenschaftler ergründen darüber hinaus, wie man Tapferkeit auslöst und wie wir dieses Wissen einsetzen können, um Menschen zu behandeln, die unter PTBS und anderen Arten von Stress oder Ängsten leiden.

Mit einer Katastrophe oder einer plötzlichen verzweifelten Lage konfrontiert, produziert das Gehirn Corticoliberin, (auch Corticotropin-Freisetzungshormon, oder corticotropin releasing hormone (Abk. CRH)). Das löst eine Kettenreaktion aus, die den Körper in Handlungsbereitschaft versetzt: Adrenalin lässt das Herz schneller schlagen, und der Blutzuckerspiegel steigt in Erwartung einer Handlung. CRH interagiert auch mit der Amygdala, der mandelförmigen, paarigen Struktur im Gehirn, die für die Entstehung von Angst und Unruhe zuständig ist.

Manche Menschen hält Angst vom Handeln ab, andere dagegen schaffen es, die Angst zu überwinden – wie wir gesehen haben. Es kann das Anpassen an das Leben mit einer vor sich hin simmernden Angst sein, wie bei Henson und EOD-Soldaten, oder das Vertreiben einer unmittelbaren Angst, wie wir es bei Plamen gesehen haben.

Nach seinem Tod sagten seine Freunde, dass sein Handeln typisch für seine selbstlose Art gewesen sei. Diese Erklärung beruft sich auf die Persönlichkeit, etwas, das Bryan Strange, der am Reina Sofia Centre für Alzheimerforschung in Madrid das Labor for Klinische Neurowissenschaften leitet, als eine der beiden Hauptparameter bezeichnet, die Wissenschaftler erforschen, um zu verstehen, warum manche Menschen besonders tapfer sind, sogar im Interesse von Menschen, die sie gar nicht kennen. Das Strange Lab, wie es genannt wird, beschäftigt sich mit der Speicherung traumatischer Ereignisse im Gehirn – und wie sie möglicherweise gelöscht werden können.

Der andere Parameter ist genetischer Polymorphismus. »Es werden Gene untersucht, wie das ADRA-2B-Gen im Adrenalin-System«, sagt Strange, »aber so wie bei der Pathogenese psychischer Erkrankungen steckt vermutlich eine Kombination genetischer Polymorphismen hinter unterschiedlichen Angstreaktionen.« Das erinnert mich daran, was Genetiker mir über die Intelligenz gesagt haben: Wahrscheinlich gibt es viele verschiedene Genvarianten, die eine derart komplexe Fähigkeit beeinflussen.

Gleb Shumyatsky ist Genforscher und hat sein Labor in der Rutgers University in New Jersey. Sein Forschungsgebiet ist die Molekular- und Zellanalyse von Angst und Erinnerung. Shumyatsky untersucht die Genetik von Angst. Sein Team hat ein Protein identifiziert, Stathmin, das eine wichtige Rolle in der Amygdala spielt und Areale verbindet, die dafür bekannt sind, die Angstreaktion zu beeinflussen. Stathmin wird vom STMN1-Gen produziert. Mäuse, die ohne dieses Gen gezüchtet wurden, erforschen aktiver eine neue Umgebung und legen mehr Kühnheit an den Tag, wenn es um das Vordringen in ungeschützte Bereiche geht. Ebenso wie der Mangel an dem, was Wissenschaftlern als angeborene Angst bezeichnen, haben Experimente gezeigt, dass die Mäuse nicht in der Lage waren, Erinnerungen über ängstigende Erlebnisse anzulegen. Weibliche Mäuse ohne das Stathmin-Gen zeigten nicht das übliche mütterliche Verhalten: Sie hielten ihren Nachwuchs nicht von gefährlichen Situationen fern und machten sich in Experimenten nicht die Mühe, im Angesicht von Gefahr nach einem sicheren Unterschlupf Ausschau zu halten.

Angst dient der Anpassung – wir brauchen Angst. In der Natur würden angstfreie Mäuse nicht lange überleben, aber durch eine Maus im Labor ohne Stathmin-Gen konnten die Wissenschaftler untersuchen, wie Angst erzeugt und verarbeitet wird. Das Ziel ist, Behandlungsmöglichkeiten für Menschen zu finden, die Angsterkrankungen oder Leiden wie PTBS haben.

Würde uns das ermöglichen, die Angstreaktion zu dämpfen? »Man kann bestimmte Verhaltensweisen wie die Reaktion auf gefährliche Situationen trainieren«, sagt Shumyatsky. Wir wissen, so erzählt er mir, dass Mäuse die Aktivität des Stathmin-Gens verändern können. Wie wir gehört haben, sind Mäuse ohne dieses Gen mutiger und das Hoch- oder Runterdrehen des »Volumens« dieses Gens reguliert ihr Angstniveau. Shumyatsky weist darauf hin, dass bei Menschen, die eine gesteigerte Angstreaktion zeigen, Genmutationen vorliegen, die diesen Volumenregler kontrollieren. Haben also besonders tapfere Menschen wie Plamen Stathminvarianten, die sie von Natur aus mutiger machen als den Rest von uns? Das Problem ist, so Shumyatsky, dass die Wissenschaftler im Allgemeinen Menschen untersuchen, die übermäßig ängstlich sind, statt solche, die super-mutig sind. »Ich habe noch nichts von Stathmin-Genvarianten gehört, die man bei mutigen Menschen entdeckt hat, aber möglich ist es.«

Manche Menschen handeln ohne erkennbare Angst. Soldaten beim Bombenräumkommando lernen, damit zu leben, wie wir gesehen haben. Gemäß dem Motto: Sie spüren die Angst und tun es trotzdem. Manche Menschen, so wie Plamen Petkov, sind in der Lage, bemerkenswerte Tapferkeit zu zeigen, und das liegt nicht daran, dass sie keine Angst haben, sondern weil sie diese überwinden können. Es gibt jedoch ein paar wenige Menschen auf dieser Welt, die biologisch unfähig sind, Angst zu spüren. Sind diese Menschen tapfer und angstfrei?

Justin Feinstein ist klinischer Neurospsychologe am Laureate Institut für Gehirnforschung an der University of Tulsa, Oklahoma. Feinstein arbeitet mit drei Frauen, die in der neurowissenschaftlichen Literatur berühmt sind, von denen man aber nur die Initialen kennt: SM, AM und BG. Die Frauen leiden unter dem Urbach-Wiethe-Syndrom, einer seltenen genetisch bedingten Erkrankung, die verschiedene körperliche Auswirkungen hat, wie Verdickung der Stimmbänder, aber auch zu Kalzifikationen im Gehirn führt. Im Fall von SM wird die Krankheit verursacht durch Mutationen innerhalb des ECM1-Gens. Das extrazellulare Matrixprotein 1 hat jedoch zahlreiche Aufgaben im Körper, das bei Fehlfunktion an anderer Stelle Brust- und Schilddrüsenkrebs erzeugen kann. Aus einem unbekannten Grund verursacht die Mutation beim Urbach-Wiethe-Syndrom Kalzifikationen, die anscheinend nur die Amygdala zerstören, aber sonst nichts im Gehirn. Was passiert, wenn Sie den Bereich verlieren, in dem die Angst entsteht?

Feinstein kennt SM mittlerweile seit vielen Jahren. Sie erinnert sich, dass sie im Kindesalter, bevor die Krankheit fortschritt, Angst vor einem bösen Doberman hatte – es verursachte eine »qualvolle Panik« –, aber als Erwachsene kennt sie keine Angst. Zum Beispiel hielt ihr einmal ein unbekannter Mann eine Pistole an den Kopf und rief »BAM!«. Jemand, der die Szene beobachtet hatte, rief die Polizei, aber SM war völlig perplex, als die Beamten eintrafen, und sagte, dass sie es lediglich seltsam gefunden habe, dass jemand so etwas tue.

Bei einer anderen Gelegenheit hielt ihr ein Mann, der vermutlich auf Meth oder Crack war, ein Messer an die Kehle und drohte, sie zu töten. Ein anderes Mal wurde sie von einem Mann in einen Wagen gelockt und zu einer abgelegenen Farm gebracht, wo er versuchte, sie zu vergewaltigen. Sie schrie den Mann an, er solle sie nach Hause fahren. Von dem Lärm wurde ein Hund angelockt, woraufhin der Mann von ihr abließ. Als sie später von einem entsetzten und besorgten Feinstein gefragt wurde, ob sie Angst gehabt hatte, verneinte sie das und sagte, sie sei lediglich wütend gewesen. Ihr völliger Mangel an Gefahrenbewusstsein ließ sie wieder zu dem Mann ins Auto steigen und sich nach Hause bringen. Sie dirigierte ihn sogar zu ihrer Wohnung, sodass er nun ihre Adresse kannte. In vielen Fällen war es reines Glück, dass sie durch ihr Angstdefizit nicht größeren Schaden nahm. »Ihre dürftige Angsterfahrung führte sie wiederholt in genau jene Situationen, die sie vermeiden sollte«, sagt Feinstein. Immerhin hat sie bisher mehr als 50 Jahre damit überlebt.

Einmal haben Feinstein und ein paar Kollegen SM mitgenommen in ein berühmtes Gespensterhaus in einem Freizeitpark. Sie führte die Gruppe durch dunkle Flure, war aufgeregt und neugierig, zeigte jedoch keinerlei Ängstlichkeit und spürte auch keine Furcht. Andere in der Gruppe kreischten und erschreckten immer wieder, aber SM war ungerührt – sie zuckte nicht einmal. »In dem Gespensterhaus fühlte es sich an, als würden wir in die Schlacht ziehen und SM ging voran«, sagt Feinstein. »Allerdings fürchte ich, dass wir nicht lange überlebt hätten, wenn SM uns anführte.«

Tapferkeit ohne Gefahr ist Angeberei. Handeln ohne Angst ist tollkühn. Aber aus Trauma ohne Angst wird nicht gelernt. Feinstein stellt fest, dass SM nicht einmal nach traumatischen Ereignissen, nicht einmal nach dem Überfall, bei dem ihr ein Messer an die Kehle gehalten wurde, Anzeichen zeigt, dass sie sich damit befasst. Sie fängt nicht an, ähnliche Situation zu vermeiden, und sie erinnert sich ohne die geringste Dramatik und Emotion an das Ereignis. Ohne die Amygdala fehlt ihren Erinnerungen anscheinend jegliche Angstdimension und sie schafft es nicht, daraus zu lernen. Feinstein verweist auf eine Studie aus dem Jahr 2008, die zeigte, dass Kriegsveteranen aus Vietnam, die im Kampf Gehirnverletzungen erlitten hatten – insbesondere Schädigungen der Amygdala – kein PTBS entwickelten.[73]

PTBS ist ein großes Problem. Laut dem US National Center for PTSD leiden 7 bis 8 Prozent der Bevölkerung einmal in ihrem Leben darunter. Zu den Symptomen zählen ständige Panik, wiederkehrendes Erinnern und Durchleben des traumatischen Ereignisses, Schlafstörungen, ein Gefühl von Haltlosigkeit und Schreckhaftigkeit. Frauen sind anfälliger als Männer und jedes Jahr sind etwa 8 Millionen Erwachsene davon betroffen.

Schließlich stieß Feinstein auf eine Möglichkeit, SM zu ängstigen. Er ließ sie einen drohenden Erstickungstod erleben. In dem ungefährlichen, aber zweifellos furchterregenden Experiment legte SM eine Maske an, über die sie Luft einatmete, die zu 35 Prozent aus Kohlendioxyd bestand – das ist etwa 875 Mal so viel wie in der Luft, die wir normalerweise einatmen. Sobald sie die erstickende Mischung einatmete, begann sie zu keuchen. Nach acht Sekunden wedelte sie verzweifelt mit den Armen; nach 14 Sekunden schrie sie um Hilfe. Die Wissenschaftler nahmen ihr die Maske ab. Zwei Minuten später hörte SM auf zu reden und bekam Atembeschwerden. Sie tippte sich an die Kehle und keuchte: »Ich kann nicht.« Sie hatte eine Panikattacke, die erste in ihrem Leben. Fünf Minuten nach Beginn des Experiments hatte sie sich erholt und erzählte, dass sie echte Angst gespürt habe, die schlimmste ihres Lebens. »Nach vielen Jahren der Versuche, SM zu ängstigen«, erzählt Feinstein, »hatten wir endlich ihr Kryptonit gefunden: Kohlendioxyd.«

Feinstein wiederholte das Experiment später bei zwei weiblichen Zwillingen aus Deutschland, AM und BG, mit stark beschädigten Amygdalae, und erhielt die gleichen Ergebnisse. Eine seltsame Vorstellung, dass eine bewusst erzeugte Panikattacke gefeiert und als wissenschaftlicher Durchbruch erachtet wird, aber bis dahin wurde die Amygdala als der absolute Schlüssel zur Angsterfahrung angesehen. Wie konnten diese Frauen also ohne Amygdala Angst erleben? Die Antwort darauf scheint zu sein, dass es andere, ursprünglichere Wege zur Angst im Gehirn geben muss. Obwohl die Amygdala wichtig ist für Angstreaktionen, ist sie nicht notwendig.[74] Und obwohl wir ohne Amygdala keine Furcht spüren, ist furchtlos zu sein nicht dasselbe wie tapfer zu sein.

Vor seiner Arbeit mit den Urbach-Wiethe-Patienten behandelte Feinstein US-Kriegsveteranen, die an PTBS litten. »Ich machte Psychotherapie, damit diese Menschen ihre durch den Krieg erworbenen Ängste überwinden konnten«, sagt er und bezieht sich auf Einsätze im Irak oder in Afghanistan. Eine Art, PTBS zu behandeln, besteht daran, den Patienten dabei beizustehen, das auslösende Erlebnis in begrenztem Maße zu erinnern und erneut zu durchleben. Diese als Prolonged Exposure Therapy bezeichnete Behandlungsform beinhaltet das Besprechen der Erinnerung und dabei auf kontrollierte und sichere Weise den Impuls erneut zu erleben, der das Trauma verursacht hat. Zum Beispiel erinnert sich Feinstein an Veteranen mit PTBS, die in Fahrzeugen saßen, die von Sprengfallen im Irak in die Luft gejagt wurden. Betroffene können in der Regel nicht mehr Auto fahren oder sich auch nur einem Fahrzeug nähern, weil Fahrzeuge Angst und Panik auslösen. Und als würde es noch nicht genügen, eine das Leben ruinierende, qualvolle Störung zu haben, können diese Menschen auch kein Auto mehr besitzen. »Wenn du in Amerika nicht mit dem Auto fahren kannst, bist du geliefert«, sagt Feinstein. »Man kann die Behandlung damit beginnen, dass man die Veteranen Autos auf Computerbildschirmen betrachten lässt. Das funktionierte, aber auf Parkplätzen flippten sie aus. Oder sie können zwar mitfahren, drehen aber durch, wenn sie sich ans Steuer setzen.« Man baut das langsam auf, über Monate. »Es ist eine faszinierende Behandlung, denn im Grunde versucht man, den Betroffenen beizubringen, ihre Ängste zu überwinden. Es wird systematisch durchgeführt, wie bei einem Kurs, und du musst ein Gespür für die Grenzen der Patienten haben. Du musst sicherstellen, dass du die Angstreaktion nur in einem sicheren Umfeld hervorrufst. Und du musst sie immer wieder hervorrufen, bis sie verschwunden ist.«

Auch das Gegenteil funktioniert – man kann das Gehirn so präparieren, dass es sich vor Angst schützt. Deshalb funktioniert Training. Ich erinnere mich an Geschichten von Bordpersonal, das aus einer abgestürzten Maschine Passagiere evakuierte, und Feuerwehrmänner, die aus einem brennenden Gebäude Menschen retteten. »Man kann die Angst durch Training dämpfen«, sagt Feinstein. Aber statt des Trainings von Bordpersonal erzählt er mir dann von dem außergewöhnlichen Training, das Eliteeinheiten des Militärs durchlaufen. Zum Beispiel werden auf dem Flottenstützpunkt Little Creek in Virginia Beach, Virginia, Kandidaten für die Navy SEALs dem anspruchsvollsten und gefährlichsten Training unterzogen, das man sich vorstellen kann. Das dazugehörige »Basic Underwater Demolition/SEAL (BUDS/S)«-Training dauert 24 Wochen. Eine berüchtigte Komponente ist bekannt als das »Drown Proofing«, bei dem die Teilnehmer, gefesselt an Händen und Füßen, 100 Meter schwimmen müssen. Bei einer anderen Übung wird Ertrinken simuliert. Die Abbruchquote ist hoch, sie liegt bei 90 Prozent, und das Training ist so anspruchsvoll und gefährlich, dass es bedauerlicherweise manchmal zu Todesfällen kommt. »All diese Trainingsarten sind Formen von Expositionstherapie«, sagt Feinstein. »Durch Wiederholung gewöhnt man sich an die Angstreaktion.« Mit Wiederholung kann man sich sogar an den Horror gewöhnen, beinahe zu ertrinken.

Nach intensivem Training können Handlungen »unbewusst« ausgeführt werden. Daher haben viele von uns dieses Phänomen bereits erlebt, wenn wir einen vertrauten Weg nach Hause fahren und anschließend feststellen, dass wir uns nicht an die Fahrt erinnern können. Die Handlung wird nicht vom Cortex durchgeführt, wo die meisten unserer Entscheidungs- und Ausführungsfunktionen sitzen, sondern von den Basalganglien, die unterhalb der Großhirnrinde liegen. Dieser Bereich ist im Grunde unser Autopilot und wird nicht beeinflusst durch die Panikmache der Amygdala.

Das soll nicht heißen, Kinder aus einem brennenden Haus zu retten sei dann wie das Nachhausefahren auf einer ruhigen Straße. Selbst mit Training sind diese Wundertaten beeindruckend. Der Punkt ist jedoch, dass Tapferkeit trainiert werden kann. Mut kann wie ein Lehrfach geübt werden.

Bryan Strange erklärt, wie Training Menschen offenkundig mutiger macht. Er sagt, dass Angstreaktionen bewusst abgeschwächt werden können durch Prozesse wie kognitive Regulation oder aktive Bewältigung. In Frank Herberts Science-Fiction-Roman *Der Wüstenplanet* wird die Hauptfigur einem furchteinflößenden und schmerzhaften Test unterzogen. Er besteht ihn, indem er »Die Litanei gegen die Angst« herunterbetet: »Ich darf mich nicht fürchten. Die Furcht tötet das Bewusstsein. Die Furcht führt zu völliger Zerstörung. Ich werde ihr ins Gesicht sehen. Sie soll mich völlig durchdringen.« Ich erinnere mich daran, dass ich als Kind, nachdem ich dieses Buch gelesen hatte, die Zeilen wiederholte, wenn ich nachts nach einem Albtraum aufwachte oder mit einer beängstigenden Situation konfrontiert war.

Meine Erinnerung wird ins rechte Licht gerückt, als ich das gegenüber Dave Henson erwähne. Nachdem er Opfer einer Explosion geworden war, sagt er, habe er automatisch angefangen, die Vorgehensweise aufzuzählen, die im Fall eines Verwundeten-Szenarios befolgt werden muss. »Das im Training Erlernte wurde abgespult, und auch wenn es vielleicht nicht nötig war, bestärkte es jene, die mit der unmittelbaren Situation umgehen mussten.« Es lenkte seinen Verstand auch von den Schmerzen ab. Die Verletzungen, die er davontrug, führen in den meisten Fällen zum Tod, erzählt er, und es wird den Soldaten bei der medizinischen Übung eingebläut, dass Zeit der entscheidende Faktor ist. Henson vermutet, dass die für seine Rettung nötigen Aktionen vielleicht deshalb so ruhig und gefasst ablaufen konnten, weil er zeigte, dass er immer noch klar denken konnte und sich unter Kontrolle hatte – auch wenn seine Anweisungen gar nicht nötig waren. Die Armeeversion der »Litanei gegen die Angst« funktioniert. »Ich fühlte mich seltsam ruhig«, sagt Henson, »sobald sich der erste Schock gelegt hatte.«

Laut Strange kann das Gehirn während ängstigender Situationen auf antrainierte Gewohnheiten und eingeübtes Verhalten leichter zugreifen: »Es gibt immer mehr Belege, dass Angst – oder Stress im Allgemeinen – die Abfrage von Gewohnheitserinnerungen auf Kosten flexibler, hippocampusabhängiger Erinnerungen bevorzugt.« Das heißt, das Gehirn schaltet bei Angst und Stress lieber auf Autopilot.

Training kann das Gehirn verändern und uns mutiger machen. Es gibt noch einen anderen Weg, das zu erreichen, aber der steht nur Frauen zur Verfügung und er verändert auch den Körper: durch Schwangerschaft.

Können Sie sich vorstellen, wie Sie reagieren würden, wenn Ihnen, völlig unvermittelt, ein maskierter Mann eine Pistole ins Gesicht hält?

Im Januar 2016 hielt Angie Padron mit ihren beiden ein und sieben Jahre alten Kindern an einer Tankstelle in Hialeah, Florida. Padron, damals 21, stellte den Wagen so ab, dass der Zapfhahn gegenüber der Fahrerseite war. Um zu tanken, ging sie also um den Wagen herum. Auf den Sicherheitskameras der Tankstelle ist zu sehen, dass sich in diesem Moment ein maskierter Mann näherte und ihr eine Waffe an den Kopf hielt. Ein weiterer Mann lief zur Fahrerseite und öffnete die Tür. Die Männer waren Autodiebe.

»Meine Instinkte wurden aktiviert«, erzählte Padron in *Good Morning America.*[75] »Ich schrie ihn an: Meine Kinder sind in dem Wagen. Steigen Sie nicht ein«, aber er tat es trotzdem. Ihr Sohn Evan saß auf der Rückbank. »Meine Mom schrie ihn an: ›Raus aus dem Wagen, sofort, steigen Sie aus‹«, erzählt er.

Als ihre Schreie wirkungslos blieben, öffnete sie die Tür auf der Fahrerseite und stürzte sich auf den Mann, der ihr Auto stehlen wollte. Bei einem kurzen Kampf riss sie ihm die Maske herunter und zerrte ihn aus dem Wagen. Beide Männer flohen. (Sie wurden kurz darauf von der Polizei gefasst.)

Ihre Geschichte kam ins nationale Fernsehen und es wurde international darüber berichtet. Der Grund liegt auf der Hand: Eine ganz normale junge Mutter handelt enorm mutig. Wir sehen Padron etwas tun, von dem wir hoffen, dass wir auch dazu in der Lage wären, sollte es je nötig sein. Wir lassen uns gern daran erinnern, dass wir alle potenziell über Heldenmut verfügen, sogar wenn wir unserem ganz normalen Leben nachgehen. Ein verborgener Superheld in uns. So wurde sie zu recht gefeiert für ihre Tapferkeit. Aber so wie bei Plamen Petkov und Dave Henson möchte ich wissen, was im Innern abläuft.

Oliver Bosch, Neurobiologe an der Regensburger Universität, beschäftigt sich mit den mütterlichen Instinkten von Säugetieren. Er erklärt, inwiefern die Mutterschaft das Verhalten beeinflussen kann. Zunächst einmal, sagt er, ist es bei Biologen bestens bekannt, dass Mütter sowohl bei Menschen als auch bei Nagetieren weniger ängstlich sind, wenn sie stillen bzw. säugen. (Bei Nagetieren sprechen die Wissenschaftler lieber von weniger ängstlich als von mutiger. Und wenn Sie sich fragen, wie Wissenschaftler die Angst bei Mäusen überhaupt messen: Sie messen die Tendenz der Tiere, sich ins Freie oder an hell erleuchtete Plätze zu wagen.) Mütter sind also weniger ängstlich, unsere Stellvertreter bei der Tapferkeit, und diese beruhigende Wirkung entsteht durch die Wirkung des Hormons Oxytocin. Sie haben vielleicht schon davon gehört, dass Oxytocin eine Rolle bei der Mutter-Kind-Bindung spielt, was ihm den Spitznamen Kuschelhormon eingebracht hat, aber es steckt noch weit mehr dahinter.

Vor der Geburt spielt Oxytocin eine wichtige Rolle für die Kontraktion der weichen Muskeln der Gebärmutter und das Einleiten der Wehen. Und wenn die Mutter stillt, stimuliert das Saugen die Abgabe von Oxytocin, was wiederum den Milchspendereflex auslöst. »Außerdem wird Oxytocin im Gehirn freigesetzt und fördert mütterliche Fürsorge und mütterliches Beschützerverhalten«, sagt Bosch.

Seine Arbeiten mit Nagetieren haben gezeigt, dass in der Amygdala Oxytocin freigesetzt wird, wenn die Mutter in Gefahr ist. »Es gibt eine starke Freisetzung von Oxytocin, wenn die Mutter bedroht wird, zum Beispiel wenn eine möglicherweise gefährliche Ratte eingedrungen ist, die den Nachwuchs töten könnte.«

Oxytocin in der Amygdala von Männern macht sie tapfer, und Bosch vermutet, dass der gleiche Stimulus bei stillenden Frauen verantwortlich ist für mütterlichen Mut. Oxytocin verändert auch, wie Mütter auf

Stress reagieren. Als Padron davon sprach, dass sich »ihre Instinkte meldeten«, geschah Folgendes: Die Begegnung mit Gefahr und die Bedrohung für ihre Kinder ließ ihr Gehirn Oxytocin in die Amygdala abgegeben. Das blockierte dann die Produktion Corticotropin freisetzender Hormone. Dieser Hormonüberschuss verlieh ihr den Mut, sich den Angreifern zu widersetzen.

Nachdem die Jungen eines Nagetiers entwöhnt sind, normalisiert sich das Verhalten der Mutter wieder und die mütterliche Reaktion verschwindet. Bei Menschen ist das nicht der Fall. Ratten können alle acht Wochen 16 Junge bekommen, wohingegen Frauen heutzutage im Schnitt weniger als zwei Babys im Leben bekommen. Außerdem brauchen menschliche Babys wesentlich länger Fürsorge.

»Die mütterlichen Gefühle der menschlichen Mütter müssen sehr viel länger präsent sein, um eine normale Entwicklung der Kinder zu gewährleisten«, sagt Bosch. Das unterscheidet uns stark von den Mäusen. Kinder zu haben kann sogar das Gehirn strukturell verändern. »Ich bin nicht sicher, ob die mütterlichen Gefühle jemals wieder verschwinden, nachdem eine Frau ein Baby auf die Welt gebracht hat.«

Beim Erforschen von Tapferkeit ist mir klar geworden, dass sie in vielen Formen existiert. Es gibt die sogenannte erlernte Tapferkeit (wie sie die Navy SEALs und das Kabinenpersonal zeigen); es gibt mütterliche und familiäre Tapferkeit (ein Kind zu beschützen); soziale Tapferkeit (in der Öffentlichkeit eine Rede zu halten); und die altruistische Tapferkeit (einen Fremden vor dem Ertrinken zu retten). Wie wir gesehen haben, können sich diese Arten von Tapferkeit ganz unterschiedlich entfalten. Aber das bedeutet nicht, dass sie von unterschiedlichen Bereichen des Gehirns gehandhabt werden. Im Grunde haben alle Formen von Tapferkeit einen gemeinsamen Nenner: das freiwillige Tun von etwas, dem eine momentane und nachhaltige Angst gegenübersteht. Tapferkeit jedweder Form könnte also denselben Kernmechanismus des Gehirns teilen.

Uri Nili und Kollegen am Weitzmann Institute of Science in Rehovot, Israel, führten ein Experiment durch, um dem auf den Grund zu gehen. Das Team suchte sich zwei Probanden, die Angst vor Schlangen haben, und scannten deren Gehirne, während sie den beiden Freiwilligen die Chance gaben, eine lebende Schlange näher an ihren Kopf heranzuführen. Die Schlangen befanden sich hinter dem Fenster über ihnen und konnten durch die Betätigung eines Hebels näher herangeholt oder auch weiter entfernt werden. Durch die Entscheidungsmöglichkeit des Probanden konnten die Wissenschaftler eine bestimmte Art von Tapferkeit bestimmen: die bewusste Entscheidung, die Distanz zur Schlange zu verringern. »Wir definieren Tapferkeit als ›entgegengesetzt zu dem Handeln, das die Angst uns vorgibt‹. Vermutlich sind also mutigere Menschen besser in der Lage, ihre Ängste zu kontrollieren«, sagt Nili.

Er nimmt außerdem an, dass das schrittweise Heranholen der Schlange Beharrlichkeit im Angesicht der Bedrohung zeigt, eine weitere Komponente von Tapferkeit. Zur Kontrolle nutzte das Team dieselbe Versuchsanordnung mit der Schlange, um das Gehirn von Menschen zu scannen, die sich nicht vor Schlangen fürchten. Und sie führten das Experiment mit einem Teddybären auf dem Transportband durch.

Sie stellten fest (und veröffentlichten einen entsprechenden Artikel in der Fachzeitschrift *Neuron*)[76], dass die Entscheidung, die Angst zu überwinden, vor allem mit Aktivität im Subgenual Anterior Cingulate Cortex (sgACC) einhergeht. Der zinguläre Cortex ist eine mittlere Schicht des Gehirns und wir interessieren uns für die vordere Hälfte davon. Dieses Areal steht in Verbindung mit vielen anderen Hirnregionen, einschließlich der Amygdala und dem Hypothalamus, und hat Aufgaben bei der Schmerzwahrnehmung, der Zuordnung von Emotionen an internale und externale Ursachen sowie der Steuerung des Sozialverhaltens. Der sgACC gehört zum präfrontalen Cortex. Laut Nilis Team verweisen die Ergebnisse aus dem Versuch mit der Schlange darauf, dass das sgACC-Areal arbeiten muss, um Angst zu überwinden. Mit dem Mobilisieren von Tapferkeit dämpfen Sie die Reaktionen von Amygdala und Hypothalamus während der Angstphase.

Ohne mir die Namen der Gehirnregionen merken zu müssen, nehme ich aus diesen Entdeckungen eine entscheidende Information mit. Nilis Arbeit legt nahe, dass es zwar verschiedene Varianten von Tapferkeit gibt, diese aber einen gemeinsamen Nenner im Gehirn haben, wenn es um das Überwinden von Angst geht. »Jedes Überwinden von etwas akut Ängstigendem, egal welcher Art, gilt als Tapferkeit und wird vermutlich von den in dem Artikel beschriebenen Gehirnprozessen ausgelöst«, sagt er.

Auf seine Karriere beim Bombenräumkommando zurückblickend, witzelt Dave Henson, dass es verrückt sei, so einen Job zu machen. Heutzutage sei er ein richtiges Weichei. Aber ich glaube ihm nicht. Bei Tapferkeit geht es nicht nur um militärischen Heldenmut oder einmalige Reaktionen auf bewaffnete Räuber. Das sind die offensichtlichen, extremen Ausprägungen, aber in weniger spektakulärer Form gehört Tapferkeit zu unserem Alltag. Es ist lehrreich, dass die Nagetierbiologen von Angst statt von Tapferkeit sprechen. Beides ist im Gehirn miteinander verbunden. Und es ist beruhigend, dass Tapferkeit erlernt werden kann. Möglicherweise werden wir nicht so tapfer sein können wie Kriegshelden oder die außergewöhnliche Selbstlosigkeit jener an den Tag legen, die in gefährliche Gewässer springen, um Fremde zu retten, aber wir können uns steigern.

Für Henson dauerte die Rehabilitation lange und war schmerzhaft. »Es war nicht leicht und ich brauchte lange, um damit klarzukommen«, sagt er. »Weil es so schwer war, gab es Tränen im Krankenhaus.« Aber er hat es durchgestanden, auf dieselbe Weise, wie er in Afghanistan Tag für Tag seinen Einsatz durchgestanden hat. Er war zusammen mit einem Gefreiten und zwei Soldaten aus dem Parachute Regiment im Krankenhaus und sie schafften es gemeinsam. Sein Team unterstützte ihn während des Einsatzes und nach dem Unfall und nun unterstützte ihn ein improvisiertes Krankenhausteam während der Reha. »In der Situation hat durchaus mal einer der Burschen einen echt miesen Tag und dann helfe ich ihm, und dann habe ich einen miesen Tag und er hilft mir. So übersteht man es. Im Krankenhaus zu sein kann sogar schön sein.«

Nach Hensons Unfall wurde er zum Captain ernannt und bekam einen Schreibtischjob. Zumindest kam er sofort mit dem Rollstuhl zurecht, das Ergebnis seiner gespenstisch prophetischen Entscheidung, den Umgang damit zu lernen, als er seine Dissertation über Behindertensport schrieb. Es ist schon irgendwie verrückt, dass er für seinen Ingenieursabschluss ausgerechnet über Amputierte und Sport schrieb. »Das ist total durchgeknallt«, sagt er. Teamsportarten spielten eine große Rolle und als er Prothesen bekam, wurde er noch motivierter. In der Armee gibt es zweimal jährlich Fitnessbeurteilungen, für die man 2,4 Kilometer in weniger als 10 Minuten und 30 Sekunden laufen muss. Henson entschied, die Armee zu verlassen, sobald er diesen Test bestehen würde. 2014 schaffte er die Strecke in 10:28. Zwei Jahre später nahm er an den Paralympics in Rio de Janeiro teil und gewann Bronze über 200 Meter. Er lief die herausragende Zeit von 24,74 Sekunden.

Henson sagt, dass er Glück habe. Aber er meint damit nicht, dass er den Unfall überlebt hat. Er meint damit, sich als Person und seinen Lebenszweck neu definiert zu haben. »Jeder sorgt sich, was andere über ihn denken«, sagt er. »Dabei spielt das überhaupt keine Rolle. Ich war stolz auf meine Position bei der Armee. Die Menschen können damit etwas anfangen. Aber nachdem ich das Militär verlassen hatte, war ich ein verwundeter Veteran, der sich nicht mehr über seine Position definierte. Aber dann, durch die Invictus Games und die Paralympics, war ich nicht nur ein verwundeter Veteran, ich war ein ehemaliger Soldat und medaillengewinnender Paralympianer.« Er ist froh, dass er etwas zu tun hat. Neben dem Sport schreibt er gerade seine Doktorarbeit in Biochemietechnik am Imperial College London. Er forscht über die Entwicklung von bionischen Kniegelenken für Amputierte und hofft, dass der verbliebene Rest seines linken Knies in einer besonderen Art von Prothese noch nützlich sein kann. »Plötzlich ist die Neudefinition nahezu komplett«, sagt er. »Hier, am Imperial College, werde ich sie endgültig umsetzen. Ich fange wieder an, für das Leben von Menschen etwas zu bewirken.«

Haben wir alle Formen von Tapferkeit abgedeckt? Ich habe jetzt ein sehr viel klareres Bild davon, was Tapferkeit ist, wie sie sich entwickelt und was im Körper physiologisch und neurologisch abläuft. Meine Unklarheit über Tapferkeit hat abgenommen, meine Bewunderung für ihre Stärke jedoch nicht. Darüber nachzudenken, hat meine Bewunderung sogar eher verstärkt. Was spontane Tapferkeit betrifft, so sagt Feinstein, dass er immer wieder erstaunt ist, wie schnell Menschen reagieren können, ohne bewusst darüber nachzudenken. »Das scheint etwas Ursprüngliches, Instinktives in uns zu sein. Möglicherweise ist es allgegenwärtiger, als wir ahnen.« Möglicherweise steckt Tapferkeit in uns allen. Was für ein schöner Gedanke.

6
SINGEN

Die Zeit, die ist ein sonderbares Ding. Wenn man so hinlebt, ist sie rein gar nichts. Aber dann auf einmal, da spürt man nichts als sie.

Richard Strauss, *Der Rosenkavalier, 1910*

Süß wie meine eigene Milch
Aber salzig wie meine Tränen.

George Benjamin und Martin Crimp, *Written on Skin*, 2012

Ich bin im Royal Opera House in Covent Garden. *Der Rosenkavalier* wird aufgeführt. Für den Fall, dass Sie – wie ich bis vor Kurzem – noch nie davon gehört haben, es ist eine komische, aber melancholische Oper von Richard Strauss, die er 1910 geschrieben hat. Die Abendvorstellung begann um sechs und nun ist es halb zehn; wir befinden uns im III. Akt. Vor meinen Augen beginnt langsam alles zu verschwimmen. Verstehen Sie mich nicht falsch – die Inszenierung ist wunderbar, ich habe einen tollen Platz im Parkett, das Orchester ist so mitreißend, wie man es von einer Gruppe Weltklasse-Musiker erwarten würde – aber es ist eine lange Oper. Ich bin müde. Dann ermahne ich mich schuldbewusst. *Ich* bin müde? Wie muss es erst sein mitzusingen?

Ein paar Stunden zuvor war ich kurz hinter der Bühne, um den Bass-Opernsänger Matthew Rose zu begrüßen, der den Baron Ochs gibt. Er wurde gerade geschminkt und trug eine Latexglatze, die in Form und Farbe seinem Gesicht angepasst wurde. Darauf wird eine Perücke gesetzt und darauf wiederum ein Hut. Sie können sich vorstellen, dass es für seinen Kopf ziemlich warm wird, bevor er die Bühne überhaupt betreten hat. Ochs ist ein angeberisches, zynisches und grausames Mitglied der feinen Wiener Gesellschaft; er ist die Hauptfigur in dieser Oper und singt in allen drei Akten. Rose erzählte mir, dass die Rolle ein Monster sei, und damit meinte er nicht den Charakter der Figur. »Es gibt ein paar Wagner-Rollen, die genauso anspruchsvoll sind, aber das hier ist vermutlich das Härteste, was ich tun werde. Das ist der Everest der Oper. Das ist das Nonplusultra.«

Ich bin alles andere als ein Opernexperte, aber es gefällt mir, und ich weiß auch, warum. Zusätzlich zu dem Genuss, ganz in eine tolle Geschichte einzutauchen, bin ich begeistert und empfinde es als Privileg, Menschen auf dem Höhepunkt ihrer Leistung zu erleben. Ich habe ziemlich lange gebraucht, um das zu kapieren, aber genau deshalb ist es so bewegend, eine Oper (oder ein Ballett) live zu sehen: Sie erleben die Leistung hautnah, haben beinahe teil daran; Sie sind mit jemandem zusammen, der gelernt hat, seinen ganzen Körper als musikalisches Instrument zu benutzen. Für einen Biologen und jemanden, der nicht singen kann, ist das unheimlich beeindruckend. Aber bis ich Rose kennenlernte, war mir nicht klar, wie *schwierig* es ist, eine Oper zu singen. Man muss die absolute Kontrolle über die Töne haben, die man produziert. Das bedeutet: die Atmung kontrollieren, das Halten und geringfügige Verändern von Tönen mithilfe des Kehlkopfs, die Bruststimme (das untere Ende Ihrer Sprachebene) und die Kopfstimme (dem oberen Ende) miteinander verschmelzen und interagieren lassen. Aber das ist noch nicht alles.

»Sie müssen in verschiedenen Sprachen singen, komplizierte Musikstücke in einer fremden Sprache lernen und musikalisches Gespür dafür haben, auf den Dirigenten achten und mit anderen Menschen auf der Bühne interagieren«, sagt Rose, und es erschöpft mich schon, nur daran zu denken. Es ist schon erstaunlich, wie viele Dinge man auf unglaublich hohem Niveau gleichzeitig hinbekommen muss. Simon Rattle sagt, dass der Job des Opernsängers der härteste der Welt sei. »Sänger haben es schwer und ihr Job erfordert die anspruchsvollste Kombination an Fähigkeiten überhaupt.«

Ihre Arbeit besteht darin, die Musik eines anderen neu zu erschaffen. Das kann Verdi oder Wagner sein, aber jemand anderer hat entschieden, wie diese Oper sein soll, und der Sänger muss das überliefern und nicht interpretieren. Bei der Popmusik lässt der Sänger oder die Sängerin seine oder ihre Emotionen durchscheinen und es ist in Ordnung, die Kontrolle zu verlieren – es rührt uns, wenn das Gefühl in der Stimme mitklingt. Aber in der Oper kommen die Gefühle vom Komponisten; Kontrolle ist unabdingbar. Außerdem wird ohne Mikrofon gesungen. So sehr ich Popsänger auch mag, sie würden es nicht schaffen, bei einer Opernaufführung gehört zu werden, über den Klang des kompletten Orchesters hinweg und ohne Mikro. Oper ist schonungslos. Technisch gesehen ist es komplexer als die Schauspielerei, denn Singen ist komplexer als Sprechen. Und im Theater hat der Schauspieler die Kontrolle über die Zeit, kann spontan reagieren, Stichworte anpassen. »In der Oper gibt es diese Anpassungsfähigkeit der Zeit nicht. Sie haben alles mit dem Dirigenten geprobt, deshalb ist Spontaneität in der Oper fast immer gespielt«, erzählt John Fulljames, Operndirektor am Royal Danish Theatre.

Dass die Opernakteure eine derartige Aura umgibt, ein geradezu magisches Talent, liegt vermutlich daran, dass ich nie auch nur ansatzweise in der Lage wäre, bei etwas Derartigem auf der Bühne zu stehen. Genauso ist es, wenn jemand eine außergewöhnliche Stimme hat. Derjenige hat eine Gabe, sagen wir dann, ein gottgegebenes Talent. Wissenschaftlich ausgedrückt gehen wir davon aus, dass für Spitzenleistung beim Singen eine starke genetische Komponente verantwortlich ist. Aber hier bin ich nun bei Matthew Rose, einem mit dem Grammy Award ausgezeichneten Sänger. Lassen Sie uns ihn fragen.

»Ich bin davon überzeugt, dass 90 Prozent meines Könnens auf Training basiert. Sprachliche Fähigkeiten, musikalische Fähigkeiten – ich glaube nicht, dass das genetisch sein kann.«

Und das sagt er mir. Natürlich haben Rose und alle professionellen Musiker unglaublich hart gearbeitet, um dorthin zu gelangen, wo sie jetzt sind. Und trotz des unbekümmerten »er hat eine erstaunliche Gabe«, mit dem wir talentierte Menschen beschreiben, führen wir fachliches Können gern auf das Üben zurück, wie es die berühmte 10 000-Stunden-Regel (siehe unten) besagt. Können beide Erklärungen richtig sein? Ich möchte herausfinden, was wir über Menschen wissen, deren gesangliche Fähigkeit einen Höhepunkt erreicht. Was ist nötig, um Opernsänger von solchem Kaliber zu werden, dass man in Covent Garden auftritt? Ich werde mit Sängern, Gesangslehrern, aber auch mit Genetikern sprechen, denn bei meinem Gespräch mit Rose spürte ich, dass sein Beharren, das Üben über die Veranlagung zu stellen, dem verständlichen Bedürfnis entspringt, die harte Arbeit zu würdigen, die er investiert hat – vor allem für die Rolle, an der er momentan arbeitet. Aber es ist auch seine Art von Bescheidenheit im Hinblick auf sein Talent. Jeder könnte das, behauptet er quasi. Nun, ich könnte es nicht.

Rose sagt, dass er nicht gerade in eine musikalische Familie hineingeboren wurde. »Meine Mum hat eine tolle Singstimme und mag Musik durchaus«, erzählt er. Aber zu Hause war Musik einfach nur irgendwie »da« und er besuchte eine Schule, in der Musik auch nur »vorhanden war«.

Im Alter von sieben Jahren trat er jedoch dem Schulchor bei. »Das hatte großen Einfluss auf meine Arbeit. An der Schule gab es auch einen tollen Musiklehrer, der mich prägte. Ich habe also immer schon gesungen, es aber während meiner gesamten Teenagerzeit nie sonderlich wichtig genommen.«

Was er dagegen wichtig nahm, war erst das Schwimmen, dann Golf. Er träumte davon, Profi-Golfer zu werden, und ich glaube, es ist aufschlussreich, dass er nach einer Weile zum Singen wechselte. Wir werden später noch sehen, wie wichtig es ist, dass Kinder verschiedene Dinge ausprobieren, damit sie ein Gefühl dafür bekommen, was sie mögen *und* worin sie gut sind. »Gott sei Dank bin ich kein Profi-Golfer geworden«, sagt er. »Dann würde ich mittlerweile Snacks verkaufen oder etwas in der Art.«

Als er etwa 17 war, schlug ein neuer Musiklehrer an der Schule vor, dass Rose über das Singen als möglichen Beruf nachdenken solle. Er bezeichnet es als Beruf, nicht als Karriere oder gar als Berufung. »Offensichtlich hatte ich eine gute Stimme und verfügte über eine gewisse Musikalität. An der Universität wurden mir dann die damit verbundenen Möglichkeiten bewusst gemacht.« »Zum Glück« bekam er dann einen Platz am Curtis Institute of Music in Philadelphia und er schreibt einen Großteil seines darauffolgenden Erfolgs als Sänger der dort erhaltenen Ausbildung zu. »Dort habe ich im Grunde bei null angefangen und hatte fünf Jahre lang eine unglaubliche Ausbildung. Es war eine wunderbare Umgebung, um die für diesen Beruf nötigen Fertigkeiten zu erlernen.«

Er sagt, er habe nicht viel über die Oper gewusst. »Ich ging dorthin, konnte drei oder vier Noten singen und hatte von nichts eine Ahnung.«

Der Wettbewerb um Studienplätze ist hart und das Kaliber der Studenten extrem hoch, deshalb bin ich nicht sicher, ob es größtenteils Glück war, dass er an der weltweit renommierten Musikschule angenommen wurde. Lang Lang, einer der weltberühmtesten Pianisten, war im selben Jahrgang. Am Curtis macht man eine Berufsausbildung, vielleicht betrachtet Rose deshalb seine Tätigkeit lediglich als Job. Möglicherweise ist das auch nur meine Vorstellung, dass Sänger mit einer Aura von Talent umgeben sind – oder ich hatte erwartet, einer klischeehaften Diva zu begegnen, die sich auf irgendeiner höheren Ebene künstlerischer Daseinsform bewegt. Jedenfalls führen die Sänger an der Curtis jedes Jahr fünf Opern auf, die Klassen trainieren also stets für die nächste Aufführung. »Es war eine richtige Berufsausbildung«, sagt Rose, »weltweit beispiellos. Als wäre man ein Footballspieler – du musst da rausgehen und es tun, im Klassenraum herumzusitzen und Theorie zu lernen hilft nicht wirklich.«

Wenn das kein konzertiertes, zielgerichtetes, bewusstes Üben ist, dann weiß ich auch nicht. Es rührt an den Nerv der Diskussion über fachliches Können, lassen Sie uns also die Anhaltspunkte betrachten, von denen wir einige in Kapitel 1 gesehen haben.

Auf der einen Seite haben wir die Verfechter der Umwelt-Theorie. Sie argumentieren, dass Übung, insbesondere das sogenannte bewusste Üben – fokussiertes, hingebungsvolles Üben mit Zielen und Verbesserungsetappen – der wichtigste Faktor bei der Entwicklung von Können sei. Sie werden angeführt von Anders Ericsson, der sagt: »Egal welche Rolle genetische Begabung bei den Leistungen ›talentierter‹ Menschen spielen mag, die Hauptbegabung, über die diese Menschen verfügen, ist dieselbe, die wir alle besitzen – die Anpassungsfähigkeit des menschlichen Gehirns und Körpers, was sie sich stärker zunutze gemacht haben als der Rest von uns.«[77]

Der Autor Malcom Gladwell nahm einen von Ericsson und seinen Kollegen verfassten Artikel von 1993[78] und entwickelte die 10 000-Stunden-Regel, laut der genau diese Zeitmenge erforderlich ist, um Experte in etwas zu werden. Ericsson erhob Einspruch, dass seine Forschungen zu einer »Regel« vereinfacht wurden,[79] und beschwerte sich darüber, dass Gladwell nicht einmal erwähnte, dass *bewusstes* Üben nötig sei und nicht irgendwelches Üben.[80] Allerdings war diese Vorstellung einfach zu verlockend, um nicht zu boomen.

Andererseits gibt es jene, die dem angeborenen Talent Raum geben – die zubilligen, dass manche Menschen genetisch begnadet sind. Sie lesen aus den Anhaltspunkten, dass Können am besten durch eine Mischung aus genetischen und Umwelt-Faktoren erklärt werden kann. Ihr System – das gegen die 10 000-Stunden-Front kaum eine Chance hat – wird als das Multifaktorielle Gen-Umwelt-Interaktionen-Modell (MGIM)[81] bezeichnet. Zusammengefasst geht es davon aus, dass Leistung nicht allein durch Üben erklärt werden kann, und hält sowohl genetische als auch nicht genetische Faktoren für wesentlich. Entwickelt wurde das Modell von Fredrik Ullén und Miriam Mosing am Karolinska Institute in Stockholm sowie Zach Hambrick, den wir in Kapitel 1 kennengelernt haben. Hambrick leitet das Expertise Lab, das sich dem Aufdecken von Ursachen individueller Unterschiede beim Können verschrieben hat. Warum, so fragt sein Team, sind manche Menschen bei einigen Dingen so viel besser als andere? »Wir betrachten Training, Erfahrung und Talent – das ist im Wesentlichen die durch Genetik beeinflussbare Leistung – und auch soziodemografische Faktoren«, sagt er.

»Natürlich müssen Sie üben, um in irgendetwas wie Schach, Sport oder Musik ein Experte zu werden. Wir kommen nicht mit diesem Wissen auf die Welt. Aber was ist der Grund für die Leistungsunterschiede bei den Menschen? Darauf konzentrieren wir uns.«

Sie haben eine Menge empirischer Beweise zusammengetragen, was ihrer Meinung nach die Vorstellung unterstützt, dass Üben allein nicht genügt, um Leistung zu erklären. Lassen Sie uns ein paar Aufsätze ansehen. In einem führte Hambricks Team acht verschiedene Studien zu musikalischer Fähigkeit und dem Üben durch und analysierte die gewonnenen Daten. Dabei stellten sie fest, dass die Menge an Training, die jemand in etwas investiert, zu 30 Prozent für eine Abweichung bei der Leistung verantwortlich ist. Anders ausgedrückt: Andere Faktoren als die Menge an Übung machen 70 Prozent des individuellen Unterschieds bei der Leistungsfähigkeit aus.[82] In einer anderen, weiter gefassten Analyse musikalischer Fähigkeiten (nicht von Hambrick durchgeführt) wurde festgestellt, dass Üben zu gerade einmal 36 Prozent für Leistungsunterschiede verantwortlich ist.[83] Viele ähnliche Analysen haben die MGIMler zu der Sichtweise gebracht, dass Genetik genauso wichtig – wenn nicht sogar wichtiger – als Übung ist. Trotz der Annahme von Rose, dass 90 Prozent seines Erfolgs auf Übung zurückzuführen ist, zeigen die Beweise, dass im Schnitt nur 30 und ein paar Prozent der Leistungsunterschiede durch Üben erklärt werden können.

Rose zeigt auf seine Kehle. »Das sind die kostbarsten Muskeln meines Körpers.« Dann gibt er mir eine kurze Einführung, wie ein Opernsänger so viel Volumen erzeugen kann. Wissen Sie, wie Babys in der Lage sind, so unglaublich laute Töne zu erzeugen? Weil sie dafür ihren gesamten Körper effizient einsetzen. »Diese Effizienz versuchen wir zu erreichen, so wie ein Baby«, erklärt Rose. »Das Entscheidende ist, Ihre Membran und die richtigen Muskeln zu benutzen und die Laute an die richtigen Stellen zu schieben.«

Die richtigen Vokallaute zu haben ist von Vorteil, denn es bringt Sie nah an die Resonanz heran, die man braucht, um ein Opernhaus zu füllen. »Aus diesem Grund sind die Italiener und die Waliser so gute Sänger«, erklärt er. »Ihre Art zu sprechen ist bereits dicht an dem dran, wie man als Opernsänger versucht, diese Resonanzen zu erzeugen.« Franzose zu sein ist zum Beispiel nicht vorteilhaft (die Sprache ist offenkundig kehlig). Und ein Akzent aus dem Süden Englands, wo Rose herstammt, ist nicht sehr viel besser (deshalb hat der Komponist Alan Williams von der Salford University eine Oper für den nördlichen Akzent entworfen).[84]

Die Rolle von Baron Ochs ist lang und wird in einer für Rose sehr tiefen Stimmlage gesungen, weshalb er seine Stimme vor dem Auftritt absolut schonen muss: Am Tag vor der Aufführung spricht er nicht.

»Ich schlafe morgens lange, lege mich mittags noch mal kurz hin und trete dann auf. Es ist so anstrengend, physisch und geistig unglaublich fordernd. Das ist der Marathon der Opernrollen. Deshalb muss ich vorsichtig sein. Es ist anders als meine anderen Rollen.«

Es ist ein Durchhaltetest und er muss vorsichtig sein, um es über den Abend zu schaffen. Als er jung war, hat ihn das Adrenalin auf Kurs gehalten, aber heutzutage betrachtet er es mehr als Job, zu dem er erscheint und sein Bestes gibt.

Das klingt hart und es ist auch nicht so, dass er es nicht liebt. Er kann es sich nur einfach nicht leisten, Energie darauf zu verschwenden, aufgeregt zu sein. 2016–17 spielte er in New York den Leporello in Mozarts *Don Giovanni*. »Den Don Giovanni geben, das ist für mich kinderleicht, also war ich total aufgeregt. Die Rolle ist weniger kompliziert und ich kenne sie sehr gut. Aber bei dem Stück hier muss man sich jede Sekunde konzentrieren und auf den Dirigenten achten. Der Text ist auf Deutsch, aber ich muss es mit einem leicht österreichischen Akzent singen. Diese Rolle ist so schwierig, wie es nur sein kann.«

Rose betont immer wieder, dass es für ihn ein Prozess ist. Es geht darum, zu lernen, den Körper richtig einzusetzen, zu atmen, stets den Dirigenten im Auge zu behalten, alles Dinge, die mit der Erfahrung besser werden. Angesichts all dessen sagt er dennoch, dass es »geborene« Sänger *gibt*: Er nennt als Beispiele den walisischen Bass-Bariton Bryn Terfel sowie den französischen Tenor Roberto Alagna. Terfel begann im Alter von vier Jahren beim jährlichen Eisteddfod Festival an Gesangswettbewerben in walisischer Sprache teilzunehmen. Er verfügt also über eine Menge Praxis. Ich hätte gedacht, dass es das schwierig macht, ihn als Naturtalent zu bezeichnen, denn wir sind schon wieder bei dem Problem Üben versus Naturtalent. Alagna trat als Straßenkünstler auf, bevor er entdeckt wurde, und trotz des großen Opernerfolgs war er offenbar Autodidakt. »Alagna hatte nie eine Gesangsstunde«, sagt Rose. »Aber die meisten Menschen hatten jahrelang Unterricht. Pavarotti, vermutlich der perfekteste Sänger, der je gelebt hat, übte und übte, und er bekam durch Übung und Training seine Stimme so hin, wie er sie wollte.«

Mikael Eliasen ist Roses alter Gesangslehrer. Er ist Leiter des Bereichs Gesang am Curtis Institute of Music. Eliasen hat mit einigen der weltweit größten Sänger zusammengearbeitet, einschließlich des verstorbenen, gefeierten amerikanischen Baritons Robert Merrill, der israelischen Altistin Mira Zakai und der schwedischen Sopranistin Edith Mathis. Er war Musikdirektor des San Francisco Opera Center und Künstlerischer Leiter des European Center for Opera and Vocal Art. Er arbeitet mit dem Young-Artist-Programm der Royal Danish Opera, der Curtis und dem Opernstudio Amsterdam zusammen. Beim Thema angeborenes Talent vertritt er eine klare Meinung:

»Manche Menschen werden mit einer Stimme geboren, der andere gerne zuhören. Ich glaube nicht, dass man sich das aussuchen kann, entweder man hat es oder nicht.« Nehmen wir zum Beispiel eine weltberühmte Sängerin wie Renée Fleming. Wenn wir bei ihr von einem Naturtalent sprechen, dann meinen wir, dass sie eine wunderschöne Stimme hat, mit der sie auf die Welt gekommen ist. Sie hat hart für ihren Erfolg gearbeitet, aber angefangen hat es mit dem natürlichen Klang, sagt Eliasen. »Das meinen wir, wenn wir sagen, jemand sei ein geborener Sänger.« Ohne dieses angeborene Talent würde jemand, der gern singt, es vielleicht als Hobby betreiben und Spaß daran haben. »Aber wenn derjenige nicht über diese Gabe verfügt, wird er vermutlich keine professionelle Karriere einschlagen.«

Für das Publikum kann in einer Oper sehr viel Gefühl stecken, aber für Rose, noch einmal, ist es nichts, das er fühlt, während er auftritt. Wenn man bedenkt, wie sehr das Publikum emotional bewegt sein kann, dass außergewöhnliche Kunst uns scheinbar in eine andere Sphäre trägt, hatte ich nie gewürdigt, dass die Darsteller selber gar nicht emotional beteiligt sein müssen. Sie machen offenbar nur ihren Job.

»Wenn ich singe, werde ich nicht emotional«, sagt er. Oder nur gelegentlich. Schubert bringt ihn immer ganz durcheinander. »Aber wenn ich eine Oper singe, fließt keine Emotion hinein. Bei Placido Domingo muss die ganze Zeit so viel Gefühl durch seinen Körper fließen. Und seine Darbietung enspringt purer Emotion. Ich weiß, welche emotionalen Knöpfe ich beim Publikum drücken muss, aber ich spüre es nicht selbst.

Ich weiß, was ich tun muss, um beim Publikum die richtige Reaktion hervorzurufen.«

Das klingt ein bisschen nach Plackerei.

»Es ist mein Job und ich liebe es, meinen Job gut zu machen. Das ist die ultimative Herausforderung in meinem Job. Hier aufzutreten, in meinem Heimatopernhaus, der Kultstätte der Oper in diesem Land, hier aufzutreten und es gut zu machen … ich möchte hier auftreten und meinen Job so gut wie möglich machen.«

Wenn er das angeborene Talent nicht anerkennen will, dann besteht sein Geheimnis vielleicht in einem inneren Antrieb und einer Besessenheit, die schon immer da gewesen ist. »Ich versuche, bei allem, was ich tue, erfolgreich und gut zu sein. Möglicherweise ist das so ein Verhaltensding, das tief in erfolgreichen Menschen verwurzelt ist. Es ist eine Obsession. Als Student war ich total besessen. Heute vielleicht ein bisschen weniger.«

Er sagt, man müsse dafür die richtige Einstellung haben. »Es ist die gleiche Hingabe wie bei einer Nonne oder einem Mönch, man muss sich aufopfern, um es richtig zu machen. So schwer ist es.«

Damit hat Rose wohl eines der überzeugendsten Anzeichen dafür angesprochen, dass musikalischer Erfolg auch auf einer genetischen Komponente basiert.

Miriam Mosing ist Professorin am Fachbereich Neurowissenschaften am Karolinska Institute. Sie nutzte eine umfangreiche Datenbank mit Zwillingen, die zwischen 1959 und 1985 geboren wurden, um die relative Bedeutung von Üben und Genen für musikalische Fähigkeiten zu untersuchen. Gemäß der gängigen Vorstellung basieren Leistungsunterschiede bei Kindern, die man erst kurze Zeit zum Beispiel in Gesang oder Klavierspiel unterrichtet hat, auf genetischen Unterschieden. Ericsson würde sagen, dass nach Jahren des Übens diese genetischen Unterschiede gegenüber den neuen erlernten Fähigkeiten untergehen und somit das Üben zum bestimmenden Faktor wird. Mosing findet diese umweltbasierte Sichtweise zu radikal und führt zahlreiche Hinweise ins Feld, die nahelegen, dass Üben allein für herausragendes Können nicht genügt.

Mosing und ihr Team kontaktierten Menschen in der Zwillingsdatenbank und fragten, ob sie ein Instrument spielen oder regelmäßig singen, und falls ja, wie lange sie in unterschiedlichen Altersphasen jeweils geübt haben. Am Ende hatte das Team Antworten von 1211 Paaren eineiiger Zwillinge und von 1358 Paaren zweieiiger Zwillinge. Die Teilnehmer wurden zudem hinsichtlich ihrer musikalischen Fähigkeiten bewertet: Tonhöhe, Melodie- und Rhythmusdifferenzierung. Weil die Zwillinge entweder die Hälfte oder alle Gene teilen und in nahezu derselben Umgebung aufwachsen, ist es möglich, eine Fähigkeit – wie Musikalität – zu untersuchen und zu bestimmen, inwiefern diese durch Gene und wie stark sie durch Üben beeinflusst wurde.

Mosing fand heraus, dass zwischen 40 und 70 Prozent der Unterschiede beim Musizieren genetisch bedingt sind. Beim Musizieren wohlgemerkt. Anders ausgedrückt kann also ein Großteil der *Neigung* zum Musizieren genetisch erklärt werden. Noch überraschender für die gängige Vorstellung, dass Üben zu Perfektion führe, stellte Mosing jedoch fest, dass bei eineiigen Zwillingen ein unterschiedlicher Übungsumfang nicht zu unterschiedlichem Niveau musikalischer Fähigkeiten führte. Es ist so, wie wir es im Kapitel über Intelligenz gesehen haben: Wenn man Zwillinge nach der Geburt trennt und in unterschiedlichen Umgebungen aufwachsen lässt, korreliert ihr Bildungsstand stärker mit dem anderen Zwilling als mit der Schule, die sie jeweils besuchen, oder der häuslichen Umgebung. Mosing veröffentlichte ihre Entdeckungen in der Fachzeitschrift *Psychological Science* unter der Überschrift: »Practice does not make perfect: no casual effect of music practice on music ability«.[85] (Üben macht keinen Meister: Kein ursächlicher Zusammenhang zwischen Üben und musikalischer Fähigkeit.)

Mosings Arbeit folgte einer weiteren Studie von Hambricks Expertise Lab mit 850 Zwillingspaaren, die in den 1960ern beobachtet und nach ihrer Menge an investiertem Übungsaufwand und dem erlangten Erfolg befragt worden waren. Beachten Sie, dass sich das gängige Beispiel für die 10 000-Stunden-Regel auf die Beatles während ihrer Zeit in Hamburg bezieht, in der sie sehr viel aufgetreten sind.[86]

Hambrick und Elliot Tucker-Drob von der University of Texas, Austin, betrachteten die Daten, die für den »National Merit Scholarship«-Test von 1962 gesammelt wurden. Von jedem Zwilling in der Umfrage, mit einem Durchschnittsalter von 17 Jahren, hatte man Daten zu der Menge an geübten Stunden und der erreichten Leistung. Die Kategorien reichten von »gut oder ausgezeichnet« bei einem Schul-/Kreis-/Landes-Wettbewerb bis zu »mit einem professionellen Orchester aufgetreten«. Mit ihren Daten von ein- bzw. zweieiigen Zwillingen waren Hambrick und Tucker-Drob in der Lage, den Einfluss von Genen und Umgebung sowohl auf das Üben als auch auf die Erfolge aufzudröseln.

Sie stellten fest, dass ein Viertel der Unterschiede bei der investierten Übungsmenge genetisch erklärt werden konnte. Das bedeutet, dass ein Viertel des Antriebs zu üben genetisch beeinflusst ist. Außerdem stellten sie fest, dass Üben die Auswirkungen von angeborenem Talent vergrößert. Kurz gesagt: Gene beeinflussen, wie viel Sie üben und auch wie erfolgreich Sie letztlich sein werden.[87]

Ich hatte nie im Leben eine Gesangsstunde und singe auch nie, außer wenn ich allein mit dem Wagen unterwegs bin. Meine Frau wundert sich immer, dass ich so gern Musik höre, aber keinerlei Begabung in der Hinsicht zeige. Während meiner Zeit in Japan bin ich jedoch regelmäßig zum Karaoke-Singen gegangen. Nach dem Essen oder im Anschluss an Wissenschaftskonferenzen bin ich mit meinen Kollegen ausgegangen und wurde oft gebeten, »Yesterday« zu singen. Wir wollen hören, wie es von einem britischen Muttersprachler gesungen wird, drängten sie immer. Die Ärmsten mussten sich dann anhören, wie ein in Japan immer noch populärer Song von mir verstümmelt wird. Aber im Laufe der Monate stellte ich fest, dass etwas Sonderbares passierte. Meine Stimme verbesserte sich. Ich lernte, mir Lieder auszusuchen, die zu meiner begrenzten Stimmlage passen – auf »Starman« und »Light my Fire« war immer Verlass – aber ich wurde auch wirklich besser. Das Üben half sogar mir, obwohl wir hier nur von einer geringfügigen Verbesserung sprechen. Sogar in einer Karaoke-Bar war der Kontrast zwischen dem Krach, den ich fabrizierte, und dem ergreifenden Klang von jemandem, der wirklich singen kann, immens. Am Ende des Artikels von Hambrick und Tucker-Drob findet sich jedoch eine Zeile, die in mir die Frage weckt, ob sogar ich – in einer anderen Welt – ein Popstar hätte sein können: »Diese Ergebnisse weisen darauf hin, dass Kinder, die keine musikalische Ausbildung erhalten haben, über verborgene Talente verfügen oder zumindest über Potenzial für Talent, das unerkannt blieb und nicht umgesetzt wurde.«

Mosing löst das Rätsel, warum so viele Menschen einschließlich professioneller Sänger wie Rose immer noch an die Macht des Übens glauben. »Sie haben recht«, sagt sie. »Ohne Üben wären sie nicht da, wo sie sind, sie müssen viel üben.«

Niemand leugnet die unverzichtbare Bedeutung des Übens. Aber das allein ist keine Garantie, um an die Spitze zu kommen. »Es ist ein schöner Gedanke, dass jeder alles erreichen kann, wenn er nur genug übt«, sagt sie. »Die Vorstellung, dass Üben ein umweltbedingter Faktor ist, mit dem wir alle Einschränkungen überwinden können – das ist eine weit verbreitete Vorstellung.«

Moses vermutet, dass viele der Menschen, die ich für dieses Buch treffe, vermutlich über ein erstaunliches angeborenes Talent verfügen, das sie – oder ihre Eltern – seit dem frühesten Alter gefördert haben. »Durch unser Handeln etwas erreichen zu können, gefällt uns sehr. Wenn wir Erfolg haben, rechnen wir uns den Verdienst an. Aber in vielen Fällen trifft das nicht zu. Der Hauptprädiktor von Erfolg ist der sozioökonomische Status der Eltern.«

»Die Entdeckung der Musikalität und das Singen waren einfach naheliegend. Meine Mutter sang mit uns, als wir Kinder waren. Ich war ganz und gar kein Wunderkind, aber sie hat Aufnahmen von unserem Gesang und wir waren in der Lage, uns Melodien zu merken, bevor wir uns Wörter merken konnten. Wir konnten singen, bevor wir sprechen konnten. Mein Bruder, meine Schwester und ich, wir sind alle Musiker – und meine Eltern übrigens nicht.«

Die kanadische Sopranistin Barbara Hannigan ist eine der gefeiertsten zeitgenössischen Opernsängerinnen. Sowohl als Dirigentin wie auch als Sängerin hat sie mit vielen Spitzenorchestern und -dirigenten zusammengearbeitet und auf den berühmtesten Bühnen dieser Welt gesungen.

Sie erzählt, dass sie mit etwa zehn Jahren entschieden hat, Musikerin zu werden. Anders als Metthew Rose musste sie nicht erst Schwimmen und Golfspielen ausprobieren, bis sie etwas fand, dass ihr gefiel und in dem sie gut war.

Später werde ich sie in der Rolle der Agnès sehen, in George Benjamins *Written in Skin*. Es ist eine außergewöhnliche Rolle, für und durch sie geschaffen, in der sie die ungebildete, unterdrückte Ehefrau spielt, die sich selbst befreit durch eine Affäre mit einem jüngeren Mann – und am Ende das Herz ihres Geliebten verspeist. Das Stück gilt als »eines der Opern-Meisterstücke unserer Zeit«;[88] und laut *Le Monde* ist es »die beste Oper, die seit 20 Jahren geschrieben wurde«.[89] Hannigan, so die *Opera News*, »gehört zu den erstaunlichsten musikalischen Künstlern von heute.« »Ihr ganzes Wesen atmet Musik«, sagte die niederländische Tageszeitung *De Telegraaf*.

Wir treffen uns vormittags; am Abend wird Hannigan singen. Sie trägt einen leichten Schal um den Hals und ich muss daran denken, wie Aretha Franklin vor einer Aufführung ihren Hals gehätschelt hat, und was Rose über die Bedeutung von Stimmbändern gesagt hat. Die Vorbereitung auf eine Aufführung erfolgt sukzessive.

»Ich wärme mich ganz langsam auf, mit langsamem Stretching und Atemübungen, Sprechübungen, summen, summen, summen.«

Wie aufs Stichwort summt sie eine Tonleiter und mir jagt ein Schauer über den Rücken. (Dieses Gefühl, das man auch bekommt, wenn einem jemand etwas ins Ohr flüstert, bezeichnet man als Autonomous Sensory Meridian Response (oft als ASMR abgekürzt) – und manche Menschen giert es geradezu danach.)[90] Durch ihr Summen wie hypnotisiert, bekomme ich ihre nächsten Sätze nicht mit, von daher ist es ein Glück, dass ich unser Gespräch aufnehme. »Beim Aufwärmen geht es um das Wecken des Gesamtinstruments. Es geht nicht um meinen Brustkorb oder meine Stimmbänder oder meine Atmung, es geht um alles, um mein ganzes emotionales Wesen, sinnliches Dasein, intellektuelles Dasein, physisches Dasein – du weckst also alles auf, stimulierst alles in einem Aufwasch.«

Wenn ich sie singen höre, erinnere ich mich an Matthew Roses Beschreibung von einem Baby, das seinen ganzen Körper einsetzt, um ein lautes Geräusch zu produzieren – nicht etwa, dass Hannigan wie ein jammerndes Baby klingt, aber obwohl sie klein und schlank ist, bringt sie einen für ihren Körper überproportionalen Ton hervor. Sie hat unglaubliche Kontrolle über ihre Stimme – sie nennt sie »das Instrument« und es kommt mir vor wie das Spielen eines Synthesizers oder Beherrschen eines Mischpults, so sehr kontrolliert sie ihre Stimme.

Es gibt etwas Wichtiges, das diese Beschreibung nicht einfängt. Es ist die Magie der Aufführung, um ein Wort zu benutzen, das nicht weniger wissenschaftlich sein könnte, aber vermittelt, was ich meine. Sie besitzt ein Charisma und eine Autorität, die einen fesseln – faszinieren. Ich möchte herausfinden, wo das herkommt, ohne sämtliche Objektivität zu verlieren, deshalb frage ich sie, wie sie von einer gewöhnlichen Sängerin zu einer professionellen Solistin geworden ist.

»Ich hatte schon immer diese Leidenschaft für Musik. Für mich ist Musik wie Nahrung: Ich würde nie etwas essen, das ich nicht mag – es sei denn, ich bin am Verhungern. Ich singe nur Stücke, die mir gefallen. Es kommt alles aus der Leidenschaft und die Leidenschaft verschafft dir die Energie, so viel Enenergie, dass du einen Rückwärtssalto machen könntest, du bist so aufgeregt, dass du all diese verrückten Dinge machen kannst. Und falls du dich langweilst – so wie ich, wenn ich meine Steuererklärung mache – kannst du diese verrückten Dinge nicht tun. Aber wenn ich Leidenschaft für etwas hege, bin ich viel stärker als sonst.«

Ihre Eltern sagten immer, dass sie übermäßig viel Freude habe, dass sie andere erfreuen würde. Das war das Wort, das sie mit ihr in Verbindung brachten. Vielleicht gab das den Ausschlag, warum sie besser ist als ein normaler, sehr guter Sänger.

»Ich denke schon. Ich gehe zur Arbeit und denke, mein Gott, was ist das für ein unglaublicher Ort, an dem ich hier bin, mit diesen unglaublichen Musikern zu arbeiten und das zu tun, was ich mache.«

Was liegt ihr ihrer Meinung nach im Blut?

»Wir haben hart gearbeitet. Ich lernte Klavier spielen und habe im Chor gesungen, aber was die Fähigkeit betrifft – ich habe von Natur aus Energie und genügend Antrieb, um das zu lernen, was ich heute mache. Und Neugier.«

Wie Rose betont auch sie, wie hart sie gearbeitet hat. »Manchmal, wenn ein Dirigent zu mir sagt, ›Du bist genial‹, dann denke ich, nein, ich habe nur hart gearbeitet. Der Wunsch, so hart zu arbeiten, entspringt der Liebe zu der Arbeit.«

Ich frage Miriam Mosing, was ihre Arbeit uns über die Faktoren sagt, die musikalischen Erfolg beeinflussen. »Einer ist unsere genetische Ausstattung«, sagt sie. »Und dazu gehört diese Fähigkeit – dieser Antrieb –, wirklich sehr hart an einer Sache zu arbeiten.«

Sowohl Mosing als auch Hannigan haben sich dem angenähert, was Angela Duckworth, Professorin für Psychologie an der University of Pennsylvania, Philadelphia, als Charakterstärke im Sinne von Biss oder Mumm bezeichnet.[91] Wie sehr sich jemand darum bemüht, etwas zu erreichen (Ausdauer!), und wie sehr derjenige das liebt, was er tut (Leidenschaft!).[92]

Mosing weist auf etwas hin, das in dem Moment offensichtlich ist, in dem man es ausspricht, aber ignoriert wird, wann immer wir über Natur und Kultur, Genetik und Umwelt sprechen. »Ich denke, die Umwelt übersieht hier etwas. Unsere erziehende Umwelt korreliert stark mit unseren Genen. Wir bekommen Gene von unseren Eltern und unsere Eltern haben eine Umgebung geschaffen, die wiederum von ihren Genen beeinflusst ist. Auf gewisse Weise korreliert die Umgebung, in die wir hineingeboren sind, mit den Genen. Wenn ich musikalisch sehr begabt bin, dann sind meine Eltern das auch.«

Sehen wir uns ein Beispiel an, inwiefern Hannigans Umgebung in der Kindheit stark mit dem Antrieb zu korrelieren scheint, mit dem sie ihrer Meinung nach geboren wurde. Ihre Mutter bekam drei Kinder in 14 Monaten (Können Sie sich das vorstellen? Drei Kinder in Windeln?) und musste super organisiert sein. »Am Kühlschrank hing eine lange Liste mit unseren Namen und einem Plan: Es war bis auf die Minute durchorganisiert. Wecken, Barbara Zähne putzen, Ryan Klavier üben, alles zack, zack – jede Minute unseres Tages war verplant, Spielzeit, Schlafenszeit – wie sonst hätte man schon morgens vor der Schule 15 Minuten Klavier geübt?«

Den straff organisierten Zeitplan hat sie beibehalten. Hannigans tägliche Routine ist exakt durchgeplant, Wochen im Voraus. »So plane ich meine Arbeit. Meine Übungsstunden – all das Zeug, das ich tun muss. Von klein auf war ich an eine Disziplin gewohnt, die mich dazu brachte, sie beibehalten zu wollen, und ich tat es.«

Wie wir gesehen haben, leugnet niemand die Bedeutung des Übens oder die Notwendigkeit von Charakterstärke. Aber die Anhänger der Ultra-Umwelt-Sichtweise übersehen anscheinend, was Mosings Arbeit so drastisch gezeigt hat: dass Üben und Charakterstärke selber genetisch beeinflusst sind. Nun läuft das Wettrennen, diese Gene zu identifizieren – und es ist ein Wettrennen, das auf der ganzen Welt stattfindet.

Die Mongolei, eingebettet zwischen China im Süden und Russland im Norden, ist das am dünnsten besiedelte Land der Welt. Es ist größtenteils ethnisch unvermischt, die Familien sind groß und der Einfluss der Umgebung – die Ernährung, die medizinische Versorgung und die Schulbildung der Kinder – ist bei jedem in etwa gleich. Das macht es zu einem perfekten Territorium für Genjäger.

Der Bezirk Dashalbar in der Provinz Dornod hat etwa 0,37 Einwohner pro Quadratkilometer. (Zum Vergleich: In Großbritannien gibt es 256 Einwohner pro Quadratkilometer; in den Vereinigten Staaten, mit seiner sehr viel größeren Landmasse, sind es immer noch 35 Einwohner pro Quadratmeter.) Trotz der geringen Einwohnerzahl in dieser Region schaffte es Jeong-Sun Seo am Genomic Medicine Institute an der Seoul National University in Südkorea, 1008 Menschen aus 73 Familien anzuwerben und sie einer Reihe von Tests zu unterziehen, die entworfen worden waren, um die genetischen Einflüsse auf musikalische Fähigkeiten zu erforschen. Seo ist Mitglied der GENISCAN-Studiengruppe. (Das Akronym steht für GENe DIScovery for Complex traits in large isolated families of Asiens of the Northeast.)

Die Probanden wurden auf musikalische Fähigkeiten getestet und bewertet und ihr Genom wurde sequenziert. Die Teilnehmer führten Tests durch, bei denen sie über Kopfhörer einen Ton hörten und diesen reproduzieren mussten. Auf diese Weise wurde ermittelt, wie exakt sie die Tonhöhe erfassen konnten. Anschließend führte Seos Team eine genomweite Assoziationsstudie (GWAS) mit dem Datensatz durch. Dieser Test sucht nach Verbindungen zwischen bestimmten genetischen Varianten und einer bestimmten Eigenschaft. Er wird häufig benutzt bei der Suche nach genetischen Einflüssen auf Krankheiten. Aber in diesem Fall gelang es,

Verbindungen zum musikalischen Talent herauszukitzeln. Zum Beispiel fand das Team Beweise für eine Verbindung zwischen einem Gen namens *UGT8*, das bekannt dafür ist, bei der Entwicklung des Gehirns aktiv zu sein, und musikalischer Fähigkeit.[93] Das Gen liegt auf Chromosom 4, in einem Bereich, der auch durch eine finnische Studie hervorgehoben wurde, die die Genetik musikalischen Talents untersucht hat.[94]

Irma Järvelä untersucht an der Universität von Helsinki die Genetik musikalischer Fähigkeiten. Seit wir wissen, dass die Musikalität bei Menschen variiert, hat Järveläs Gruppe eine Datenbank erstellt, die aus 98 Familienstammbäumen mit fast eintausend Menschen besteht, um die dieser Variation zugrunde liegenden Erbanlagen zu betrachten. Mithilfe von drei Tests hat sie die Musikalität beurteilt und die Probanden haben umfangreiche Fragebögen ausgefüllt sowie Blutproben für die DNA-Analyse abgegeben. »Wir haben festgestellt, dass etwa 50 Prozent der Testwerte bezüglich Musikalität durch genetische Faktoren in finnischen Multigenerationen-Familien erklärt werden können«, sagt sie auf ihrer Webseite.

Darüber hinaus hat Järvelä genetische Daten aus mehr als hundert Studien zu musischen und sensorischen Genen (von Vögeln und anderen Tieren ebenso wie zu Menschen) berechnet und jene Gene hervorgehoben, die am wahrscheinlichsten eine Auswirkung auf die musikalische Fähigkeit haben. Dazu gehören Gene, die einbezogen sind in Wahrnehmung, Lernen und Erinnern und viel mit der Neuronenfunktionalität und -aktivität zu tun haben.[95]

Solche Studien sind immer noch sehr vorläufig und haben begrenzte »Kraft«, will heißen, die Verbindungen sind bislang tentativ. Sie stimmen auch nicht immer überein – Järveläs jüngste Arbeit brachte verschiedene Gene auf Chromosom 4 zum Vorschein, aber nicht *UGT8*, das in der mongolischen Studie gefundene Gen.

Miriam Mosing warnt davor, zu viel in Studien dieser Art hineinzuinterpretieren, da die Stichproben zu klein sind. Es ist schwierig, robuste Beispiele von Genen zu finden, die mit einer komplexen Eigenschaft in Zusammenhang stehen – wir haben das im Kapitel über Intelligenz gesehen und werden erneut im Kapitel über Glück darauf stoßen – weshalb sich das Identifizieren eines Anwärtergens nicht in einer anderen Studie wiederholt. Sie erzählt, dass Genetiker vor ein paar Jahren dachten, sie wären in der Lage, genetische Varianten mit großer Auswirkung auf bestimmte Eigenschaften zu finden, es gäbe also zum Beispiel eine Variante für musikalische Fähigkeiten. »Aber die letzten paar Jahre haben gezeigt, dass die Varianten, die wir für die meisten komplexen Fähigkeiten finden, höchstens ein Prozent der Varianz erklären.«

So wie bei genetischen Varianten, die in Zusammenhang mit Intelligenz stehen, werden auch Hunderte in Verbindung mit musikalischen Fähigkeiten stehen. Das bedeutet nicht, dass sie nicht da sind oder die Menschen aufhören, danach zu suchen. »Ich bezweifle, dass wir in der Zukunft in der Lage sein werden, einen Menschen zu testen und zu sagen: ›Dieser Mensch sollte eine musikalische Karriere einschlagen, weil er diese speziellen Gene hat‹«, sagt Mosing. Möglicherweise können wir nach einem Blick auf die gesamten Erbanlagen einer Person voraussagen, ob es genug Varianten gibt, die die musikalischen Fähigkeiten ein bisschen ergänzen können, aber wir werden nicht das Ergebnis vorhersagen können.

Gary McPherson ist Musikprofessor am Melbourne Conservatorium of Music. Er ist zudem Direktor dieser Institution, der ältesten und angesehensten für Musik in Australien. Barbara Hannigan und Matthew Rose erzählten mir, dass sie ihre harte Arbeit über ihr angeborenes Talent stellen, aber in seiner Laufbahn hat McPherson viele Tausend Musikstudenten und Profis gesehen und unterrichtet. »Profis aller Lebensbereiche haben hart gearbeitet, um dorthin zu gelangen, wo sie sind, aber meiner Meinung nach gibt es angeborene Fähigkeiten, die unsere Entwicklung beeinflussen, sowie mögliche genetische Einflüsse, die unsere Fähigkeiten formen«, sagt er. »Ich interessiere mich sehr für Motivation – was bringt einen Menschen dazu, 10 000 Stunden und mehr zu üben und sich anzustrengen, um dieses Level zu erreichen? Man kann Spitzenleistung beim Singen oder einer anderen musikalischen Darbietung nicht nur durch die geleisteten Übungsstunden erklären.«

McPherson verweist mich auf ein Fähigkeitsmodell, das Françoys Gagné während der vergangenen drei Jahrzehnte entwickelt hat. Mittlerweile ist er im Ruhestand, aber über viele Jahre arbeitete er als Psychologe an der Universität von Montreal. Das Differenzierte Modell von Begabung und Talent (DMGT) erkennt an, dass die Grundlage aller Fähigkeit biologisch ist – das heißt, es gibt eine solide genetische Grundlage für musikalische Fähigkeiten. Ich gebe Ihnen ein extremes Beispiel dafür, was das zu bedeuten hat. Es ist die Geschichte eines blinden Jungen, den wir LL nennen wollen und der nur einen IQ von 58 hat, aber im Alter von acht Jahren anfing, Klavier zu spielen:

Eines Abends, als er etwa 14 Jahre alt war, hörte LL zum ersten Mal Tschaikowskys Klavierkonzert Nr. 1. Es war die Titelmelodie zu einem Fernsehfilm. Zur großen Überraschung seiner Pflegeeltern spielte LL später an jenem Abend das komplette Stück fehlerfrei, obwohl er es nur einmal gehört hatte. Seither hat sich LLs Klavierrepertoire, vollständig aus der Erinnerung, auf Tausende von Musikstücken erweitert. Profimusiker, die ihn spielen sahen, deuteten an, dass er »die Regeln der Musik« instinktiv und von Natur aus zu kennen scheint.[96]

Yi Ting Tan ist eine Kollegin von McPherson am Musikkonservatorium in Melbourne. Sie hat die wissenschaftliche Literatur über genetische Komponenten musikalischer Fähigkeiten gesichtet und verschiedene Gene entdeckt, die einbezogen sind in den Erfolg beim Singen, der musikalischen Wahrnehmung, dem absoluten Gehör, Musikgedächtnis und -gehör und sogar Singen im Chor. Diese Gene liegen verstreut auf den Chromosomen 8, 12 und 17, mit einer Häufung auf Chromosom 4.[97]

»Die Form unseres Vokaltrakts und die Länge unserer Stimmbänder sind genetisch beeinflusst und ich glaube, dass auch die Klangfarbe definitiv eine genetische Grundlage hat«, sagt sie und weist darauf hin, dass Familienmitglieder oft ähnlich klingen. »Vermutlich müssen wir einfach akzeptieren, dass manche Menschen bessere Grundeigenschaften haben, die sich durch Üben weiter entfalten.«

Tan fügt hinzu, dass sogar Persönlichkeitseigenschaften wie Motivation und Pflichtbewusstsein sehr wahrscheinlich eine genetische Basis haben.[98] Anscheinend brauchen Sie die richtigen Gene, um als professioneller Sänger Erfolg zu haben.

Ich erwähnte bereits, dass das MGIM – das Multifaktorielle Gen-Umwelt-Interaktionen-Modell – nicht gerade eine einprägsame Möglichkeit ist, um zusammenzufassen, wie wir laut Wissenschaft auf einem bestimmten Gebiet Experten werden können. Darüber dachte ich gerade nach, als ich auf eine bemerkenswerte Arbeit von Arne Güllich vom Fachbereich Sportwissenschaft der Technischen Universität Kaiserslautern stieß. Güllich führte eine Analyse der Ergebnisse internationaler Spitzensportler durch. Er verglich 83 Medaillengewinner von Olympischen Spielen und internationalen Wettbewerben (die Stichprobe beinhaltete 38 Olympiasieger und Weltmeister) mit einer ähnlichen Anzahl Profisportler, die zwar gute Leistungen zeigten, aber nie Medaillen gewonnen hatten. Er ordnete sie entsprechend Alter, Sport und Geschlecht und eruierte mithilfe von Fragebögen, wie viel sie trainiert hatten. Wie sich herausstellte, spezialisierten sich die Medaillenträger *später* in ihrer Hauptsportart als die Nicht-Medaillenträger und hatten als Kinder und Jugendliche *weniger* in dieser Hauptsportart trainiert. Und jetzt kommt's: Die Medaillengewinner hatten mehr in anderen Sportarten trainiert als in ihrer Hauptsportart. Sie nahmen weiter an diesen Sportarten teil und spezialisierten sich später in ihrer Hauptsportart. Güllich veröffentlichte diese Arbeit 2016 im *Journal of Sports Sciences*.[99]

Falls Sie sich wundern, warum ich in einem Kapitel über Musik abschweife zu Sportwissenschaften – Güllich weist darauf hin, dass sich das gleiche Muster in anderen Bereichen zeigt: »Das Prinzip der ›Mehrfachprobennahme und der funktionalen Passung‹ ist nicht einzigartig für Spitzensport, sondern findet sich auch in der Musik, der Kunst und der Wissenschaft.« Diese Schlussfolgerung basiert jedoch nicht auf harten Daten, wie er sie bezüglich Sport gesammelt hat, sondern auf den Erkenntnissen von Kollegen aus den jeweiligen Fachbereichen.

Einige Hinweise kommen von Dean Keith Simonton, Psychologieprofessor an der University of California, Davis. Simonton analysierte 911 Opern, die von allen 59 klassischen Komponisten stammten, von Beethoven bis Mozart, Verdi und Wagner. Er fand heraus, dass die erfolgreichsten Komponisten jene waren, die ihre Gattungen mischten. »Es kann sein«, schrieb Simonton in seinem Artikel zu dem Thema, der in *Development Review* veröffentlicht wurde,[100] »dass intellektuelles Crosstraining möglicherweise die negativen Auswirkungen des Übertrainings reduziert.«

Laut Güllich ist unklar, welche Mechanismen dafür verantwortlich sind, aber durch das Ausprobieren verschiedener Dinge wird de facto nicht alles auf eine Karte gesetzt. »Dadurch steigt die Wahrscheinlichkeit, dass sich der Sportler auf eine Hauptsportart einschießt, die besonders gut zu ihm ›passt‹. Dieses Passen kann in Bezug auf Leistung gemeint sein, aber auch auf das Finden des richtigen Trainers und der richtigen Peer-Group. Es reduziert auch das Risiko von Überlastungsverletzungen. Wenn sich ein Sportler auf Basis vieler Sportarten entwickelt, kann er oder sie auf viele Lernmodi zurückgreifen, um das Trainingssystem zu entwickeln, das am besten zu ihm oder ihr passt.«

Güllich hat auch ein paar interessante Anmerkungen zu Anders Ericssons' Ansichten und weist auf Schwächen der ursprünglichen Abhandlung von 1993 hin. Zum Beispiel arbeiteten Ericsson und seine Kollegen in ihrer Studie mit Nachwuchsmusikern und nicht mit Spitzensolisten.

Und bezogen auf die Kindheit wurde den Musikern »bewusstes Üben« zugeschrieben, aber solche Kriterien können nicht rückblickend erfasst werden. »Heutzutage haben zahlreiche Arbeiten die Richtigkeit von Ericssons bewusster Übungs-Theorie widerlegt, soweit es Spitzensport betrifft«, sagt Güllich.

Ericsson hat wiederum Einwände bezüglich Güllichs Artikel und Hambricks Arbeit.[101] Das Hauptproblem sei, so sagt er, dass die beiden Autoren nicht zwischen bewusstem Üben – das heißt, Unterricht mit Lehrern und individuell gestaltetes Üben – und jeder anderen Art von Training oder Üben unterscheiden.[102] Der Streit wird sicherlich noch weiterschwelen, denn schließlich steht der amerikanische Traum auf dem Spiel: dass wir alles sein können, was wir sein wollen. Nicht nur das, wir können unter Umständen in allem zu einem Experten werden. In diesem Kapitel ist mir klar geworden, dass wir das nicht können. Ich hätte kein Opernsänger werden können. Oder Formel-1-Fahrer. Oder Schach-Weltmeister. Ich habe das gefunden, was ich kann, aber es war nicht so, als hätten mir *alle* Wahlmöglichkeiten offen gestanden. Diejenigen, die infrage kamen, waren, so denke ich, von meinen Genen beeinflusst. Das scheint mir nichts zu sein, vor dem man sich fürchten muss. Im Gegenteil, die Genetik zu verstehen und ihre Ressourcen an den richtigen Platz zu leiten, verleiht uns Stärke.

Aniruddh Patel, Psychologe an der Tufts University in Medford, Massachusetts, der sich auf Musikwahrnehmung spezialisiert hat, hält es für wahrscheinlich, dass ein Teil der Unterschiede bei der Gesangsfähigkeit eine genetische Komponente aufweist. »Das Pendel schwingt derzeit zurück zu der Vorstellung, dass Üben allein nicht genügt, um außergewöhnliches Talent zu erklären, da es Menschen gibt, die ungefähr gleich viel üben, deren Fähigkeiten sich jedoch stark unterscheiden.«

Mit Güllichs Arbeit im Hinterkopf, welchen Rat würde Zach Hambrick Menschen geben, die die Chancen ihrer Kinder auf Erfolg verbessern oder sogar maximieren wollen? »Probier eine Menge verschiedener

Dinge aus«, sagt er. »Wir sind wieder bei der Vorstellung der Wechselwirkung von Vererbung und Umwelt. Unsere Gene beeinflussen die Aktivitäten, an denen wir teilnehmen, und die Umgebungen, die wir uns schaffen. Wenn wir viele verschiedene Dinge ausprobieren, werden wir dasjenige finden, das am besten zu uns passt. Dadurch kann sich diese Wechselwirkung von Vererbung und Umwelt entfalten«, sagt Hambrick.

Anders ausgedrückt, müssen wir sein wie Goldlöckchen. Probieren Sie verschiedene Stühle, Haferbreie und Betten aus, bis Sie das gefunden haben, was am besten zu Ihnen passt.

7
LAUFEN

Sich selbst bis an seine persönlichen Grenzen zu verausgaben ist die Essenz des Laufens und eine Metapher für das Leben überhaupt.

HARUKI MURAKAMI, *WOVON ICH REDE, WENN ICH VOM LAUFEN REDE.*

»Als ich sechs Jahre alt war, begann ich, vom Kindergarten allein nach Hause zu laufen«, erzählt Dean Karnazes. »Laufen bedeutete für mich Freiheit. Es war eine Befreiung und eine Art, die Welt zu erleben.«

Anfangs hielt ich diese Erklärung, warum ein Sechsjähriger aus Inglewood in Los Angeles das Laufen mochte, für verdächtig intellektuell. Warum sollte sich ein so junger Mensch befreien müssen? Wahrscheinlich, so dachte ich, hat Karnazes seine Sicht als Erwachsener auf die kindliche Motivation projiziert. Schließlich ist er herangewachsen zu einem ausgezeichneten Läufer. Später erwähnt er jedoch, dass er ein introvertierter Legastheniker sei, und ich beginne zu denken, dass ich sein junges Ich möglicherweise unterschätzt habe. Legasthenie kann eine Kindheit zweifellos schwierig und anstrengend machen, sodass ich verstehe, inwiefern das Laufen als Freiheit empfunden wurde. Ich frage Karnazes, ob er den Eindruck hatte, anders zu sein als seine Klassenkameraden. »Nicht unbedingt«, antwortet er. »Meine Leidenschaften gingen einfach nur in andere Richtungen, das war alles.«

Nun, wenn er damals vielleicht auch noch nicht anders war, so ist er es heute auf jeden Fall. Und seine Leidenschaft für das Laufen ist einmalig. Hier ist eine Auswahl seiner bisherigen Erfolge: Am 12. Oktober 2005 startete er in Nordkalifornien zu einem Lauf. Er machte nur am 15. Oktober Halt, nachdem er 359 Meilen gelaufen war. Während des Laufs sprach er mit einem Journalisten der Zeitschrift *Runner's World.*[103] In dem Artikel fielen mir ein paar Punkte besonders auf. Karnazes berichtet, dass er am Donnerstag um 3.29 Uhr viele Stinktiere gesehen habe. Außerdem Rehe, Rotluchse, Koyoten und Beutelratten. Um 2.21 Uhr am Samstag hat er gemerkt, dass er *geschlaf-rannt* ist. »Plötzlich wachte ich auf und merkte, dass ich immer noch lief.« Um 21.07 Uhr beendet er die 350 Meilen. »Das zu schaffen war die außerkörperlichste Erfahrung, die ich je gemacht habe. Anfangs holten mich die Schmerzen immer wieder in die Realität zurück, aber auf den letzten zehn Meilen fühlte ich mich völlig losgelöst von meinem Körper.«

Am 17. September 2006 nahm er an einem Marathon in St. Louis, Missouri teil. So weit okay – aber dann lief er an den darauffolgenden 49 Tagen jeden Tag einen Marathon, jeweils in einem anderen Staat, den Abschluss bildete New York. Dann – und jetzt wird es grotesk – sagte er, er wolle den Kopf freibekommen und lief los nach San Francisco. Am Ende stoppte er in Missouri, nach 1300 weiteren Meilen in 28 Tagen.

Er gewann auch den Badwater Ultramarathon, der sich selbst als den härtesten Lauf der Welt bezeichnet. Dabei handelt es sich um einen wahnsinnig anstrengenden Lauf durch das Death Valley, Kalifornien – das den Rekord für die heißesten Temperaturen auf Erden hält. Das 135-Meilen-Rennen startet 85 Meter unter dem Meeresspiegel und endet 2548 Meter darüber, am Mount Whitney. An dem Tag, als Karnazes das Rennen gewann, stieg die Temperatur auf 49 Grad Celsius. Um das Maß vollzumachen, lief er auch noch einen Marathon in der Antarktis, in ganz normalen Laufschuhen, bei Temperaturen, die unter minus 25

Grad fielen. Seinem Namen wird routinemäßig ein »übermenschlicher Sportler« vorangestellt.

»Ich glaube ehrlich, dass jeder das tun kann, was ich mache, wenn er über genauso viel Leidenschaft, Antrieb, Hingabe und Entschlossenheit verfügt«, sagt er. »Ich kann einfach nur etwas sehr gut, das ich liebe. Das unterscheidet sich nicht von dem, was andere Menschen in anderen Bereichen tun.«

Die Liebe erhebt uns dorthin, wo wir hingehören. Die Liebe bringt dich in Bewegung. Die Liebe kann dich weit bringen, habe ich kapiert. Aber bei einem Ultraläufer steckt mehr dahinter – es geht um einen Körper, der dich immer weiter treibt, während du mit unglaublichen Strapazen ringst. Wenn es Liebe ist, dann eine, die in Richtung Besessenheit geht, eine Art Sucht. Ich bin nie weiter als bis zur Bushaltestelle gerannt, aber verstehen Sie mich nicht falsch, ich bin voller Bewunderung für diese Langstreckenläufer. Das liegt daran, dass ich das nicht kann und verstehen möchte, wie diese Menschen das schaffen.

Wie die meisten Menschen kenne ich die Etymologie des Wortes »Marathon« – ich weiß, dass eine Marathonstrecke 42,2 Kilometer beträgt, weil das in etwa der Entfernung von Marathon nach Athen entspricht, und dass jemand diese Strecke gelaufen ist, um von dem griechischen Sieg in der Schlacht zu berichten. Nun weiß ich, weil es mir ein paar Ultraläufer erzählt haben, dass dieser jemand vermutlich Pheidippides war, der in Athen verstarb, nachdem er die Nachricht überbracht hatte.

Die Geschichte geht noch weiter. Ein paar Tage vor dem Marathonlauf wurde Pheidippides mit einer Nachricht von Athen nach Sparta geschickt. Die Entfernung dorthin betrug 240 Kilometer und er brauchte dafür zwei Tage. Anschließend lief er vom Schlachtfeld bei Marathon zurück nach Athen mit seiner Nachricht vom Sieg der Griechen über die Perser. Diese akkumulierte Distanz macht es ein bisschen nachvollziehbarer, dass man anschließend zusammenbricht und stirbt. Das Ganze fand übrigens 490 v. Chr. statt – vor mehr als 2500 Jahren.

Aber dann fand ich heraus, dass es keine handfesten Beweise für all das gibt. Die Geschichte von Pheidippides wurde vermutlich aus Informationsfetzen von hier und da zusammengesetzt und im Laufe der Jahrhunderte ausgeschmückt. Egal. Die Geschichte ist so gut, dass sie wahr sein sollte, und wie alle großen Geschichten hat sie seither Millionen Menschen inspiriert. Falls sie damals nicht wahr gewesen ist – wenn die Heldentaten, von denen sie berichtet, historisch nicht korrekt sind –, dann ist sie aber seither wahr geworden.

Jedes Jahr finden auf der ganzen Welt Hunderte von Marathons statt. Millionen von Menschen hegen eine Leidenschaft für das Laufen. Für manche ist die Teilnahme an einem Marathon eine einmalige Gelegenheit, etwas, das sie einmal in ihrem Leben schaffen wollen. Für andere wird es zur Gewohnheit, etwas, das mehr ist als ein Hobby, und für manche ist ein normaler Marathon nicht genug. Für jene, die das ganze Pheidippides-Programm wollen, gibt es weltweit Dutzende Ultramarathons, einschließlich dem Spartathlon – ein Lauf, der dem mutmaßlichen Lauf von Athen nach Sparta nachempfunden ist. Die Entfernung beträgt 246 Kilometer. Ein anderer sehr beeindruckender Ultraläufer ist der 43-jährige Scott Jurek. Er hat den Badwater Ultra gewonnen und – sieben Mal in Folge – den Western States 100-Mile Endurance Run sowie den Spartathlon. Den Rekord für den Spartathlon, 20 Stunden und 25 Minuten, hält jedoch eine Legende in der Welt des Ultralaufens namens Yiannis Kouros. Er ist die vier schnellsten Zeiten gelaufen, die der Spartathlon je gesehen hat, und wird manchmal Pheidippides Nachfolger genannt (ein weiterer Spitzname ist Der Laufgott).

Extreme Ausdauerläufe gibt es in zwei Kategorien, Entfernung oder Zeit. Es gibt zum Beispiel 100-Meilen-Rennen, 1000-km-Querfeldeinrennen und 1000-Meilen-Straßenrennen. Andererseits gibt es 12-Stunden-Straßenrennen und 48-Stunden-Querfeldein-Rennen. Viele der Rekorde bei den Männern werden von Kouros gehalten und sein Rekord im 24-Stunden-Lauf ist vielleicht seine herausragendste Leistung.

Allein über diese Rennen nachzudenken ist schon irrsinnig. Man läuft unentwegt, 24 Stunden lang immer um eine Bahn. Ziel ist, in dieser Zeit so schnell zu laufen, wie man kann. 1997 lief Kouros in Adelaide in dieser Zeit 303 Kilometer. Das entspricht einer Durchschnittsgeschwindigkeit pro Meile von 7 Minuten und 39 Sekunden. Die Strecke ist länger als sieben Marathons hintereinander, ohne Pause, mit der Geschwindigkeit gelaufen, die nur wenig über drei Stunden je Marathon liegt. Niemand ist auch nur annähernd an diesen Rekord herangekommen und Kouros erklärte, dass seine Zeit jahrhundertelang nicht unterboten werden würde. Jemand sollte das Erbgut dieses Mannes sequenzieren.

Nicole Pinto ist Sportphysiologin am Human Performance Center der University of California, San Francisco. Sie führte mit Dean Karnazes eine Reihe von Tests durch, einschließlich Laktatbestimmung im Blut sowie Sauerstoffverbrauchstests. Da er so weit außerhalb der Reichweite normaler Leistungen lag, sogar für Ultraläufer, wurde angenommen, dass physiologisch irgendetwas Interessantes in ihm vorgehen müsse. Sie erklärt, was beim Trainieren in unseren Muskeln abläuft.

Glukose wird umgewandelt in eine Verbindung namens Adenosintriphosphat (ATP), die Treibstoffeinheit, die unsere Muskelkontraktion mit Kraft versorgt. Als Nebenprodukt entsteht Milchsäure, die in freie Protonen (positiv geladene Wasserstoffionen) und Laktat zerfällt. Ist Sauerstoff vorhanden, kann das Laktat wieder umgewandelt werden in Glukose und erneut als Treibstoff verwendet werden.

Nicht die Entstehung von Milchsäure an sich verursacht Probleme in den Muskeln, was ich angenommen hatte und was auch der gängigen Meinung entspricht – es ist die Anhäufung von Wasserstoffionen. Sie haben vermutlich schon einmal Marathonläufer gesehen, die ganz zittrig wurden, als ihnen die Energie ausging: Die Wackelpudding-Beine werden verursacht durch Wasserstoffionen, die das Gewebe ansäuern und die Muskelkontraktion behindern. Für Sportler, die auf kurzfristige Stärke und Schnelligkeit angewiesen sind, wie Gewichtheber oder Sprinter, spielt es keine Rolle, wenn sie zu viel Laktat produzieren, denn sie werden dieses Energiemaximum nicht lange aufrechterhalten. Bei Ausdauersportlern ist das etwas anderes. Bei ihnen liegt der Schlüssel darin, eine Ausgewogenheit zwischen Abbau und Produktion von Laktat zu finden. Bessere Sportler können länger härter arbeiten, weil sie gut darin sind, das Laktat zu recyceln, das sich in ihren Muskeln aufbaut. Sie verhindern im Grunde, dass der Wasserstoff ihre Beine übersäuert.

»Als wir uns Dean ansahen, entdeckten wir nichts, das wir nicht auch schon bei anderen Ultra-Ausdauer-Sportlern festgestellt hatten, wir fanden jedoch heraus, dass er extrem effizient mit seinem Optimum umging«, erklärt Pinto. Anders ausgedrückt, verfügt Kazanes über eine bessere Fähigkeit als normale Langstreckenläufer, Laktat zurück in Glukose zu verwandeln. »Deans Fähigkeit, eine Laktat-Ausgewogenheit aufrechtzuerhalten, ist das, was über dem Normbereich liegt«, fügt Pinto hinzu. Sein Körper findet Aktivität nicht so anstrengend, wie das bei normalen Menschen der Fall ist.

Zudem verfügt Dean über einen hocheffizienten, ökonomischen Stil und hält ein gleichmäßiges Tempo. Diese Stabilität muss der Schlüssel zu seinem Erfolg sein. Er selbst bezeichnet laut Pinto seinen Stil als »ich renne nicht schnell, ich renne sehr weit«. »Er ist auf diesen langen Strecken also sehr leistungsfähig und so lange er seine Energievorräte nach stundenlangem Laufen immer wieder auffüllt, könnte er ewig weiterrennen.«

Und wieder einmal interessiert mich vor allem, wie viel einer bestimmten Eigenschaft angeboren ist und wie viel längs des Weges gewonnen wurde. Karnazes sagt, dass jeder zu seiner Leistung in der Lage sei, wenn er nur über die Leidenschaft und den Antrieb verfügt – aber es ist ja nicht so, als könnten wir uns einfach dazu entscheiden. Die Erbanlagen beeinflussen Ihren Antrieb und Ihr Engagement genauso wie alles andere. Erinnern Sie sich an Kapitel 6, in dem wir gesehen haben, dass ein Großteil des Übungsaufwands, den Menschen betreiben, genetisch erklärt werden kann? Zweifellos beeinflussen genetische Faktoren auf ähnliche Weise, wie viel Sie körperlich trainieren. Trotz »Erklärungen« in den Medien, dass Karnazes' Fähigkeit genetisch bedingt sei,[104] bestätigte er mir, dass niemand seine DNA sequenziert habe, um sein Erbgut zu analysieren.

Jonathan Folland ist Dozent für menschliche Leistungsfähigkeit und Neuromuskuläre Physiologie an der Loughborough Universität. »In Bezug darauf, wie wichtig genetische Eigenschaften im Vergleich zur Umgebung sind«, sagt er, »wissen wir aufgrund von Zwillingsstudien, dass angeborene Eigenschaften zu mindestens 50 Prozent für die Unterschiedlichkeit physischer Fähigkeiten zwischen Menschen verantwortlich sind.«

Angenommen, diese Zahl trifft auf das Laufen zu, dann würde es mindestens zur Hälfte von Ihren Genen abhängen, wie gut Sie darin sind. Vor 20 Jahren führte das zu heller Aufregung bei den Forschern, die glaubten, dass wir möglicherweise ein »Laufgen« finden könnten, das zu einem Großteil die Fähigkeit von Individuen erklärt. Aber so wie bei anderen komplexen Fähigkeiten wie Intelligenz ist kein solches Gen aufgetaucht. Tatsächlich wurde nicht einmal eine Genvariante entdeckt, die auch nur 5 bis 10 Prozent der Unterschiedlichkeit zwischen Menschen erklären würde.

»Es wurde intensiv daran gearbeitet, die spezifischen genetischen Variablen zu finden, die für körperliche Leistung verantwortlich sein könnten«, sagt Folland, »und diese Arbeit hat bisher nichts Interessantes hervorgebracht.«

Es zeigt sich, dass es ein paar Gene gibt, die möglicherweise bei Ausdauersportlern mit olympischem Niveau häufiger vorhanden sind, aber die Bedeutung dieser Gene ist begrenzt: 0,5 Prozent, 1 Prozent, vielleicht 2 Prozent im Höchstfall. »Es könnte sein, dass es 100 oder

500 Gene gibt, von denen jedes den Bruchteil 1 Prozents erklärt«, sagt Folland.

Dean Karnazes führt die griechische Marathonlegende ins Feld, als ich ihn auf Genetik und Ultralaufen anspreche: »Ich bin zu 100 Prozent Grieche und mein Vater besteht darauf, dass wir aus demselben Dorf in den griechischen Bergen stammen wie Pheidippides.« Das Problem dabei ist, und das weiß sicher auch Karnazes, selbst wenn er mit dem halbmythischen Läufer verwandt sein sollte, hätten sich dessen Gene im Laufe der Generationen völlig »verwässert«.

Ernsthafter, und trotz seines Beharrens, dass jeder das schaffen könne, was er macht, akzeptiert Karnazes, dass Gene eine Rolle spielen könnten: »Es gibt ein Sprichwort, dass das Beste, was man als Langstreckenläufer tun kann, darin besteht, sich die richtigen Eltern auszusuchen.« Das stimmt ganz sicher mit dem überein, was Folland sagt.

Nicht nur, dass die Vorfahren seines Vaters möglicherweise aus dem Dorf von Pheidippides stammen, so ist zudem die Familie seiner Mutter von der Insel Ikaria. Diese wurde zu einer der Blue Zones (Blaue Zonen) auf dieser Welt erklärt: Ein Ort mit einem hohen Anteil Hundertjähriger, an dem Menschen aus genetischen und anderen Gründen im Schnitt länger leben als an anderen Orten. (In Kapitel 8 werden wir uns eingehender mit Blue Zones beschäftigen.)

Folland, der Sportler auf internationalem Niveau gecoacht hat, sagt, dass es drei physiologische Hauptfaktoren gibt, die Ausdauer bestimmen: maximale Sauerstoffaufnahme (bekannt als VO2max); etwas, was unter der Bezeichnung »Teilweise Verwendung« firmiert und was im Wesentlichen den Anteil von VO2max meint, den eine Person über lange Zeit aufrechterhalten kann; außerdem Laufökonomie, die biochemischen und biomechanischen Faktoren, die die Menge an Sauerstoff bestimmen, die Sie beim Laufen verbrauchen. »Diese drei Faktoren verbinden sich und erklären einen Großteil der Ausdauerleistung«, sagt Folland, »ob wir nun von 5000 Metern, 10 000 Metern oder 10 Meilen sprechen. Diese drei Faktoren erklären vermutlich mehr als 80, 90 Prozent einer Laufleistung.«

VO2max wird in der Regel in Milliliter Sauerstoff per Kilogramm der Körpermasse in der Minute angegeben. Der durchschnittliche gesunde Mann hat ein VO2max von etwa 35–40 ml/kg/Min., die durchschnittliche Frau eines von 27–31 ml/kg/Min.. Der Unterschied beruht auf der physikalisch größeren Lunge von Männern im Schnitt und der Tatsache, dass Männer mehr Hämoglobin im Blut haben. Im Prinzip ist es so: Je höher Ihr VO2max, desto mehr Sauerstoff können Sie zu den Mitochondrien befördern, den energieproduzierenden Einheiten in Ihren Zellen, und desto schneller können Sie laufen. Training hilft sicher, Ihren VO-2max zu verbessern. Spitzenläufer erreichen 85 ml/kg/Min. (Männer) und 77 ml/kg/Min. (Frauen).

Wenn Gene also zur guten Hälfte die Lauffähigkeit erklären, und Dutzende oder gar Hunderte Genvarianten dazu beitragen, ist es gut möglich, dass es Menschen gibt, die einen hohen Anteil davon haben. Es könnte ganze Gruppen von Menschen geben, die diese Eigenschaften teilen – Menschen, die, wenn sie schon keine geborenen Läufer sind, dem Laufen zumindest gewogen sind.

Die Sierra Madre Occidental ist ein Gebirgszug mit tiefen Schluchten, der von Arizona bis zur Westküste Mexikos reicht. Die Berge meist vulkanischen Ursprungs bringen Regen für einen Landstrich, der sonst ausgedörrt wäre, und die Region ist bekannt für ihre Artenvielfalt, sogar heutzutage angesichts anthropogener Bedrängnisse wie Bergbau und Landwirtschaft. Manchmal bekommt man noch Jaguare und Ozelots zu Gesicht, zwei wunderschöne Wildkatzenarten. Auch der mexikanische Wolf ist hier noch heimisch, aber nur im südlichen Teil des Gebiets. Diese Berge sind auch das Zuhause der einheimischen Tarahumara, die sich selbst Rarámuri nennen – der Name bedeutet so viel wie »Fuß-Läufer« oder »jene, die gut laufen«.

Klingt romantisch, nicht wahr? Tut es, wenn man es so ausdrückt. Ergänzen Sie noch, dass die zurückgezogen lebenden Tarahumara Menschen mit einer Kultur des Laufens sind und dass einige von ihnen es ziemlich gut können, und schon haben Sie haben die Zutaten für einen mächtigen Mythos. 1993 gewann ein bis dahin unbekannter Tarahumara-Läufer namens Victoriano Churro einen der mörderischsten Ultramarathons in Nordamerika, den Leadville Trail 100. Er war zu dem Zeitpunkt 52 Jahre alt und es war das erste Mal, dass der Tarahumara außerhalb von Mexiko an einem Rennen teilnahm. Nur um klarzustellen, warum das Leadville-Rennen strapaziöser ist als ein normaler Ultramarathon: Die Route läuft in Colorado durch die Rocky Mountains, und die Läufer müssen auf einem 100-Meilen langen Kurs 4800 Steigungsmeter hinauf und hinunter laufen. Die Abbruchquote ist hoch: Etwa die Hälfte der Gestarteten schafft es nicht innerhalb des 30-stündigen Zeitlimits. Im darauffolgenden Jahr, 1994, gewann ein anderer Tarahumara-Läufer das Rennen. Danach verschwanden sie,[105] aber die Legende von ihnen existierte fortan.

Der Journalist Chris McDougall rückte mit seinem Buch *Born to Run* die Tarahumara ins Rampenlicht der Welt und die Geschichten über diese Menschen begannen lawinenartig anzuwachsen, vor allem in der Lauf-Community. Da die Tarahumara in der Regel in ganz einfachen Sandalen, genannt *huaraches* laufen, einfache flache Sohlen, die mit Bändern an den Füßen befestigt werden, haben sie eine ganze Bewegung des sogenannten natürlichen Laufens inspiriert – entweder barfuß oder in *huaraches* oder einfachen Schuhen wie Vibrams Fivefingers statt in gepolsterten Laufschuhen. Die Tarahumara verwenden Stücke von Leder oder Autoreifen als Sohlen. McDougall argumentiert, dass gepolsterte Laufschuhe eher zu Verletzungen beim Aufsetzen des Fußes führen und dass das Schuhwerk (bzw. Fehlen desselben) der Tarahumara dem gesunden Laufen sehr viel zuträglicher ist.

Er hat die Unterstützung von Daniel Liebermann, einem Evolutionsbiologen an der Harvard Universität, der die Biomechanik des Ausdauerlaufens studiert, vor allem im Hinblick auf das Barfußlaufen. Das Interesse seitens der Lauf-Community ist so groß, dass er eine Website eingerichtet hat, auf der die Vor- und Nachteile von Barfußlaufen bzw. Laufen mit gedämpften Schuhen aufgeführt sind.[106] Beim Tragen von Schuhen verändert sich die Art des Laufens komplett, sagt Lieberman. »Durch das Landen auf dem mittleren oder vorderen Fußteil hat der Aufprall für Barfußläufer nahezu keine Auswirkungen, sehr viel weniger als bei den meisten beschuhten Läufern, die mit der Ferse aufkommen. Heutzutage halten die meisten Menschen Barfußlaufen für gefährlich und schmerzhaft, aber tatsächlich können Sie auf den härtesten Oberflächen der Welt laufen, ohne die geringsten Beschwerden oder Schmerzen. Möglicherweise ist es weniger schädlich als die Art und Weise, wie manche Menschen in Schuhen laufen.«

Eine speziell über die Tarahumara durchgeführte Studie stellte fest, dass die Art des Schuhwerks verändert, wie der Fuß auf dem Boden aufkommt. Trägt man beim Laufen *huaraches*, berühren in 70 Prozent der Zeit zuerst der mittlere und vordere Fußteil den Boden, der Hinterfuß nur in den verbleibenden 30 Prozent der Fälle. Mit gedämpftem Schuhwerk kommt in 75 Prozent der Fälle aber zuerst die Ferse auf.[107] Falls Sie kein Läufer sind, ist das alles vielleicht ein bisschen verwirrend, aber mit der Ferse aufzukommen ist ein wichtiger Aspekt, weil es in Verbindung steht mit einer Vielzahl von Varianten des Repetitive-Strain-Injury-Syndroms (kurz RSI-Syndrom) – Verletzungen durch wiederholte Beanspruchung/Belastung, die nach sich häufig wiederholenden (repetitiven) Tätigkeiten auftreten, wie eine Achillessehnenentzündung. Tatsächlich war es eine Fußverletzung, die McDougall dazu brachte, sich mit den Tarahumara zu beschäftigen.

Das klingt ja alles sehr vernünftig und nachvollziehbar. Aber leider gibt es eine beklagenswerte Neigung, Naturvölker zu romantisieren. Laut eines Berichts haben die Tarahumara »einen Ernährungs- und Fitnessplan, der es ihnen ermöglicht, dem Tod und Krankheiten davonzulaufen«.[108] Eine Dokumentation über sie behauptet, dass es bei ihnen weder Krebs noch Diabetes oder Bluthochdruck gibt.[109] Anderen Berichten zufolge sollen die Tarahumara in der Lage sein, ohne Pausen riesige Distanzen zu laufen und Nachrichten zwischen weit entfernten Dörfern zu überbringen oder einen Hirsch zu fangen.

Täuschen Sie sich nicht, einige Tarahumara können tatsächlich sehr schnell und lange laufen. Bei den ersten World Indigenous Games, die 2015 in Brasilien ausgetragen wurden, landeten beim 10 000-Meter-Rennen Tarahumara-Läufer auf dem zweiten und dritten Platz.[110] Beim Copper Canyon Ultramarathon 2016, einem 50-Meilen-Rennen, begründet von einem legendären Läufer namens Micah True, schafften es Tarahumara-Läufer auf die ersten drei Plätze. Ja, sie verfügen über Können – die Frage ist nur, ob die Tarahumaras *geborene* talentierte Läufer sind. Das ist eine Schlüsselfrage: Wie viel ist bei Menschen, die schnell und weit laufen können, genetisch bedingt, und wie viel basiert auf Training?

Dirk Lund Christensen, Physiologe im Section of Global Health an der Universität von Kopenhagen, hat die Gesundheit und Fitness der Tarahumara mit eigenen Augen studiert, nachdem er ihnen vor 25 Jahren zufällig in Mexiko begegnete und fasziniert war von ihrer Kultur des Laufens.

2011 organisierten Christensen und Kollegen einen 78-Kilometer-Lauf, um das läuferische Können der Tarahumara wissenschaftlich zu überprüfen. Sein Team rekrutierte zehn Männer aus dem Dorf Choguita, Chihuahua, und instruierte sie bezüglich der Aufgabe. Sie sollten dreimal eine flache Schleife von 26 Kilometern Länge laufen, angefangen an einem Krankenhaus, dem Centro Avanzado de Atencion Primaria a la Salud in der Stadt Guachochi in einer Höhe von 2400 Metern über dem Meeresspiegel. Um 5.55 Uhr an einem Novembermorgen starteten alle Läufer, die bis auf einen alle selbst gemachte *huaraches* und Lendenschurz trugen. Wenn die Tarahumara tatsächlich ein angeborenes Talent haben, dann würden die Läufer nur so dahinschweben. Schließlich wären 78 Kilometer für sie ein Klacks.

»Etwa die Hälfte der Läufer hatte Schwierigkeiten, die Distanz zu schaffen, und musste beträchtliche Teile der Strecke gehen«, sagt Christensen. Die Wissenschaftler entnahmen den Läufern Blutproben – vor dem Rennen, unmittelbar danach und mehrmals während der darauffolgenden Stunden und Tage. Sie überprüften den VO2max und andere Parameter wie den Blutdruck. Da wir uns bereits mit dem VO2max beschäftigt haben, überrascht es Sie vielleicht, dass der Durchschnitt bei Tarahumara-Läufern bei 48 ml/kg/Min. lag – was laut Christensen nicht sehr hoch sei für Läufer, die in der Lage sind, ein Rennen mit einer Ultradistanz von 78 Kilometern zu schaffen.[111] Erinnern Sie sich: Westliche Top-Läufer können einen VO2max von 85 ml/kg/Min. haben. Wenn die Tarahumara von Geburt an fähige Läufer wären, würde man einen höheren Wert erwarten. Die Tarahumara, die Rennen gewinnen, sind also eindeutig trainierte Sportler.

In einer anderen Studie testeten Christensen und Kollegen 64 erwachsene Tarahumara auf kardiorespiratorische Fitness. Sie stellten fest, dass Bluthochdruck und Diabetes auch bei den Tarahumara vorkommen.[112] Bedauerlich für den Mythos eines supergesunden Stammes, aber noch mehr für die Menschen selbst, hat die Fettleibigkeits-Epidemie der Welt sie nicht gänzlich unberührt gelassen. »Studien, die mehr als 15 Jahre zurückreichen, haben gezeigt, dass Fettleibigkeit ein erhebliches Problem bei den Tarahumara-Frauen ist«, sagt Christensen. »Seit einiger Zeit findet ein epidemiologischer Wandel statt.« Ein Wandel von einem um das Laufen herum gebildeten Lebensstil zu einem sitzenden.

»Die Folgen«, sagt Christensen, »zeigen eindeutig, dass es keine übermenschlichen Läuferfähigkeiten garantiert, ein Tarahumara zu sein.«

Christensen beklagt den in der Lauf-Community und von einigen Akademikern vermittelten Eindruck, bei den Tarahumara gäbe es keine kardiometabolischen Erkrankungen. »Ein Blick in die Krankenhausakten aus der Region, in der die Tarahumara leben, sowie wissenschaftliche Studien zeigen, dass dem nicht so ist«, sagt er.

Und nicht nur Fettleibigkeit bedroht die Gesundheit der Tarahumaras. 2015 wurde der Copper-Canyon-Ultramarathon, der im Gebiet der Tarahumara in Mexiko stattfindet, wegen Drogenkriminalität abgesagt.[113] Ein Großteil des Landes grenzt an das Golden Triangle, eine Region, in der in großem Stil Cannabis, Opium und Heroin produziert wird. Die Drogenkartelle haben es auf junge Trahumara-Männer abgesehen, die für sie als Dealer arbeiten sollen.[114]

»Vielleicht verspüren wir in der westlichen Welt einfach einen Drang, Menschen zu glorifizieren, die in mancher Hinsicht so leben, wie wir vor Generationen«, sagt Christensen, »ein ›reines‹ Leben ohne chronische Erkrankungen und bei denen wegen des Mangels an fahrbaren Untersätzen ein Mangel an körperlicher Ausdauer die Ausnahme bildet.«

Möglicherweise ist Liebermans Arbeit versehentlich in diese Sehnsucht getappt. Als Evolutionsbiologe haben wir in seiner Sichtweise den Großteil unserer Geschichte keine gespolsterten Laufschuhe getragen, also waren diese RSI-Syndrome weit weniger verbreitet. Es mag zutreffen, dass die *huarache*-tragenden Tarahumara seltener diese Krankheiten aufweisen, aber wie wir gesehen haben, werden auch sie nicht verschont von anderen modernen Krankheiten.

Es gibt hervorragende Tarahumara-Sportler, das ist deutlich zu erkennen, aber es ist zweifelhaft, ob die Tarahumara über genetische Eigenschaften verfügen, die sie zu talentierteren Läufern machen, und ganz gewiss nicht ohne Training. Christensen hat das nicht überprüft, will es aber tun. »Es ist sehr viel wahrscheinlicher«, sagt er, »dass die talentierten – wenn man von einer Normalverteilung des Lauftalents in dieser bestimmten Population ausgeht – auch sehr aktiv sind und deshalb das Laufen von Ultra-Entfernungen optimieren.«

Als ich anfing, über die Tarahumara zu lesen, habe ich mich genauso mitreißen lassen von diesem romantischen Mythos wie viele andere. Ich habe dann ein bisschen genauer hingeschaut, weil ich verstehen möchte, wie die Besten das tun können, was sie tun. Statt über einen mythischen Laufstil in Form von Schweben zu verfügen, scheint Laufen einfach etwas zu sein, das die Tarahumara tun. Die psychologische Auswirkung, in einer solchen Kultur aufzuwachsen – Fachleute bezeichnen das als Social Facilitation (soziale Aktivierung), trägt viel zu der Erklärung bei, warum Ultralaufen die Norm ist. Oder war. Das Traurige daran ist, dass ihre Kultur zerfällt und durch die Übel der Moderne – ein hauptsächlich im Sitzen verbrachtes Leben, und damit einhergehend Diabetes, Bluthochdruck und Fettleibigkeit – ersetzt wird.

Zusammenfassend lässt sich also sagen: Es gibt klare Beweise, dass die Erbanlagen eine Rolle dabei spielen, wie leistungsfähig Individuen – sei es als Sporter oder im normalen Leben – beim Training sein können. Das ist unstrittig. Wesentlich wackeliger sind jedoch Versuche, Menschen*gruppen* auf die gleiche Weise zu charakterisieren.

Seit Ostafrika in den 1990ern anfing, die Langstreckenläufe zu dominieren, gab es etliche Versuche, ihren Erfolg den Erbanlagen zuzuschreiben. Anders ausgedrückt, wollte man zeigen, dass Ostafrikaner eine genetisch besser dafür ausgestattete Gruppe seien. Das Problem ist nur, dass keine gruppenübergreifenden Gene gefunden wurden, die die bessere Leistung erklären könnten.

Etwas anderes ist daher wahrscheinlicher. Die ostafrikanischen Läufer leben in einer Höhenlage – die kenianische Hauptstadt Nairobi und Hauptstadt Äthiopiens Addis Abeba liegen 1800 beziehungsweise 2300 Meter über dem Meeresspiegel. Das erhöht die Anzahl der roten Blutkörperchen, wodurch diese Menschen von einem starken Energieschub profitieren, wenn sie in tiefer liegenden Regionen laufen. Zudem ist die Tendenz, groß und schlank zu sein, wie es viele Ostafrikaner sind, ebenfalls eine große Hilfe für erfolgreiches Langstreckenlaufen. »Bisher besagen die physiologischen Anzeichen, dass die Ostafrikaner über eine bessere Laufökonomie verfügen, das heißt, ihre Lauftechnik macht sie leistungsstärker«, erklärt Folland. »Zum Teil ist das anatomisch bedingt – ihre Statur verringert entscheidend das Trägheitsmoment der Gliedmaßen.« Das bezieht sich auf die Energie, die wir für heftige Armbewegungen beim Laufen aufwenden. Folland sagt, dass einige der extrem leistungsstarken ostafrikanischen Sportler möglicherweise noch andere »strukturelle« Vorteile haben, wie eine längere Achillessehne. Bei Läufern mit längeren Achillessehnen sitzt die Wadenmuskulatur höher am Knie, was die Trägheit des Beins reduziert und somit die Laufökonomie verbessert. »Eine längere Achillessehne ist unter Umständen auch besser zum Speichern von Energie«, sagt Folland. Wie bei den Tarahumara gibt es zudem ein großes Element an Social Facilitation: »Viele der Kinder auf dem Land laufen jeden Tag sehr weit zur Schule und wieder zurück. Es gibt also diesen großen Pool an Kindern, die sehr aktiv und trainiert sind, bevor sie überhaupt mit sportlichen Wettkämpfen angefangen haben.« Sowohl in Tarahumara als auch in Ostafrika gibt es zudem eine starke soziale Motivation. Rennen zu gewinnen kann Preisgeld einbringen, das viel dazu beiträgt, einem Dorf in einem armen Land zu helfen. Die Auswirkung von Motivation auf die Fokussierung haben wir ja bereits in Kapitel 4 kennengelernt.

»Ausdauer ist ganz sicher eine Eigenschaft der Tarahumara, aber sie entspringt gleichermaßen der Willenskraft wie der körperlichen Ausdauer«, erklärt Christensen. Und damit wären wir wieder bei der Rolle der Psychologie. Aber wie weit kann sie uns bringen?

Ich bin in einem Londoner Fachgeschäft für Laufsport mit Petra Kasperova verabredet. Auf den ersten Blick ist es ein ganz normales Fachgeschäft mit Kleidung und Energy Drinks in den Regalen. Aber es gibt auch gerahmte Fotos eines indischen spirituellen Lehrers, Chinmoy Kumar Ghose, der mit verschiedenen Legenden aus der Welt des Sports posiert. Da ist er mit Carl Lewis. Muhammad Ali. Paula Radcliffe. Da hängt auch ein Foto von ihm mit einer weniger bekannten Person, Tony

Smith, der dieses Geschäft, Run and Become, in den 1980ern gegründet hat. Sri Chinmoy (der 2007 verstarb und für gewöhnlich der ehrenwerte Sri genannt wird) wurde in Ostbengalen, Indien (das heutige Bangladesch), geboren und zog in den 1960ern nach New York, wo er ein Meditationszentrum gründete, das Meditieren und Sport miteinander verbindet. Es mache keinen Sinn, so argumentierte er, sich nur auf das innere Leben zu konzentrieren, wenn man die äußere Hülle ignoriert, in der es steckt. Die äußere Hülle: Das gefällt mir. Das erinnert mich an eine Köcherfliegenlarve in ihrem steinernen Zuhause, einer Hülle. Entworfen von den Genen des Tieres und zusammengeklebt aus allem, was sich in der Umgebung findet (wie kleine Steinchen oder Schilfstücke). Ich muss an Richard Dawkins' Beschreibung von uns als schwerfällige Roboter denken, die von ihren Genen gesteuert werden.

Mit Laufen, so lehrte Sri Chinmoy, kannst du hinterfragen, wozu du glaubst, in der Lage zu sein. Es bedeutet, die Grenzen menschlichen Potenzials zu erweitern. Er gründete eine Marathonmannschaft und einen Laufclub und seine Gesinnung fand immer mehr Anhänger. Mittlerweise gibt es Hunderte von Sri-Chinmoy-Veranstaltungen im ganzen Land und weltweit. Deshalb bin ich hergekommen, in ein Geschäft, das ein Anhänger von Sri Chinmoy gegründet hat, um mit Menschen zu reden, die seine Botschaft ernst nehmen.

Wie alle Angestellten in dem Geschäft trägt auch die 27-jährige Kasperova Laufkleidung. Sie fällt nicht besonders auf, ist anscheinend eine normale junge Frau. Aber ein paar Wochen vor unserem Treffen hat sie an einem der härtesten Wettkämpfe in der Sportwelt teilgenommen, einem sechstägigen Ultramarathon. Die Sri-Chinmoy-6- und 10-Tage-Rennen finden jedes Jahr in Flushing Meadows, Queens, New York City, statt. Das ist die Heimat der US-Open-Tennis-Meisterschaft und des New-York-Mets-Baseballteams: Flushing Meadows ist bereits ein Hotspot für Extreme von sportlichem Ruhm und Emotionen. In dem Park gibt es aber auch eine Laufbahn, die eine Meile lang ist. Die Strecke ist flach und die Kulisse malerisch. Das Rennen ist einfach und mörderisch. Das zehntägige Ereignis startet an einem Montag um 12 Uhr; das 6-Tage-Rennen beginnt vier Tage später. Beide Rennen enden am darauffolgenden Donnerstag um 12 Uhr. Gewinner ist, wer am weitesten gelaufen ist. Im April 2017 nahm Kasperova an ihrem ersten mehrtägigen Rennen teil, sie begann mit dem 6-tägigen. Sie lief am ersten Tag 64 Meilen, am zweiten 62, dann 52, 48, 45 und am letzten 48 Meilen. Während der letzten drei Tage, so erzählt sie, war sie gehandicapt durch Verletzungen und musste einen Teil der Strecke gehen. Aber ihre insgesamt 319 Meilen brachten sie auf den vierten Platz. Anders ausgedrückt, lief sie mehr als zwölf Marathons in sechs Tagen.

Mir wird klar, dass ich Ultralaufen für so ein Macho-Ding gehalten hatte. Ich habe die Rekorde von Yiannis Kouris bewundert. Ich habe die Legende Dean Karnazes interviewt. Ich war beeinflusst von Fotos, die ich von verschwitzten, muskulösen, das Gesicht verziehenden Männern gesehen habe, die mit nacktem Oberkörper Berge hinauf oder durch Wüsten oder über Eisfelder rannten. Meine Vorstellung von Ultralaufen war, kurz gesagt, überschwemmt von der testosterongeladenen Ironman-Marke. Aber Marathonläufer sind nicht wuchtig, sie sind schlank.

Während ihrer Kindheit in Prag war sie immer aktiv, erzählt Kasperova. Sie liebte es, draußen zu sein, und tut es immer noch. Sie ist gern in der Natur, unter freiem Himmel und spürt die frische Luft an der Haut. Aber als sie heranwuchs, zogen ihre Freunde nicht mehr mit. »Als Teenager war ich umgeben von Menschen, denen es schlecht zu gehen schien, also habe ich mich verschlossen«, sagt sie. Sie zog sich zurück, war unsicher. Als sie 19 war, ließen ihre Eltern sich scheiden und sie machte ihren Hochschulabschluss. »Ich fühlte mich völlig verloren, konnte nicht schlafen. Ich litt unter so starken Kopfschmerzen, dass ich glaubte, nicht an den Abschlussprüfungen teilnehmen zu können. So viele Fragen gingen mir durch den Kopf. Plötzlich dachte ich: Ich muss meinen Verstand zum Schweigen bringen.«

Sie suchte online nach kostenlosen Meditationsangeboten in Prag und stieß auf einen Kurs von Sri Chinmoy. »Ich fand diesen Kurs und er veränderte mein Leben. Es hat einfach Klick gemacht. Alles war im Einklang mit meinem Herzen. Ich spürte, dass ich nicht so sein muss wie all die anderen Menschen in meinem Kurs.«

Sie folgte dem Sri-Chinmoy-Weg und begann mit dem Laufen. Das war um das Jahr 2010 herum. Sie begann schrittweise, mit Kurzstrecken, 5 Kilometer, dann 10 Kilometer, dann ihr erster Halbmarathon. Schon bald arbeitete sie sich hoch bis zum Marathon, dann zu einem Ultramarathon. Für mich ist das bereits außergewöhnlich, aber dann lief sie das 24-Stunden-Self-Transcendence-Rennen in Tooting, Südlondon. An dem Rennen nehmen 45 eingeladene Läufer teil, die auf der Tooting-Bec-Athletic-Track so viele Runden wie möglich laufen. Organisiert wird die Veranstaltung von Tony Smiths Tochter Shankara. »Manche Menschen sagen, die reinste Form von Ultra sei das Laufen auf der Bahn«, sagt sie mit Bezug auf die Langstreckenrennen auf einer Stadionbahn, bei denen man eine Runde nach der anderen dreht, was sich wie eine Ewigkeit anfühlt. Bei diesen Veranstaltungen kann man sich nirgendwo verstecken. »Da bist nur du, trittst deinen Dämonen gegenüber und dem, wozu du dich in der Lage fühlst. Wenn du in schwierigem Gelände läufst, kannst du den Berg bekämpfen, aber auf der Laufbahn gibt es nur dich.«

Anschließend nahm Kasperova am 6-Tage-Rennen in Flushing Meadows teil. Während des Rennens gibt es ein richtiges Läuferdorf aus Zelten. Phyiotherapiezelte, Verpflegungszelte, Schlafzelte. Es gibt große Schlafzelte der Gemeinde, aber Kasperova stellt ihr eigenes auf. Sie möchte einen Ort, an dem sie für sich sein kann, etwas, in das sie hineinkriechen und weinen kann, nachdem sie 18 Stunden durchgelaufen ist. Egal, um wie viel Uhr sie fertig wird, sei es um Mitternacht oder um zwei Uhr morgens, um 5.45 Uhr klingelt der Wecker und es geht weiter.

»Du willst immer wissen, was du schaffen kannst«, sagt sie. »Wozu der Mensch in der Lage ist. In uns steckt so viel. Und du lernst so viel über dich. Wenn du siehst, wie sehr diese Dinge dein Leben verändern, willst du mehr. Du willst mehr wissen.«

Ich muss sagen, dass ich mich bei dem Gespräch mit Kasperova beinahe mittendrin fühle. Trotz ihrer Jugend strahlt sie die Ruhe und Gelassenheit eines Gurus aus. Ich bin kein Läufer – aber das hier weckt in mir den Wunsch, einer zu werden. Sie, sagt, dass sie sich nach einem Rennen leichter fühle. Als sei sie nach dem Rennen ein anderer Mensch geworden, dass sich ihr Wesen verändert habe, auf positive Weise, und dass sie eine wunderschöne Form des Glücks erfahren habe. Mir ist klar, dass dies genau die Dinge sind, bei denen Nicht-Läufer die Augen verdrehen – ich habe es selbst schon getan –, aber hier fällt jeder Zynismus von mir ab und entlarvt sich als Gefühl der Unterlegenheit gegenüber diesen Menschen. (Nur ein schwaches Gefühl, wohlgemerkt. Vielleicht passt Bewunderung besser – Sie können jemanden bewundern, ohne sich unterlegen zu fühlen.) Sie läuft auch für jene, die es nicht können. Eine Freundin verstarb kürzlich an Krebs. »Es hätte ihr so gut gefallen mitzumachen. Obwohl ich während dieser sechs Tage Schmerzen litt, wollte ich es einfach nur für die Menschen tun, die das nicht können. Es geht darum, weiterzumachen und niemals aufzugeben.«

Etwas passiert, wenn man an diesen Extremereignissen teilnimmt. »Etwas Magisches. Du willst mehr tun, weil du diese Gefühle des absoluten Glücks und Friedens erleben willst, die du in der normalen Welt nicht bekommst. Es erfüllt einfach dein Herz und das ist in der täglichen Routine nur schwer zu verstehen.«

Ich sehe mir ein paar Aufnahmen der 6- und 10-Tage-Rennen an. Klar, in den Filmen sind natürlich nicht die Tränen und Qualen der Läufer zu sehen, aber was hervorsticht, ist das Lächeln, die Fröhlichkeit der auf der Bahn ihre Runden drehenden Menschen. Kasperova sagt, sie spüre die Energie um ihren Körper kreisen. »Du hattest zwei Stunden

Schlaf und läufst 60 Meilen am Tag. Ich glaube, das bin nicht ich, das ist irgendetwas Höheres.«

Wer hätte gedacht, dass diese Laufbahn in Flushing Meadows, eingezwängt zwischen der Interstate 678 und dem LaGuardia Airport, dem summenden Geräusch des Straßenverkehrs und dem Heulen der Flugzeuge, der Ort für solche, nun ja, alles übersteigende Freude sein könnte? Und wer hätte gedacht, dass in den Läufern, die auf der Laufbahn ihre Runden drehen, psychische Kämpfe ausgetragen werden, die genauso intensiv und beeindruckend sind wie die auffälligeren, die bei den Tennis- oder Baseballspielen unweit von hier ausgetragen werden?

Für Kasperova ist mit dem 6-Tage-Rennen nicht alles vorbei, sie hat das Gefühl, noch mehr daraus lernen zu können, und anschließend möchte sie am 10-Tage-Rennen teilnehmen. »Und eines Tages am Ultimate.«

Das Ultimate ist der Höhepunkt von Sri Chinmoys Werk. Es ist schwer zu beschreiben, ohne zu dem Schluss zu kommen, dass es sich bei ihm um einen finsteren Bösewicht handelt. Schließlich waren während der ganzen Zeit, in der er sich diese wirklich langen Rennen ausdachte, seine Knie kaputt und er selber konnte nicht mehr laufen – aber er dachte sich immer längere Rennen für seine Anhänger aus. Er begann mit Gewichtheben, worin er sich hervortat, dachte sich jedoch immer qualvollere Rennen aus. Sri Chinmoy, sagt Shankara Smith, ging es darum, Dinge herauszufordern, die für unmöglich gehalten wurden – um das Erschließen von Potenzial, das wir für unerreichbar halten. Und niemand zwingt die Menschen dazu, an diesen irrsinnigen Rennen teilzunehmen. Das Nonplusultra ist das Self-Transcendence-3100-Meilen-Rennen. Es findet ebenfalls auf einer Strecke in Queens statt, aber nicht auf der Flashing-Meadows-Bahn – sondern 5649 Mal um einen Häuserblock herum. Beim Laufen, so Shankara Smith, trittst du gegen dich selbst an. »Es sind deine Selbstzweifel, die du angehen musst. Und je länger das Rennen dauert, desto mehr geht es darum, deine vermeintliche Stufe des Unmöglichen infrage zu stellen, und weniger um körperliche Fitness.«

Läufer haben 52 Tage Zeit für das Rennen. Das bedeutet, sie müssen etwas mehr als 59 Meilen am Tag laufen. Derzeitiger Rekordhalter ist ein Finne, Ashprihanal Aalto, der die 3100 Meilen im Juli 2015 in 40 Tagen, 9 Stunden, 6 Minuten und 21 Sekunden zurückgelegt hat. Erstaunlich, aber das ist nicht das strapaziöseste buddhistisch inspirierte Ereignis, von dem ich je gehört habe. Das ist ganz sicher die *kaihogyo*-Strecke rund um den Mount Hiei nahe Kioto, Japan. Die extremste Version, bei der man 1000 Marathons in 1000 Tagen laufen muss. Wenige Menschen haben diese Meisterleistung je vollbracht.

Ich erwähnte Sri Chinmoys Rat, sich um die »äußere Hülle« zu kümmern – unseren Körper. Aber er wusste, dass es mehr ist, als sich nur darum zu kümmern. Wenn Sie den Körper zu extremen Leistungen antreiben, dann wird etwas zurückgemeldet ans Gehirn und verändert es, und deshalb ist es eine transzendente Erfahrung. Aber niemand hat die Vorstellung, dass es tatsächlich eine Grenze gibt, die man überschreitet, wenn es zu dieser Transzendenz kommt. Es ist etwas Kontinuierliches, deshalb möchte man weitergehen, sich noch mehr anstrengen. Genshin Fujinami, einer der wenigen Mönche, der die »kaihogyo 1000« beendet hat, hat gesagt, dass für ihn die Suche weitergeht. »Das 1000-Tage-Rennen ist kein Endpunkt, die Herausforderung besteht darin, weiterzumachen, das Leben zu genießen und neue Dinge zu lernen.«[115]

Ich erwähnte, dass Kasperova eine scheinbar ganz normale junge Frau sei. Sie würde sagen, sie *ist* eine normale junge Frau. Das ist ihr Standpunkt – dass jeder das tun kann, was sie macht. »Ich glaube, dass die meisten Menschen dieses 24-Stunden-Rennen schaffen würden«, beharrt sie. Aber es gibt einen großen Vorbehalt. »Wenn derjenige die Willenskraft dazu hat.«

Dean Karnazes erzählte mir, wie er als Kind nach Hause gelaufen ist, und ich spüre die Leidenschaft dieses Sechsjährigen. Ich habe dieses Kapitel damit begonnen, mir einige seiner jüngeren Heldentaten anzuhören. Seltsam ist jedoch, dass jemand, der das Laufen derartig verkörpert, für den es ein derart zentraler Teil seines Lebens ist, dass dieser Mann in seinen Zwanzigern gar nicht gelaufen ist. Er war ein junger Mann mit einem Job und einem Sozialleben, das um den Alkohol herum arrangiert war. So weit nichts Ungewöhnliches, aber als er an seinem 30. Geburtstag mit Freunden Tequila-Schnäpse herunterstürzte, hatte er ein Aha-Erlebnis.

»Ich fühlte mich, als hätte ich das gesellschaftliche Rezept für Glück befolgt – eine gute Ausbildung machen, sich einen guten Job suchen, eine komfortable und sichere Zukunft haben – aber irgendetwas fehlte«, sagt er. »Statt glücklich zu sein, fühlte ich mich leer, als würde ich mich selbst betrügen. Es kam zur Krise, als ich am Abend meines 30. Geburtstags stark betrunken die Bar verließ und mich entschloss, zu Ehren meiner 30 Jahre auf diesem Planeten 30 Meilen zu laufen.«

Karnazes war zu dem Zeitpunkt seit mehr als zehn Jahren nicht mehr gelaufen.

»Ich rannte ohne Pause durch die Nacht. Die Nachwirkungen waren nicht angenehm, aber das war egal. Ich erreichte, was ich mir als Ziel gesetzt hatte; die Blasen und wund gescheuerten Stellen und Muskelkrämpfe spielten keine Rolle. Mein Schicksal war nun klar. Diese Nacht veränderte für immer meinen Lebensweg.«

Das klingt wie die Ursprungsgeschichte eines Superhelden, nicht wahr? Und tatsächlich trat Karnazes in Stan Lees Fernsehsendung *Superhumans* auf, weswegen er schließlich für Tests in Nicole Pintos Labor war. Ich nehme an, dass er nun glücklich ist, seit er wieder läuft, oder zumindest glücklicher als beim Tequilatrinken in der Bar. Eine Freundin, die bereits an 13 Marathons teilgenommen hat, sagt, dass das Laufen sie optimistischer mache, sie fühle sich lebendiger und gesünder; außerdem helfe es ihr, auch andere Probleme im Leben durchzustehen.[116] »Wenn ich laufe, vor allem durch eine schöne Umgebung, spüre ich intensive Freude und habe das Gefühl, dass auch alle anderen Gefühle gesteigert werden«, sagt sie. Das sollte einen Versuch wert sein.

TEIL III
SEIN

8
LANGLEBIGKEIT

Für das Alter ist Gelegenheit nicht weniger
Als Jugend selbst, wenn denn auch in anderem Gewand,
Und als das Dämmerlicht des Abends schwindet
Der Himmel voller Sterne ist, unsichtbar bei Tag.

HENRY WADSWORTH LONGFELLOW

Mit 70 bist du immer noch ein Kind. Mit 80 ein junger Mann oder eine junge Frau.
Wenn dich mit 90 jemand aus dem Himmel zu sich einlädt, sagst du ihm:
»Geh einfach weg und komm wieder, wenn ich 100 bin.«

IN EINEN FELSEN DIREKT AM MEER NAHE DER STADT KIJIOKA IN OKINAWA, JAPAN, GEMEISSELTER SPRUCH.

Als ich das hier schreibe, bin ich 16 931 Tage alt. Meine Lebenserwartung beträgt 30 763 Tage. Grob geschätzt, bleiben mir also noch 13 805 Tage.

Auf die üblichere Weise dargestellt, bedeutet das, dass ich 46 bin, mit einer Lebenserwartung von 84 rechnen kann und mir somit noch 38 Jahre bleiben. Aber sein Leben in Tagen berechnet, verkürzt das Ganze irgendwie. Probieren Sie es aus. Rechnen Sie aus, wie viele Tage

Sie bereits gelebt haben. Wenn es Ihnen so geht wie mir, dann wird es sich anfühlen, als würde Ihnen das Leben wie Sand durch die Finger rinnen. Vermutlich werden Sie denken, oh mein Gott, ich sollte mehr mit meinen Tagen anfangen. Keine Sorge, dieses Gefühl geht wieder vorbei und Sie werden mit Ihrem Leben weitermachen wie bisher. Es gibt nur wenige Menschen, die ein atemloses *carpe-diem*-Leben führen können. Es ist einfach zu anstrengend, ständig den Tag zu nutzen. Was wir gern hätten, was wir uns seit Tausenden von Jahren wünschen, ist das Versprechen unbegrenzter Tage, sodass wir sie verschwenden können, wie wir wollen, aber so nutzen können, wie es uns gefällt. Ich möchte nicht viel, ich bitte nicht einmal um Unsterblichkeit, nur mehr als meine voraussichtlichen 30 736 Tage. Und ich möchte, dass es gesunde Tage sind.[117]

Elizabeth Love lebt bereits seit 37 164 Tagen. Sie ist 101 und der älteste Mensch, dem ich je begegnet bin. Aber die Zahl der Hundertjährigen steigt. Im Jahr 2000 gab es schätzungsweise 180 000 Hundertjährige weltweit und die Vereinten Nationen sagen, dass es 2050 schätzungsweise 3,2 Millionen geben wird.[118] Die Lebenserwartung steigt seit Jahrzehnten. Deshalb hat meine Tochter eine höhere Lebenserwartung als ich. Ihre liegt bei etwa 95 Jahren. Während ich das hier schreibe, hat sie erst 1546 Tage gelebt und noch prognostizierte 33 180 übrig. In Japan ist die Lebenserwartung sogar noch höher: Ein heutzutage in Japan geborenes Kind hat eine mehr als 50-prozentige Chance, 107 Jahre alt zu werden.

Das ist ja alles schön und gut. Aber wir wollen die Langlebigkeit hier und jetzt. Wir wollen Jugend und Vitalität – jetzt und bis ins hohe Alter. Viele Wissenschaftler und Forschungsinstitute arbeiten daran. Eines, die Methuselah Foundation in Springfield, Virginia, zielt explizit darauf ab, die Uhr zu verlangsamen. Bis 2030, sagen sie, werden wir dank Technologien wie 50 aussehen und uns fühlen, obwohl wir in Wahrheit 90 sind. Für eine steigende Zahl von Wissenschaftlern ist Altern eine

Krankheit – eine genetische, unter der wir alle leiden. Es ist die Nummer eins der Todesursachen, weil alle Krankheiten, an denen wir sterben – Krebs, Herz-Kreislauf-Erkrankungen, Demenz, Diabetes – einer gemeinsamen Ursache entspringen: (hohem) Alter. Und Alter ist eine Krankheit, die wir heilen können.

Möglicherweise ist Ihnen Tapferkeit egal, ebenso die Fähigkeit zu singen. Vielleicht scheren Sie sich nicht einmal um Intelligenz. Aber ganz sicher ist es Ihnen nicht egal, wie lange Sie leben werden. In diesem Kapitel werden wir uns ansehen, inwiefern die Lebensdauer zunimmt und was wir über die dahintersteckenden Faktoren lernen können. Wir werden ein paar sehr alte Menschen treffen und sehen, was wir von ihnen lernen können. Ich bin bei Weitem nicht der Einzige, der das tut – auf der ganzen Welt werden Hundertjährige in der Hoffnung analysiert, dass wir ihre Geheimnisse herausbekommen und selber lange leben werden. Aber wenn ich sie treffe, versuche ich eine Tatsache im Hinterkopf zu behalten, die niemand in den Hunderten von Büchern und Artikeln zu erwähnen scheint, die angeblich das Geheimnis lüften, wie man 100 Jahre alt wird oder es mit der richtigen Ernährung schafft: Nur wenige der Hundertjährigen, falls überhaupt welche, haben *versucht*, so alt zu werden. Sie haben es einfach getan. Es gab kein Pillen-Einwerfen oder Kalorien-Reduzieren oder was auch immer – sie sind einfach dorthin gestolpert. Lassen Sie uns sehen, ob wir herausfinden können, wie sie das gemacht haben.

Elizabeth Love wurde 1915 geboren und hat zwei Weltkriege durchgemacht. Aber, wie Gandalf einst über Bilbo sagte, wirkt sie »noch gut erhalten« für jemanden, der 101 Jahre und 269 Tage alt ist.

Ihr Alter, so erklärt sie sofort, müsse etwas mit guten Genen zu tun haben. Langlebigkeit zieht sich durch ihre Familie. Ihre Großmutter starb im Alter von 93 Jahren. »Meine Mutter war die jüngste von drei Schwestern«, erzählt sie mir. »Sie starb mit 84, die Zweitgeborene mit

93 und die älteste Schwester wurde 101. Mein Cousin, der Sohn der mittleren Schwester, starb erst kürzlich, mit 96 Jahren. Alle die gleichen Gene, damit muss es etwas zu tun haben.«

Das muss es in der Tat. Wir spüren, allein durch das Kennen unserer Familiengeschichten, dass Langlebigkeit in gewissem Maße erblich ist. Dieses Gefühl in eine Erkenntnis zu verwandeln, ist jedoch knifflig. Ein Großteil der Erkenntnisse bezüglich der Vererbung von Lebensdauer entstammt einer einflussreichen langfristigen Zwillingsstudie in Dänemark. Wie wir in den vorangegangenen Kapiteln gesehen haben, sind Zwillingsstudien von unschätzbarem Wert für Biologen, die herauszufinden versuchen, was genetisch bedingt ist. Da eineiige Zwillinge identische Gene aufweisen und zweieiige Zwillinge eine Entsprechung bei der Hälfte der Gene – und sie alle nahezu dieselbe Umgebung haben –, ist es möglich, eine Eigenschaft wie Lebensdauer zu untersuchen und zu bestimmen, inwiefern diese durch Gene und inwiefern durch andere Dinge beeinflusst ist. Die erste größere Arbeit zu diesem Thema, 1996 erschienen, betrachtete 2872 Zwillingspaare, die zwischen 1870 und 1900 geboren wurden, und begleitete sie bis Mitte der 1990er-Jahre. Dann waren fast alle verstorben. Die Untersuchung zeigte, dass Gene zu 26 Prozent für die unterschiedliche Lebensdauer bei Männern verantwortlich sind, und zu 23 Prozent bei den Frauen. Anders ausgedrückt: nicht sonderlich viel.[119]

Für eine Weile schien das die Tür zu jeglicher Forschung über Langlebigkeitsgene zu schließen. Die Erbanlagen schienen nicht viel damit zu tun zu haben und der Lebensstil sowie die Umgebung waren offenbar sehr viel wichtiger. Diese Meinung herrscht immer noch bei einigen Gerontologie-Forschern vor, mit denen ich gesprochen habe. Und tatsächlich will niemand abstreiten, dass diese nicht genetischen Dinge wichtig sind. Aber zehn Jahre nach dieser Studie sah sich das Team von Kaare Christensen am Institute of Public Health der University of Southern Denmark ein bisschen genauer an, was es mit den sehr alten Menschen auf sich hat, und stieß auf etwas Interessantes.

Der dänische Datensatz zu Zwillingsdaten war nun ein bisschen größer und erweitert um Personen, die bis 1910 geboren wurden. Dadurch hatten die Wissenschaftler 20 502 Individuen für ihre Forschungen. Christensens Team fand Hinweise, dass die Erbanlagen für das Erreichen von 90 Lebensjahren und mehr sehr viel ausschlaggebender sind als zuvor angenommen. »Diese Erkenntnisse«, schrieben die Autoren in der Fachzeitschrift *Human Genetics*, »lieferten Schützenhilfe für die Suche nach Genen, die die Langlebigkeit von Menschen beeinflussen, vor allem im fortgeschrittenen Alter.«[120]

Die Suche geht also weiter. Es als Goldrausch zu bezeichnen würde vielleicht ein bisschen weit gehen – aber nur ein bisschen. Seit Jahrtausenden sehnen sich die Menschen nach einem längeren Leben. In der Hindu-Mythologie war es *amrita*, der Nektar der Unsterblichkeit; im alten China dachte man, das Elixier müsse Quecksilber enthalten (fatalerweise für die Herrscher, die es tranken); im mittelalterlichen Europa war der Stein der Weisen eine Substanz, die angeblich das ewige Leben gewährte. Heutzutage haben die Objekte der Faszination und Untersuchung Namen wie *ApoE*, Rapamycin, *FOXO3a* und andere, wie wir sehen werden. Die Suche nach den mit der Lebensdauer verbundenen Faktoren ist das moderne Äquivalent der historischen Suche nach dem legendenumwobenen Elixier des Lebens.

Als ich in Mrs. Loves geräumiger und gemütlicher Wohnung in Beaconsfield eintreffe, etwa 25 Meilen nordwestlich von London, ist es zwei Uhr nachmittags. Ihre Tochter hat mir erzählt, dass ihre Mutter Anfang des Jahres gestürzt sei und sich die Hüfte gebrochen habe, also rechne ich mit einer gesundheitlich ziemlich angeschlagenen Person, aber Elizabeth Love steht auf, um mich zu begrüßen, und sieht bemerkenswerterweise mindestens 20 Jahre jünger aus, als sie ist.

Sie bat mich, nach dem Mittagessen zu kommen. Wie ich jetzt herausfinde, ist das auch nach ihrem täglichen Glas Sherry. »Jeden Tag, vor dem Mittagessen, trinke ich ein Glas Sherry. Und vor dem Abendbrot gibt es jeden Abend einen Martini. Das halte ich seit Jahren so.« Ich spüre einen Hauch von Trotz. (Vielleicht hätte ich doch besser *vor* dem Mittagessen ankommen sollen.) Sie hat noch andere Laster.

»Ich habe mein Leben lang geraucht, nicht stark, aber ich habe es getan. Erst vor etwa zehn Jahren habe ich damit aufgehört.«

Das hat sie nicht etwa auf Anraten des Arztes getan, sie hat einfach nur so aufgehört.

»Ich habe am Tag etwa zehn Zigaretten geraucht, war also kein starker Raucher, aber ich habe geraucht, und ich trinke immer noch.«

Zehn Zigaretten am Tag für den größten Teil eines 70-jährigen Lebens kommen mir sehr viel vor. Und jeder Arzt wird Ihnen sagen, dass so viele Zigaretten für die meisten Menschen bedeuten, dass sie kein hohes Alter erreichen. Und trotzdem. Man hört von Menschen, die ungestraft damit durchkommen. Mrs. Love scheint einer davon zu sein. Jeanne Calment, die berühmteste Person in der Altersforschung, die den Rekord des höchsten erreichten Lebensalters eines Menschen hält, war eine weitere. Sie rauchte 96 Jahre lang.[121] Allerdings hat sie wohl nie mehr als eine oder zwei Zigaretten am Tag geraucht und es ist auch nicht bekannt, ob sie überhaupt inhalierte.[122] Dennoch, auch wenig zu rauchen ist schädlich, sie muss also irgendeinen Schutz gehabt haben.

Calment verbrachte ihr ganzes Leben in Arles, im Süden Frankreichs. Sie starb 1997, im Alter von 122 Jahren. Zu ihrer Ernährung gehörte viel Olivenöl und Schokolade: Berichten zufolge aß sie in der Woche ein Kilo Schokolade. Wir ergötzen uns an derartigen Halbwahrheiten, greifen nach Rechtfertigung für unsere eigenen schlechten Gewohnheiten. Als ich gelegentlich erwähnte, dass Mrs. Love jeden Tag vor dem Mittagessen ein Glas Sherry trinkt, entgegnete mir meine Lebenspartnerin, dass ich das nicht als Rechtfertigung nehmen könnte, um zu trinken.

Unweigerlich begannen Mrs. Love und ich, über den Zweiten Weltkrieg zu sprechen. Sie lebte in der Kensington Church Street in London, bis ihre Wohnung bei den Bombenangriffen der deutschen Luftwaffe zerstört wurde. »Durch den Druck zerplatzten die Fenster«, erzählt sie. »Zu meiner großen Empörung konnte ich nicht dahin zurück.« Ihr Ehemann war ein Südafrikaner, der sich bei der Navy verpflichtete und damals für die Admiralität arbeitete. Er war drei Jahre jünger als sie und starb 2004.

»Wir heirateten 1941, als er auf Heimaturlaub zu Hause war«, sagt sie. Ursprünglich hatten sie im September heiraten wollen, aber im Juli erfuhr ihr Verlobter, dass er ins Ausland versetzt werden würde. Ihnen blieb nichts anderes übrig, als für den darauffolgenden Samstag eine Blitzhochzeit zu organisieren. Am Tag nach der Hochzeit wurde er mit der Navy für 18 Monate weggeschickt. »Unsere Kommunikation erfolgte über Luftpostbriefe. Ich konnte mich glücklich schätzen, wenn ich alle drei Wochen einen bekam. Und das war der einzige Kontakt, den wir während dieser 18 Monate hatten.«

Mrs. Love trat dem Women's Voluntary Service bei. Vor dem Krieg hatte sie Autofahren gelernt, deshalb wurde sie mit dem Ausliefern von Versorgungsgütern an Menschen beauftragt, die durch Bombenangriffe ihr Zuhause verloren hatten. »Ich fuhr einen Armee-Lkw. Wir fuhren nach Coventry, als Coventry quasi plattgemacht worden war. Wir waren bei den Luftangriffen in Liverpool. Ich fuhr einen Wassertransporter und wir brachten den Menschen Lebensmittel.«

Gegen Ende des Krieges lebte sie mit ihrem Mann wieder in London. »Am Tag der Befreiung waren wir in der Menge vor dem Buckingham Palace«, erzählt sie. »Wir haben die königliche Familie herauskommen sehen.«

Freunde hat sie nicht mehr wirklich. »Als wir hierherzogen, habe ich mit den Leuten aus den anderen Wohnungen Bridge gespielt, aber einer nach dem anderen haben sie aufgegeben.« Sie korrigiert sich. »Sie sind gestorben, machen wir uns nichts vor. Und so starb alles einen Tod und deshalb spiele ich kein Bridge mehr.«

Ihre Tochter unterbricht uns. »Du hast nie Sport getrieben, oder, Mum?« Mrs. Love stimmt vergnügt zu, dass sie sich nie mit so etwas herumgeschlagen hat. Das ist ein kontraintuitiver Punkt, auf den wir noch zurückkommen werden: Im Schnitt treiben Hundertjährige keinen oder weniger Sport als die übrige Bevölkerung. Nicht alle haben sich einem gesünderen Lebensstil verschrieben und sich auch nicht zum Ziel gesetzt, lange zu leben. Swapnil Rajpathak und Kollegen am Albert Einstein College of Medicine in New York befragte 477 außergewöhnlich alte Menschen (ihr Durchschnittsalter betrug 97) und verglich sie mit einer Auswahl jüngerer Menschen aus der Gesamtbevölkerung. Alle Teilnehmer wurden zu ihrem Lebensstil befragt. Rajpathak stellte fest, dass die Gruppe der superalten Teilnehmer mit der gleichen Wahrscheinlichkeit übergewichtig oder fettleibig war wie jüngere Mitglieder der Bevölkerung, ähnliche Muster beim Alkoholkonsum und körperlicher Aktivität (oder Mangel derselben) an den Tag legten und sich genauso wahrscheinlich (oder auch nicht) kalorienarm ernährten.[123] Die Umgebung, was sie tun oder was sie essen sind keine Faktoren bei Hundertjährigen, ein hohes Alter zu erreichen.

Ich frage Mrs. Love, ob sie einsam ist, was sie verneint, obwohl ihre Tochter bei uns sitzt und ihre Verneinung mich nicht ganz überzeugt. Sie mache sich keine Sorgen wegen Einsamkeit, sagt sie. Jeden Tag löst sie das Kreuzworträtsel im *Telegraph*, macht mit ihrer Pflegerin einen Spaziergang und plaudert mit jemandem. In den Geschäften kennen sie alle. Fast jeden Tag kommt eine ihrer Töchter vorbei. »Ich habe acht Enkel und zehn – plus einem unterwegs – Urenkel, es ist also eine große Familie. Die hat mich jung gehalten. Die hält mich jung, am Leben interessiert, ich höre mir alle Geschichten der Familienmitglieder der unterschiedlichen Gruppen und Generationen an und das hält bei mir definitiv den Laden am Laufen, verschafft mir ein großes Interesse am Leben.«

Sie musste toleranter werden. »Ich habe Dinge akzeptieren müssen, die ich nicht gutheiße«, sagt sie, und ich wappne mich für eine mordsmäßig anachronistische Einstellung. »Dass Jungs und Mädchen zusammenwohnen, ohne verheiratet zu sein. Das heiße ich nicht gut.« Schlimmer wird es nicht. »Daran besteht kein Zweifel«, sagt sie. »Eine große Familie zu haben hält mein Gehirn am Laufen.«

Bisher hat niemand Jeanne Calments Altersrekord gebrochen. Am nahesten dran war Sarah Knauss, die 1999 im Alter von 119 Jahren gestorben ist. Knauss und Calment markieren den derzeitigen Gipfel eines bemerkenswerten Anstiegs der Lebenserwartung während der vergangenen 200 Jahre, ein Anstieg, der zu wilden Spekulationen führte, wie weit es gehen könnte.

Im 19. Jahrhundert hatte man eine Lebenserwartung von 30 bis 40 Jahren. Natürlich lebten manche Menschen auch länger, aber da sehr viele Kinder jung starben, wurde der Durchschnitt nach unten gezogen. In reichen Ländern wurden jedoch während der vergangenen zwei Jahrhunderte jedes Jahr drei Monate zur Lebenserwartung hinzugerechnet. Gleichzeitig bekamen die Menschen weniger Babys – der Kindersegen ist in großen Teilen der Welt stark zurückgegangen. Das zahlenmäßige Verhältnis alter Menschen zu jungen verschiebt sich.

Form und Zusammensetzung der menschlichen Gesellschaft verändern sich schneller als zu jedem anderen Zeitpunkt in der Geschichte. Die riesige demografische Verschiebung wird umfassende Auswirkungen haben, die den Regierungen erst allmählich bewusst werden. Das wirft die Frage auf, ob die Lebenserwartung weiter steigt.

Jan Vijg, in der Abteilung für Genetik des Albert Einstein College of Medicine in New York, geht nicht davon aus. 2016 veröffentlichten er und seine Kollegen einen Artikel in der Fachzeitschrift *Nature*, in dem angenommen wird, dass wir die natürliche Grenze menschlicher Lebenserwartung erreicht haben.[124] Natürlich, unsere Lebenserwartung ist in die Höhe geschossen, heißt es darin. Aber nun hat sie sich eingependelt. Es ist eine Sache, zu zeigen, wie die Lebensdauer von Nematodenwürmern oder Labormäusen verlängert werden kann, aber eine andere, das auf Menschen hochzurechnen. Die Steilheit der Lebenserwartungskurve hat uns verzaubert. Bei der Analyse von Geburten und Todesfällen in diesen Datenbanken der Lebenserwartung aus aller Welt fand Vijgs Team heraus, dass das Alter, in dem der jeweils älteste Mensch jedes Jahr starb, während des 20. Jahrhunderts stufenweise zunahm, in den 90ern jedoch holpernd zum Stehen kam. Niemand, so stellten sie fest, scheint es weit über 115 zu schaffen. Das Plateau beim Anstieg der Lebenserwartung weist darauf hin, dass Menschen, so wie alle anderen Lebewesen, die wir kennen, eine obere Altersgrenze haben. Es gibt eine biologische Obergrenze und die haben wir erreicht.

Diese Schlussfolgerung wurde jedoch sofort attackiert. James Vaupel, Direktor des Max Planck Institutes für demografische Forschung in Rostock wies darauf hin, dass Rekorde bei der Lebenserwartung oft gebrochen wurden, und kritisiert die Qualität von Vijgs Analyse heftig, indem er sagt: »Sie haben die Daten in einen Computer geschaufelt, wie man Futter in eine Kuh schaufeln würde.« Ein Gegenbeweis-Artikel von Stuart Ritchie (dem wir im 1. Kapitel begegnet sind) und anderen Wissenschaftlern, veröffentlicht 2017 in *Nature*, greift die in Vijgs Artikel verwendeten statistischen Methoden an und widerspricht der Schlussfolgerung.[125]

Es bleibt also abzuwarten, ob Jeanne Calment die natürliche Obergrenze der Lebenserwartung unserer Spezies erreicht hat. Auf gewisse Weise ist es vielen Wissenschaftlern auch egal: Sie sind ein optimistischer Haufen und drängen weiter, Wege zu finden, unsere gesunde Lebenserwartung zu verlängern, egal, ob es möglicherweise eine »natürliche« Obergrenze gibt. »Versuche, in den Alterungsprozess im Allgemeinen einzugreifen, werden aufgrund der Komplexität in Frustration enden, aber das ist kein Grund, es nicht zu versuchen«, sagt Jay Olshansky, führender Forscher im Bereich menschliches Altern, mit Sitz an der School of Public Health an der University of Illinois, Chicago.

Lebensdauer ist eine unglaublich komplizierte Eigenschaft und sie bemerkenswert zu steigern wird außergewöhnliche Eingriffe erfordern.

Wir wissen, dass ein paar außergewöhnliche Individuen, wie Elizabeth Love, ein extrem hohes Alter erreichen, ohne unter belastenden Krankheiten zu leiden: Irgendwie sind sie geschützt. Wir wissen, dass wir die Lebenserwartung nicht nach oben schieben können, indem wir uns einfach nur gut ernähren. Wir müssen mehr darüber herausfinden, was Hundertjährige miteinander gemeinsam haben. Wenn man sich die demografischen Daten aus aller Welt anschaut, stellt sich zum Glück heraus, dass Hundertjährige in bestimmten Regionen gehäuft auftreten. Dies sind die Langlebigkeits-Hotspots, auch Blue Zones genannt.

Fahren Sie den Highway 58 hinauf, die Küstenstraße an der Westseite der Hauptinsel von Okinawa im tiefen Südwesten der japanischen Inselgruppe, und halten Sie sich dann nach Norden in Richtung Dschungel. Zu unserer Linken sind subtropische Gewässer mit Korallen und leuchtenden Rifffischen und sogar ein paar Dugongs, seltsame Meeressäugetiere, auch Seekühe genannt. Der Norden der Insel, Yanbaru, ist ein dicht bewaldeter Dschungel, reich an Artenvielfalt. In der Dämmerung sieht man riesige Flughunde, und, wenn Sie Glück haben, die Okinawaralle, ein seltener, nahezu flugunfähiger Vogel (als ich einmal dort war, habe ich, *glaube* ich, einen kurzen Blick auf einen erhascht). Die Habu, eine vieldiskutierte Giftschlange, lebt in dem Dschungel, und ich habe definitiv ein paar davon gesehen, als ich dort als Insektenbiologe arbeitete, obwohl es wahrscheinlicher ist, eine zusammengerollt in einer Flasche des regionalen Awamori-Sake zu sehen als vor Ihnen auf dem Weg. Die Schlange in Alkohol einzulegen soll dem Getränk stimulierende Eigenschaften verleihen.

Was Sie sehen werden, vor allem in der Stadt Kijioka, sind superfitte 80-Jährige. Das ist schon bemerkenswert genug, aber diese alten Menschen gelten zwischen den Hundertjährigen hier als »junges Gemüse«.

Ich habe mich mit einigen von ihnen getroffen, aber die Kommunikation war schwierig, da sie einen Okinawa-Dialekt sprechen und ich nur Standardjapanisch beherrsche. Trotzdem hat ein Ort, an dem ein 80-Jähriger allen Ernstes als junges Gemüse bezeichnet wird, etwas Verblüffendes an sich. Eine der älteren Einwohnerinnen, eine 105-jährige Frau aus Kijioka namens Nabi Kinjo wurde berühmt, als sie auf ihrer Veranda eine Habu entdeckte. Sie tötete sie mit der Fliegenklatsche.

Japan führt die Langlebigkeitscharts der Welt schon seit Jahren an. Hilfreich ist, dass jede Stadt und jedes Dorf in Japan ein *koseki* führt, ein Register, in dem zurückreichend bis 1870 Geburten, Todesfälle und Hochzeiten aufgeführt sind. Die Daten in diesen *koseki* unterstützen die Behauptung, dass ein langes Leben in Japan kein neues Phänomen ist. Natürlich hat die Lebensdauer in Japan genauso zugenommen wie überall sonst, aber es gibt etwas, das den Japanern einen Vorteil verschafft.

Selbstverständlich erreicht nicht jeder in Japan ein hohes Alter. Es gibt Unterschiede und es finden sich Hotspots, an denen die Individuen besonders alt werden. Aber innerhalb des Landes sind es die Menschen auf der Insel Okinawa, die am längsten leben, und innerhalb von Okinawa sind es die Menschen in Kijioka. Die Menschen im westlichen Teil von Okinawa sind die langlebigsten auf dieser Welt.

Die Menschen hier wurden eingehend untersucht auf Hinweise für ihre bemerkenswerte Lebensdauer. Ernährung (viel Tofu, frisches Gemüse und frischer Fisch), soziale Struktur (eng verbunden, unterstützend), Lebensstil (Aktivitäten wie *bashofu* – eine traditionelle Form des Stoffwebens, das die Menschen bis ins hohe Alter beschäftigt hält und vermutlich die geistige Gesundheit erhält) sind berücksichtigte Faktoren. Ebenso wie die Gepflogenheit des *hara hachi pu*, eine konfuzianische Methode, nur so viel zu essen, bis man zu 80 Prozent satt ist.

Es wurden auch etliche genetische Untersuchungen durchgeführt, genauso wie bei verschiedenen anderen Gruppen Hundertjähriger. Es überrascht wohl nicht, dass Okinawa zur Blue Zone erklärt wurde.

Ich hatte das Glück, auch noch andere Blue Zones besuchen zu können – Sardinien, die italienische Insel im Mittelmeer, sowie die Nicoya-Halbinsel von Costa Rica – und ich verstehe, warum diese Umgebungen so förderlich sind für ein langes Leben. Dort ist es warm und angenehm, die Nahrung ist gesund und reichlich vorhanden. Eine weitere Blue Zone ist die griechische Insel Ikaria, wie wir bereits in Kapitel 7 gesehen haben, Heimat der Mutter von Ultraläufer Dean Karnazes. Überraschenderweise gibt es auch eine Blue Zone in den kontinentalen Vereinigten Staaten, der Heimat von Fastfood und dem Epizentrum der Übergewichtsepidemie: Es ist die Stadt Loma Linda in Kalifornien.

Loma Linda wurde von Dan Buettner, einem Forscher und Journalisten, der zu diesem Schluss kam, nachdem er Langlebigkeits-Hotspots auf der ganzen Welt untersucht hatte, zur einzigen Blue Zone in den Vereinigten Staaten erklärt. Die Männer in Loma Linda haben eine Lebenserwartung von 88 Jahren und die Frauen ein Jahr mehr. Diese Lebenserwartung liegt acht bis zehn Jahre über dem des Durchschnittsamerikaners und der Grund dafür liegt auf der Hand: In dem Ort leben viele Mitglieder der Seventh Day Adventist Church. Seventh Dayers trinken keinen Alkohol und rauchen nicht (Rauchen ist im ganzen Ort nicht gestattet) und die meisten essen kein Fleisch. Die Religion ermutigt sehr zu körperlicher Aktivität und gesunder Lebensführung. Die Mitglieder der Kirche besuchen zudem regelmäßig den Gottesdienst und andere Veranstaltungen der Gemeinde. Laut den Wissenschaftlern am New England Centenarian Study repräsentieren die Menschen dieser Stadt die Basislinie der Lebenserwartung von uns anderen, wenn wir uns gut ernähren und besser auf uns achten würden – und, vor allem, soziale Kontakte pflegen würden.

Erstaunlicherweise gibt es im Zentrum von London eine Mini-Blue-Zone. Sie befindet sich dort seit 1682, und die Menschen, die dort arbeiten, sagen, dass es ihr Leben um zehn Jahre verlängern kann, dort zu leben. Es handelt sich um ein Altersheim für Soldaten der britischen Armee: das Royal Hospital Chelsea, Zuhause der Chelsea Pensioners.

Das Altersheim und die Außenanlagen, entworfen von Christopher Wren, sind großartig und herrschaftlich; dieser Ort verströmt Reichtum wie ein Oxford College, sein an Hogwarts erinnernder Speisesaal steht neben modernen Krankenhausräumlichkeiten. Nach meiner Ankunft trinke ich einen Kaffee im Café, sitze zwischen Veteranen, von denen einige die berühmten scharlachroten Uniformen mit glänzenden Messingknöpfen und Medaillen tragen, andere stecken in legeren Fleecejacken, aber mit dem Wappen des Royal Hospital Chelsea darauf. Trotz der beeindruckenden denkmalgeschützten Gebäude und der Lage in einem der teuersten Teile einer unglaublich kostspieligen Stadt wurde das Krankenhaus entworfen für ganz gewöhnliche Soldaten. Man muss nicht reich sein, um hier zu leben, man muss nur Soldat gewesen sein. Wenn man sich um einen Platz bewirbt und aufgenommen wird, überschreibt man seine Militärrente dem Krankenhaus, das vom Verteidigungsministerium subventioniert wird. Und das ist schon alles. Sie sind dann rundum versorgt. Es ist die Sicherheit, aber mehr noch die Gemeinschaft, die hinter dieser längeren Lebensdauer hier zu stecken scheint. Ich bezweifle, dass es an der Ernährung liegt – man bekommt keinen Seetang aus Okinawa und misoreiches Superfood. Bei meinem Besuch 2017 standen Blutwurst, gebratene Schweineleber, pikante Hammelnierchen auf Toast und Griespudding mit Sahne auf dem Speiseplan. Wie eine Speisenzusammenstellung in Kriegszeiten.

Aber hier zu sein ist auch wie eine Reise in die Vergangenheit. Ich treffe John Humphreys, 98 Jahre alt, der mir die Hand mit einem Griff schüttelt, als wäre er 70 Jahre jünger. Es ist nicht übertrieben, zu sagen, dass er das Leben eines Hollywood-Action-Helden gelebt hat. Ich war nicht sicher, ob er alte Kriegserinnerungen wieder ausgraben wollte, aber er hatte nichts dagegen, die Geschichten zu erzählen. Das spiegelt sicher seinen Character wider. Altersforscher haben festgestellt, dass die Persönlichkeit anscheinend einen Einfluss auf die Lebensdauer hat, und bei Mrs. Love hat mich ihre sachliche Haltung überrascht. Wir sitzen in Johns Zimmer mit Blick auf den wundervollen Garten, der sich zum Fluss hin erstreckt, und er erzählt mir von 1942, als er in Nordafrika von den Deutschen gefangen genommen wurde. Er war 20. Verletzt erlangte er am Boden liegend das Bewusstsein wieder und sah, wie sich zwei kräftige feindliche Soldaten über ihn beugten. »Für dich ist der Krieg vorbei, Tommy«, sagte einer.

Er kam in ein Kriegsgefangenenlager in Italien. »Es passte mir nicht, in einem verdammten Kriegsgefangenenlager eingekerkert zu sein, also entschied ich mich zur Flucht.« Es dauerte neun Monate, bis er die Gelegenheit dazu bekam. Er verbrachte die Zeit bis dahin mit dem Lernen von Italienisch und nutzte die neuen Kenntnisse, um sich in einer geschnorrten griechischen Armeeuniforn, die der italienischen ähnelte, an den Wachen vorbeizumogeln. Ein paar seiner Kumpel vor sich hertreibend, sagte er dem Wachmann auf Italienisch, dass er die Gefangenen an einen anderen Ort bringen solle. Der Wachmann winkte ihn durch, und sobald sie aus dem Lager heraus waren, wanderten John und seine Freunde tagelang nach Süden, ernährten sich von Feldfrüchten. Er erinnert sich an einen Moment, als ihm fast das Herz stehen blieb, weil ein deutscher Konvoi an ihnen vorbeifuhr. Sie waren jetzt gekleidet wie italienische Landarbeiter. Der letzte Wagen des Konvois hielt an und ein SS-Offizier stieg aus. Das war's, dachte John: Sich an einem gelangweilten italienischen Wachmann vorbeizuschleichen war das eine, aber das Gleiche bei einem Mitglied der gefürchteten SS zu machen etwas ganz anderes. Der Nazi-Offizier rief ihm in gebrochenem Italienisch zu, wo der nächste Fluss sei. John gelang es, den Weg zu beschreiben, und die Deutschen fuhren weiter. John und seine Freunde schafften es zu einem Dorf, das von britischen Soldaten besetzt war, und erhielten sechs Wochen Heimaturlaub.

1944 war er mittlerweile in die Parachute Squadron Royal Engineers eingetreten und sprang über Arnheim ab, zu einer der wichtigsten Schlachten der letzten Kriegsphase. Er geriet erneut in Gefangenschaft, brauchte jedoch nicht lange, um auszubrechen. Einige Kriegsgefangene in dem Lager, die er gefragt hatte, ob sie mitmachen wollten, lehnten ab, sie konnten sich nicht aufraffen. Aber er fand drei Kumpel, die sich ihm anschlossen. Erneut in klassischer Kriegsfilmmanier kratzte er den Zement rund um die Gitterstäbe eines Fensters weg und ersetzte diesen mit Asche aus dem Kochherd, damit die Wachen nichts merkten. Schließlich hatte er genug Zement entfernt, um die Stäbe herausnehmen und fliehen zu können. Die vier Männer stahlen ein Boot und flohen auf dem Rhein nach Nimwegen. An der Wand seines Zimmers hängt ein Foto von ihm und seinen Fluchtgesellen in ihrem Boot. Es gibt auch ein koloriertes Foto aus Kriegszeiten von seiner mittlerweile verstorbenen Frau.

»Ich hatte immer eine positive Lebensauffassung«, sagt er und glaubt, dass manche Menschen einfach so auf die Welt kommen. Er kann jedoch nicht sagen, ob seine Eltern die gleiche Auffassung hatten.

»Ich kannte meine Eltern nicht sehr gut«, sagt er und das erinnert mich an die Generationenkluft, die uns trennt. »Die ganze Liebe und Zuneigung meiner Mutter bekam mein älterer Bruder. Ich war der Laufbursche für sie.«

Der Laufbursche?

»John tu dies, John mach das.«

So viel zum Thema förderliches Aufziehen. Dennoch scheint er sein Leben lang physisch und psychisch in einer guten Verfassung gewesen zu sein. »Ich war in der Fallschirmspringerstaffel und dafür muss man fit sein. Meine linke Kniescheibe wurde zertrümmert.«

John beschreibt, wie er nach seiner Verletzung ein Fahrrad ergatterte und seine eigene Physiotherapie entwickelte. Sechs Monate später gewann er die 100 Meter und die 200 Meter bei einem Wettkampf des Militärzugs. »Als Fallschirmjäger führst du kein geruhsames Leben. Ich habe mir beide Schlüsselbeine gebrochen, das Schulterblatt, beide Handgelenke und das rechte Bein. Aber alles ist schnell verheilt. Die Verletzungen machen mir keinen Kummer.«

Er ist ein enschlossener und zielgerichteter Mann.

»Mein Rat für ein langes Leben«, sagt er, »besteht in einer positiven Einstellung. Tu, was du kannst, so gut, wie du es kannst. Erleidest du einen Rückschlag, finde dich damit ab. Du kannst keinen Rosengarten ohne eine paar Dornen haben.«

Nimmi Hutnik ist Psychologin an der Londoner South Bank University, wo sie sich auf psychische Krankheiten wie Depressionen, Ängste, geringes Selbstwertgefühl und PTBS (Posttraumatische Belastungsstörungen) spezialisiert hat. Ich wurde auf sie aufmerksam durch eine bemerkenswerte Studie, die sie mit Kollegen über Hundertjährige in Großbritannien durchgeführt hat. Hutnik erforschte psychische Widerstandsfähigkeit (wir werden uns mit diesem Thema im folgenden Kapitel noch eingehender beschäftigen) und interessierte sich dafür, wie diese Fähigkeit bei Hundertjährigen zum Ausdruck kommen könnte. Ihr Team reiste durch das Land und interviewte 16 Hundertjährige, fünf Männer und elf Frauen. Die Vorgehensweise der Forscher war einfach, aber effektiv: Zunächst baten sie die Teilnehmer, ihnen ihre Geschichte zu erzählen. Anschließend stellten sie Fragen wie: Können Sie uns etwas nennen, das Ihr Leben verändert hat? Wie ist es, 100 Jahre oder noch mehr zu leben? Was ist das Geheimnis positiven Alterns?

Die Hundertjährigen nahmen von sich aus an der Befragung teil. Sie hatten sich auf Anzeigen gemeldet, von daher mag eine gewisse Verzerrung vorliegen, aber nichtsdestotrotz ist das grundsätzliche Thema faszinierend. Die Hundertjährigen scheinen nicht so alt geworden zu sein, weil sie ein einfaches Leben hatten, sagt Hutnik, sondern weil sie effizient mit auftretendem Stress umgegangen sind. Sie verwendeten Formulierungen wie »Akzeptiere, was immer das Leben dir bringt », »Hadere nicht mit der Vergangenheit«, »Lebe in den Tag hinein« und »Tu, was dir möglich ist, um Dinge besser zu machen, und dann denk nicht mehr darüber nach«. Sie beschrieben das Akzeptieren von Dingen, die sie nicht ändern können.[126]

Nehmen wir zum Beispiel Phyllis, die zum Zeitpunkt des Interviews 102 Jahre alt war. In ihrem Leben ist viel passiert. Sie erinnert sich: »Mein Vater wurde getötet und dann ging mein Mann in den Krieg, und mein Bruder kam um und so weiter. Andererseits bist du noch da und musst weitermachen, so ist das. Du musst dich damit arrangieren, oder nicht? Ich fürchte, ich gehöre zu diesen unverwüstlichen Menschen.«

Dann ist da noch Albert, ebenfalls 102 zum damaligen Zeitpunkt. »Wenn du etwas sowieso nicht ändern kannst, dann mach dich deshalb auch nicht verrückt«, sagt er. Albert war seit seinem 14. Lebensjahr Bergarbeiter und der Kohlenstaub hat seine Lunge zerstört, aber er ging trotzdem so oft wie möglich zum Tanzen. Nita, ebenfalls 102, erzählt: »Wenn du zurechtkommst und keine Schmerzen hast, solltest du versuchen, die Sorgen wegzuschicken und dich nicht schlecht zu fühlen.«

Wir haben vermutlich alle schon von älteren Verwandten gehört, wie sie in früheren Jahren einfach weitergemacht haben. Die Schlussfolgerung – manchmal ist es eher ein Vorwurf – lautet, dass die heutige Generation zu zögerlich und verhätschelt sei. Das mag stimmen, aber andererseits erleben mehr von uns ein hohes Alter, also können wir nicht so verhätschelt sein. Vielleicht gehört es nur zu den Dingen, die alte Menschen sagen und die wir auch sagen werden, wenn wir alt sind.

Als Mrs. Love und ich uns anfangs unterhielten, erzählte sie, dass sie während des Krieges ein Baby gehabt hatte, das starb. Zuerst verfolge ich das Thema nicht weiter, zögere, sie bei einem derart tragischen Ereignis zu bedrängen, auch wenn es bereits vor 75 Jahren passiert ist. Aber später frage ich sie, was ihr Rezept für eine positive Lebenseinstellung sei. Jedes Leben hat seine Höhen und Tiefen, je mehr, desto länger leben wir. Wie lautet ihr Rat, das durchzustehen? »Sie müssen weitermachen«, sagt sie. »Das habe ich gelernt, als mein Kind im Alter von einem Jahr starb. Es war niederschmetternd.« Dieses letzte Wort entrinnt ihr mit einem Seufzer. »Aber ich dachte: ›Du musst weitermachen.‹ Du musst dich aufraffen und wieder ein Kind bekommen. Zu jener Zeit gab es keine Therapien. Du musstest positiv denken, um weitermachen zu können. Es half nichts, wenn andere alles für dich machten.«

Für eine Weile während des Krieges war diese Einstellung weit verbreitet, sagt sie, glaubt jedoch nicht, dass jeder sie von Natur aus hat. Diese Einstellung, diese positive Haltung, erinnert an Ellen MacArthur und Petra Kasperova, an Dave Henson und Barbara Hannigan. Tatsächlich erinnert sie mich an nahezu jeden, den ich getroffen habe, während ich dieses Buch schrieb. »Du musst es in dir haben, um es zu tun«, sagt Mrs. Love. Und das hat sie immer noch. Als sie sich vor ein paar Monaten die Hüfte brach, so erzählt ihre Tochter, waren die Physiotherapeuten beeindruckt über die Entschlossenheit ihrer Mutter, wieder fit zu werden. »Ich gehe immer noch jeden Tag raus«, sagt Mrs. Love. »Ich war entschlossen, das durchzustehen. Untätig herumzusitzen ist nichts für mich.«

Mrs. Loves Äußerungen – die ich gleichermaßen demütigend wie inspirierend finde – erinnern mich an etwas, das ich über Jeanne Calment gelesen habe. Laut eines Biografen war sie biologisch immun gegen Stress. Sie pflegte zu sagen: »Wenn du nichts dagegen tun kannst, dann reg dich auch nicht darüber auf.« Sie schreibt ihre Langlebigkeit auch ihrem gelassenen Umgang mit Stress zu und erzählte dem Zoologen und Autor Desmond Morris: »Aus diesem Grund heiße ich Calment (frz. *calme* bedeutet ruhig; Anm. d. Übs).«[127]

Als ich das im ersten Moment über Calment las, erinnerte es mich sofort an einen japanischen Ausdruck, *sho ga nai*. Das bedeutet: »Da kann man nichts machen.« Eine Variante, *shikata ga nai* bedeutet etwas Ähnliches: »Daran lässt sich nichts ändern.« Nach meinem Treffen mit Mrs. Love, und nachdem ich gelesen hatte, was die Hundertjährigen in der Umfrage von Hutnik gesagt haben, musste ich wieder daran denken.

In Japan ist mir aufgefallen, dass sich die Menschen dort weitaus weniger ärgern als ich. Ich spürte, dass es durchaus ein paar Dinge gibt, bei denen sich Leidenschaft lohnt. Die Passivität und Akzeptanz, die in *sho ga nai* steckt, brachten mich manchmal zur Weißglut. Aber schließlich fand ich es bewundernswert. Diese Haltung trägt sicher dazu bei, eine harmonische und angenehme Gesellschaft zu formen, in der man leben kann, und vermutlich hält es auch ihren Blutdruck niedrig. Ob es auch die Langlebigkeit der Japaner begründet, ist eine andere Frage. Man kann ein längeres Leben nicht *erzwingen.* Wir wissen, dass Stress eine Reihe von ungesunden Auswirkungen auf den Körper hat, aber es genügt nicht, ein ruhiges Leben zu führen, eine positive Haltung an den Tag zu legen oder nicht herumzusitzen: Wir wollen wissen, was die konkreten Verbindungen zur Langlebigkeit sind, und dafür müssen wir das Erbgut erforschen.

Weder John Humphrey noch Elizabeth Love haben ihr Erbgut sequenzieren lassen, aber die Chancen stehen gut, dass sie eine bestimmte Variante eines Gens in sich tragen, die in den vergangenen 25 Jahren Thema umfangreicher Forschungen war. Dieses Gen heißt *ApoE.* Es befindet sich auf dem Chromosom 19 und produziert ein Eiweiß namens Apolipoprotein E. Wenn Sie sich in der Proteindatenbank ein Bild von Apolipoprotein anschauen, werden Sie ein klobiges, geringeltes Biest von Protein sehen, das aus 299 Aminosäuren besteht. Sein Job besteht darin, Cholesterol zu transportieren, und es tritt in unterschiedlicher Form auf.

Seit 1994, als die Gene zum ersten Mal mit hoher Lebenserwartung in Verbindung gebracht wurden,[128] hat dieses Thema Hunderte von Forschungsarbeiten hervorgebracht. In Anbetracht der vielen Menschen, die auf diesem Gebiet forschen, und der Menge an Geld, die dafür aufgebracht wird, könnte man meinem, *ApoE* sei das interessanteste Gen im Erbgut. Aber wie bei allem ist es auch in diesem Fall kompliziert. Eine Version des Gens, E4, wurde in Verbindung gebracht mit Alzheimer und

Herz-Kreislauf-Erkrankungen und somit einem frühen Tod. Aber eine Analyse von 2776 Hundertjährigen sowie einer Kontrollgruppe jüngerer Menschen zeigte, dass es wahrscheinlicher ist, sehr lange zu leben,[129] wenn man eine von zwei anderen Varianten, E2 und E3, in sich trägt.[130]

Die einflussreiche dänische Studie von Kaare Christensen zur Rolle der Genetik beim Altern verfolgt Kohorten von Menschen, die 1895, 1905, 1910 und 1915 geboren wurden. Christensen stellte fest, dass die »schlechte« *ApoE4*-Variante in der Häufigkeit abnimmt und bei nacheinander folgenden älteren Kohorten immer seltener auftritt, bei etwa 20 Prozent der Kohorte bei Fünfzigjährigen und 10 Prozent der Hundertjährigen:[131] Wenn man sich Hundertjährige ansieht, wird es weniger mit *ApoE4* geben. Natürlich ist es nicht gut, dieses Gen zu haben, aber es ist auch nicht so, dass Sie definitiv aussortiert werden, wenn Sie es haben.

Christensen, ein Arzt, der im öffentlichen Gesundheitswesen arbeitet, sagt, dass einer der Kritikpunkte bezüglich seiner Entdeckungen zur Langlebigkeit darin besteht, dass die moderne Gesellschaft scheitere, weil sie schwachen Menschen dabei helfe, steinalt zu werden. Das nennt sich das »Scheitern des Erfolgs«: Der Erfolg besteht darin, dass wir länger leben, der Misserfolg jedoch darin, dass wir in einem schlechten Zustand sind, wenn wir ein hohes Lebensalter erreichen.

2016 begab er sich daran, diesen Aspekt in einer Studie zu untersuchen.[132] »Wir folgten der 1905er-Kohorte, bis sie 100 wurden, um zu sehen, ob sie in einem schlechteren gesundheitlichen Zustand waren, was aber nicht der Fall war.« Dann betrachtete er die 1915er-Kohorte. Bei dieser erreichten nicht nur mehr ein Alter von 90 oder gar 100 Jahren, sondern sie zeigten auch eine bessere körperliche und geistige Gesundheit als vorherige Kohorten in diesem Alter. »Das ist sehr ermutigend«, sagt Christensen. »Es gibt uns Grund zu der Annahme, dass wir in den kommenden 30, 40, 50 Jahren in einer wesentlich besseren kognitiven Verfassung ein solch hohes Alter erreichen.« Während des 20. Jahrhunderts ist der IQ stetig gestiegen, dieses Phänomen bezeichnet man nach seinem Entdecker, James Flynn, als den Flynn-Effekt. »Diese Auswirkung scheint bis in ein hohes Alter anzuhalten«, sagt Christensen. Ich muss daran denken, dass Mrs. Love jeden Tag das Kreuzworträtsel löst.

Der größte Teil der Variation bis zum Alter von 80 Jahren geht auf Umwelteinflüsse zurück: Wie Sie sich Ihr Leben lang ernährt haben, die Unterstützung, die Ihnen von Familie und Freunden zuteilwurde, die medizinische Versorgung, die Sie erhalten haben. Zu Umweltkomponenten zählen Verhaltensfaktoren wie Rauchen, wie viel Alkohol Sie trinken, welchen Sport Sie treiben. Bei sehr alten Menschen spielt die Genetik jedoch eine sehr viel wichtigere Rolle. »Ein Grund ist, dass Ihre Gene länger Zeit haben, Sie zu beeinflussen, sei es auf gute oder schlechte Weise«, sagt Christensen.

Aber trotz der stabilen Erkenntnisse, dass *ApoE* zur Langlebigkeit beiträgt, sieht man die Auswirkungen nur, wenn man große Mengen von Erbgut untersucht. Auf individueller Ebene hat auch ein Gen wie *ApoE* nur eine geringe Auswirkung. »Oh, es ist unbedeutend«, sagt Christensen. Sein tatsächlicher Einfluss auf unsere Lebensdauer ist winzig, so wie der jeder Genvariante, die in Verbindung zur Intelligenz steht, für sich nur einen winzigen Effekt hat. »Zweifellos gibt es Tausende genetischer Faktoren, jeder mit einer geringen Wirkung.«

Für manche bedeutet das, dass es keinen Sinn ergibt, zu versuchen, das Altern zu »lösen«. Für andere bedeutet es lediglich, dass das Problem schwieriger ist, was aber keinen Grund darstellt aufzugeben.

Thomas Perls von der Boston University School of Medicine leitet die New England Centenarian Study (NECS). Die Studie wurde 1995 gestartet, um Hundertjährige zu studieren, die in der Region von Boston leben, vor allem, um Demenz zu untersuchen. Mehr als 1600 Hundertjährige nehmen daran teil, und mittlerweile enthält die Datenbank bereits 150 Menschen, die 110 oder älter sind. Es ist die größte Stichprobe dieser Art weltweit, zu der auch die zweitälteste Person gehört, die je gelebt hat – Sarah Knauss, die ein Alter von 119 erreichte. Übrigens war Knauss eine weitere Person, die offenbar sehr gut mit Stress umgehen konnte. Ihre Tochter erzählte, dass sie sich nie entmutigen ließ. Als Knauss 1998 erfuhr, dass sie der älteste Mensch der Welt sei, antwortete sie mit zwei Wörtern: »Na und?«

Na und? Dieses »Na und« bedeutet, dass sie ohne schwere körperliche Erkrankungen oder den Verlust geistiger Fähigkeiten so alt wurde. »Menschen ab 110«, sagt Perls, »sind die Crème de la Crème, wenn es darum geht, gegen Ende ihres sehr langen Lebens die Zeit, die sie krank sind, zu kompressieren.«

Kompression ist ein Ausdruck, den man von Lebensdauer-Forschern ziemlich oft hört. »Kompression der Morbidität« verweist auf die Tatsache, dass sehr alte Menschen häufig in Körper und Geist bis zu ihrem Ende gesund bleiben, wie die beiden älteren Menschen, die wir in diesem Kapitel kennengelernt haben.[133] Diese Phase physischer und kognitiver Funktionsfähigkeit nennt man Gesundheitsspanne und Christensen fand heraus, dass diese bei seinen dänischen Kohorten länger wird. Es ist dieser Bereich, in dem wir in den kommenden Jahren die größte Erweiterung sehen, und weniger in der Lebensdauer selbst.

Das NECS-Team unterteilt die Teilnehmer in ihrer Datenbank in drei Gruppen: Entkommene, Verzögerer und Überlebende. Zur ersten Gruppe gehören etwa 15 Prozent der Studienteilnehmer und, wie der Name nahelegt, sind sie, bemerkenswerterweise irgendeiner Art von ernster Erkrankung entkommen. Elizabeth Love und John Humphrey sind klassische Entkommer (in Johns Fall buchstäblich). Etwa 43 Prozent der NECS-Teilnehmer sind Verzögerer und haben es geschafft, ernsthafte, altersbedingte Erkrankungen nicht zu bekommen, bevor sie mindestens 80 waren. Und dann sind da noch die Überlebenden, die etwa 42 Prozent der Erfassten ausmachen. Sie wurden vor ihrem 80. Lebensjahr von einer ernsten Erkrankung heimgesucht, konnten diese jedoch besiegen.

»Vermutlich sind 75 Prozent der Fähigkeit, dieses Alter zu erreichen, genetisch bedingt«, sagt Perls. »Von daher sind sie möglicherweise der Schlüssel für uns, um mit Langlebigkeit verbundene Gene und biologische Mechanismen zu erkennen, die das Altern verlangsamen und uns vor altersbedingten Erkrankungen schützen.«

Es gibt mehrere Wege, diese genetische Komponente zu messen. Eine gängige ist, wie wir gesehen haben, die genomweite Assoziationsstudie (GWAS). Dabei handelt es sich um eine Methode des Scannens von Erbgut vieler verschiedener Menschen, um nach genetischen Varianten zu suchen, die mit einer Krankheit oder einem bestimmten Zustand in Verbindung stehen – in diesem Fall Langlebigkeit. Diese Methode betrachtet die Varianten im Erbgut, genannt Nucleotid Polymorphisms oder SNPs. Jeder von uns hat viele Tausend dieser winzigen Variationen und ein GWAS versucht, jene zu identifizieren, die mit der fraglichen Eigenschaft in Verbindung stehen.

Perls' Team wandte diese Methode bei 801 Hundertjährigen und 914 Kontrollpersonen an. Einer der Kritikpunkte an GWAS als sinnvollem Hilfsmittel lautet nun, dass es Tausende von SNPs geben kann, die mit jedem Leiden in Verbindung stehen. Das ist sicher der Fall, wie wir gesehen haben, bei komplexen Fähigkeiten wie Intelligenz. Man braucht riesige Stichprobengrößen, um sicher zu sein bezüglich dem, was man findet, und 801 Hundertjährige sind nicht viele. Das bedeutet, dass man nicht begierig ein bestimmtes SNP aufgreifen und sagen kann: »Du brauchst genau das, um 100 zu werden!« Dennoch ist es ein Anfang und eine GWAS-Suche steht für ein unverfälschtes Fischen in einem großen Teich. Perls' Team fand 281 SNPs, die sie als Signaturen außergewöhnlicher Langlebigkeit bezeichnet.[134] Nachfolgende GWAS-Studien mit weiteren 2070 Personen, die zu den am längsten lebenden 1 Prozent aller im Jahr 1900 geborenen Amerikaner zählen, identifizierten noch mehr mit einem langen Leben in Verbindung stehende Varianten.[135]

Das bestätigt, so schreibt das Team, dass außergewöhnliche Langlebigkeit beeinflusst wird von den kombinierten Auswirkungen einer großen Zahl von SNPs. Einer 2014 von Kaare Christensen und Kollegen durchgeführten Studie gelang es nicht, Beweise für die gleichen Auswirkungen auf Langlebigkeit unter diesen SNPs zu finden,[136] aber laut Perls liegt das daran, dass die dänische Studie kein besonders hohes Alter betrachtet hat, sondern 90-Jährige. Christensen gehört zu jenen, die sagen, dass man zur Durchführung eines ordentlichen GWAS-Scans weitaus größere Stichproben braucht, als es möglich ist – es stehen schlichtweg nicht genügend Hundertjährige zur Verfügung.

Das alles beinhaltet eine wesentliche Quintessenz. Es bedeutet, dass Sie im Hinblick auf Ernährung (oder Weglassen bestimmter Nahrungsmittel) oder Tablettenschlucken tun können, was immer Sie wollen, aber so lange Sie nicht über die entsprechenden Gene verfügen, werden Sie keine 100 Jahre alt werden. Oder, wie Nir Barzilai, Direktor des Institute for Aging Research am New Yorker Albert Einstein College of Medicine, es mir gegenüber formulierte: »Die Umwelt mag Sie über die 80 hinausbringen, aber nicht nah an die 100 heran.«

Das scheint auch die Theorie von Blue Zones zu widerlegen. Zumindest vernichtet es die Vorstellung, dass man dorthin ziehen oder die dortige Ernährung nachahmen und die Vorteile ernten kann. Christensens Arbeit hat uns gezeigt, dass die Umwelt nicht zu beeinflussen scheint, ob man 100 wird, und Barzilai und Kollegen verwendeten eine clevere Methode, um zu zeigen, inwiefern die Umwelt, Blue Zone oder nicht, weniger Bedeutung hat, als wir vielleicht denken. Das Albert Einstein College of Medicine betreibt das LonGenity-Projekt, eine langfristige Studie der Faktoren, die zu einem langen Leben beitragen. Probanden sind aschkenasische Juden aus dem Nordosten der Vereinigten Staaten, was bedeutet, dass sie einen ähnlichen genetischen Hintergrund haben. Dadurch ist es einfacher, jedwede beeinflussenden genetischen Faktoren zu entdecken.

Die Teilnehmer sind im Alter von 64 bis 95, unterteilt in zwei Gruppen. Sie sind entweder definiert als Nachkommen von Eltern mit außergewöhnlicher Langlebigkeit (OPEL) oder als Nachkommen von Eltern mit gewöhnlicher Lebensdauer (OPUS), was bedeutet, dass kein Elternteil 95 wurde. Barzilais Team testete die Teilnehmer im Hinblick auf verschiedenste physische Parameter, wie Gleichgewicht, Greifkraft und Beweglichkeit. Sie stellten fest, dass die Personen in der OPEL-Gruppe im Schnitt besser abschnitten als die der OPUS-Gruppe: Falls Ihre Eltern sehr alt geworden sind, können Sie sich auf einen langsameren körperlichen Verfall freuen.[137]

Barzilais Team ging noch weiter und betrachtete den bisherigen Lebensstil sowie die medizinische Geschichte der Teilnehmer, einschließlich ihrer Ernährung. Sie konnten keinen Unterschied bei der Kalorienzufuhr zwischen OPEL- und OPUS-Gruppenmitgliedern finden, auch nicht im Hinblick auf die Art der Ernährung – die Anteile an Obst und Gemüse oder Getreide oder Fleisch. Die »Ernährungsumwelt« ist also für alle Teilnehmer gleich. OPEL-Mitglieder weisen jedoch eine 29 Prozent geringere Wahrscheinlichkeit auf, unter Bluthochdruck zu leiden, eine 65 Prozent geringere Wahrscheinlichkeit, einen Schlaganfall zu bekommen, und das Risiko von Herz-Kreislauf-Erkrankungen ist um 35 Prozent reduziert, verglichen mit OPUS-Mitgliedern.[138]

»Ich glaube, Blue Zones sind im Wesentlichen genetische Inseln und keine Umweltinseln«, sagt Barzilai. »Ich denke nicht, dass wir die Fähigkeit haben, nur aufgrund der Umgebung älter als 100 zu werden.«

Das Fischen nach genetischen Markern geht weiter. In einer anderen Studie von Thomas Perls und Kollegen wurden bei zwei Über-Hundertzehnjährigen, einem Mann und einer Frau, vollständige Genom-Sequenzierungen vorgenommen. Das Paar wurde aus der NECS-Datenbank ausgewählt, weil es älter als 114 geworden war und immer noch keine einschränkenden Krankheiten aufwies. Anders ausgedrückt: Wie wir gesehen haben, passt die Lebensspanne dieser über-hundertzehnjährigen

Entkommenen sehr genau zu ihrer Gesundheitsspanne. Als Perls Team die vollständige Genomsequenz der beiden untersuchte, stellte es fest, dass sie von den meisten bekannten Langlebigkeitsvarianten *keine* aufwiesen. Jedoch trugen die beiden eine Reihe von Varianten in sich, die mit Krankheiten in Verbindung stehen. Bei ihnen lag eine vergleichbare Anzahl dieser Krankheitsvarianten wie bei Stichproben von Nicht-Hundertjährigen vor.[139]

Aber was bedeutet das? Erstens, dass die bekannten Langlebigkeitsvarianten nicht das ganze Set sind. Es gibt noch jede Menge zu entdecken. Diese Vorstellung wird unterstützt durch die Feststellung, dass die zuvor genannte Studie bei dem über-110-jährigen Paar sehr viele neue Genvarianten an Orten im Genom nahe an den Langlebigkeits-SNPs fand.

Zweitens zeigt es, dass Sie mit »Krankheitsgenen« leben können. Perls war anfangs überrascht, als die Genomsequenz mit Krankheiten in Verbindung stehende Genvarianten aufwies. Wissenschaftler hatten angenommen, dass Hundertjährige über »saubere« und akkurate Gene verfügen, aber das tun sie nicht. Das verweist jedoch wieder auf die schützende Wirkung, die die Menschen von anderer Stelle aus dem Genom bekommen. Diese Schutzwirkung erstreckt sich bis zum Ausbessern des Schadens, der durch Rauchen, Trinken oder schlechte Ernährung verursacht wurde. Sie erinnern sich: Jeanne Calmont rauchte 96 Jahre lang, und bei Elizabeth Love waren es 70 Jahre. Fazit ist, dass es Hunderte von Genen und Tausende von Genvarianten gibt, die die Lebensdauer beeinflussen. Das bedeutet, dass wir nicht darauf hoffen können, Verbesserungen zu erzielen, indem wir an ihnen herumbasteln – es sind einfach zu viele. Das gleiche Problem haben wir in Bezug auf die Intelligenz festgestellt. Möglicherweise sind die Chancen besser, wenn wir ihre Wirkung durch Medikamente nachahmen.

Es wäre nützlich, an dieser Stelle einen kurzen Blick auf die Versuche zu werfen, ewig zu leben.

»Die Altersheilkunde kann als der Versuch definiert werden, die altersbedingten Krankheiten unmittelbar zu beseitigen«, sagt Aubrey de Grey. »Der Versuch ist kläglich gescheitert.« De Grey, der begeisterte Biertrinker mit langem Bart, ist eine der zentralen Figuren der Lebensverlängerungs-Bewegung. Als Langlebigkeitsforscher ist er Mitbegründer der SENS-Foundation, eines Gereontologie-Forschungsinstituts mit Sitz in Kalifornien. SENS steht für Strategies for Engineered Negligible Senescence. Er sagt, dass der Grund, warum die Altersheilkunde nicht funktioniert, darin besteht, dass diese Erkrankungen nicht so sind wie Infektionen. »Man sollte sie eigentlich gar nicht als Krankheiten bezeichnen, denn sie sind untrennbar mit dem Altern verbunden, nicht nur semantisch. Als Begleiterscheinungen des Lebens können sie nicht kuriert werden.«

Dies entwickelt sich bei den Langlebigkeitsforschern und dem Gesundheitswesen zu einer etablierten Sichtweise. Altern ist der übliche Faktor bei den Krankheiten, die uns einschränken und töten. Selbst eine Heilung von Krebs würde die Bevölkerungszahl älterer Menschen im Laufe von 50 Jahren nur um 0,8 Prozent steigern, weil andere Krankheiten – Herz-Kreislauf, Diabetes, Schlaganfall – ihren Platz einnehmen. Das Altern selbst hinauszuzögern würde die Bevölkerungszahl um 7 Prozent erhöhen – und erhebliche wirtschaftliche Erträge liefern. Dana Goldmann, Professor für Public political and pharmaceutical economics an der University of Southern California in Los Angeles schätzt, dass eine solche Verzögerung im Laufe von 50 Jahren 7,1 Billionen Dollar einbringt.[140] Jay Olshansky von der University of Illinois bezeichnet das als die Langlebigkeitsdividende. Wir genießen Gesundheitsfürsorge, was bedeutet, dass wir relativ lange leben, aber die meisten von uns leiden gegen Ende unter einem schlechten Gesundheitszustand. Das ist sehr teuer, ganz davon zu schweigen, dass es eine traurige Art ist, das Leben zu beenden. Wenn wir das Altern wie eine Krankheit bekämpfen, können wir die Gesundheitsspanne verlängern und Geld einsparen sowie die Vitalität älterer Menschen steigern.

De Grey unterscheidet sich insofern von dieser Sichtweise, als er nicht glaubt, dass der erste Mensch, der 1000 Jahre alt wird, bereits geboren ist.

Für ein längeres Leben nehmen die Menschen so ziemlich jede Mühe in Kauf. Vor mehr als 100 Jahren berichtete ein französisch-amerikanischer Physiologe namens Charles-Édouard Brown-Séquard, dass eine aus den zermahlenen Hoden von Meerschweinchen und Hunden hergestellte Injektion verjüngen und das Leben verlängern könne. Er war 72. Er behauptete auch, dass seine eigene sexuelle Leistungsfähigkeit verstärkt worden sei, nachdem er die Extrakte von Affenhoden zu sich genommen habe.[141] Selbst damals (man schrieb das Jahr 1890), und sogar in Paris, wo man offener gegenüber unkonventionellen Vorschlägen war, wurden seine Ideen von den anderen Wissenschaftlern verschmäht – wenn auch, so vermutet man, mit einer Spur Neid, falls sie doch zutreffen sollten.

Er war sicherlich exzentrisch, aber Brown-Séquard lag nicht völlig daneben. Er gehörte zu den Ersten, die zeigten, dass Stoffe im Blut Wirkungen auf Organe im Körper ausüben – Stoffe, die wir heute als Hormone bezeichnen. Sein Elixier nützte ihm nicht viel und er starb im Alter von 76 Jahren, aber er hat eine Reihe geistiger Nachkommen: Menschen, die bereit waren, alles zu versuchen; sogar zum Beispiel Injektionen mit dem Blut eines Kindes.

Saul Villeda und sein Team zeigten 2011 an der Stanford University, dass bei alten Mäusen, denen das Blut junger Mäuse injiziert wurde, das Wachstum der Gehirnzellen angekurbelt wurde.[142] Dann führten Amy Wagner und Kollegen an der Harvard University ein Experiment durch, bei dem eine alte Maus physisch mit einer jungen verbunden wurde, indem sie sich einen Blutkreislauf teilten. Die alte Maus war 23 Monate alt und litt unter Herzhypertrophie. Dabei verdickt der Herzmuskel und die Kammergröße schrumpft. Die Maus wurde an ein gesundes Mäusejunges angeschlossen, das zwei Monate alt war und keine Herzprobleme hatte. Vier Wochen später stellten die Forscher fest, dass sich die Herzgröße der älteren Maus wieder nahezu normalisiert hatte.[143]

Villeda ist vorsichtig damit, die Verlängerung der Lebensdauer als sein Ziel zu bezeichnen. Es wäre ein bisschen zu viel, öffentlich zu erklären, dass er Unsterblichkeit durch »junges Blut« erreichen wolle. Er möchte die Sterblichkeit komprimieren und den Ausbruch von Demenz hinauszögern. Das Labor von Wagner und auch andere versuchen, jene Faktoren in jungem Blut zu isolieren, die verantwortlich sind für die Verjüngung. Eines ist ein Protein namens GDF11, von dem jüngere Mäuse sehr viel mehr besitzen als ältere. Als Wagner älteren, hypertrophischen Mäusen lediglich das GDF11-Protein injizierte, stellte er fest, dass deren Herzen nach einer 30-tägigen Behandlung ähnlich verkleinert waren. 2015 entdeckte Villeda, nun an der University of California in San Francisco, in den Gehirnen alter Mäuse ein »Anti-Elixier« des Lebens. Die Verbindung, ein Protein namens beta2-microglobulin, hilft im Immunsystem dabei, zwischen Körperzellen und eindringenden Zellen zu unterscheiden, und ist zudem aktiv während der Entwicklung des Gehirns.[144]

Sie können sich die albtraumhaften Szenarien vorstellen, die sich Menschen ausdachten, nachdem sie von dieser Entdeckung erfuhren. Deborah Price, Professorin für Soziale Gerontologie an der University of Manchester sowie Präsidentin der British Society for Gerontology, formuliert es so: »Im extremsten Szenario gibt es Baby-Farmen. Illegale Kliniken, in denen Babys an alte Menschen angeschlossen werden.«

Gentherapie ist eine weitere Möglichkeit. 2016 machte eine amerikanische Geschäftsfrau namens Elizabeth Parrish Schlagzeilen, als sie verkündete, dass sie im Vorjahr für zwei angeblich lebensverlängernde Gentherapien nach Kolumbien gereist sei. Parrish, Chefin von BioVita, einem in Seattle ansässigen Biotechnologie-Unternehmen, war zum Zeitpunkt der Behandlung 44 Jahre alt.[145] Bei der Behandlung geht es um die DNA-Abschnitte am Chromosomenrand, genannt Telomere. Wie die gesamte DNA bestehen sie aus vier Nukleinsäuren: G steht für Guanin, A für Adenin, T für Thymin und C für Cytosin. Aufgabe der Telomere ist es, unsere genetischen Informationen zu schützen, damit sich die Zellen teilen können. Die Telomere verkürzen sich jedoch mit jeder Zellteilung. Sind sie zu kurz geworden, kann sich die Zelle nicht länger teilen, wird inaktiv, »vergreist« oder stirbt ab. Hundertjährige haben in Relation längere Telomere, was vermutlich mit dem Schutz vor altersbedingten Krankheiten und kognitivem Nachlassen zusammenhängt.[146] Die verlockende Vorstellung dabei ist, dass man den Alterungsprozess hinauszögern könnte, wenn man in der Lage wäre, die Telomere zu verlängern. 2012 wurde das von einem Team spanischer Forscher an Mäusen demonstriert.[147] Ob das allerdings auch bei Menschen funktioniert, ist ungewiss.

Da BioVita nicht die notwendigen vorklinischen Sicherheitsarbeiten durchgeführt hat, um mit der Studie bei Menschen weiterzumachen, bewilligte die US Drug and Food Administration Parrishs Experiment nicht – von daher ihre Reise in eine nicht genannte Klinik in Kolumbien. Sie behauptete, die Therapie hätte ihr Zellalter um 20 Jahre zurückgesetzt, aber andere Wissenschaftler waren skeptisch, sowohl was die Behauptung als auch die Wirksamkeit betrifft, selbst wenn es sich als wahr herausstellen sollte. Sie sehen die Parallelen zu Brown-Séquard 120 Jahre früher.

Andere Menschen setzen auf Hungern. Michael Rae ist einer von ihnen. Er arbeitet mit Aubrey de Grey bei der SENS Foundation. Die empfohlene tägliche Kalorienmenge für einen erwachsenen Mann beträgt 2500 Kalorien. Rae, 46 Jahre alt, gönnt sich seit 15 Jahren nicht mehr als 1900 Kalorien täglich. Damit ist er nicht allein. Dave Fisher zum Beispiel, aus Bracknell in Großbritannien, ist 59 und hält seit 25 Jahren eine strapaziöse 1600-Kalorien-Diät ein.[148] Rigorose Diäten verlängern bei vielen Labortieren die Lebensdauer, von Nematoden bis zu Fliegen und Mäusen, um bis zu 50 Prozent. Das funktioniert, weil bei einer kalorienreduzierten Diät stressresistente Gene eingeschaltet werden. Durch die Aktion dieser Gene wird ein Schutz vor dem Altern erreicht. Mäuse auf kalorienreduzierter Diät sind resistent gegenüber den üblichen altersbedingten Erkrankungen wie Krebs und Herzerkrankungen. Eine Sorge der Menschen, die diese Methode zur Lebensverlängerung ausprobieren, besteht darin, dass Kalorienreduzierung bei Primaten nicht zu funktionieren scheint. In einer 25-jährigen Studie stellten Wissenschaftler vom US National Institute of Aging fest, dass Rhesusaffen, denen ein Drittel weniger als der normale Kalorienbedarf verabreicht wurde, nicht länger lebten,[149] möglicherweise fällt die Gesundheitsspanne der kalorienreduzierten Affen jedoch besser aus.[150]

Ist es das wert? Für die halbverhungerten Männer (und es scheinen überwiegend Männer zu sein), die das tun, lautet die Antwort eindeutig Ja. Sie behaupten, das Leben so sehr zu lieben, dass sie es über die normalerweise zugewiesenen Jahre hinaus verlängern möchten; wie schade, dass sie die Zwischenzeit nicht auch ein bisschen mehr genießen können. De Gray sagte, dass die Kalorienreduzierung für eine Weile äußerst vielsprechend zu sein schien, jetzt aber nicht mehr, obwohl »jede Menge Alterungsexperten, die sich schämen sollten, es natürlich immer praktizieren«. De Greys bevorzugte Lösung besteht darin, durch Altern beschädigte Moleküle und Zellen zu reparieren, sodass es erst gar nicht zum Problem wird.

Als de Gray mit der Idee einer umfassenden Schadensreparatur als Mechanismus zur Lebensverlängerung aufwartete, prägte er den Begriff Longevity Escape Velocity (LEV) (Langlebigkeits-Fluchtgeschwindigkeit). Es ist der Moment, in dem die Lebenserwartung anfängt, um *mehr* als ein Jahr pro Jahr zuzunehmen. Diese Situation würde bedeuten, dass wir in schnellerem Maße verjüngen als altern; wir würden den Tod abhängen. In manchen Langlebigkeitskreisen ist dies der legendenumwobene Augenblick, auf den sie abzielen; in anderen wird es als nervige Science-Fiction angesehen. De Greys derzeitige Annahme, wann wir diesen Punkt möglicherweise erreichen werden, sieht so aus: »Ich denke, wir haben eine 50-prozentige Chance, von heute an gerechnet in 20 Jahren dort zu sein, sofern die Finanzierung der Arbeiten in der Anfangsphase, die momentan laufen, sich bald verbessert. Andernfalls könnte es zehn Jahre länger dauern.«

Alex Zhavoronkov, CEO von InSilicoMedicine, einem Biotechnologie-Unternehmen in Baltimore, Maryland, ist optimistischer: »Ich hege keine Zweifel, dass die Fluchtgeschwindigkeit bereits erreicht ist. Die jüngsten Fortschritte beim Deep Learning (deutsch etwa: Tiefgehendes Lernen) und Reinforcement Learning (deutsch etwa: Bestärktes Lernen), der digitalen Medizin, Krebsimmunologie, Gentherapie und regenerativer Medizin, die in den vergangenen fünf Jahren gemacht wurden, geben mir Zuversicht.«

Zhavoronkov verweist auf die Anzahl der Wissenschaftler, die in diesem Bereich arbeiten, und die Fortschritte, die erzielt wurden, vor allem in Südkorea und China. Wir haben bereits festgestellt, dass eine Steigerung der gesunden Lebensspanne ein beachtliches Einkommen für die Weltwirtschaft nach sich ziehen würde. Ich wollte Zhavoronkov erwähnen, um zu zeigen, dass trotz aller Rufe nach Vorsicht und Zurückhaltung vieler Langlebigkeitsforscher in akademischen Institutionen der Preis derartig lohnenswert ist, dass Dutzende anderer Wissenschaftler vorwärtsstürmen. Zhavoronkov ist Optimist, Futurist und Geschäftsmann. Seine größte Sorge besteht darin, dass die Forschung nicht schnell genug vorankommt: »Wahrscheinlich erleben wir einen weltweiten Zusammenbruch der Wirtschaft, bevor die am weitesten entwickelten Nationen produktive Langlebigkeit als neue Quelle ökonomischen Wachstums begrüßen.«

Ich möchte mich auch unbedingt mit Zhavoronkov unterhalten, denn er hat in der Vergangenheit mit Anti-Aging-Medikamenten experimentiert. Er hat vor allem Rapamycin getestet, ein Medikament, das die Wirkungen der Gene, die während einer Diät aktiviert sind, nachahmt und das die Vorteile des Hungerns ohne die entsprechende Qual zu bieten scheint.

Alan Green lebt in Little Neck, New York City, in der Nähe der Interstate 495, die zufällig nur ein paar Meilen hinter Flushing Meadows und der Szene von Petra Kasperovas Sri-Chinmoy-Triumph liegt.

»Als ich 72 Jahre alt war, hatte ich einen Taillenumfang von 96 Zentimetern und konnte meine Hunde nicht im Park ausführen, ohne Herzschmerzen zu bekommen und schon bei kleinen Hügeln kurzatmig zu werden«, erzählt mir Green. Als Arzt unterrichtet er am SUNY Downstate Medical Center in New York, promovierte 1967. Die Brustschmerzen konfrontierten ihn damit, dass er alt wurde und es mit seiner Gesundheit bergab ging. Er begann darüber zu lesen, was man über das Altern wusste, und stieß auf die Arbeit von Mikhail Blagosklonny, damals Professor für Onkologie am Roswell Park Cancer Institute in New York.

Blagosklonnys Hauptinteresse gilt dem Rapamycin, das eingesetzt wird, um das Immunsystem bei Nierentransplantationen zu unterdrücken, aber auch die Lebensdauer von Mäusen verlängert. Das Medikament funktioniert über mTOR (Abk. für engl. mechanistic Target of Rapamycin, früher *mammalian Target of Rapamycin* [Ziel des Rapamycins im Säugetier]), was der Schlüssel für verschiedene wichtige Krankheiten im Alter ist, wie Demenz und Krebs. Blagosklonny hat zugegeben, in der Vergangenheit Experimente damit durchgeführt zu haben,[151] und Green entschied, es auszuprobieren und die Dosis mit gesundem Menschenverstand zu bemessen.

»Ich bin jetzt 74 Jahre alt. Dieses Frühjahr habe ich mit Radfahren angefangen. Im Mai bin ich 1000 Kilometer geradelt und im Juni 1600 Kilometer. Im Juli und August will ich auch jeweils 1600 Kilometer schaffen. Ich mache das, weil es eine unglaubliche Freude ist, sich fit zu fühlen, nachdem ich unter dem Altwerden gelitten habe.«

Heute misst seine Taille 78 Zentimeter. »Meinem Herzen geht es wieder gut«, sagt er.

Es ist verlockend, und Green ist ein leidenschaftlicher Anhänger von Rapamycin, obwohl der Anti-Aging-Nutzen für Menschen nicht bestätigt ist. »Für Menschen ist Rapamycin noch nicht sicher«, sagt Barzilai. Deshalb versucht er die US Food and Drug Administration dazu zu bekommen, klinischen Versuchen zuzustimmen. Ein Projekt hat er bereits startklar, entworfen, um das Diabetes-Medikament Metformin speziell im Hinblick auf seine Anti-Aging-Eigenschaften zu testen (das Projekt trägt den Namen TAME: Targeting Aging with Metformin). Das Medikament wird seit Jahren zur Behandlung von Diabetes II eingesetzt, wir wissen also, dass es sicher ist, aber Barzilai will es Menschen mit Krebs, Herzerkrankungen und geistigem Verfall geben, um zu sehen, ob das Medikament deren Symptome mildert und ihr Leben verlängert. »Wir brauchen Praxistests«, sagt er.

Aber ist Altern an sich schlecht?

Die FDA und ähnliche Autoritäten sind vorsichtig damit, zuzugeben, dass Altern eine eigenständige Krankheit ist. Das würde einen grundlegenden Aspekt unseres Lebens verleugnen, tatsächlich genau jenen Aspekt, der ihm Bedeutung verleiht, würden manche sagen. Anderen ist es schlichtweg egal. Das Altern zu kurieren ist ein großes Geschäft, man kann viel gewinnen, und einige der Biggest Player im Silicon Valley sind involviert. 2013 gründete Google Calico, das kalifornische Biotechnologie-Unternehmen, um das »Problem« des Alterns anzugehen. 2014 rief Craig Venter die Firma Human Longevity Inc. ins Leben, um die Genomsequenz von einer Million Menschen zu dokumentieren. Sein Ziel besteht darin, die altersbedingten Erkrankungen anzugehen und die gesunde Lebensspanne des Menschen zu verlängern. Wie bereits zu einem früheren Zeitpunkt erwähnt, zielt die Methuselah Foundation darauf ab, bis 2030 Technologie entwickelt zu haben, mit der sich 90-Jährige so gesund fühlen wie 50-Jährige. Aubrey de Greys SENS Foundation ist ein Ableger davon. Ob es nun richtig oder falsch ist, Millionen Dollar und Forschungsstunden werden in das »Lösen« des Alterns gesteckt.

Für mich ist das moralische Problem, einen natürlichen Prozess »kurieren« zu wollen, irrelevant. Mir geht es um die wissenschaftliche Betrachtungsweise. Wir versuchen Krebs und Herzerkrankungen zu heilen und all die anderen Krankheiten, die mit hohem Alter einhergehen, und geraten nicht in dieses Dilemma. Aber ein besserer Weg, diese Probleme zu lösen – wissenschaftlich, technisch, sozial und wirtschaftlich – scheint darin zu bestehen, das Altern selbst zu verlangsamen. Die Sorge dabei ist jedoch, dass diese Lösungen nur den Reichen zugänglich sein werden.

Ich habe dieses Kapitel mit der Behauptung begonnen, dass ich mir wünsche, meine Tage wären ungezählt. Aber woher soll ich wissen, was ich will, wenn oder falls ich ein hohes Alter erreiche? Als unsere älteste Tochter auf die Welt kam, nannten wir sie nach ihrer Urgroßmutter Molly, die damals 93 Jahre alt war. In den vergangenen Jahren hat die ältere Molly ihre Beweglichkeit verloren und war sehr ans Haus gebunden, wo sie immer noch unabhängig lebt. Ich erinnere mich daran, dass sie sagte, sie habe sich mit ihrer eigenen Sterblichkeit abgefunden. Das ist schon eine seltsame Sache, darauf vorbereitet zu sein, mit dem Existieren aufzuhören. Aber gleichzeitig ist es verständlich: Viele, wenn nicht alle ihrer Freunde sind tot, das von der Familie geführte Leben, wenn man noch eine hat, unterscheidet sich gravierend vom eigenen. Fügen Sie dem noch den schlechten Gesundheitszustand hinzu, mit dem viele alte Menschen konfrontiert sind, und Sie erkennen, warum es manchen Menschen nichts ausmachen würde zu sterben. Das auszusprechen sollte nicht tabuisiert werden. Andererseits sollte es aber auch nicht zum Tabu erklärt werden, dem Tod so lange wie möglich entkommen zu wollen.

9
RESILIENZ

Die Dinge, die du für die Katastrophen in deinem Leben hältst, sind nicht wirklich die Katastrophen. Nahezu alles kann aus der Krise gerissen werden: aus jedem Graben heraus, einem Pfad, wenn du es nur siehst.

Hilary Mantel, *Falken*

Viele Male, während ich dieses Buch geschrieben und dafür recherchiert habe, empfand ich Demut gegenüber den Leistungen der Menschen, denen ich begegnete.

So sollte es auch sein – es wäre nicht wirklich ein Buch über Wunder der Evolution, wenn mich die Fähigkeiten dieser Menschen nicht beeindrucken würden. Aber von allen Menschen, die ich interviewt habe, sticht einer heraus, und das ist Carmen Tarleton. Ihre Geschichte ist anfangs ziemlich erschreckend und verstörend, aber ertragen Sie es mit mir gemeinsam, denn trotz all ihrer außergewöhnlichen Brutalität ist Carmens Reaktion – ihre Resilienz – noch außergewöhnlicher.

Am 10. Juni 2007 war die damals 37-jährige Carmen mit ihren kleinen Töchtern zu Hause in Thetford, einer Kleinstadt in Vermont im Nordosten der Vereinigten Staaten, als der von ihr getrennt lebende Ehemann in das Haus einbrach. Herbert Rogers glaubte, dass Carmen eine Beziehung mit einem anderen Mann habe und sich dieser in dem Haus aufhalten würde. Als er dort jedoch keinen Mann vorfand, griff er Carmen an. »Ich bin einfach durchgedreht«, erzählte er später der Polizei. Er schlug Carmen so fest mit einem Baseballschläger, dass er ihr den Arm und die Augenhöhle brach. Dann schüttete er ihr ätzende Lauge ins Gesicht. Ein Ohr, ihre Augenlider und ein Großteil ihres Gesichts wurden zerstört. Sie erlitt an 80 Prozent ihres Körpers Verbrennungen.

Ich traf Bohdan Pomohac, einen ihrer Chirurgen, vom Boston's Brigham and Women's Hospital. »Was Verletzungen angeht, die ein Mensch einem anderen zugefügt hat, gehört das sicher zum Schlimmsten, was ich je gesehen habe«, erzählte er mir. »An Brutalität übertraf es alles, was wir je gesehen haben.«

Carmen wurde zuerst ins Dartmouth-Hitchcock Medical Center in Lebanon, New Hampshire, gebracht, jene Klinik, in der sie selbst als Krankenschwester arbeitete. Mit dem Hubschrauber wurde sie dann nach Brigham verlegt, wo sie in ein künstliches Koma versetzt wurde, um ihr Leben zu retten. Ihr Gesicht war fast völlig zerstört; ihre Familie konnte sie nur anhand der Zähne identifizieren.

Wenn Menschen schreckliche Kopfverletzungen erleiden, können die Ärzte sie mit Barbituraten in ein künstliches Koma versetzen, um Gehirnfunktionen auszuschalten. Das verhindert, dass sich das Gehirn weiteren Schaden zufügt, indem es versucht weiterzuarbeiten, obwohl es nicht ausreichend mit Blut versorgt wird.

Carmen blieb drei Monate im Koma, während Pomohac und sein Team sie 38 Mal operierten. Durch das Stückwerk an Hauttransplantationen, das sie bekommen hatte, zusammen mit den vielen Bluttransfusionen, die ihr über die Monate verabreicht wurden, hatte sie so viele Antikörper, dass sie quasi gegen mindestens 98 Prozent der Bevölkerung geimpft war. Sie war blind, schwer entstellt und hatte viele der normalen Gesichtsfunktionen verloren. Sie litt unter starken Schmerzen. Aber sie war am Leben und irgendwie, irgendwo, keimte da noch etwas in ihr.

»Schon als ich das erste Mal aus dem Koma erwachte, wusste ich einfach, dass all das für mich noch eine andere Bedeutung haben musste«, sagt sie. »Ich könnte vielen Menschen helfen.«

Carmen begann inspirierende Reden zu halten. »Ich sah schrecklich aus und ich tat den Menschen unheimlich leid, aber ich wollte ihnen zeigen, dass es keine Rolle spielte, wie ich aussah.« Es ist die ultimative Demonstration, dass es auf das Innere ankommt. Fotos von Carmen aus jener Zeit sind erschreckend; man kann sich kaum vorstellen, dass sie überlebt hat, geschweige denn, damit umgehen konnte. Am schlimmsten war vermutlich der Anblick ihrer Augen. Nach all den Transplantationen hatte sie keine richtigen Augenlider, es sah aus, als würden ihre Augäpfel durch kleine runde Öffnungen schauen, die in die Haut geschnitten worden waren. Sie hatte künstliche Hornhäute und konnte nicht blinzeln und die Hautränder waren wundrot.

»Dadurch war ich gezwungen, auf das zu schauen, was im Leben wirklich zählt. Und daran musste ich mich halten, denn diese schreckliche Sache ist passiert und ich habe einen Weg gefunden, es durchzustehen. Aber nicht, weil ich besonders oder anders bin, sondern weil es so hat sein sollen: um den Menschen zu zeigen, dass man Schreckliches erleben und vergeben kann, vollständig, und weitermacht. Und dazu bin ich in der Lage gewesen.«

Sie sagt, sie habe ihrem Exmann verziehen. (Als Gegenleistung dafür, dass er sich schuldig erklärte, verlangte die Anklage 30 bis 70 Jahre Gefängnis. 70 Jahre – statt lebenslänglich – als geforderte Höchststrafe, da lebenslänglich eine automatische Berufung nach sich zieht, was niemand, einschließlich des Exmannes, wollte.) »Ich war nie gläubig«, erzählte sie mir. »Ich habe Verantwortung für mein Leben übernommen. Ich war nicht verantwortlich für das, was passierte, für das, was er sich zu tun entschied, aber ganz sicher war ich verantwortlich von dem Tag an.«

Auch nach der Entlassung aus dem Krankenhaus litt Carmen weiterhin starke Schmerzen. Die Hautverletzungen und vielen Transplantationen spannten beim Heilen. Das führte zu zahlreichen Sekundärproblemen wie Einschränkung der Beweglichkeit von Hals und Wirbelsäule. Carmen konnte sich nicht ohne Schmerzen frei bewegen und musste große Mengen an Narkotika einnehmen, um das auszuhalten. Aber sie gab nicht auf.

Dann, am Valentinstag 2013, veränderte sich Carmens Leben erneut. Sie bekam eine komplette Gesichtstransplantation, eine Operation, die vor ihr nur sechs andere Amerikaner erhalten hatten. Durchgeführt wurde die Operation von Bohdan Pomohac.

Pomohac sagt, dass er lange Zeit nicht an Carmen als Kandidatin für eine Gesichtstransplantation gedacht habe, weil ihr Immunsystem angegriffen war. All diese Transplantationen und Transfusionen hatten ihren Körper darauf ausgerichtet, nahezu jedes Spendergewebe anzugreifen. Es gab jedoch einige drängende Gründe, warum sie ein neues Gesicht brauchte. Nicht nur wegen der Schmerzen und vielen Betäubungsmittel, sondern auch, weil sich die Öffnung für ihren Augapfel vergrößerte und dadurch die künstliche Hornhaut gefährdet wurde. Hinzu kamen das Sabbern und die Probleme beim Essen und Sprechen.

Die Operation war ein technischer Erfolg, aber ihr Immunsystem wehrte sich heftig. Ihr Körper versuchte, das neue Gesicht abzustoßen, und obwohl sie noch vier Wochen nach der Operation mit zahlreichen Immunosuppresiva vollgepumpt wurde, lehnte ihr Körper das neue Gewebe ab. Es war nur noch ein Medikament übrig, das sie noch nicht ausprobiert hatten. Eine volle Dosis würde helfen, die Ablehnung zu unterdrücken, gleichzeitig aber das komplette Immunsystem derart lahmlegen, dass schon eine einfache Erkältung sie töten könnte. Am Ende gaben sie Carmen, mit ihrem Einverständnis, eine kleine Dosis davon, und das schaffte die Wende. Dieses letzte bisschen war genug, um ihr Immunsystem zu zähmen. Ihr Zustand besserte sich. Carmen sagt, sie fühlte sich, als habe sie sich entschieden, zu leben.

»Möglicherweise haben Menschen eine psychische Kraft, die so etwas bewirken kann, aber meine offizielle Antwort muss natürlich lauten, dass die Statistiken ein kleines bisschen zu unseren Gunsten ausfielen«, sagt Pomohac. »Manchmal können die Menschen einen mit ihrer Resilienz überraschen.«

Carmen bezeichnet ihr Gesicht als ein Geschenk der Liebe. »Fast täglich denke ich an meine Spenderin Cheryl. Ich habe Bilder von ihr und einer ihr Schals hängt am Griff meines Kleiderschranks.«

Bei den meisten Gesichtstransplantationen unterscheidet sich die Knochenstruktur des Empfängers so deutlich von der des Spenders, dass, nachdem alles abgeheilt ist, der Empfänger nicht so aussieht wie der Spender. Bei Carmen ist das jedoch anders. Sie sieht zwar nicht ganz genauso so aus wie ihre Spenderin, aber es gibt eine deutliche Ähnlichkeit. Als sie darüber sprach, wie es ist, das Gesicht eines anderen zu haben, geriet sie das einzige Mal während unseres Gesprächs ins Stocken.

»Dafür dankbar zu sein, dass ich ihr Gesicht habe, ist ein wichtiger Bestandteil meines Lebens«, sagte sie. »Es ist eines der größten Geschenke, die ich erhalten konnte.«

Am 14. Februar, dem vierten Jahrestag ihrer Transplantation, ging sie mit ihrem Freund aus. An vorhergehenden Valentinstagen hat sie jedoch etwas Ungewöhnlicheres getan. »Manchmal treffe ich die Tochter meiner Spenderin am Valentinstag.«

Carmen hat sich mit Marinda Righter angefreundet, der Tochter der Frau, deren Gesicht sie nun trägt. Es war Marinda, die den Chirurgen die Erlaubnis gab, das Gesicht ihrer Mutter zu verwenden, nachdem Cheryl aufgrund eines heftigen Schlaganfalls hirntot war. Marinda, die in Boston lebt, beschreibt den Moment, in dem sie Carmen nach der Gesichtstransplantation zum ersten Mal sah. Man hatte sie vorgewarnt, dass Carmen nicht wie ihre Mutter aussehen würde, aber für Marinda tat sie das. Die beiden umarmten sich und Marinda berührte das Gesicht.

»Ich habe sofort Liebe für Carmen empfunden«, erzählte sie, »und habe mich auch meiner Mom nie näher gefühlt.«

Carmen erlitt körperliche Verletzungen, die sie hätten töten können. Dass sie überlebte, ist an sich schon bemerkenswert, noch unglaublicher scheint jedoch, wie sie nicht nur mental überlebte, sondern sich auch in jemand anderes verwandelte – jemand, der gemäß ihren eigenen Angaben besser ist. Es ist diese »psychische Kraft«, über die Pomohac verständlicherweise nur zögernd spricht, für die ich mich aber interessiere.

Carmen erzählte mir, dass sie nicht die Zeit zurückdrehen und alles ungeschehen machen wolle: Sie sei zu sehr daran gewachsen. Dieses Muster ist mir während der Recherche zu diesem Kapitel auch bei anderen Menschen aufgefallen und es ist etwas, das wir uns in Kapitel 11 noch genauer anschauen werden. Menschen erleiden ein unglaubliches Trauma und finden einen Weg, es zu überwinden.

Wie machen sie das? Bei physischen Traumata ist es nicht so geheimnisvoll, dass manche Menschen überleben. Wie Pomohoc sagt, schaffen es statistisch gesehen einige Menschen. Wenn sie das tun, sind sie überrascht, dass wir uns darauf fixieren und es sogar als Wunder bezeichnen. Wir erinnern uns an diese Menschen, außergewöhnliche Überlebende, wie die Kongressabgeordnete im Bundesstaat Arizona, Gabrielle Giffords, der 2011 bei einem Attentat in den Kopf geschossen wurde. Wir zucken nicht mit den Schultern und sagen, nun ja, es ist nicht unmöglich, sogar einen Schuss in den Kopf zu überleben. Statistik einmal beiseitegelassen, die medizinische Versorgung ist gut und der Körper ist zu erstaunlichen Heilungen in der Lage – möglicherweise mehr, als wir ihm zutrauen.

Es ist jedoch die psychische Widerstandsfähigkeit, die manchmal noch stärker beeindruckt. Carmen erzählte mir, dass wir uns zu sehr in negativen Einstellungen verfangen. Du musst die Kontrolle übernehmen und deine eigenen Entscheidungen treffen. »Im Innern lebe ich nicht wie der typische Mensch«, sagt sie. »Ich habe andere Überzeugungen, die mir helfen weiterzumachen, wenn ich einmal anfange.«

Manche Menschen können ein Trauma überstehen und sogar gedeihen, während andere unter anhaltenden physiologischen Belastungen und Ängsten leiden – den Kennzeichen einer posttraumatischen Belastungsstörung. Im Brigham and Women's Hospital führte ich darüber ein Gespräch mit einem Psychiater. David Wolfe ist Leiter der ambulanten Betreuung am Building of Transformative Medicine (welch sinnträchtiger Name). Das Witzige sei, so erzählte er mir, dass Menschen mit einem akademischen Abschluss nicht diejenigen sind, die ein Trauma leichter überwinden. Wenn jemand gut zurechtkommt, wird er nach Hause geschickt. Psychiater erkennen, ob jemand zu kämpfen hat. Aber vielleicht, so sagte er, leiden die Menschen auch weniger, als wir annehmen.

»Die Psychiatrie trägt nämlich Mitschuld, weil wir schlichtweg davon ausgehen, dass jemand, dem etwas zugestoßen ist, unter psychischen Problemen leidet.«

Wir betrachten es nicht andersherum. Zum Beispiel wurden viele Menschen in ihrer Kindheit auf irgendeine Weise misshandelt, dennoch geht es ihnen gut. Es entspricht der menschlichen Natur, sagt Wolfe, zu projizieren – anzunehmen, dass aus schrecklichen Ereignissen etwas Schlechtes hervorgeht. »Das passiert, wenn wir schwer kranke Menschen im Krankenhaus sehen. Wir denken, die müssen doch deprimiert sein – oder etwa nicht? Aber tatsächlich sind sie es nicht.«

Das soll nicht etwa heißen, dass Menschen nicht leiden und keine Behandlung brauchen. Laut dem United States National Center for PTSD leiden sieben oder acht von 100 Menschen irgendwann im Leben unter einem PTBS (und es sind mehr Frauen als Männer betroffen). Derzeit weisen etwa 24 Millionen Menschen in den Vereinigten Staaten derartige Symptome auf. Wolfe will damit sagen, dass es falsch ist anzunehmen, ein traumatisches Ereignis habe bei jedem die gleichen Auswirkungen. In den meisten Fällen ist es viel beeindruckender, wie gut Menschen mit Traumata umgehen können. Aus evolutionärer Sicht ergibt das auch Sinn: Es ist vorteilhaft, über verborgene Resilienzkräfte zu verfügen. »Die Fähigkeit, uns durch widrige Umstände hindurchzukämpfen, steckt irgendwo in unserer DNA«, sagte Wolfe. »Aus evolutionärer Sicht ist es eher rätselhaft, warum wir manchmal Probleme damit haben.«

Nachdem ich mich ein paar Minuten mit Alex Lewis unterhalten habe, merke ich ehrlich gesagt gar nicht mehr, dass seine Lippen durch einen ovalen Hautlappen aus seiner Schulter ersetzt worden sind. Das sei sein Homer-Simpson-Gesicht, sagt er. Die Haut setzt schneller Fett an als der Rest seines Gesichts, deshalb merkt er sofort, wenn er zunimmt, weil sein Mund dann prall wird. Es ist sicher ein unverwechselbares und ungewöhnliches Aussehen, ganz davon zu schweigen, dass ihm beide Arme und Beine amputiert werden mussten. Aber während ich mit ihm spreche und ihm in die Augen sehe, merke ich, wie mein Gehirn seine untere Gesichtshälfte mit normalen Lippen ausstattet und annimmt, er habe normale Lippen. Wenn ich bewusst meinen Blick auf seinen Mund richte, ist das Homer-Gesicht wieder da. Aber sonst bemerke ich es gar nicht. Das liegt auch daran, dass er ein so umgänglicher, normaler Bursche ist und es sich ganz natürlich anfühlt, mit ihm bei einer Tasse Tee in seiner Küche zu plaudern. Er trinkt mit einem Strohhalm.

2013 lebte der damals 33-jährige Alex mit seiner Lebenspartnerin Lucy Townsend und dem gemeinsamen kleinen Sohn zusammen in Hampshire, wo er einen Pub führte. Für einen lockeren Typen, der gern auch mal trank, nicht die ideale Situation.

»Morgens reinigte ich die Zapfleitungen und probierte schon um zehn alle Biersorten. Und was tust du anschließend? Leute kommen vorbei – du trinkst was mit ihnen. Um zwei kommt der Nächste vorbei, dann wieder jemand um drei – das geht so bis um drei Uhr früh am nächsten

Morgen. Tag für Tag. Es wurde zur Norm. Aber so hätte es nicht weitergehen können.«

Allerdings hatte er kein Problem damit, auch wenn Lucy sich beschwerte. Heute sagt er über jene Zeit, dass er in einem Trott gefangen war – genaugenommen steckte er in einem Faß voller Fusel. »Ich konnte problemlos zwölf, 14 Pints wegstecken und zwei Flaschen Wein, schlafen, aufwachen und wieder von vorn anfangen. Ich hatte nicht das Gefühl, dass ich die Kontrolle verlor.«

Im November jenes Jahres fing er sich etwas ein, das er für eine Erkältung hielt. Es entwickelte sich zu einer Art Grippe und dann war plötzlich Blut in seinem Urin und ein blauroter Hautausschlag breitete sich auf seinem Körper aus. Seine Finger fühlten sich seltsam an – er konnte sich das Hemd nicht mehr zuknöpfen. Er erinnert sich, dass Lucy am Morgen des 17. November an die Tür des Pubs klopfte – sie war verschlossen und der Schlüssel steckte von innen. Als Alex die Treppe hinunterkam, brach er zusammen. »Ich konnte mich nicht mehr bewegen, spürte nichts.«

Während er dort lag, völlig benebelt, brachen Lucy und ihr Vater die Tür auf und riefen einen Krankenwagen – der zum Glück innerhalb von fünf Minuten da war. Er wurde ins Winchester Hospital gebracht.

Immer wieder verlor er an jenem Tag das Bewusstsein, während die Ärzte versuchten, ihn zu stabilisieren. Er hatte eine Blutvergiftung, eine durch Infektionen ausgelöste Entzündungsreaktion des Körpers, bei der die eigenen Organe angegriffen werden. Aber was war die Ursache? Ein Arzt vermutete, dass es sich um Leptospirose handelte. Schließlich, an jenem Abend um zehn Uhr, wurde die richtige Diagnose von einem Arzt gestellt, der dieses Krankheitsbild schon einmal gesehen hatte.

Die »Grippe« war in Wahrheit eine Infektion mit Streptokokken Typ A. Wir alle haben diese Bakterien, sie leben auf unserer Haut und in unserem Körper. Wenn sie außer Kontrolle geraten, verursachen sie Halsschmerzen und eine Lungenentzündung, aber manchmal, selten, können sie eine ernste Infektion namens Nekrotisierende Fasziitis auslösen. Dieser medizinische Fachterminus ist ziemlich kompliziert, deshalb wird die Krankheit oft auch als »fleischfressende Krankheit« bezeichnet.

Genau das hatte Alex. Seine Nieren versagten und er war dem Tod nahe. Das Team auf der Intensivstation sagte Lucy und Alex' Mutter, falls sich sein Zustand bis zum Morgen nicht besserte, würden sie ihn aufwecken, damit er sich verabschieden könne, und ihn dann von den lebenserhaltenden Maschinen nehmen. Sein Arzt an jenem Abend, der beratende Anästhesist Geoff Watson, gab Alex eine 3-prozentige Überlebenschance, probierte jedoch über Nacht etwas Unorthodoxes aus und rettete damit sein Leben. (Watson hat Alex nie erzählt, was genau er getan hat, vielleicht wegen der unorthodoxen Natur.)

Das war erst der Anfang. Die Dinge entwickelten sich schnell. Alex wurde ins Salisbury Hospital verlegt, das auf Amputationen und plastische Chirurgie spezialisiert ist. Die Streptokokken waren tief eingedrungen, vor allem in Alex' linken Arm. Die beratende Chirurgin Alexandra Crick kam ihn sich ansehen. Alex begrüßte sie. Er sagte, er sei sehr höflich gewesen und habe sie gefragt, wie es ihr gehe. Die Chirurgin antwortete: »Nun, Sie werden Ihren linken Arm verlieren und vielleicht Ihre Füße.« Dann drehte sie sich um und verschwand wieder.

»Ich lag da und dachte, ›verdammt, das war ein bisschen brutal‹.« Schon bald sollte er jedoch verstehen, warum Crick so auftrat. Sehr oft sterben Menschen in seinem Zustand und die Ärzte müssen zu ihren Patienten eine gewisse Distanz halten. Das heißt nicht, dass die Patienten ihnen egal wären, sondern dass sie einem die richtige Behandlung zukommen lassen können. »Außerdem kann man es nicht beschönigen«, sagt Alex. »Man muss dem Patienten genaue Informationen geben, damit der sich keine unrealistischen Illusionen macht.« Er lernte Cricks Kompetenz schätzen und sagt, dass es heute niemanden gäbe, den er mehr bewundere als sie. In drei Jahren wurde er insgesamt mehr als

300 Stunden operiert. Sie sagt, dass sie beide für den Rest ihres Lebens ein Arzt-Patient-Verhältnis haben werden.

Cricks anfängliche, brutale Einschätzung war richtig. Er verlor tatsächlich seinen linken Arm – und beide Beine oberhalb des Knies. »Es ging so schnell«, erinnert sich Alex. Es folgte eine lange Genesungsphase und das war die Zeit, in der sich seine Gelassenheit bezahlt machte.

»Ich hatte danach einen klaren Kopf und eine klare Vorstellung davon, dass es mir wieder besser gehen würde – kein Neuanfang, aber ich würde auch nicht in Selbstmitleid und Verbitterung versinken mit diesem ›Warum-Ich‹ und all dem.«

Seine Perspektive – die bemerkenswert der Haltung von Carmen Tarletons »Verantwortung für mein Leben übernehmen« ähnelt – war ihm jetzt eine große Hilfe. »Ich war immer ein unheimlich lockerer Typ. Sogar wenn ich viel getrunken habe, hätten die Leute nicht sagen können, ob ich besoffen war. Von zwölf Uhr mittags bis zwei Uhr früh veränderte ich mich nicht. Ich war entspannt, ließ mich nicht so leicht stressen.« Was ihn bis dahin in einem Trott gehalten hatte, diese Selbstzufriedenheit des »mit dem Strom Schwimmens«, ermöglichte es ihm nun, sich von seinen Gliedmaßen zu trennen, ohne dass es ihn innerlich zerriss. Er entdeckte in sich eine positive Haltung und eine Stärke, von der er gar nicht gewusst hatte.

Bevor er krank wurde, hatte es in Alex' Leben keinerlei Anzeichen von Resilienz gegeben; er war kein besonders taffes Kind gewesen und hatte auch keine Anzeichen von innerer Stärke an sich gehabt. Da gibt es nichts, an das er sich erinnern könnte. »Du weißt nicht wirklich, was in dir steckt, bis du in die Tiefen hinabtauchst.« Carmen hatte das Gleiche gesagt. Sie war Krankenschwester und zog Kinder groß, aber bis zu dem Vorfall hatte sie nach eigenen Angaben nie über die großen Lebensfragen nachgedacht. »Ich hatte nicht vor, herumzusitzen, zu jammern und zu weinen.«

Für Alex war es nach seiner Erkrankung keineswegs immer weiter nach oben gegangen wie auf einer geraden Linie. Der schlimmste

Knick, wenn man es denn so nennen will, war der Verlust seines rechten Arms. Die Chirurgen hatten ihn so weit wieder aufgebaut und Alex zeigte mir Fotos dieser bahnbrechenden Operation. Der Arm wurde vom Handgelenk bis zur Schulter aufgeklappt, und das kranke Fleisch herausgeschält. Dann wurde es mit Muskelfleisch aus seiner Schulter aufgefüllt und wieder zugenäht. Aber ein paar Monate später rollte er sich im Bett auf den Arm und der brach. »Ich setzte mich hin und meine Hand hing schlaff herunter.«

Die Streptokokken hatten den Knochen befallen – und der Arm musste amputiert werden.

Trotz allem – und dieser Teil der Geschichte klingt einfach unglaublich – ist er alles in allem dankbar für das, was ihm passiert ist. Er findet, sein Leben habe sich zum Besseren verändert. Sie können natürlich skeptisch bleiben und sagen, nun ja, das sagt er, weil ihm gar nichts anderes übrigbleibt, aber ich glaube ihm. Andere Menschen, die er während seiner Behandlung und in der Reha kennenlernte, waren nicht in der Lage, auf diese Weise zu reagieren. Menschen wie Alex und Carmen überraschen einen.

Alex sagt, dass er und Lucy von Anfang an klargestellt hätten, dass sie nicht seine Pflegerin sein würde. Sie führen nun beide ein Leben, das sich nicht völlig um seine Behinderung rankt. Sie führt einen Pub (The Greyhound on the Test, in Stockbridge, ein anderer als der, den Alex hatte, als er krank wurde), Alex startete ein Geschäft für Inneneinrichtung, und sie haben den Alex Lewis Trust, mit dem Spenden für Alex' Pflege und seine Prothesen sowie für andere Hilfsorganisationen gesammelt werden, die Amputierte unterstützen. Durch den Trust konnte er über Wiltshire mit dem Fallschirm abspringen und in Grönland unter den Nordlichtern kajaken. »Mein Leben ist unglaublich befriedigend«, sagt er, »geboren aus den seltsamsten Umständen.«

Er sagt, dass seine heutige Einstellung irgendwo in ihm verborgen gewesen sein muss. »Ich hätte nicht gedacht, dass ich so bin. Als ich aus dem Krankenhaus kam, tat ich plötzlich Dinge, akzeptierte Dinge.« Heute hat er die Einstellung, wenn er zu einer Möglichkeit, die sich ihm bietet, nicht ja sagt, wird er nie erfahren, ob es ihm gefällt oder ob es etwas ist, das sein Sohn Sam in der Zukunft vielleicht tun will. »Wir sind kreuz und quer durchs Land und ins Ausland gereist, und da, wo wir jetzt sind, sind wir wegen einer Veränderung unserer Einstellung. Ich betrachte alles auf andere Weise.«

Er ist sicher, dass das, was ihm passiert ist, alles in allem positiv ist. »Ich denke, es ist gut. Wenn ich so weitergemacht hätte wie zuvor, wäre ich Gefahr gelaufen, meine Familie zu verlieren – Lucy zu verlieren, Sam nicht zu sehen. Diese Vorstellung ängstigt mich mehr als alles andere. Die Streptokokken haben mir eine Atempause verschafft, um den Kopf klar zu bekommen und etwas zu tun.«

Solche Dinge tut niemand allein. Ich rede jetzt nicht von den außergewöhnlichen Chirurgen und anderen Ärzten, die Carmen und Alex das Leben gerettet haben, sondern von Familie und Freunden, die sich um sie versammelten. Ihr soziales Netzwerk ist der Schlüssel dafür, wie sie mit Traumata umgehen. »Menschen, die gut damit umgehen können, haben in der Regel positive Beziehungen in ihrem Leben und das überträgt sich in positive Beziehungen mit ihren Behandlungsteams«, sagt David Wolfe.

Als Alex krank war, verbreitete sich die Nachricht. Menschen kamen in den Pub und erkundigten sich nach ihm. (Das viele Trinken zahlte sich aus.) »Plötzlich gaben die Menschen 500 Pfund Trinkgeld. Es wurde deutlich, dass ich ein riesiges unterstützendes Netzwerk hatte, durch die Pubs und all die Menschen, die wir in der Branche kennengelernt hatten.«

Der Alex Lewis Trust entstand, um mit den großen Geldsummen, die hereinkamen, etwas Strukturiertes machen zu können.

Alex hatte Lucy und seine Familie und seine Freunde. Sein bester Freund Chris flog regelmäßig von seinem Skilehrer-Job in Courchevel,

Frankreich, herüber, um ihm zu helfen. Chris ist eine große Hilfe. Als die Zeit nahte, dass Alex aus dem Krankenhaus entlassen werden sollte, begann er sich zu sorgen, wie das alles zu Hause funktionieren sollte – im Krankenhaus gab es Mitarbeiter, manchmal halfen ihm vier Leute gleichzeitig, ihn aus seinem Rollstuhl und wieder zurückzuheben, wenn er zur Toilette musste. Wie sollte er das zu Hause bewältigen? Seine rekonstruierte Mundöffnung war zu der Zeit so klein, dass gerade einmal eine 1-Pence-Münze hindurchpasste –, und wie sollte er sein Zuhause entsprechend anpassen, damit er dort leben konnte? Selbst einfache Gegenstände wie Tassen und Gabeln konnte er nicht mehr nutzen. Chris sagte, er würde für die ersten sechs Monate zu ihm ziehen. (Nehmen wir uns einen Moment, um Chris unglaubliche Kraft der Freundschaft an dieser Stelle zu würdigen.) »Ohne ihn hätte ich mich nicht so schnell erholt«, sagt Alex. »Wir haben einfach die Dinge so angepasst, wie es sich ergab. Es war ein ständiger Fortschritt.«

Auf ähnliche Weise zog eine von Carmens Schwestern nach Boston, um jeden Tag nach ihr zu sehen, während sie im Krankenhaus lag, sogar zu der Zeit, als sie sich noch im Koma befand. Als Carmen aus dem Krankenhaus entlassen wurde, Jahre vor der Gesichtstransplantation, zog sie zu ihrer Familie. Für eine Weile hatte sie nach dem Überfall Therapie, aber sie sagt, dass ihr Erlebnis so ungewöhnlich war, dass niemand wusste, was er zu ihr sagen sollte. »Ich habe meine Schwester und meine Mutter angeschrien und herumgemeckert, aber nach einem Jahr merkte ich, dass mir das nicht helfen wird.«

Wenig überraschend ist Optimismus eine der Charaktereigenschaften von Menschen, die gut mit einem Trauma umgehen können. »Das Gegenteil ist Hoffnungslosigkeit, ein Merkmal der Depression«, erklärt Wolfe. »Engagement, es in Angriff nehmen, Verantwortung übernehmen und aktiv am Prozess beteiligt sein – diese Dinge bewirken viel.«

Wenn Sie Menschen danach fragen, was sie dazu bringt weiterzumachen, so Wolfe, dann kommt an erster Stelle die Antwort »Familie und

Kinder«. Menschen, die psychisch widerstandsfähig sind, blicken in die Zukunft – so wie wir es im Kapitel über Langlebigkeit bei Ellen McArthur gesehen haben, als es um Fokus ging. Erfolgreiche Menschen haben Ziele und arbeiten darauf hin. Das erinnert mich wieder an Carmen. Sie hatte ein klares Ziel: »Ich musste einen Weg durch all das hindurch finden, denn ich würde nirgendwohin gehen. Ich zog Kinder groß, es gab Dinge, die ich tun wollte. Meine größte Motivation war, dass ich für meine Töchter ein Vorbild sein wollte.«

Bisher haben wir nur über erwachende Eigenschaften von Menschen gesprochen, ihre Persönlichkeiten, ihre Einstellungen, ihre Lebensanschauung. Lassen Sie uns nun tiefer in die Biologie eintauchen und anschauen, was wir über die Genetik der Resilienz wissen.

Jason Bobe zeigt auf ein Poster an seiner Bürowand. Wir sind in der Abteilung für Genetik und Genomforschung an der Icahn School of Medicine, Mount Sinai Hospital, New York. Es liegt oben an der Lexington Avenue und die Sirenen heulen auf der Straße unten.

»Im Bereich Genomforschung ist eine der Tendenzen zu denken, dass die Ursache und Lösung jedes Zustands bei den Genen liegt«, sagt er. Das Poster – ein riesiges detailliertes Tortendiagramm mit der Überschrift »Krankheitsfaktoren« – ist eine Möglichkeit, diese Tendenz zu thematisieren. Ein Tortenstück, etwa ein Drittel, entfällt auf die Gene. Aber es gibt noch ein größeres Stück, etwa 40 Prozent, das für Verhalten steht. Es gibt schmale Stücke unterschiedlicher Größe für medizinische Versorgung, Umwelt, soziale Umstände. Und innerhalb jedes Stücks gibt es Unterteilungen und Anmerkungen, die auf Risikofaktoren wie Fettleibigkeit, Stress, Ernährung und, wo es angemessen ist, auf genetische Faktoren hinweisen. Es ist ein kompliziertes, detailliertes Diagramm. Die Botschaft besteht darin, dass Genetik und Biologie wichtige Determinanten der Gesundheit sind, dass es aber viele andere Gründe gibt, warum Menschen erkranken.

»Sie können das umbenennen in Resilienzfaktoren«, sagt Bobe. Unsere Fähigkeit, gegen Angriffe auf unsere Gesundheit geschützt zu sein, erklärt er, könnte auf Biologie, medizinische Versorgung, Umwelt, Verhalten oder soziale Umstände zurückzuführen sein. »Das ist der Gesamtzusammenhang, in den ich dieses Projekt stellen will.«

Abgesehen davon macht Bobe bei einem Projekt mit, das darauf angelegt ist, Menschen zu identifizieren, die irgendeine Art von genetischem Schutz gegenüber Störungen haben: »In der Regel untersuchen wir Menschen, die unter der jeweiligen Krankheit leiden. Dabei lassen wir jedoch eine ganze Personengruppe aus – Menschen, die ausgeprägte Risikofaktoren für die Krankheit haben, sie jedoch nicht bekommen, oder wenn doch, dann nur mit schwachen Symptomen.«

Der Ansatz des Resilience Project sieht vor, diese Menschen zu identifizieren. Wenn wir sie finden – Bobe bezeichnet sie als genetische Superhelden – und untersuchen, könnte das zu neuen Therapien führen oder neuen Methoden, Krankheiten zu verhindern.

Es gibt ein paar berühmte Beispiele. Ihre Geschichten sind zwangsläufig schmerzlich, wenn nicht gar tragisch, da sie oft inmitten der Krankheit entdeckt werden und überleben, während andere sterben.

Steve Crohn war ein New Yorker, der, als schwuler Mann, den ganzen Horror der Aids-Ausbreitung in den 1970ern und 80ern miterlebt hat. Er sah die Menschen um sich herum sterben, Jahre bevor das Virus identifiziert werden konnte. Als dies endlich der Fall war, wunderte er sich, warum er sich nicht ansteckte, schließlich war er durch ungeschützten Sex unzählige Male mit dieser Krankheit in Kontakt geraten. Er suchte nach einem Arzt, um das klären zu lassen, und landete im Labor eines jungen Virologen am Aaron Diamond AIDS Research Center, Rockefeller University. Das war 1994.

Dieser Virologe war Bill Paxton, heute an der Universität von Liverpool tätig. Er hatte einen Aufruf gestartet, bei dem er schwule Männer suchte, die anscheinend immun gegen Aids waren. Schon bald fand er heraus, dass Crohns Zellen immun gegenüber HIV waren. Paxton setzte seine Zellen der 3000-fachen Menge von HIV aus, was normalerweise eine Infektion verursacht, aber die Zellen schüttelten den Angriff ab. Buchstäblich, wie sich herausstellte – das HI-Virus benutzt bei seinem Eindringen in die weißen Blutkörperchen zwei Eiweiße auf der menschlichen Zelloberfläche als Ankerplatz. Eines von ihnen, ein Protein namens CCR5, dient dazu, bestimmte Botenstoffe des Immunsystems im Blut als Moleküle an sich zu binden. Crohn wies eine Mutation auf, bei der CCR5 fehlt, das Virus konnte also schlichtweg an der Zelle nicht ankern. Crohns Variante – mittlerweile bekannt als die Mutation Delta 32 – führte zur Entwicklung von Maraviroc, einem Medikament, das den CCR5-Anker für das Virus blockiert. Zu verstehen, was Crohns Abweichung bewirkte, half auch dabei, Strategien zum Behandeln von HIV zu entwickeln. Crohn selbst nahm sich jedoch 2013 das Leben.[152] Er war zwar immun gegenüber HIV, nicht jedoch gegenüber der damit verbundenen Tragik, wie die *LA Times* berichtete.

Dann gibt es da noch Doug Whitney aus Port Orchard, Washington. Dougs Mutter entwickelte im Alter von 50 Jahren frühmanifestes Alzheimer, eine Form der Erkrankung, die durch eine einzelne Genvariante verursacht wird. Wie es leider allzu oft der Fall ist, starb sie schon bald danach. Neun der älteren Geschwister seiner Mutter starben ebenfalls, und die Krankheit tötete auch Dougs Bruder, als der gerade einmal 58 war. Natürlich machte sich Doug darauf gefasst, dass die Krankheit auch bei ihm ausbrechen würde. Tat sie aber nicht – bis heute. Er ist mittlerweile 68 Jahre alt, weit über das Alter hinaus, in dem sich diese Form der Demenz normalerweise zeigt. Davon ausgehend, dass er dieser Genvariante entwischt war, ließ Doug sich vor ein paar Jahren testen. Dabei stellte sich jedoch heraus, dass auch er über das in seiner Familie auftretende Gen für Alzheimer verfügt. Das konnte nur bedeuten, dass etwas anderes in seinem Leben oder seinem Erbgut ihn vor dem schützte, was andernfalls unausweichlich war.

Bobe bezeichnet diese Fälle als »aktivierte Airbags«. Das ist das Gegenteil zum rauchenden Colt – wenn Sie versuchen, ein Verbrechen aufzuklären, ist das Vorhandensein einer solchen Waffe der Beweis, dass eine Kugel abgefeuert wurde. In der Genetischen Medizin entspricht der rauchende Colt der Feststellung, dass ein bestimmtes Gen für eine Krankheit verantwortlich ist. Bei der Resilienz sucht man jedoch nach dem aktivierten Airbag – ein Schutzfaktor, der zum Einsatz gekommen ist und die betroffene Person vor der Erkrankung bewahrt hat. In Steve Crohns Fall war der Airbag die Mutation Delta 32.

Auch Whitney hat einen Airbag, den wir bisher jedoch noch nicht identifiziert haben. Und hierin liegt die wissenschaftliche Herausforderung. Um das zu verstehen, lassen Sie uns die wissenschaftliche Arbeit ansehen, die Bobe 2016 veröffentlichte, in Zusammenarbeit mit etwa 30 Wissenschaftlern aus der ganzen Welt.[153]

Dieser Artikel, der in der Fachzeitschrift *Nature Biotechnology* erschien, ist eine Analyse der genetischen Daten von mehr als einer halben Million Menschen. Durch die Zusammenarbeit konnten die Wissenschaftler genetische Daten aus zwölf verschiedenen Studien miteinander teilen. Das ist wichtig, denn dadurch hatten sie Zugang zu Stichproben von 589 306 gesunden Menschen. Gesunde Menschen sind normalerweise nicht diejenigen, die in Studien auftauchen.

Anschließend kämmten die Wissenschaftler die Daten durch, konzentrierten sich auf 188 Bereiche im Genom, von denen man weiß, dass Krankheiten verursachende Mutationen vorliegen. Sie interessierten sich für sogenannte Monogenetische Erkrankungen (Krankheiten, die in ihrem Vererbungsmuster den Mendelschen Regeln folgen): Krankheiten, die durch ein einziges beschädigtes Gen verursacht werden. Mukoviszidose ist ein Beispiel. Das Team identifizierte 15 597 Menschen, die eine Mutation in sich tragen. Vergessen Sie nicht, diese Stichproben enthalten gesunde Menschen. Das ist vergleichbar mit dem, was Paxton tat, als er mit einem Aufruf nach Menschen suchte, die anscheinend immun gegenüber HIV sind, mit dem Unterschied, dass sich dieses Projekt der größeren analytischen Kraft der Genomforschung bedient.

Diese nahezu 16 000 Menschen wurden dann strengeren Kriterien unterzogen, um sicherzustellen, dass die genetischen Daten zuverlässig waren, dass diese Menschen wirklich ein Krankheitsgen in sich trugen, jedoch symptomfrei waren. Dadurch wurde die Anzahl auf 13 Menschen reduziert. 13 unerwartete Helden mit einer Geheimkraft – Schutz vor ansonsten schweren genetischen Erkrankungen.

Diese 13 haben gefährliche Mutationen – für Krankheiten wie Mukoviszidose, das Smith-Lemli-Opitz-Syndrom (SLOS), das zu Lernschwierigkeiten führt, sowie einer Krankheit namens Pfeiffer-Syndrom. Letzteres beeinträchtigt das Wachstum der Schädel- und Gesichtsknochen bereits im Mutterleib. Die Knochen verschmelzen frühzeitig. Das Gehirn wächst im Innern des Schädels, aber die Knochen können nicht entsprechend mitwachsen. (Ich habe ein Baby mit dieser schrecklichen Krankheit gesehen und der Operation beigewohnt, mit der der Druck im Kopf beseitigt werden sollte. Wie Sie sich vielleicht vorstellen können, müssen dazu Spalten in den zusammengeschmolzenen Schädel gesägt werden. Der Chirurg erklärte mir, dass der Druck im Innern des Schädels so groß wird, dass dem Kind die Augen aus den Höhlen fallen können.[154]) Das sind grauenhafte und oft tödliche Krankheiten, aber irgendetwas in den Tausenden anderer Gene, die diese 13 Menschen in sich tragen, schützt sie.

Wir stellen uns Gene wie Perlen an einer Schnur vor – ich zumindest. Das spielt jedoch gewaltig herunter, wie kompliziert sie sind und wie lang diese Schnüre sind. Gene sind eher wie Züge auf einer Bahnstrecke. Um mithilfe von Bobes Vorgehensweise die schützenden Gene zu finden – die Airbags zu finden –, sind noch größere Datensätze erforderlich, weshalb ich die gemeinsame Vorgehensweise dieser Forscher erwähnte. Sie werden noch größere Stichproben benötigen, um noch mehr unerwartete Helden zu entdecken und herauszufinden, was sie schützt. Genau das macht das Resilienz-Projekt. Ausgehend vom Mount Sinai in Zusammenarbeit mit Sage Bionetworks in Seattle, Washington, zielt es darauf ab, die Sequenzinformation von einer Million gesunder Menschen zu bekommen. Dann wird man diese riesigen Datenmengen durchforsten und nach winzigen Veränderungen suchen, die bestimmte Individuen möglicherweise schützen.

Es gibt noch einen anderen Weg. Statt unter Verwendung unzähliger Menschen in einer breitgefächerten Population nach seltenen Genen zu suchen – Bobes Vorgehensweise –, könnte man in kleineren Gruppen genetisch ähnlicher Menschen danach suchen.

Sie kennen die Orte, an denen jeder jeden kennt und ein Besuch dort wie eine Reise in die Vergangenheit ist? Denken Sie an einen solchen Ort und machen Sie diesen noch entlegener, was Raum und Zeit betrifft. Zum Beispiel ein abgeschiedenes Bergdorf auf Kreta oder eine Gruppe von »Amischen alter Ordnung« in Pennsylvania oder ein Inuit-Dorf in Neufundland. An diesen Orten kommen in der Regel nicht viele neue Gene von außerhalb dazu. Das bedeutet, dass die Gruppe eine geringere genetische Vielfältigkeit aufweist. Seltene Gene müssten also häufiger als üblich vertreten und von daher leichter zu finden sein. Aus diesem Grund gingen die Musik-Gen-Jäger in die Mongolei.

Dies ist die Vorgehensweise von Eleftheria Zeggini vom Wellcome Trust Sanger Institute direkt vor den Toren von Cambridge, UK. Sie studiert isolierte Bevölkerungen auf Kreta, in Pennsylvania und auf Neufundland.

»Die Dorfbewohner auf Kreta essen Lamm zum Frühstück, Mittag- und Abendessen«, sagt Zeggini. Ihre Ernährung ist unvorstellbar reich an tierischen Fetten und natürlich sind diese Menschen genauso übergewichtig und an Typ-II-Diabetes erkrankt wie die übrige griechische Bevölkerung in Relation dazu. Aber sie leiden nicht unter den medizinischen Komplikationen, die für gewöhnlich mit Diabetes einhergehen. Stattdessen sind die Dorfbewohner für ihre Gesundheit und ihr langes Leben bekannt. Da Zeggini vermutete, dass schützende genetische Faktoren am Werk sein könnten – aktivierte Airbags nach Bobes Formulierung –, ging Zeggini dorthin und sammelte so viele Informationen wie möglich von den Dorfbewohnern, einschließlich medizinischer Daten wie Blutdruck, Blutproben, um den Fettgehalt zu messen, Fragebögen zur Ernährungsweise und DNA-Stichproben.

In einer aufschlussreichen Veranschaulichung, wie schnell sich die Genomforschung entwickelt hat seit den ersten arbeitsaufwendigen und teuren Sequenzierungen des menschlichen Erbguts, legte Zegginis Team einfach los und sequenzierte den gesamten DNA-Inhalt von mehr als 1500 Dorfbewohnern. (Behalten Sie im Hinterkopf, dass das ursprüngliche menschliche Genom-Projekt zehn Jahre und 3 Milliarden Dollar bis zur Fertigstellung benötigte – am Sanger Institute können sie ein komplettes Genom in etwa 30 Minuten bearbeiten.)

Beim Analysieren all dieser Informationen stellte Zeggini fest, dass die Dorfbewohner zu drei seltenen Genvarianten neigen, die bei der griechischen oder europäischen Bevölkerung normalerweise gar nicht oder selten auftreten. Diese Varianten werden der Kardioprotektion zugeordnet: Menschen mit diesen Varianten verarbeiten Fett effizienter als normal. »Das ist interessant, denn wir wissen, dass sich diese Menschen nicht gerade gesund ernähren. Trotzdem ist ihre Sterberate nicht so, wie man vermuten würde«, sagt sie.

Ebenfalls (auf positive Weise) seltsam ist, dass diese Varianten in der Amisch-Population auftraten, die Zeggini untersuchte. Auch diese Menschen ernähren sich reich an tierischen Fetten. Wenn sie diese Studie bei der kosmopolitischen britischen Bevölkerung durchgeführt hätte, mit all der genetischen Vielfältigkeit, hätte sie 70 000 Menschen sequenzieren müssen, um die für das Finden der Varianten nötige statistische Stärke zu bekommen.

Wissenschaftler wie Bobe und Zeggini sind führend bei der Suche nach den Faktoren, die Krankheiten verursachen beziehungsweise davor beschützen. Achten Sie darauf, dass ich Faktoren sagte, und nicht Gene. Es sind nicht nur Gene. Wie Bobe mir in seinem Büro erzählte, werden Menschen aus vielen Gründen krank. Selbst wenn wir mit Krankheiten in Verbindung stehende Gene finden, funktioniert es selten nach dem Motto: »Du hast das Gen, du bekommst die Krankheit.« Natürlich gibt es die bereits erwähnten Monogenetischen Erkrankungen wie die besondere Form der Alzheimer-Krankheit oder Mukoviszidose, bei denen man die Krankheit nahezu immer bekommt, wenn man das entsprechende Gen hat, aber die meisten Krankheiten, und fast alle Fähigkeiten, sind wesentlich komplexer und werden durch viele Gene beeinflusst. Resilienz selbst ist eine solch komplexe Fähigkeit.

»Wie kann ich mich und meine Familie widerstandsfähiger gegenüber Krankheiten machen? Das ist es, was ich herausfinden will«, sagt Bobe. »Wir versuchen, diesen Zusammenhang systematisch zu untersuchen.«

Einige dieser Dinge kann man lehren. Ann Masten, Psychologin an der University of Minnesota, Minneapolis, bezeichnet die Stärke der Resilienz als »ganz normales Wunder«.[155] Es ist ein Wunder, das jeder nutzen kann. John Humphreys, der Kriegsheld, den wir im vorhergehenden Kapitel kennengelernt haben, sagte, dass er dachte, er sei von Geburt an ein Optimist gewesen, dass es anders sein könnte, verursacht möglicherweise Unbehagen. Es ist dann nämlich nur ein kleiner Schritt, Menschen, die nicht so positiv eingestellt sind, einen Vorwurf daraus zu machen. Aber weit gefehlt. Nimmi Hutniks Team von der Londoner South Bank University sagt, dass Resilienz – obwohl es ein komplexer Mix aus Biologie, Psychologie und Umwelt ist – das Potenzial hat, gelehrt zu werden. Pharmazeutische Interventionen zum Verlängern der Lebensdauer werden entwickelt, aber bis dahin lohnt es sich, zu beachten, dass mentale Resilienz erlernt und genutzt werden kann, um Gesundheit und Wohlbefinden zu fördern.

Die Fähigkeit, super-resilient zu sein, mag sogar in uns normalen Menschen stecken, aber wir brauchen Anleitung und Unterstützung, um diese zu finden, vielleicht aus der Psychotherapie, vielleicht von Freunden. Wir brauchen Hilfe, um optimistisch zu sein, müssen ermutigt werden, die Kontrolle zu übernehmen, und ermächtigt werden, die Verantwortung zu übernehmen. Wir brauchen ein gewisses Maß an Eigenliebe. Eine Spur Narzissmus ist gut! Wir müssen für uns eintreten, damit wir bei der Arbeit oder in Beziehungen nicht schlecht behandelt werden. Wir müssen durchsetzungsfähig sein, ohne andere abzuwerten, und ein Selbstbild haben, das positiv ist, ohne arrogant zu sein. Diese Mischung an Charaktereigenschaften wird uns weiterbringen. Einige davon können herbeigeführt werden, wenn Sie sie nicht von Natur aus haben.

10
SCHLAFEN

Ich liege da und bin kurz vorm Einschlafen ...
In den Spalt zwischen Wachheit und Traum
versucht ein großer Brief sich vergebens zu drängen.

Tomas Tranströmer, *Nocturne*

Schlaf, der des Grams verworrn Gespinst entwirrt,
Den Tod von jedem Lebenstag, das Bad
Der wunden Müh', den Balsam kranker Seelen,
Den zweiten Gang im Gastmahl der Natur,
Das nährendste Gericht beim Fest des Lebens.

William Shakespeare, *Macbeth*

Ich habe mir den Kopf vermessen und in Quadranten aufteilen und meine Kopfhaut mit einem roten Stift markieren lassen: Ich bin wie die Seite vom Rindfleisch, das vom Metzger gestempelt wird. Die Markierungen sind die Stellen für die Elektroden, die meine Gehirntätigkeit während der Nacht aufzeichnen sollen.

David Morgan, der Doktorand, der meinen Schlaf von einem Kontrollraum den Flur hinunter überwachen wird, bearbeitet mit einem in abrasives Gel getauchten Stöpsel Stellen auf meinem Kopf, um die Haut von abgestorbenen Zellen zu befreien und sie für die Elektrode weich zu machen. »Hinter den Ohren besonders gründlich«, weist ihn sein Supervisor, Jakke Tamminen, an. »Da sind *jede Menge* Bakterien.« Zu mir sagt er: »Nichts für ungut, aber die meisten Leute waschen sich hinter den Ohren nicht.«

Am Ende bin ich mit einem Elektrodennetz ausgestattet, das Signale aus den Frontallappen, Schläfenlappen und Scheitellappen meines Gehirns auffängt; und auch neben meinen Augen, um deren Bewegungen zu messen, während ich im REM (rapid-eye-movement-Schlaf – siehe weiter unten) bin; und mein Kinn, um den Muskeltonus zu messen: Während des REM-Schlafs ist der Körper paralysiert, um zu verhindern, dass Sie aus Ihren Träumen heraus agieren. Eine letzte Elektrode befindet sich hindumäßig zwischen meinen Augenbrauen, wie ein *bindi*; soweit ich weiß, ist das die Chakrastelle meines dritten Auges. Die Drähte werden in einer Art Cyborg-Pferdeschwanz hinter mir zusammengebunden und in ein an der Wand befestigtes Gerät gestöpselt, das die Signale empfängt und verstärkt – meine Hirnströme.

Wir sagen zum Beispiel, »Ich hatte einen Geistesblitz«, um das plötzliche Auftauchen einer Idee zu beschreiben, und tatsächlich existieren Hirnströme. Sie sind unterschiedlich groß, wie die Wellen des Meeres. Sie sind die elektrische Aktivität von Neuronen im Gehirn, und wenn wir schlafen, synchronisieren sie sich hinreichend, um erkennbare Muster zu bilden. Ich befinde mich in einem Schlaflabor im Institut für Psychologie im Royal Holoway, University of London, um herauszufinden, wie meine aussehen.

Schlaf ist in diesem Buch eine Besonderheit. Er ist die vielleicht am wenigsten verstandene Fähigkeit von allen, die ich erforsche, und wird erst seit relativ kurzer Zeit wissenschaftlich untersucht. Wozu genau dient der Schlaf? Wir wissen, dass die Reparatur und Erhaltung von Zellen abläuft, während wir schlafen, und das ist Bestandteil der Erneuerungsfunktion. Der Schlaf spielt auch eine Rolle beim Speichern von Erinnerungen. Aber *wie* macht er das?

Den Schlaf in dieses Buch aufzunehmen ist auch deshalb seltsam, weil auf den ersten Blick nicht klar ist, was es bedeutet, ein guter, ganz davon zu schweigen ein super Schläfer zu sein. Ist das jemand, der jede Nacht nur fünf Stunden schläft und sich großartig fühlt? Oder ist das jemand, der mehr als zehn Stunden schläft, aber in seinem Beruf führend ist? Wir werden Beispiele für beide Varianten betrachten und wir werden auch eine Frau treffen, der es gut damit geht, ihren Schlaf individuell anzupassen und innerhalb von 24 Stunden in kleine Häppchen aufzuteilen. Wir werden auch Menschen kennenlernen, die einen der berühmtesten Aspekte des Schlafes kontrollieren können: das Träumen. Trotz der Unklarheiten habe ich den Schlaf als eine Kategorie aufgenommen, weil er, schlechthin, universal ist – nicht nur bei Menschen, sondern bei allen Lebensformen, die wir kennen – und weil es letztlich lebensnotwenig ist, dass wir gut schlafen. Glücklicherweise ist der Schlaf im Unterschied zu einigen anderen Fähigkeiten etwas, bei dem wir alle brillieren können.

Sobald Tamminen zufrieden ist, dass die Elektroden an meinem Kopf alles ordentlich aufzeichnen, wünschen mir die beiden eine gute Nacht und verschwinden in den Kontrollraum. Es ist etwa 23 Uhr und über die Gegensprechanlage sagen sie mir, dass sie mich um 7 Uhr am nächsten Morgen wecken werden. Und jetzt – das sagen sie in dem gleichen Tonfall, wie ich meine Tochter anflehe –, wird schön geschlafen.

Manchmal führen Ereignisse im Leben zu besonderen und unerwarteten Wegen. 1892 wurde Hans Berger, angehender Soldat in der Kavallerie des deutschen Reiches, von seinem Pferd geworfen, direkt vor eine von Pferden gezogene Kanone. Sie können sich dieses Gefühl vorstellen, wenn einem im Angesicht des Todes fast das Herz stehen bleibt. In diesem Fall kam der Tod in Gestalt eines von stampfenden Pferden gezogenen Geschützes. Aber er trat nicht ein – die Kanone wurde rechtzeitig gestoppt und Berger überlebte. Gleichzeitig ereignete sich etwas Seltsames: Viele Kilometer entfernt hatte seine Schwester plötzlich das Gefühl, dass ihr Bruder in Gefahr schwebte. Sie flehte ihren Vater an, Hans ein Telegramm zu schicken, um zu prüfen, ob es ihm gut gehe, und als Hans dieses Telegramm erhielt, war er verständlicherweise überrascht. Wie konnte sie das wissen? Er wollte unbedingt herausfinden, wie sein Gehirn möglicherweise ein Signal an seine Schwester geschickt haben konnte.

Berger wurde Psychiater. In seinem Beruf wurde er die ganze Zeit von dem Wunsch angetrieben, die Energie des Gehirns zu verstehen, und im Jahr 1924 zeichnete er das erste menschliche Elektroenzephalogramm (EEG) auf. EEGs sind gegenüber der Magnetresonanztomografie (MRT) ein wenig in den Hintergrund gerückt, da diese in hoher Auflösung zeigen können, was im Gehirn vor sich geht. Der Vorteil des EEGs (abgesehen von den geringeren Kosten) ist jedoch, dass die Forscher jede Millisekunde Veränderungen im Gehirn mitverfolgen können, was derzeit mit dem MRT noch nicht möglich ist. Außerdem ist es sehr viel einfacher, nachts mit EEG-Elektroden zu schlafen als in dem brummenden, engen Magnetresonanztomografen.

Und tatsächlich schlief ich in dem Schlaflabor recht gut. Die Elektroden in meinem Gesicht und auf der Kopfhaut störten mich nicht wirklich – nur das Geschrei betrunkener Studenten draußen und das ungewohnte Kissen unterbrachen meinen Schlaf. Ich hatte ein paar seltsame Träume, an die ich mich erinnerte, nachdem ich vom Singalong irgendeines Studenten mitten in der Nacht aufwachte. Dass Menschen mir quasi beim Schlafen zusahen, hatte mich nicht beunruhigt, aber erst als mir morgens auf dem Computer mein nächtlicher Schlaf gezeigt wurde, wurde mir richtig bewusst, was für einen intimen Einblick die Wissenschaftler in mich bekommen hatten. »Sie sind sehr schnell eingeschlafen«, sagt Tamminen und scrollt durch die EEG-Aufzeichnungen, um mir meine Hirnaktivitäten zu zeigen. »Hier sind Sie eingeschlafen. Hier gibt es eine Störung, aber da haben Sie sich aus irgendeinem Grund herumgewälzt.« Ich habe diesen Mann erst am Vortag kennengelernt und er weiß bereits, wie ich schlafe.

Es gibt fünf Schlafphasen, nummeriert von 1 bis 4; die 5. ist der REM-Schlaf. Während der Nacht durchlaufen wir die Phasen und beginnen wieder bei 1. Wie lange wir jeweils in einer Phase verharren, variiert im Laufe der Nacht und aus unzähligen anderen Gründen, wie unserem Alter und ob wir betrunken oder anderweitig berauscht sind, Medikamente genommen haben oder durch irgendetwas gestört werden. Phase 1 ist der leichte Schlaf, das Übergangsstadium zwischen Wachen und Schlafen. Für gewöhnlich lasse ich dieses Stadium rasch hinter mir, aber im Schlaflabor habe ich mich herumgewälzt, da mich Geräusche von außerhalb immer wieder zurück an die Oberfläche geholt haben. Tammine zeigt mir die lange Linie der Schwingungen, bevor interessantere Dinge passieren. Er sucht nach einer Spindel. Spindeln sind ein Zeichen dafür, dass ich übergegangen bin in Phase 2.

In der Masse der vom EEG aufgezeichneten Sprünge und Schwingungen, aus denen sich ein Nachtschlaf zusammensetzt, erkennt man seltsame Aktivitätsausbrüche, die etwa eine Sekunde andauern, stets in der Frequenz zwischen 12 und 14 Hertz. Das sind Spindeln und sie entstehen im Wechselspiel von Großhirnrinde und Thalamus, tief im Innern des Gehirns. Spindeln könnten etwas damit zu tun haben, dass neue Informationen verarbeitet werden, denn sie scheinen das Gehirn formbarer zu machen, zugänglicher für die Akzeptanz neuer Daten.

Tamminen erklärt das so: Während wir tagsüber neue Dinge lernen, werden diese rasch vom Hippocampus verschlüsselt. Das fungiert als kurzfristiger Erinnerungsspeicher, aber über Nacht müssen diese Informationen gefestigt werden. Sie werden in den Neocortex übermittelt, eine große und wichtige Hirnregion, die zuständig ist für den Spracherwerb und die Sinneswahrnehmung; eine Region, die, im Wesentlichen, besonders aktiv ist, während wir denken. Spindeln könnten als Torwächter zu dieser Region fungieren. Es gibt Hinweise, dass die Intelligenz mit der Häufigkeit und Stärke der Schlafspindeln zusammenhängt.[156] Deshalb bin ich ein bisschen niedergeschlagen, als sich Tamminen von meinen Spindeln nicht sonderlich beeindruckt zeigt.

Wir scrollen weiter durch den elektrischen Ausstoß meines Unbewussten. Erstaunlich, was Tamminen alles herauslesen kann aus dem, was für mich aussieht wie Zacken und Linien. Wir finden eine bessere Spindel. Meine Gehirnwellen, so sagt er, beginnen zu langsam. Dies sind Deltawellen und die treten zum ersten Mal in Schlafphase 3 auf. Wir gehen weiter, hinein in Phase 4, und die Wellen werden markanter. Dies ist der Schlaf der langsameren und regelmäßigeren Wellen. Die Phase 3 bildet den Übergang in den Tiefschlaf und Phase 4 den Tiefschlaf. Die Wellen rollen nun geruhsam und sogar mein ungeschultes Auge erkennt die Wellenform. Jetzt schlafe ich tief und fest. Es ist schwierig, jemanden aus dem Tiefschlaf zu wecken, und wenn es klappt, dann ist der Betroffene oft orientierungslos und verschlafen. Als wäre er aus einem seltsamen Land zurückgekehrt – wenn ich mir die Aufzeichnung ansehe, wäre es wohl passender, von einem seltsamen Meer zu sprechen –, und der Betreffende ist so benebelt, weil er erst sein Betriebssystem wieder hochfahren muss. Es dauert einen Moment, bis man wieder eingeschaltet ist.

Wir scrollen und paddeln weiter durch die Wellen meiner Nacht. Schon bald ändert sich das EEG erneut und Tamminen sagt, dass ich nun in die REM-Schlafphase eintrete. Die mit meinen Augen verbundenen Elektroden zeigen Spitzen und Täler, was erkennen lässt, dass ich unter meinen Lidern mit den Augen rolle. Ich habe mich schon immer gefragt, ob sich die Augen während dieser Zeit eigenmächtig bewegen oder auf die Dinge gerichtet sind, die wir im Traum sehen. Ersteres scheint der Fall zu sein, da Träume, wie wir nun wissen, in Nicht-REM-Schlafphasen auftreten können, und andererseits nicht klar ist, ob wir im aufgewühlten Stadium des REM-Schlafs immer träumen. Das an mein Kinn angeschlossene EEG wird flach, was anzeigt, dass mein Körper nun paralysiert ist.

Tiefschlaf tritt eher in der ersten Hälfte der Nacht ein, und REM-Schlafphasen werden in der zweiten Nachthälfte länger. Schlafende wachen nach REM-Schlafphasen oft kurz auf, und Tamminen, der Morpheus dieses Schlaflabors, zeigt auf einen plötzlichen Aktivitätsausbruch auf meinem EEG.

»Hier sind Sie wach.« Er überprüft den Zeitstempel. »Das war um etwa 5 Uhr morgens. Können Sie sich daran erinnern?«

Das tue ich tatsächlich. Ich bin aufgewacht, konnte draußen die Amseln singen hören und dachte, es sei Zeit aufzustehen. Ich hatte geträumt, auf einer Fähre nach Liverpool zu schippern, und sah die Liver Birds am Royal Liver Building im Hafen. Ich bin rasch wieder eingeschlafen.

»Jetzt werden Sie unruhig«, sagt Tamminen, das Sandmännchen, als wir uns dem Ende der Nacht nähern und das Meer bewegter wird. »Sie werden bald aufwachen.«

Wieder zu Hause nach meiner Nacht im Schlaflabor starre ich aus dem Fenster, beobachte einen Fuchs, der zusammengerollt im Garten liegt und in der Sonne döst. Er zuckt mit den Ohren, als irgendwo auf der Straße eine Autotür zuschlägt, und schaut hoch, als im Nachbarsgarten Kinder rufen. Er wird nie in Tiefschlaf verfallen, oder? Er kann sich nie entspannen. Ein bisschen später schaue ich noch einmal hinaus und der Fuchs schläft immer noch, hat jedoch seine Position unter dem Apfelbaum verändert, um nicht im Schatten zu liegen, sondern die warmen Sonnenstrahlen zu spüren.

Füchse halten innerhalb eines 24-stündigen Zyklus immer wieder kurze Schläfchen: Ihr Schlaf ist polyphasisch, auch mehrphasisch genannt im Gegensatz zum monophasischen Schlaf. Viele Säugetiere schlafen so, vor allem jene mit geringem Körpervolumen, weil sie Energie so schnell verbrennen, auch während sie schlafen, dass sie aufwachen und nach Futter suchen müssen. Bei Hunden und Katzen ist es ähnlich und es war das Beispiel solcher Tiere, neben einer produktiven

Zahl von Flügen, die er machte und der unglaublichen Menge von Dingen, die er tun wollte, die den amerikanischen Erfinder und Architekten Buckminster Fuller dazu inspirierte, ein polyphasisches Schlafmuster zu übernehmen.

Fuller, der 1983 im Alter von 87 Jahren starb, war ein Mann, der sich seine eigenen Regeln machte. In seinen Dreißigern arbeitete, aß und lebte – aber vor allem arbeitete – er in einem Wach-Schlaf-Rhythmus, bei dem er alle sechs Stunden 30 Minuten schlief (also zwei Stunden von 24 Stunden). Er bezeichnete diesen höllischen Stundenplan als Dymaxion-Schlaf und soll diesen Rhythmus zwei Jahre lang aufrechterhalten haben. Aber selbst wenn er schlief wie ein normaler Mensch, war er dafür bekannt, sogar im Schlaf unermüdlich, getrieben und produktiv zu sein. Zweifellos hat er in seinem Leben viel erreicht – er veröffentlichte mehr als 30 Bücher und unter seinen vielen Erfindungen sind die geodätischen Kuppeln vermutlich am bekanntesten. Und tatsächlich, als ein Schlafforscher zum ersten Mal Fullers Namen erwähnte, dachte ich sofort an das fußballförmige C60-Molekül mit dem Namen Buckminsterfulleren, weil es einer geodätischen Kuppel ähnelt. So wie seine Erfindungen war auch Fuller inspirierend und fortschrittlich eingestellt, prägte den Begriff Spaceship Earth (Raumschiff Erde), um zu verdeutlichen, dass wir alle zusammen auf einem Planeten leben und dass wir unsere Energie und Ressourcen erneuerbar nutzen müssen.

Fuller war zweifellos ein Superhuman-Schläfer. Nur wenige von uns werden so viel zur Menschheit beitragen, wie er es getan hat. Wie hat er das gemacht? Hat er sich dieses Schlafmuster durch Willensstärke aufgezwungen? Oder war es ein innerer Antrieb, der ihn befähigte zu arbeiten, der ihn trotz des Schlafmangels mit Energie versorgte? War es tatsächlich irgendeine innere Energie, die ihn davon *abhielt*, lange zu schlafen?

Auch wenn unsere Ziele bescheiden sind, möchten wir mehr für die Gesellschaft tun, für uns selbst, unsere Freunde und Familien; wir wünschen uns Fullers Unermüdlichkeit. Wir wollen diese Extrazeit. Sein Beispiel hat dazu beigetragen, eine Gemeinschaft von Schlafhackern zu inspirieren, die darauf beharren, dass die üblichen acht Stunden Schlaf pro Nacht unnatürlich seien oder uns ausbremsen. Oder zumindest kommen sie zu dem Schluss, dass es nichts für sie sei.

Fuller ist schon lange übergegangen in den ewigen Schlaf, aber moderne Pioniere des polyphasischen Schlafes tragen seine Fackel weiter. Marie Staver, Projektmanagerin in Boston, eignete sich als Studentin das von ihr sogenannte Uberman-System an, weil sie damals mit Essays, Wiederholen von Stoff und ständiger Müdigkeit zu kämpfen hatte. Außerdem wurde sie von Schlaflosigkeit geplagt. Inspiriert von Fuller, entschied sie, dass der normale monophasische Schlaf für sie nicht das Richtige sei. Falls »Uberman« übrigens ein bisschen wie »Übermensch« klingt, so liegt das daran, dass Staver und ein Freund anfänglich genau diesen Namen nutzten. Vielleicht gefiel ihnen aber die Assoziation von Übermensch und Hitler nicht, jedenfalls einigten sie sich am Schluss auf den geringfügig weniger nietzscheanischen »Uberman«. Das System beinhaltet sechs 20-minütige Schlafeinheiten, alle vier Stunden eine. In einem 24-stündigen Zyklus kommt man dann auf insgesamt zwei Stunden Schlaf – und übermenschliche 22 Stunden Wachzustand. Staver sagt, dass die Eingewöhnungszeit mörderisch sei, mit Symptomen wie bei einer Grippe, Kopfschmerzen sowie ängstlichen und depressiven Phasen. Aber sobald man sich daran gewöhnt hat, nach ein paar Wochen, macht es sich bezahlt, denn man wird sehr viel produktiver *und* fühlt sich ausgeruhter. »Es benötigt ein bisschen Arbeit, um das beizubehalten, aber wenn man die Vorteile bedenkt, war es die Sache definitiv wert.« Man muss sich einen Wecker stellen, um nach dem 20-minütigen Schlaf wieder aufzustehen, Staver erzählt, dass sie nach 19 Minuten wieder aufgewacht ist.

Staver ist nicht länger ein Übermensch – sie konnte das System nur sechs Monate lang aufrechterhalten, bis etwas dazwischen kam, was sie als »soziale Faktoren« bezeichnet. Während der vergangenen neun Jahre hat sie jedoch ein anderes polyphasisches System mit dem Namen Everyman 3 praktiziert. Bei diesem Rhythmus bekommt man nachts drei Stunden Schlaf am Stück und außerdem drei 20-minütige Schläfchen am Tag. Das verschafft einem vier Stunden mehr an Wachzustand, als wir anderen in einem 24-Stunden Zyklus haben.

Laut Staver ist es schwer zu sagen, ob Everman leichter ist als Uberman. Vielleicht ist das in etwa so, als würde man einen Ultraläufer fragen, ob ein 24-Stunden-Lauf leichter ist als ein 100-Meilen-Bergrennen. »Für die meisten Menschen fügt sich Everyman 3 leichter in den Alltag ein, es erfordert eine geringere Modifizierung des Lebens [als Uberman].« Wenn man Everyman 3 praktiziert, so Staver, kann man zu den üblichen Zeiten arbeiten, vorausgesetzt, man kann in der Mittagspause schlafen. Weil man nachts drei Stunden am Stück schläft, macht sich der anfängliche Schlafmangel nicht so gravierend bemerkbar, es dauert jedoch länger, sich daran zu gewöhnen. »Für mich ist E3 derzeit einfacher, weil mein Lebensstil einen Dymaxion-Zeitplan nicht ermöglichen würde. Aber ich arbeite daran, und sobald es geht, wechsle ich«, sagt sie. »Ich liebe E3 im Vergleich zu monophasischem Schlaf. Ich habe jeden Tag vier zusätzliche Stunden und ich fühle mich ausgeruhter.«

Mich überkommt der Eindruck, dass sie E3 irgendwie als Pfuschen ansieht. »Der unverfälschte pholyphasische Ablauf gefällt mir am besten, gibt sie zu. »Vermutlich ist es eine größere Herausforderung, aber sind das nicht alle fantastischen Dinge?«

Wie es mir bei vielen Menschen ging, die ich während der Arbeit an diesem Buch kennenlernte, so kommt es mir auch jetzt so vor, als sei ich meilenweit entfernt von Stavers Fähigkeit. Ich bin ein langweiliger monophasischer Schläfer. Leute reden davon, »die ganze Nacht durchzumachen«, ich kann mich nur an ein einziges Mal erinnern, als ich das getan habe, und das war, als ich meine Doktorarbeit fertigstellte. Ich habe die Nacht im Labor durchgearbeitet und meine Freunde zur üblichen

Kaffeepause des Fachbereichs am nächsten Morgen getroffen, immer noch in denselben Klamotten. Dann bin ich nach Hause getaumelt und für Stunden in komatösen Tiefschlaf gefallen. Ich kann mir nur annähernd vorstellen, wie mühsam es sein muss, ein polyphasisches Schlafmuster aufrechtzuerhalten, aber Staver sagt, dass sie es sehr mühsam fand, monophasischen Schlaf beizubehalten.

Sie kann mühelos an seltsamen Orten wie im Auto, auf Gästesofas oder sogar im Freien schlafen. Wenn sie sich an einen neuen Rhythmus gewöhnt, spürt sie, wie sie einschläft, sobald ihr Kopf das Kissen berührt. Aber wenn sie sich erst einmal angepasst hat, braucht sie bis zu fünf Minuten, um einzuschlafen. Eine fünfminütige Schlaf-Latenz, wie man die Zeit bis zum Einschlafen nennt, ist gesund und normal, aber fünf Minuten von einem 20-minütigem Schlaf ist ein verdammt großer Brocken. Fühlt sie sich bei diesem Rhythmus *wirklich* wach und ausgeschlafen? »Ich erwache ausgeruht und verspüre normalerweise keine Müdigkeit, bis es fast wieder Zeit ist für meinen Kurzschlaf. Das Gefühl, eigentlich mehr schlafen zu müssen, habe ich sogar seltener als beim monophasischen Schlaf.« Es ist schwer, das unabhängig zu beurteilen, da wir uns nicht treffen und nur per E-Mail kommunizieren.

Ich frage mich, ob sie sich nicht manchmal einsam fühlen muss.

»Es hat ein bisschen gedauert, sich daran zu gewöhnen, so viel Zeit wach zu sein, während andere schlafen«, sagt Staver. »Aber es ist eine sehr produktive Zeit, und sollte ich doch einmal menschliche Interaktion brauchen, gibt es eine Menge, das man zu ungewöhnlichen Uhrzeiten tun kann.«

Sie bezeichnet ihre zusätzliche Zeit als »Nicht-Menschen-Stunden« und sagt, dass sie diese hauptsächlich zum Schreiben und fürs Tai-Chi-Training nutzt. Tai Chi ist die chinesische taoistische Meditationsform, die die Grundlage für den Kampfsport Tai Chi bildet. Tai Chi bedeutet so etwas wie »allerhöchstes Wirkprinzip« oder »das sehr große Äußerste« und bezeichnet einen Zustand unbegrenzten Potenzials; vielleicht will ich ja unbedingt eine Verbindung herstellen, aber mich erinnert das sofort wieder an Nietzsches Übermensch.

Staver ist eine begeisterte Anhängerin des polyphasischen Schlafs. Obwohl sie es natürlich nicht für jeden empfiehlt, hält sie auch monophasischen Schlaf nicht für jedermanns Sache. Es existiert eine große und begeisterte Internetcommunity polyphasischer Fans. Und viele Menschen leiden eindeutig unter chronischem Schlafmangel. Eine US-Umfrage zwischen 2004 und 2006 bei Berufstätigen stellte fest, dass 30 Prozent nach eigener Aussage jede Nacht sechs oder weniger Stunden schlafen. Bei Personen im höheren Management lag die Prozentrate bei 40. Staver denkt, dass die Antwort auf den ständig zunehmenden gesellschaftlichen Arbeitsdruck nicht darin bestehen kann, keine Smartphones mit ins Schlafzimmer zu nehmen oder die Menschen über die Notwendigkeit und Vorteile von mindestens sieben Stunden ununterbrochenem Schlaf zu informieren, sondern nach anderen Lösungen zu suchen: »Langfristig unter zu wenig oder ständig desynchronisiertem Schlaf zu leiden ist sehr ungesund. Wir wissen das und dennoch tun wir als Gesellschaft *sehr* wenig oder gar nichts, um die Menschen dabei zu unterstützen, einen guten, erholsamen Schlaf zu bekommen oder ihnen Alternativen zu bieten, wenn es nicht möglich ist, ›mindestens acht Stunden am Stück bewusstlos zu sein‹.«

Es ist beinahe so, als würde eine monophasische Gewaltherrschaft die Mehrheit von uns zwingen, in Blöcken von acht Stunden zu schlafen. Da sind all diese Menschen, die mehr Schlaf brauchen, und wir setzen uns gegenseitig immer mehr unter Druck, die ganze Zeit wach und produktiv zu sein.

Sie hat natürlich recht, dass Schlafmangel ungesund ist. Und wir brauchen definitiv alle mehr Schlaf. Aber meine größte Sorge beim polyphasischen Schlafen sind die gesundheitlichen Folgen. Wird es nicht seinen Tribut einfordern?

»Der Gewöhnungsprozess fordert einen Tribut und ich empfehle Kranken oder Gebrechlichen ganz sicher nicht, ihren Schlafrhythmus zu optimieren«, sagt Staver. »Aber nachdem man sich daran gewöhnt hat, ist mir bisher nichts untergekommen, was darauf hinweist, dass polyphasisches Schlafen schadet. Sowohl Bucky Fuller als auch ich haben uns währenddessen und danach regelmäßig untersuchen lassen und waren beide bei hervorragender Gesundheit.«

Polyphasischer Schlaf wird von Experten untersucht. Die NASA weiß, dass Astronauten in der Regel nur sechs Stunden Schlaf pro Nacht bekommen[157] und Experimente haben gezeigt, dass Nickerchen helfen können, den Arbeitsspeicher anzukurbeln. Die Segelfrau Ellen MacArthur musste sich ein polyphasisches Schlafmuster zulegen, als sie um die Welt segelte. Sie wurde von dem Neurologen Claudio Stampi beraten, der das Chronobiology Research Institute in Newton, Massachusetts, leitet. Stampi hat sich darauf spezialisiert, Einzel-Segler beim Umgang mit Schlafmangel zu unterstützen.

Es gibt einen entscheidenden Unterschied zwischen MacArthurs Schlaf während dieser Zeit und dem präzisen Timing von Stavers System. MacArthur schlief, sobald sich die Möglichkeit ergab, schreckte jedoch oft hoch, weil sie sich um etwas kümmern musste. »Was unseren Schlaf am meisten beeinflusst, ist die Menge an Adrenalin, die durch unseren Körper gepumpt wird«, erzählte mir MacArthur. Ihre Protokolle von dem Rekordversuch sind voller Eintragungen darüber, nicht schlafen zu können, weil ihre Venen voller Adrenalin sind. Dass ihr der Kopf schwirrt, obwohl sie erschöpft ist. »Bis auf ein paar Ausnahmen kann das Boot an jedem Punkt während dieser Weltumrundung kentern. Man schläft also mit den Seilen in den Händen«, sagte sie. »Du schläfst fünf Minuten, neun Minuten, gelegentlich mal 20 Minuten und sehr selten eine ganze Stunde.«

Als ich sie traf, stand für sie eindeutig fest, was das Schwierigste an einer Solo-Weltumseglung ist: »Es ist nicht die körperliche Anstrengung, sondern der Schlafmangel. Manchmal kannst du gar nicht schlafen, weil es zu gefährlich ist.«

Es ist eine Sache, für die Dauer einer Weltraummission polyphasisch zu schlafen, oder als Kampfpilot oder wenn Sie allein um die Welt segeln. Es ist jedoch etwas anderes, wenn es zur Normalität wird. Und Tatsache ist, dass wir keine Ahnung von möglichen Spätfolgen haben, weil wir zu wenig darüber wissen, was der Schlaf bewirkt. Höchste Zeit, mehr Schlafforscher zu treffen.

Um das Guy's Hospital Sleep Disorders Centre zu finden, muss man in eine leicht zu übersehende Gasse gegenüber Borough Market in London einbiegen. Jemand hat es schon mal »Winkelgasse« genannt. Ich treffe mich mit Guy Leschziner, Neurologe und klinischer Leiter für Schlaf. Ebenfalls anwesend ist Meir Kryger, legendärer Schlafforscher an der Yale School of Medicine, der zufällig zur Zeit meines Besuches am Guy's Hospital tätig ist. Kryger war der Erste, der in Nordamerika eine Schlafapnoe diagnostizierte. Außerdem veröffentlichte er viele Bücher und Hunderte von Aufsätzen über Schlaf. Und um das Maß vollzumachen, gesellt sich auch noch Adrian Williams zu uns, Schlafmediziner am Guy's und Gründungsmitglied der British Sleep Foundation. »Wenn du herausfinden willst, was Schlaf bewirkt«, so intoniert er, »dann musst du Tieren den Schlaf entziehen.«

Um die letzte Jahrhundertwende haben die Russen das mit Hunden gemacht. Sie stellten fest, dass die Hunde innerhalb von drei Tagen starben; ohne Wasser überlebten sie dagegen acht oder neun Tage. »Schlaf ist also wichtiger als Wasser«, sagt Williams. Er äußert diesen bemerkenswerten Satz als nüchterne Bemerkung, wie »Regen fällt aus Wolken«.

Er erzählt mir von ein paar klassischen Experimenten, die in den 1980ern von dem amerikanischen Schlafpionier Allan Rechtschaffen von der University of Chicago durchgeführt wurden.[158] Rechtschaffen fand heraus, dass Ratten innerhalb von zwei Wochen sterben, wenn man ihnen den Schlaf komplett entzieht. Entzieht man ihnen nur die REM-Schlafphasen, dann sterben sie innerhalb von vier Wochen. Je mehr die

Ratten unter Schlafmangel leiden, desto stärker verändert sich ihr Verhalten. Die Männchen werden hypersexuell. »Sie haben sogar Steine bestiegen«, stellt Williams nüchtern fest.

Ich erinnere mich an den Fall von Randy Gardner, der 1964 als Teenager in San Diego lebte. Aus einer Laune heraus entschied er, so lange wach zu bleiben, wie er konnte. Das stellte sich als extrem langer Zeitraum heraus: 264 Stunden, was zusammengerechnet etwas mehr als elf Tage ergibt. Er hält den Rekord für die längste Zeit, die jemand absichtlich und ohne Drogen nicht geschlafen hat.

Einigen Berichten zufolge war Randy während seines Nicht-Schlafens ziemlich ungerührt, obwohl einige Beobachter berichteten, dass sein Arbeitsgedächtnis nicht funktionierte und dass er halluzinierte, launisch und paranoid gewesen sei. Während seines Rekordversuchs wurde er von dem US-Navy-Psychiater John Ross überwacht.[159] Das Folgende stammt aus Ross' Bericht über Gardner am elften Tag.

> Ausdrucksloses Erscheinungsbild, undeutliches Sprechen ohne Betonung; muss zum Reden ermuntert werden, damit er überhaupt antwortet. Seine Aufmerksamkeitsspanne ist sehr kurz und seine geistigen Fähigkeiten sind vermindert.
>
> In einem Serials-Seven's-Test (Kurztest zur Erfassung kognitiver Leistungen), bei dem der Befragte bei 100 beginnt und dann hinunterzählt, indem er jedes Mal 7 substrahiert, kam Gardner bis auf 65 (nur fünf Substraktionen) und stoppte dann. Als er gefragt wurde, warum er aufhörte, gab er an, sich nicht erinnern zu können, was er habe tun sollen.

Sobald er wieder geschlafen hatte, ging es ihm jedoch gut, und er zeigte keinerlei langfristige Probleme.

Wir alle wissen, dass uns Schlafmangel mürrisch macht. Ellen MacArthurs Unterstützungsteam stellte das regelmäßig fest, während ihres

Versuchs, die Welt zu umsegeln. Dazu kommt es, weil die Verbindung zwischen den entscheidungsfällenden Teilen unseres Gehirns im präfrontalen Cortex und der geheimnisvollen und einschüchternden Amygdala abzureißen beginnt, die Herr über unsere Ängste und Emotionen ist. Aber die Ratten mit Schlafentzug starben nicht an schlechter Laune.

»Die Ratten mit totalem Schlafentzug«, so Williams, »sterben in einem erbärmlichen Zustand. Ihre Körpertemperatur sinkt, ihr Appetit hat zugenommen, aber sie verlieren an Gewicht, ihnen fallen die Haare aus und die Zahl schädlicher Bakterien im Darm steigt an.«

Ich weiß nicht, was ich dazu sagen soll. Kryger hilft mir aus. »Sie sterben einen grausamen Tod. Und es scheint ein stoffwechselbedingter Tod zu sein. Diese armen Nager standen unter entsetzlichem Stress.«

Wenn man erst einmal das Entsetzen über diese Experimente überwunden hat, bei denen Ratten in Käfigen mit rotierenden Böden gehalten werden, von denen sie ins Wasser stürzen würden, wenn sie einschlafen, ist es interessant festzustellen, dass auch der alleinige Entzug von REM-Schlafphasen bei ihnen zum Tod führte, wenn auch nicht so schnell. Was sagt uns das über die Funktion des Schlafes?

Einige Hypothesen besagen, dass es um das Üben komplexer motorischer Verhaltensweisen geht; wir wissen, dass der Schlaf entscheidend ist für das Festigen von Erinnerungen[160] und dass er eine Funktion beim Wiederherstellen der Zellfunktionen hat.[161] Das könnte der Grund sein, warum Babys mehr REM-Schlafphasen haben, weil sie lernen, ihre Bewegungen zu kontrollieren.

»Babys verbringen täglich zwölf Stunden im REM-Schlaf«, sagt Kryger. »Aber wir wissen nicht, ob sie träumen, und falls ja, was sie dann träumen.«

Auch bei Erwachsenen ist die Menge an REM-Schlaf unterschiedlich.

»Wir sehen Patienten unter Antidepressiva, bei denen sich der REM-Schlaf drastisch reduziert oder in manchen Fällen ganz wegfällt«, erzählt Leschziner. »Wir wissen nicht, wie wichtig die Funktion von REM-Schlaf im Erwachsenenalter ist. Möglicherweise hat er eine wichtige Funktion bei Babys oder Kindern, die im späteren Leben von geringerer Bedeutung ist.«

Möglicherweise hat es mit den im Laufe des Tages erlebten Emotionen zu tun. Es bleiben ein paar grundlegende Unbekannte und wir wissen nicht, ob die Funktionen verschiedener Schlafphasen sich verändern, während wir durchs Leben schreiten. »Möglicherweise sind wir eigentlich dafür entworfen, mit 40 zu sterben, weshalb die Funktion des REM-Schlafs nach 40 aus evolutionärer Sicht belanglos ist«, sagt Leschziner.

Wir kennen zwar die Funktion des REM-Schlafs nicht, aber wir wissen alle von einer ihrer berühmtesten Konsequenzen.

Lesen Sie diese Worte: »Hühnerei – oh mein Liebling, es ist nicht vorbei.« Haben Sie automatisch eine Melodie hinzugefügt? Nein? Wie ist es damit: »Yesterday – all my troubles seemed so far away.«

Die Melodie für den meist aufgeführten Popsong fiel Paul McCartney 1964 quasi im Schlaf ein, als er in London bei seiner damaligen Freundin übernachtete. Beim Aufwachen wusste er, dass er da etwas Tolles hatte. Um es nicht wieder zu vergessen, improvisierte er die ersten Zeilen mit dem Text, der ihm spontan einfiel. Als George Martin zum ersten Mal das Demo hörte, trug der Song den Arbeitstitel »Scrambled Eggs« (Rührei).

Schnitt zu einem Hotelzimmer ein Jahr später. Keith Richards erwacht aus einem Traum mit etwas in seinem Kopf, das zu einem der berühmtesten Gitarrenriffs aller Zeiten werden sollte. Er schnappte sich eine Gitarre, spielte »(I can get no) Satisfaction« und nahm es auf einen Kassettenrekorder auf, bevor er sich wieder schlafen legte. Richard erzählte später, dass man ihn auf der Aufnahme schnarchen hört.

Mir gefällt die Art, wie beide Männer, McCartney und Richards, gerne bereit sind, ihre unvergesslichsten Arbeiten Träumen zuschreiben, als würden sie sich vor der Verantwortung drücken. Es gibt Dutzende von Beispielen. Die Struktur des Periodensystems der Elemente kam Dmitri Mendeleev im Traum, und Otto Loewi träumte von einer Idee, die zur Entdeckung von Neurotransmittern und dem Nobelpreis führte.[162] Aber obwohl wir vermutlich alle von Träumen inspiriert werden, muss man schon eine Sonderstellung in puncto Kreativität einnehmen, um einen Durchbruch auf dem Niveau von »Yesterday« als Ergebnis eines Traums verzeichnen zu können. Ich zähle die Fähigkeit zu träumen jedoch zur Fähigkeit des Schlafens: Übermenschliche gut schlafende und träumende Menschen haben Anspruch darauf, in dieses Kapitel aufgenommen zu werden. Manche träumen tatsächlich besser als andere und die Fähigkeit hat positive Konsequenzen im realen Leben.

Michael Schredl führt seit seinem 22. Lebensjahr ein Traumtagebuch. Mit 34 probierte er etwas anderes aus. Er begann, sich selbst fünf- bis zehnmal täglich zu fragen: »Träume ich oder bin ich wach?« Dann schaut er sich um und sucht nach Hinweisen, dass er sich in der realen Welt befindet. Wenn etwas mit der Realität nicht kompatibel ist, weiß er, dass er träumt.

Falls das nach totaler Paranoia oder dem Beginn eines Christopher-Nolan-Films klingt, so kann ich sie beruhigen. Schredl praktizierte eine Methode, die dafür bekannt ist, die Wahrscheinlichkeit des bewussten Träumens (auch luzides Träumen, auch Klarträumen genannt, zu steigern – jenes Stadium, in dem Sie träumen, sich dessen aber bewusst und in der Lage sind, die Kontrolle zu übernehmen. Möglicherweise haben Sie das schon erlebt. Etwa 50 Prozent aller Menschen haben mindestens einmal in ihrem Leben einen Klartraum. Manchmal, wenn es mir passiert, ermöglicht es mir, ruhig zu bleiben in dem Traum, obwohl etwas Schreckliches passiert, wie von einem Monster gefressen oder erstochen zu werden oder von einer Klippe zu stürzen. Ich werde nicht sterben, habe ich mir gesagt, weil ich weiß, dass das ein Traum ist. In angenehmeren Klarträumen konnte ich fliegen oder schweben (wobei sie manchmal »unklar« werden und mich die Schwerkraft dann nach unten zieht).

Etwa ein Fünftel der Bevölkerung hat einmal im Monat oder öfter Klarträume. »Nicht nur die Häufigkeit des Klarträumens variiert sehr bei verschiedenen Menschen, sondern auch die Fähigkeit, den Inhalt des Traums zu beeinflussen«, sagt Schredl, der heute Professor im Mannheimer Schlaflabor am Zentralinstitut für Seelische Gesundheit (ZI) ist. »Es gibt also von Natur aus gute Klarträumer.« Dann lassen Sie uns einen treffen.

Michelle Carr erlebte ihren ersten Klartraum im Alter von 19 Jahren, als sie Psychologie an der University of Rochester, New York, studierte.

»Ich litt unter Schlafmangel und machte nach den Vormittagskursen oft ein Nickerchen«, erzählt sie. »Nach einem dieser Schläfchen hatte ich ein falsches Erwachen, bei dem ich aufrecht im Bett saß und dann merkte, dass mein Körper noch lag und schlief und ich in Wahrheit träumte. Bevor ich aufwachte, schwebte ich kurz durch mein Schlafzimmer.«

Das war ihr erster Klartraum. Danach las sie darüber und übte Techniken, um diese herbeizuführen. Sie stellte fest, dass Vormittagsschlaf ein guter Zeitpunkt für luzides Träumen war: »Manchmal konnte ich kurz aufwachen und dann bewusst einschlafen und in einen Klartraum fallen.«

Dabei handelt es sich um die WILD-Technik (Wake-Initiated Lucid Dream, deutsch: vom Wachen aus eingeleiteter Klartraum). Es geht darum, das Übergangsstadium zwischen Wachen und Schlafen, bekannt als Hypnagogie, festzuhalten und ein bisschen bewusste Wahrnehmung in den Traumzustand mit hineinzunehmen. »Ich glaube, diese Technik funktioniert bei mir, weil ich wahrscheinlich mehr REM-Phasen und einen leichteren Schlaf bei diesen Nickerchen habe als während der Nacht«, vermutet Carr.

Heutzutage hat sie einmal pro Woche Klarträume, und das schon seit Jahren. Sie macht das zum Spaß (Fliegen ist stets ihr Favorit), und falls es notwendig wird, nutzt sie die Klarträume, um mit Albträumen umzugehen. »Zum Beispiel, um einem immer wieder auftauchenden Monster entgegenzutreten, das am Ende für einen Freund stand, mit dem ich mich kürzlich gestritten habe.« Sie erinnert sich, während eines Traums auf der Flucht vor einem Monster herumgeirrt zu sein, als ihr klar wurde, dass es nur ein Albtraum war, und zwar einer, den sie zuvor schon gehabt hatte. Sie übernahm die Kontrolle, drehte sich in dem Traum herum und trat dem Monster entgegen. Carr nutzt Klarträume so, wie wir andere möglicherweise unsere Freizeit nutzen. Sie meditiert, lernt Französisch (ohne die soziale Scheu, die sie im Wachzustand verspüren würde) und erforscht ihr Bewusstsein, um herauszufinden, was es alles leisten kann.

Ihre Klarträume haben ihren Berufsweg stark beeinflusst. Nach dem Examen promovierte sie am Dream and Nightmare Laboratory an der University of Montreal und arbeitet nun am Swansea University Sleep Laboratory in Großbritannien über Träume und emotionale Erinnerung. Ihre Jahre der Übung im Klarträumen und die Tatsache, dass sie auch tagsüber viel darüber nachdenkt, bedeutet, dass sie diese regelmäßig erlebt. Sie kann den luziden Zustand für zehn bis 15 Minuten aufrechterhalten und ist in der Lage, sich während dieser Zeit zu kontrollieren.

Martin Dresler von der Radboud University in den Niederlanden und seine Kollegen am Max Planck Institut für Psychiatrie in München schafften es, das Gehirn eines Menschen zu scannen, dem es gelang, in Klarträume einzusteigen, während er in einer dieser sargähnlichen fM-RT-Apparate lag. Basierend auf diesem zugegeben einzelnen Datensatz, fand Dresler heraus, dass Klarträumen während des REM-Schlafs auftritt, jedoch Aktivität in Hirnregionen zeigt, die normalerweise in diesem Stadium des Schlafs abgeschaltet sind. Das, so vermutet der Forscher, könnte erklären, warum Klarträumer Zugang zu kognitiven Fähigkeiten haben wie Eigenkontrolle und Zugang zu Erinnerungen, die in normalen Träumen unerreichbar sind. Der größte Unterschied zwischen luzidem und nichtluzidem REM-Schlaf wurde im Precuneus gefunden, jenem

Bereich des Gehirns, der an der Entstehung des Selbstbildes, dem Lernen und dem episodischen Gedächtnis beteiligt ist.[163]

Das passt zu Carrs Erfahrung beim Klarträumen. In solchen Träumen ist sie sich ihrer selbst bewusst und hat Kontrolle über ihre Bewegungen, nicht jedoch vollständig über die Traumlandschaft. »Ich stoße immer noch auf Widerstand vom Traum«, erzählt sie. »Zum Beispiel bin ich nicht wirklich in der Lage, die Umgebung nach Belieben zu ändern, ich kann jedoch entscheiden, ob ich mich darin bewege.«

Gelegentlich sind mir in meinen Träumen tote Verwandte begegnet. In diesen Träumen ist mir bewusst, dass die Person, mit der ich zusammen bin, in der Realität tot ist, nicht zuletzt deshalb, weil sie jünger wirken als zu ihrem Todeszeitpunkt, aber ich führe das Gespräch nicht; die Begegnung nimmt ihren eigenen Verlauf. Dies ist eine Gemeinsamkeit von Klarträumen. Es geht nicht immer darum, aufwendige Handlungsabläufe zu erschaffen; sie können einfach ablaufen, mit dem Träumer als passivem, aber luzidem Beobachter. Mit toten Menschen – was nicht heißen soll, dass ich ständig Tote in meinen Träumen sehe, aber wenn ich es tue – steuere ich die Traumgespräche nicht zu bestimmten Themen (»Verrate mir, wo du die Juwelen versteckt hast, Oma!«); die Gespräche und Begegnungen erfolgen ungesteuert, sie wären banal, handelte es sich nicht um Tote. Beim Aufwachen verspüre ich ein seltsames Gefühl von Freude und Zuneigung, weil ich Zeit mit einem Nahestehenden verbracht habe, der nun tot ist, auch wenn die Erfahrung rein imaginär war. Es ist diese emotionale Beschaffenheit, die den Traum unvergesslich macht, wie wir in Kapitel 2 gesehen haben. Klarträume sind angenehm und sogar förderlich. Zum Beispiel fand Evelyn Doll von der Medizinischen Universität Wien heraus, dass Menschen, die regelmäßig Klarträume haben, mental gesünder sind als normale Träumer.[164]

Es ist aufschlussreich, dass Personen, die in einem Klartraum auftauchen, in der Regel ihre Autonomie behalten, denn das verrät uns, welche Hirnregionen wichtig sind für das Bewusstsein. Auch in Carrs Träumen verbleiben die Personen außerhalb ihrer Kontrolle. »Ich kann auf jemanden zugehen und ihn etwas fragen, aber derjenige ignoriert mich entweder oder antwortet in einem unverständlichen Kauderwelsch. Manchmal bin ich nicht in der Lage, Türen zu öffnen oder mich bestimmten Personen zu nähern«, sagt sie. »Deshalb glaube ich, dass meine Technik noch viel Übung erfordert.«

Michael Schredls Arbeit hebt hervor, was mit Übung erreicht werden kann: Für die Forscher ist es unglaublich nützlich, Klarträume zu studieren: Man kann mit Menschen in der unbewussten Welt kommunizieren. Der Träumende schläft natürlich, für gewöhnlich in der REM-Phase, aber sobald er in die Klartraumphase eingetreten ist, kann er dem Wissenschaftler mit den Augen Zeichen geben. Kristoffer Appel an der Universität Osnabrück hat das erforscht, indem er Klarträumern den Morsecode beibrachte und sie Nachrichten aus der Traumwelt schicken ließ. Eine Augenbewegung nach links bedeutet »lang« und ein Blick nach rechts bedeutet »kurz«. Appel schickte den Träumenden Matheaufgaben, die sie lösen sollten, mittels Pieptönen, die die Träumenden in ihren Traum integrierten.[165] Der Träumende ist dann in der Lage, das Ergebnis auszurechnen und mittels des Morsecodes zurückzusenden.

Schredl ging noch einen Schritt weiter und nutzte den Klartraum als Trainingsarena. Das führt zu der bemerkenswerten These, dass man im Schlaf willentlich etwas üben kann, um die Fähigkeiten zu verbessern. In einer Studie mit 840 Sportlern sagten 57 Prozent aus, dass sie mindestens einen Klartraum in ihrem Leben gehabt hätten, und 24 Prozent sogar mindestens einmal im Monat.[166] 9 Prozent der Klarträumer-Sportler trainierten ihre Sportart im Traum und sagten, dass sie sich dadurch verbessert hätten. Das ist ein kleines Beispiel und völlig anekdotenhaft, deshalb entschieden Schredl und Kollegen, die Idee zu überprüfen. Sie ließen Klarträumer im Schlaflabor Darts üben, während sie träumten. Ja, Darts. Wir sind in Martin Amis Roman, geschrieben von einem Neurowissenschaftler.

Schredl und sein Team ließen eine Gruppe Probanden Darts spielen und sich im Labor schlafen legen. Die Freiwilligen, denen es gelang, in einen Klartraum einzusteigen, signalisierten mit drei aufeinanderfolgenden Links-rechts-Augenbewegungen den Beginn der Traumkontrolle. Zunächst mussten sie alles »zusammenstellen« – das heißt, im Traum alles herrichten – das Board und die für den Versuch benötigten Pfeile. Das verwendete Board war eines mit einem roten Bull's Eye im Zentrum, umgeben von neun konzentrischen schwarzen und weißen Ringen. Dann begannen sie zu spielen. Bei dem Versuch sollten die Probanden sechs Serien à fünf Pfeile werfen und nach jedem fünften Pfeil ein Signal an die Wachwelt senden.

Nach den 30 Würfen sollte der Träumende versuchen aufzuwachen. Anschließend gab er den Forschern einen detaillierten Traumbericht. Am nächsten Morgen wurden die Fähigkeiten der Klarträumer sowie die einer Kontrollgruppe, die nicht im Schlaf geübt hatte, an einem echten Dartboard getestet.

So wie bei jeder Art von Training beeinträchtigen Ablenkungen die Qualität und Effizienz. Einige Klarträumer waren in der Lage, das Pfeilwerfen zu üben, ohne sich ablenken zu lassen, aber andere mussten mit Hindernissen kämpfen, wie zum Beispiel einer lästigen Traumfigur, die sich einmischte (»Die Puppe bewirft mich ständig mit Pfeilen«) oder Veränderungen an Objekten in der Traumumgebung (»Auf einmal habe ich mit Bleistiften geworfen«). Manchmal entwischte der Traum und die Luzidität begann, sich dem Träumenden zu entziehen (»Ich merkte, dass ich irgendwie unsicher wurde … ich schickte ein weiteres Augensignal … ich schaffte noch drei oder vier Würfe und wachte dann auf«). Die Wissenschaftler versuchten, Ablenkungen in den Traumberichten zu berücksichtigen, die sie von den Träumenden erhalten hatten.

Sie können sich vorstellen, wie schwierig es ist, unter diesen schwierigen Bedingungen eine gute Stichprobengröße zu bekommen, und Schredl betont, dass es sich um eine Pilotstudie handle. Angesichts dieses Vorbehalts wurde festgestellt, dass sich die Fähigkeiten nach dem Üben im Traum verbesserten, wenn die Träumer nicht abgelenkt worden waren. Wenn man bedenkt, dass fast ein Viertel aller deutschen Sportler offenbar regelmäßig klarträumt, so fragt sich Schredl, ob Trainieren im Traum nicht Bestandteil des Sporttrainings werden sollte.

Er erzählte mir von Berichten von Amateursportlern, die ihre Fähigkeiten während des Klarträumens verbessert hatten. Es gibt da eine Kunstspringerin, die Klarträume nutzte, um Drehungen und Saltos zu trainieren. Im Traum konnte sie die Zeit verlangsamen, sodass sich die Springfigur langsamer entfaltete und sie die Bewegungen an jedem einzelnen Punkt nachvollziehen konnte. Es gibt auch einen Snowboarder, der Tricks übt, zu denen er in der Realität noch nicht in der Lage ist. Das luzide Üben habe ihm geholfen, sich zu verbessern, sagt er.

Das lässt mich an die Trainingsphilosophie kleiner Verbesserungen denken. Die sind unter Umständen für einige große Erfolge im britischen Radrennen des letzten Jahrzehnts verantwortlich. Die Idee ist, alle möglichen Faktoren zu verbessern, um in der Summe einen großen Nutzen zu erzielen. Dazu gehört, den Boden des Team-Trucks weiß zu streichen, um jeglichen Staub an den Reifen sofort zu entdecken, der die Radleistung beeinträchtigen könnte. Oder das beste Kopfkissen zu finden und zu den Teamhotels zu bringen.

Jede Verbesserung für sich bringt eine winzige, vielleicht gar nicht wahrnehmbare Verbesserung. Aber nimmt man genügend davon, summieren sich die Gewinne. Sportpsychologen legen bereits viel Wert auf guten Schlaf. Sollte Traumtraining dieser Liste hinzugefügt werden?

Bei Sportarten wie Radfahren, bei denen Krafttraining der Schlüssel ist, funktioniert das vermutlich nicht, sagt Schredl. »Aber bei künstlerischen Sportarten wie Kunstspringen oder Freestyle-Skiing scheint das plausibel zu sein.« Deshalb hat mentales Training und Proben im Wachzustand einen Vorteil: Denken Sie an das Einprägen und Erinnern der Rennstrecke bei Formel-1-Fahrern. Der unmittelbare Informationstransfer während des Schlafs wurde bei Ratten erreicht, dazu war jedoch die hochinvasive Implantation von Elektroden nötig. Traumtraining funktioniert möglicherweise nur, wenn man das Klartraum-Stadium erreicht, aber das kann man vielleicht lernen, und auf einem Top-Niveau ist jede noch so winzige Verbesserung den Versuch wert.

LeBron James ist einer der größten Basketballspieler aller Zeiten. Er gewann zweimal olympisches Gold, dreimal die Meisterschaft der US National Basketball Association und wurde viermal zum Wertvollsten Spieler gewählt. Es gibt viele Gründe für seine phänomenale Athletik und seinen Erfolg, aber einer fällt mir sofort auf: Er schläft jede Nacht elf bis zwölf Stunden.[167]

Cheri Mah, die heute im Human Performance Center an der University of California, San Francisco, arbeitet (jenes Labor, in dem der Ultraläufer Dean Karnazes getestet wurde), untersuchte die Wirkung von längerem Schlaf auf College-Basketballspieler. Sie und ihre Kollegen warben elf Männer vom Team der Stanford Universität an, im Durchschnittsalter von 19 Jahren, und trainierten sie, ihre Schlafdauer zu verlängern. Allen Teilnehmern gelang es, länger zu schlafen (im Schnitt fast zwei Stunden). Ihre Sprintgeschwindigkeit, Wurfgenauigkeit und der Prozentsatz an Freiwürfen verbesserten sich. Die Schlafdauer zu verlängern, so schloss Mahs Team, verbessert die sportliche Leistung, Reaktionszeit und Sprintgeschwindigkeit sowie die Gemütslage und Vitalität. Höchstleistung ist nur mit ausreichend Schlaf möglich, so ihre Schlussfolgerung.[168]

Es gibt nur einen LeBron James, aber jeder kann seine Schlafdauer verlängern. Sie müssen lediglich darauf achten, nicht zu spät am Tag Koffein oder Alkohol zu konsumieren (vorzugsweise gar nicht). Beides hält Ihren Grundumsatz hoch und kann Ihren Schlaf stören. Sorgen Sie dafür, dass Ihr Schlafzimmer kühl, dunkel und ruhig ist und dass Sie nicht geweckt oder gestört werden. Gehen Sie nicht zu spät ins Bett und lesen Sie kurz vorher nicht übermäßig viel mittels elektronischer Geräte und checken Sie auch keine beruflichen E-Mails mehr. Fahren Sie mindestens eine halbe Stunde vor dem Schlafengehen runter, dimmen Sie das Licht ein bisschen. Lesen Sie einen Roman. Begrüßen Sie den Schlaf als Ihren erholsamen Freund und nicht als einen Feind, gegen den Sie sich wehren müssen.

Diese Feinde wird es natürlich immer geben. Manche Menschen werden aufgrund des Arbeitsdrucks nur sechs Stunden oder sogar noch weniger schlafen und manche werden beharrlich behaupten, gar keinen Schlaf zu brauchen. Nun sind wir in diesem Kapitel an dem Punkt, an dem wir uns dem Unvermeidlichen beugen und Margaret Thatcher sowie Donald Trump erwähnen. Beide Politiker werden häufig genannt wegen ihrer Fähigkeit, mit wenig Schlaf auszukommen. »Trump brüstet sich damit, jede Nacht nur vier Stunden Schlaf zu brauchen«, erzählte mir Meir Kryger, »und das merkt man meiner Meinung nach auch, denn er zeigt viele Symptome von Schlafmangel.«

Zu diesen Symptomen gehören Launenhaftigkeit, Mangel an Aufmerksamkeit, Verwirrtheit, Probleme bei der Entscheidungsfindung. In Trumps Fall kommt einem spontan der »covfefe«[169]-Tweet in den Sinn. Langfristiger Schlafmangel wird in Verbindung gebracht mit einem erhöhten Risiko für Schlaganfälle und Diabetes und kann Depressionen sowie Gewichtszunahme verursachen. Die von der US Sleep Foundation herausgegebenen jüngsten, aktualisierten Zahlen bezüglich der Schlafdauer empfehlen für Erwachsene sieben bis acht Stunden Schlaf pro Nacht.[170] Neueste Arbeiten am Sleep Research & Treatment Center, Penn State College of Medicine in Hershey, Pensylvannia, legen nahe, dass zu wenig Schlaf Nebenwirkungen hat.[171] Wenn Sie sowieso zu Herz-Kreislauf-Erkrankungen neigen, kann wenig Schlaf dieses Risiko erhöhen. Julio Fernandez Mendoza fand zudem heraus, dass es Kurzschläfer gibt, die sich dessen nicht einmal bewusst sind. In der Regel glauben sie, mehr Schlaf zu bekommen, als es tatsächlich der Fall ist. »Anders ausgedrückt, sind sie sich nicht darüber im Klaren, dass sie, wenn sie acht Stunden im Bett sind, nicht etwa die von ihnen angenommenen siebeneinhalb Stunden schlafen, sondern tatsächlich nur sechs«, sagt er. Diese Arten von Kurzschläfern scheinen nicht unter schädlichen Auswirkungen wie Bluthochdruck, Diabetes oder Depression zu leiden, aber ihre Verarbeitungsgeschwindigkeit nimmt beständig ab. Dies ist Bestandteil der kognitiven Funktion, die bestimmt, wie schnell Sie in der Lage sind, zu verstehen, auf mentale Aufgaben zu reagieren und diese zu lösen.

Einige der Behauptungen von Menschen, die angeblich nur vier Stunden Schlaf benötigen, sind Angeberei; es ist das, was Geschäftsleute und Politiker (Menschen in diesen Positionen sind besonders anfällig dafür) glauben, sagen zu müssen. »Manche Menschen sind Kurzschläfer und machen damit auf Macho«, sagt Kryger. »Sie halten Schlafen für Zeitverschwendung und sind nicht sonderlich gut darin. Sie wollen lieber wach bleiben oder Geld verdienen und produktiv sein, statt zu schlafen.« Andererseits gibt es tatsächlich Menschen, die nicht unter dem »kognitiven Kater« leiden wie die meisten von uns, wenn wir zu wenig geschlafen haben. Geschäftsfrau Martha Stewart scheint einer davon zu sein.[172] Sie beschwert sich darüber, dass die Tage zu kurz seien, und sagt, dass sie mit nur vier Stunden Schlaf pro Nacht auskomme.

»Manche dieser Behauptungen von Menschen sind wahr«, sagt Kryger. Einige Kurzschläfer scheinen den negativen Folgen zu entkommen. Und diese Menschen werden wir uns nun genauer anschauen.

In das Sleep-Wake Center an der University of Utah kommen, wie in die meisten Schlafeinrichtungen rund um die Welt, hauptsächlich Menschen mit Schlafproblemen. Man versucht in diesen Einrichtungen, Menschen mit Schlafapnoe, Tagesmüdigkeit, Restless-Legs-Syndrom (RLS; Syndrom der ruhelosen Beine) und natürlich Schlaflosigkeit zu helfen. Aber in den frühen 2000ern begann der Leiter, Christopher Jones, darüber nachzudenken, warum manche Menschen früh zu Bett gehen und andere Nachteulen sind. Er erkannte, dass man Menschen mit Schlafproblemen besser helfen könnte, wenn man dieses Phänomen besser verstehen würde, also suchte er Freiwillige für eine Studie. Er interessierte sich für gewohnheitsmäßige Frühaufsteher und eine 68-jährige Frau meldete sich. Die Frau erzählte Jones, dass sie nur sechs Stunden Schlaf brauche, und das sei schon immer so gewesen, so lange sie sich zurückerinnern könne. Und es habe ihr nie geschadet. Darüber hinaus sei ihre Tochter genauso.

Jones wurde sofort neugierig, vor allem, weil die Tochter genauso war – das deutete darauf hin, dass der Schlaf möglicherweise genetisch beeinflusst ist. In den frühen 1990ern entdeckten Urs Albrecht und Kollegen an der Universität Freiburg in der Schweiz *Per2*, ein Gen bei Mäusen, das die innere Uhr steuert. Es gibt eine Variante dieses Gens in Familien, die unter dem Vorverlagerten Schlafphasensyndrom (auch: advanced sleep phase syndrome, ADSPS) leiden. Wenn Sie das haben, dann schlafen Sie zwar acht Stunden, aber Ihr Tagesrhythmus ist völlig untypisch. Diese Personen sind extreme Morgenmenschen, gehen abends um sechs oder sieben Uhr schlafen und wachen um drei oder vier Uhr früh auf. Das *Per2*-Gen, auf Chromosom 2, beeinflusst den inneren Schrittmacher, nach dem der Körper seine Uhr stellt. Variationen davon sind mit bestimmten Arten von Krebserkrankungen in Verbindung gebracht worden.[173] Seit diese Variante entdeckt wurde, sagt Jones, hofft er darauf, eine Familie mit stark verschobenen oder ungewöhnlichen Schlafmustern zu finden. Mit diesem Paar aus Mutter und Tochter scheint das gelungen zu sein.

»Ich hatte nie zuvor von ›natürlichen‹ Kurzschläfern gehört«, sagt er, »und dachte anfangs, die beiden seien einfach nur Frühaufsteher.«

Er ließ die beiden Schlafprotokolle anfertigen und Überwachungsgeräte am Handgelenk tragen, die genau aufzeichneten, wann und wie viel die beiden sich bewegten. Die Ergebnisse bestätigten, dass die beiden spät schlafen gingen (gegen 22 Uhr) und dass sie früh aufstanden (um

4 Uhr morgens), was normalerweise nicht der üblichen Routine eines »extremen Frühaufstehers« entspricht.

Jones nahm DNA-Proben der beiden und schickte sie an Ying-Hui Fu, eine Kollegin an der University of California, San Francisco. Fu ist spezialisiert auf die Biologie von Myelin, der fetthaltigen Substanz, die Nervenzellen umgibt, sowie Schlafverhalten. Sie hegt ein besonderes Interesse für die Genetik von extremen Frühaufstehern.

Als sie sich die Gensequenzen von Mutter und Tochter ansah, entdeckte sie eine Mutation auf Chromosom 12. Davon ausgehend, dass es diese Mutation war, die dafür sorgte, dass die Frauen so früh aufwachten, züchtete Fu transgene Mäuse und Fliegen mit dieser Mutation. Diese Mäuse schliefen eine Stunde weniger als normale Mäuse, und die Fliegen zwei Stunden weniger. Fu, die ihre Entdeckungen 2009 in der Fachzeitschrift *Science* veröffentlichte,[174] sagt, wenn *DEC2* in Form einer Pille erhältlich wäre, würde sie es einnehmen, denn dann hätte sie jeden Tag mehr Zeit zur Verfügung.

Louis Ptacek ist Neurogenetiker und arbeitet mit Fu am UCSF. Die entscheidende Frage zu Menschen mit der *DEC2*-Kurzschlafmutation lautet, ob sie alle restaurativen Eigenschaften des Schlafs in nur sechs Stunden bekommen.

»Leider wissen wir so wenig über Schlaf, dass diese Frage zum jetzigen Zeitpunkt nicht beantwortet werden kann«, sagte er. Das Problem, so fuhr er fort, bestehe in der Frage, ob diese Menschen weniger Schlaf »brauchen«. Anders ausgedrückt: Akkumulieren sie während ihres Wachzustands weniger von dem, was auch immer während des Schlafs aufgeräumt werden muss? »Oder haben sie die gleiche ›Last‹, wenn sie eine bestimmte Anzahl von Stunden wach waren, schlafen jedoch ›effizienter‹?«

Wir wissen es noch nicht.

Seit sie das Mutter-Tochter-Paar entdeckten, haben die Forscher genetische Informationen von sehr viel mehr Kurzschläfer-Menschen gesammelt. Und laut Ptacek haben sie mindestens ein oder zwei, möglicherweise sogar drei neue menschliche Schlafgene oder Mutationen gefunden. Das Team konzentriert sich nun auf Menschen mit dieser Kurzschlaffähigkeit und wird in der Lage sein, so sagt er, ein paar dieser Fragen anzugehen: »Alle Elemente des Schlafs sind genetisch. Und sie sind alle Umwelteinflüssen unterworfen.«

Die beiden sind also echte Kurzschläfer. Menschen, die von Natur aus mit weniger Schlaf zurechtkommen, nicht jene, die sich wegen der Arbeit oder weil sie sich um ein Familienmitglied kümmern müssen, dazu zwingen. Was sind die Charaktereigenschaften dieser Menschen?

Um das herauszufinden, suchten sich Timothy Monk und Kollegen vom University of Pittsburgh Medical Center in Pennsylvania Kurzschläfer für eine Studie und achteten darauf, nur natürliche Kurzschläfer zu nehmen. Diese ausgewählten Personen (neun Männer und drei Frauen) schliefen im Schnitt 5,3 Stunden pro Nacht im Vergleich zur Kontrollgruppe, bestehend aus vom Alter und Geschlecht her entsprechenden Personen, die mit 7,1 Stunden keine Kurzschläfer waren.

Sämtliche Teilnehmer füllten Fragebogen zu ihrer Lebenseinstellung aus. Falls Sie einen Kurzschläfer kennen oder selbst einer sind, dann überlegen Sie mal für einen Moment, welche Charaktereigenschaften Sie mit dieser Person verbinden. Monks Ergebnisse zeigten, dass bei dieser kleinen Stichprobe die Kurzschläfer dynamischer und aggressiver waren als die Normalschläfer. Sie waren auch weniger ängstlich, aber dafür ehrgeiziger. All diese Eigenschaften scheinen zu dem Stereotypen des Kurzschläfers zu passen, die uns unterkommen. Im Gegensatz zu früheren Studien konnte Monks Team keine Beweise dafür finden, dass bei Kurzschläfern »subklinische Hypomanie« vorliegt. Dies ist im Wesentlichen eine gesteigerte Grundstimmung, die in eine bipolare Störung kippen kann, wenn sie problematisch wird.[175]

Denken Sie daran, dass die Kurzschläfer in dieser Studie nicht von ihrer Arbeit getrieben wurden. Das Team musste viele Bewerber abweisen, die sich für natürliche Kurzschläfer hielten, bei denen man jedoch feststellte, dass sie einfach nur »unklug« schliefen – für die Arbeit oder weil sie sich um einen Familienangehörigen kümmern mussten oder weniger schliefen, weil sie sich psychisch oder physisch unwohl fühlten.

»Mitunter begegne ich jemandem, der wenig schläft, im Vergleich zu dem, was wir für normal erachten, der jedoch sehr produktiv ist«, sagt Meir Kryger. »Wir werden nie erfahren, wie produktiv dieser Mensch sein könnte, wenn er die richtige Menge an Schlaf bekäme. Das ist das Dilemma.«

Produktivität ist das eine, aber es steht eindeutig fest, dass es nicht gut ist, sich dazu zu zwingen, weniger als sieben Stunden zu schlafen. Napoleon Bonapartes Äußerung über die Stunden an Schlaf, die ein Mensch benötigt – »Vier Stunden schläft der Mann, fünf die Frau, sechs ein Idiot«, soll er gesagt haben – ist genauso rückständig wie sexistisch. Sogar bei jenen Menschen, die wirklich mit weniger Schlaf auskommen, wie die in Ying-Huis Fus Labor, werden die langfristigen Kosten den kurzfristigen Nutzen schließlich überwiegen. Wir können das sagen, weil Schlafentzug die Menschen anscheinend anfälliger für das Entwickeln von Demenz macht.[176] Etliche Hinweise deuten auf einen Grund hin. Zum einen sind die »Aufräumzellen« im Gehirn überaktiv, wenn Sie unter Schlafentzug leiden. Michele Bellesi von der Marche Polytechnic University in Italien unterbrach fünf Tage in Folge den Schlaf von Mäusen und stellte fest, dass die als Astrozyten bezeichneten Zellen, die im Gehirn wichtige Funktionen übernehmen, wie eine Wächter- und Filterfunktion, ebenso aktiver waren wie die Mikrogliazellen, die beschädigte Zellen lokalisieren. Andere Experimente mit Mäusen haben gezeigt, dass Schlaf dem Gehirn hilft, unnötigen Ballast loszuwerden[177]. Hält man Tiere vom Schlafen ab, dann bilden sich im Gehirn Amyloidproteine – die Kennzeichen von Alzheimer.[178]

Denken Sie daran, dass Margaret Thatcher später in ihrem Leben an Alzheimer erkrankte. Sieht so aus, als habe es sie eingeholt, jede Nacht nur vier Stunden zu schlafen – als gäbe es einen kausalen Zusammenhäng zwischen ihrem Schlaf und ihrer Demenz. »Tierversuche legen diese Kausalität nahe«, sagt Adrian Williams. »Mäuse bekommen Alzheimer, wenn sie nicht schlafen.«

Wir werden noch viele Jahre brauchen, um sämtliche Funktionen des Schlafs – ganz zu schweigen von den Mechanismen –, zu verstehen. Aber wir wissen, dass guter nächtlicher Schlaf wesentlich ist für unsere Gesundheit und unser Wohlbefinden. Gönnen Sie sich etwas Ruhe. Ihr Glück hängt davon ab.

11 GLÜCK

Dass du glücklich bist, merkst du erst den Bruchteil einer Sekunde, bevor es zu spät ist.

ALI SMITH, *IM HOTEL*

Die Menschen suchen ihr Glück, ohne zu wissen, auf welche Art sie es finden können: wie Betrunkene ihr Haus suchen, im unklaren Bewusstsein, eins zu haben.

VOLTAIRE, *NOTEBOOKS*

Bis sich ihr Leben im Alter von 41 Jahren radikal und endgültig veränderte, war Shirley Parsons eine erfolgreiche Anwältin in Exeter, Südwestengland. Ihr Mann bewirtschaftete eine nahe gelegene Farm. Rinder und Schafe. Die beiden sind immer noch verheiratet, obwohl sie ihn heutzutage nicht mehr allzu oft sieht.

Ein paar Monate lang habe ich mit Shirley via E-Mail korrespondiert und während unserer Gespräche beeindruckte mich, wie rücksichtsvoll sie ist und über welche enormen Reserven an Stärke und Resilienz sie verfügt, aber als ich das zu ihr sagte, antwortete sie: »Die meisten Menschen würden mich als stur und unbeholfen bezeichnen!« Was mir ebenfalls auffiel, war ihre Lebenseinstellung. »Ich bin zu dem Schluss gekommen, dass die ›Werkseinstellung‹ meines Gehirns ›Glück‹ lautet«, sagte sie einmal.

Das öffnete die Tür zu einem Gespräch über die Natur von Glück. Ich fragte sie, ob sie das definieren könne. Es folgte eine lange Pause, bis sie antwortete. »Meiner Meinung nach gibt es unterschiedliche Arten von Glück. Grundsätzlich mit dem Leben glücklich zu sein, das Glück als Vorfreude auf ein besonderes Ereignis wie eine Hochzeit oder eine Party, und Glück, das durch einen besonderen Moment entsteht, wie das Bestehen eines Examens.« Ihre Schlussfolgerung: »Ich kann keine eindeutige Definition für Glück geben.«

Nun, damit steht sie nicht allein. Thomas Jefferson definierte es nicht in der amerikanischen Unabhängigkeitserklärung, sondern garantierte nur das Recht, danach streben zu dürfen. Glück ist als Konzept mindestens genauso schwer zu fassen wie Intelligenz, und die vermeintlichen Wege, um es zu erreichen, sind labyrinthartig, wie wir noch sehen werden.

Bis zu diesem Zeitpunkt hatten Shirley und ich immer nur gemailt und kamen überein, dass es gut sei, dem Namen ein Gesicht zuzuordnen. Also vereinbarten wir einen Besuch meinerseits. Mittlerweile 55 Jahre alt, lebt sie in Devon, und ich fahre zu ihr. Ihr Haus befindet sich in einem Dorf am Rand von Dartmoor, ein Nationalpark auf einem Granitmassiv, den ich mir normalerweise felsig, wenn nicht gar trostlos vorstelle, der jedoch heute unglaublich grün ist. Es ist wunderschön, überall Schwalben und Mauersegler. Während ich fahre, jagt eine Krähe direkt vor meinem Wagen einen Bussard. Ich sehe, wie der Raubvogel in der Luft verärgert den Kopf wendet und den Angreifer anschreit. Die Landschaft brät in der Sonne. Heute ist der bisher heißeste Tag des Jahres. Gegen Mittag treffe ich bei Shirleys Haus ein. Ein frisch gemähter Rasen und Pflanzentöpfe mit Blumen weisen mir den Weg. Die Türen stehen offen; ich habe mich telefonisch angemeldet und werde erwartet, also trete ich durch das Wohnzimmer ein. An der Wand entdecke ich zwei von Shirleys Universitätsabschlüssen, auf dem Kaminsims steht ihr Hochzeitsfoto. Ich gehe ins Schlafzimmer, hier ist es dunkel, die Vorhänge sind zugezogen. Das Bett ist erhöht mit Scherenbeinen, es ist ein medizinisches Bett. An einem Ständer hängt ein Infusionsbeutel.

Shirley sitzt vor dem Fernseher und schaut sich Tennis an. Sie dreht sich nicht um, um mich zu begrüßen, denn sie kann sich nicht bewegen. Sie sagt auch nichts, weil sie nicht sprechen kann. Seit 14 Jahren und fünf Monaten ist sie vom Hals abwärts gelähmt. Sie leidet unter dem Locked-in-Syndrom: Ihr Verstand ist völlig intakt und gedeiht geradezu, aber ihr Körper ist schon lange außer Betrieb.

Es begann an einem Sonntagmorgen 2003. Shirley erwachte mit starken Kopfschmerzen und Schwindelgefühlen. Sie entschied, im Bett zu bleiben. Am Nachmittag raffte sie sich jedoch auf, um auf der Farm beim Füttern zu helfen. »Plötzlich wurde mir total schwindelig und ich habe mich auf einen Heuballen gesetzt«, erinnert sie sich, »und das Nächste, was ich weiß, ist, dass ich zwei Wochen später auf der Intensivstation erwachte.«

Sitzt man ihr gegenüber, dann kann sie Fragen mit ja (Blick nach oben) und nein (Blick nach unten) beantworten. Bei komplizierteren Fragen verwendet sie ihren Computer, den sie mithilfe von Wangenzucken und einer Spezialsoftware namens EZ Keys betätigt. So hat sie mir auch gemailt.

Wie Carmen Tarleton, die wir im Kapitel über Resilienz kennengelernt haben, lag Shirley während jener ersten beiden Wochen im künstlichen Koma. Die Ärzte stellten fest, dass sie eine Mutation im Gen für Faktor-V hat, jenem Stoff, der bei der Blutgerinnung hilft. Der eine falsch geschriebene Buchstabe in dem Code bedeutet, dass die Mutation im Faktor-V-Protein zu einem Austausch in der Aminosäureposition 506 von Arginin durch Glutamin führt. Das verursacht wiederum Thrombophilie, das heißt, ihr Blut gerinnt mehr, als es sollte. Der Typ, unter dem sie leidet, nennt sich Faktor-V-Leiden, benannt nach der holländischen Stadt, in der es entdeckt wurde. Etwa 5 Prozent der Menschen europäischer Abstammung tragen diese Mutation in sich und haben dadurch ein erhöhtes Risiko, eine tiefe Venenthrombose zu entwickeln, die in seltenen Fällen dazu führen kann, dass sich ein Blutgerinnsel (Thrombus) löst und bis zum Gehirn gelangt. Als Shirley das passierte, verursachte es eine Hirnstammblutung und einen massiven Schlaganfall. Nach dem Ausbruch ihrer Krankheit war sie mehr als ein Jahr im Rehazentrum in Exeter. Man sagte ihr, dass sie kaum eine Überlebenschance gehabt habe.

Ich gehe zu einer Stelle ihrem Gesicht gegenüber, damit sie mich sehen kann. Ihre Augen bewegen sich zu mir. Sie sitzt im Rollstuhl und trägt mehrere Kleidungsstücke übereinander. Ich wundere mich, dass sie vor Hitze nicht eingeht. Ihre Hände ruhen auf den Armlehnen, werden jedoch von den langen Baumwollärmeln verdeckt. Ihr Gesicht ist gerötet und glänzt. Ihre untere Mundhälfte hängt herab, so wie immer, seit sie gelähmt ist. Das verleiht ihr ein hospitalisiertes Aussehen. Es ist der Anblick, den man von Menschen auf der Intensivstation kennt, von Menschen im Koma. Von Menschen im Wachkoma. Ich erinnere mich an diesen Gesichtsausdruck bei meiner Oma, nachdem sie ins Koma gefallen war. Du siehst diese Menschen und nimmst sofort an, dass sie auch im Kopf gelähmt seien. Bezeichnungen wie »Wachkoma« sind da nicht hilfreich. Ich weiß ganz sicher, dass das bei Shirley nicht der Fall ist, dennoch ist es befremdlich, von Angesicht zu Angesicht zu sehen, wie sie äußerlich bewegungsunfähig ist, und gleichzeitig von ihrer geistigen Vitalität zu wissen. »Ich denke zu viel«, hat sie gesagt. Sie hat auch gesagt, dass sie glücklich sei mit ihrem Leben. Daraufhin fragte ich sie, mich entschuldigend, falls die Frage seltsam oder sogar kränkend sei, ob es Sinn ergebe, dass sie jetzt glücklicher sei als zu der Zeit, bevor sie in ihrem Körper eingesperrt wurde. Sie fand, dass die Frage leicht zu beantworten sei. Leichter, so sagte sie, als wenn ich sie gebeten hätte, Glück zu definieren.

»Rein oberflächlich betrachtet wirkt die Frage lächerlich, aber als ich darüber nachdachte, wurde mir klar, dass es das nicht ist, denn komischerweise denke ich, dass ich glücklicher bin«, lautete ihre Antwort per E-Mail. »Vor dem Schlaganfall war mein Leben unruhig und hektisch, aber jetzt ist es die meiste Zeit ruhig, friedlich und entspannt. Im Laufe der Jahre habe ich mich daran gewöhnt und wurde zufrieden mit meinem Leben.«

Oft hört man Menschen sagen, dass sie ihr Leben einfacher gestalten wollen. Wir beschweren uns, dass es zu viele Ablenkungen in der Welt gibt, in unserem geschäftigen Leben, und wir glauben, dass wir glücklicher wären, wenn wir ein paar davon loswerden könnten. Vielleicht trifft das zu, vielleicht wären wir dann glücklicher. Später werden wir einen Mann kennenlernen, der sich all seiner Besitztümer entledigt hat – bis auf sieben Gegenstände. Er besitzt weniger materielle Güter als jeder andere, den ich kenne, und wirkt glücklich. Wir werden einen Professor von einer der Top-Universitäten treffen, der alles weggibt, was er über 25 000 Pfund (etwas mehr als 28 000 Euro) verdient: Er sagt, dass er sehr viel glücklicher sei als vor seiner Spendenbereitschaft. Vielleicht macht es uns wirklich glücklich, Sachen loszuwerden. Laut einer beliebten Suchmaschine ist der glücklichste Mensch der Welt Matthieu Ricard, ein französischer Akademiker, der buddhistischer Mönch wurde und als Übersetzer für den Dalai Lama arbeitet. Buddhisten haben nicht viele materielle Besitztümer und in der Regel sind sie, wenn nicht strahlend glücklich, dann zumindest erfüllt von Wohlbefinden.

Ich bin Shirley besuchen gefahren, weil sie sich von fast allem getrennt hat. Zugegeben, sie hat sich das nicht ausgesucht, aber sie lebt ein Leben, das auf das absolut Wesentliche reduziert ist: nur ein Gehirn, die Außenwelt sehen. Deshalb möchte ich eine Vorstellung von ihrem Leben bekommen. Vielleicht ist es gar nicht so unfasslich, dass sie glücklich sein kann. Aber sogar glücklicher als vorher?

»Die häufigste Fallgrube für den Psychologen«, sagte William James 1918, »ist die Verwechslung des eigenen Standpunkts mit der geistigen

Verfassung, über die er seinen Bericht schreibt.« Was er als die Fallgrube des Psychologen bezeichnet, ist anders ausgedrückt, die Annahme, dass wir zu wissen glauben, was jemand anderer durchlebt. James war der Vater der Psychologie, aber wir sollten diese Tendenz nach wie vor berücksichtigen. Nehmen wir den Fall eines Menschen mit Locked-in-Syndrom. Für seine Freunde und Familie hat dieser Mensch alles verloren. Er ist bei all seinen Bedürfnissen auf andere angewiesen. Viele von uns würden sofort denken, dass ein solches Leben nicht lebenswert sei. Martin Pistorius, ein südafrikanischer Autor und Webdesigner, erkrankte als Teenager am Locked-in-Syndrom und war mehr als ein Jahrzehnt gelähmt. Er erholte sich und beschrieb später, gehört zu haben, wie seine Mutter zu ihm sagte – weil sie dachte, seine Bewegungsunfähigkeit sei gleichzusetzen mit Bewusstlosigkeit – »ich hoffe, du stirbst«.[179] Er erzählte, seinen Eltern sei gesagt worden, dass er »dahinvegetiere« und dass sie auf seinen Tod warten sollten.

Wenn Sie bei vollem Bewusstsein, aber gelähmt sind, können Sie sich auch nur annähernd vorstellen, wie Sie sich fühlen würden? Was Sie vermissen würden? Ich fragte Shirley danach. Eine Sache, so sagte sie, sei Toast. Sie vermisste es, an einer Scheibe Toast zu knabbern. Bei meinem Besuch stellte ich ihr dieselbe Frage noch einmal und sie begann zu lachen. Sie lacht viel. Obschon gelähmt, ist sie nicht völlig still. Im Unterschied zu vielen Menschen mit Locked-in-Syndrom kann sie ihren Kopf ein bisschen bewegen, sie kann schlucken und Geräusche produzieren. Das bedeutet, dass sie mit dem Löffel gefüttert werden kann, statt über eine Sonde, und es bedeutet, dass sie lachen kann. Es ist ein drolliges Lachen, das steht mal fest, aber ich bekomme es oft zu hören, während ich bei ihr sitze. Dieses spezielle Lachen ist anfangs schwer einzuschätzen: Ich bin besorgt, dass sie weinen könnte oder gar würgt. Aber dann wird mir klar, dass es eindeutig Vergnügen ist. Das keuchende Lachen geht weiter, während sie ihre Antwort in den Computer buchstabiert. Was sie vermisst? »Reden zu können.« Am meisten vermisst sie das Plaudern. »Die vom Pflegedienst reden nicht, und das aus gutem Grund«, geht der Text weiter. »Ich kann Dummköpfe nicht ertragen.« Weil sie denen die Meinung sagen würde? Sie lacht noch ein bisschen, die Augen zur Decke gedreht: ein entschiedenes Ja. Natürlich sagen die Pfleger etwas zu ihr. Aber was Shirley vermutlich meint, sind witzige Schlagabtausche und Diskussionen, Konversation und Auseinandersetzungen. Schließlich war sie Anwältin.

Zum ersten Mal nachgedacht habe ich über Menschen mit dem Locked-in-Syndrom, nachdem ich Marie-Christine Nizzi in der Abteilung für Psychologie an der Harvard University getroffen habe. Nizzis Büro ist oben in der William James Hall, einem berühmten und angemessen benannten Hochhaus in Cambridge, mit einer fantastischen Aussicht auf die Stadt. Während wir dort sitzen, erzählt sie mir die Parabel von dem chinesischen Bauern und dem Pferd.

Es war einmal ein Bauer, dem wurde sehr viel Geld für sein wunderschönes weißes Pferd angeboten, aber er lehnte ab. Er sagt, es sei sein einziger Besitz und er wolle sich nicht davon trennen. Das Angebot wird zurückgezogen und die Dorfbewohner in der Nachbarschaft sagen dem Bauern, dass er verrückt sei, es ausgeschlagen zu haben. Nach einer Weile läuft das Pferd weg und jetzt hat der Bauer nicht einmal mehr das. Die Dorfbewohner verhöhnen ihn, aber er zuckt mit den Schultern. Wer weiß, was passieren wird, sagt er: Es kann gut sein, es kann schlecht sein (ein anderer Titel für die Parabel lautet: Der gleichmütige Bauer).

Ein paar Tage später kehrt das Pferd zurück und bringt eine Herde Wildpferde mit. Der Bauer ist nun reich und die Dorfbewohner drängen ihn zu feiern. Aber das tut er nicht, sondern sagt wieder: »Es kann gut sein, es kann schlecht sein.« Kurz darauf bricht sich sein Sohn das Bein, als er versucht, eines der Wildpferde zu zähmen, und die Dorfbewohner (ein elender Haufen) verspotten ihn, dass er sich jetzt wohl wünschen würde, nicht so viel Glück mit den Pferden gehabt zu haben. So geht es immer weiter. Der Krieg bricht aus, und alle jungen Männer werden eingezogen, bis auf den Sohn des Bauern, der wegen seines gebrochenen Beines freigestellt wird.

Die Moral der Geschichte, so Nizzi, besteht darin, dass wir nicht vorschnell urteilen sollten, ob ein Ereignis gut oder schlecht ist. »Es kann auch eine gute Seite haben. Viele Menschen stellen sich vor, wie sie sich in diesen Situationen fühlen würden, sei es beim Verlust des Pferdes oder dem des Geldes.« Sie hatte den Eindruck, dass das bei psychologischen Beurteilungen weitgehend vernachlässigt wird, und begann mit Menschen zu arbeiten, die unter dem Locked-in-Syndrom leiden. Aber woher weiß man, ob diese glücklich sind? »Wie wäre es, wenn wir sie fragen?«, schlug sie vor. Die Art, wie sie das sagte, so simpel, unwiderlegbar, machte mir klar, wie unglaublich naheliegend das war, aber Nizzi versicherte mir, dass viele Menschen mit dem Locked-in-Syndrom nie nach der Qualität ihres Innenlebens gefragt werden. Wir nehmen einfach an, dass es entsetzlich ist, also fragen wir nicht. Das heißt: Wir wollen es gar nicht wissen. Genau das hat sie also getan. Sie hat diese Menschen nach ihrer Perspektive gefragt.

Nizzi bezeichnet das als den Rollstuhl gegen den Schreibstuhl tauschen,[180] was auch der Kriegsveteran aus Afghanistan Dave Henson in Kapitel 5 gemacht hat, um die Dinge aus einer anderen Perspektive zu betrachten. Als Nizzi Patienten mit Locked-in-Syndrom befragte, »stellte ich fest, dass sie eine wesentlich positivere Lebensqualität haben, als wir es von außen vermuten«. Ihre Resilienz, sagt sie, ermöglicht ihnen eine zufriedenstellende Lebensqualität. Zum Beispiel möchten sie im Fall eines Unfalls wiederbelebt werden, wohingegen Krankenschwestern, Ärzte und sogar Familienangehörige manchmal annehmen, dass die Patienten nicht so leben wollen. »Die Patienten berichten, dass sie glücklich seien oder zufrieden mit ihrem Leben. Die Mehrheit ist glücklich.«

Nizzis Arbeit folgt der von Steven Laureys, der die Coma Science Group an der Universität von Liège in Belgien leitet. 2008 entschied Laureys, eine Umfrage zur Lebensqualität von Menschen mit Locked-in-Syndrom durchzuführen. 65 Patienten nahmen daran teil; 47 von ihnen bezeichneten sich als glücklich, die übrigen gaben an, unglücklich zu sein.

Zu den Dingen, die sie unglücklich machten, gehörten Ängste und ihre mangelnde Mobilität sowie Shirleys größtes Bedauern: der Verlust der Sprechfähigkeit. Je länger sie in dem Locked-in-Zustand verbracht hatten, desto glücklicher waren sie, dennoch gaben 8 Prozent der Teilnehmer an, dass sie im Fall eines Herzinfarkts nicht wiederbelebt werden wollen.[181] Laureys schloss daraus, dass es den glücklichen Locked-in-Patienten möglicherweise gelungen war, ihr Leben neu einzustellen.

Ich akzeptiere, dass einige Locked-in-Patienten zufrieden, ja sogar glücklich sind. Aber ganz sicher findet niemand sein Leben in diesem Zustand besser als vorher? »Ich habe genau diese Frage gestellt«, sagt Nizzi. »Die Antwort lautete ja.« Sie würden sich selbst besser kennen und hätten festgestellt, dass ihnen das Leben nun mehr bedeutet als vorher. Eingesperrt zu sein, zwingt dich, innezuhalten. Es zwingt dich, nach einer Bedeutung Ausschau zu halten, nach der du zuvor möglicherweise nicht gesucht hast. Nur weil ich das gehört habe, traue ich mich, Shirley zu fragen, ob sie jetzt glücklicher ist als vor ihrem Schlaganfall.

Tim Harrower ist Shirleys behandelnder Neurologe am Royal Devon and Exeter Hospital und hat sie gesehen, als sie nach dem Schlaganfall zur Reha dort gewesen ist.

»Zum großen Durchbruch bei Locked-in-Patienten kommt es, wenn man einen Weg erarbeitet, um zu kommunizieren«, sagt er. »Das verändert alles, weil sie dann ihre Bedürfnisse mitteilen können.« Möglicherweise juckt es irgendwo, tut etwas weh, oder man will einfach nur, dass der verdammte Fernseher abgeschaltet wird. Man muss sich anpassen an das, was man kann und was nicht, und eine intellektuelle Beschäftigung finden. »In der Lage zu sein, seine Situation zu akzeptieren und sich an die Einschränkungen anzupassen ist das größte Problem«, sagt Harrower. »Das passiert nicht sofort, es kann alles in allem Jahre dauern.«

Shirley war seit etwa fünf Jahren eingeschlossen, als sie entschied, ein Studium anzufangen. Sie vermisste ihren Job; und sie langweilte sich oft. »Der Verlust meines Jobs hat mich dazu gebracht zu studieren«, sagt sie. »Ich war zu jung, um in Rente zu gehen, und brauchte eine intellektuelle Beschäftigung, um die Leere zu füllen.« Sie bewarb sich an der Fernuni. Zuerst machte sie einen BA in Sozialwissenschaften und Politik. Sie erinnert sich daran, einen Essay über Tony Blairs Regierungsstil geschrieben zu haben. 2010 machte sie ihren Abschluss. Dann begann sie ein Postgraduiertenstudium in denselben Fächern und machte 2012 ihren Abschluss. Das muss eine ganz schöne Herausforderung gewesen sein, sage ich. »Die größte Herausforderung«, antwortet sie trocken, »bestand darin, dass ich eine Ewigkeit gebraucht habe, um die Hausarbeiten zu tippen.«

Shirley war schon immer eine hartnäckige Frau. Sie erzählt mir von ihrer Reaktion auf den katastrophalen Ausbruch der Maul- und Klauenseuche, die Großbritannien 2001 traf. Das war vor ihrer Locked-in-Erkrankung, als sie noch als Anwältin tätig war. Ihre Tiere hatten sich nicht angesteckt, aber die einer benachbarten Farm schon, und es war die Politik der Regierung, auch die Tiere auf angrenzenden Farmen zu keulen. Im Fernsehen waren tief verstörende Bilder von Scheiterhaufen brennenden Viehs zu sehen. »Nachdem ich meine anfängliche Bestürzung überwunden hatte, schaltete ich in den Kampfmodus«, erzählt Shirley. »Um eine lange Geschichte abzukürzen, ich konnte verhindern, dass sämtliche Rinder und ein Großteil der Schafe getötet wurden.«

Shirley trägt eine Brille und das linke Glas ist ein bisschen beschlagen. Links neben ihr ist ein Luftbefeuchter, der Wasserdampf abgibt, direkt neben meinem Platz. Möglicherweise lässt das die Brille beschlagen. Sie sieht mich also mit ihrem rechten Auge an, und das mit einer solchen Intensität, dass ich es nicht die ganze Zeit aushalte. Ich muss zwischendurch wegschauen, zu ihren DVDs (Manchester City Champions; Bridget Jones; *Orphan Black; 12 Years a Slave ... 12 Years a Slave!*)

und einer großen Fotosammlung von Arbeitskollegen mit der Bildunterschrift: »Komm schon, Shirley! Du schaffst das!!« Ich sitze hier, plappere drauflos, bin mir bewusst, dass ich bald in mein Leben zurückfahre, in dem Wissen, dass sie den Großteil ihres verbleibenden Lebens in diesem Bungalow verbringen wird, in diesem dunklen kleinen Zimmer, und sie weiß, dass ich das weiß, und hier sitzen wir nun und reden davon, wie glücklich sie ist.

Ich kannte William MacAskill vom Hörensagen. Er war nicht nur einer der jüngsten Professoren weltweit, als er an den Fachbereich für Philosophie der Universität von Oxford berufen wurde, sondern traf im Jahr 2009 die Entscheidung, den Großteil seines Einkommens ein Leben lang zu spenden. Er spendet alles, was er über 25 000 britische Pfund hinaus verdient. Ich war erstaunt und beeindruckt davon und nicht einfach nur von seiner Großzügigkeit. Wie schafft er es, in Oxford zu leben, fragte ich mich. Das Leben dort ist fast so teuer wie in London. Bevor ich ihn treffe, frage ich mich, ob er so eine Art asketischer Mönch ist, barfuß und in Sackleinen.

MacAskill ist auch bekannt als einer der Gründer der Bewegung Effektiver Altruismus, die Wissenschaft und Beweise nutzt, um die wirkungsvollsten Wege zu finden, Geld zu spenden. Er gründete Giving What We Can, eine Organisation, die Menschen ermutigt, wenigstens 10 Prozent ihres Einkommens lebenslang für wohltätige Zwecke zu spenden und es dorthin zu geben, wo es am meisten hilft. Giving What We Can begann mit 23 Mitarbeitern und hat nun fast 3000 Mitglieder, die zusammen 1,4 Milliarden US-Dollar spenden. Ich treffe mich mit ihm im Centre for Effective Altruism in Oxford, das er leitet.

Ich bin ein bisschen enttäuscht, dass er nicht wie ein Mönch aussieht. Er ist groß, gepflegt, trägt ein sauberes T-Shirt. Er hat sogar ein Smartphone.

Zu der Entscheidung, so viel von seinem Einkommen zu spenden, kam er nach einem Treffen mit Toby Ord, einem anderen Philosophen hier, der ein ähnliches Versprechen abgegeben hat. Die Entscheidung fiel, als ihm klar wurde, inwiefern Geld zum Glücklichsein beiträgt und was er im Hinblick auf Glück bewirken kann, indem er spendet.

Es gibt einen berühmten Artikel des Wirtschaftswissenschaftlers Richard Easterlin, der bei Diskussionen über Glück oft zitiert wird.[182] 1974 veröffentliche Easterlin, der mittlerweile an der University of Southern California unterrichtet, Daten, die darauf hindeuteten, dass mit dem Anstieg des Bruttoinlandsprodukts – zum Beispiel in Japan nach 1945 geradezu spektakulär oder in den Vereinigten Statten im Laufe des 20. Jahrhunderts – die Lebenszufriedenheit nicht gleichermaßen wächst. Dieses Phänomen ist bekannt als das Easterlin-Paradox, denn es muss paradox sein, dass mehr Geld uns nicht glücklicher macht, oder? Ich habe von dieser Theorie gehört und hielt es für ein echtes Phänomen. Es schien mir der Beweis zu sein, dass wir in einem Wirtschaftssystem gefangen sind, das nach immer mehr Wachstum strebt, ohne gleichzeitig das Wohlbefinden zu steigern. MacAskill belehrte mich eines Besseren.

2008 sahen sich Betsey Stevenson und Justin Wolfers von der University of Pennsylvania die Daten noch einmal an.[183] Sie stellten fest, dass es sich keineswegs um ein Paradox handelt. Mit steigendem Einkommen wächst auch das Glück. Das ist unübersehbar und dieser Zusammenhang gilt für sehr viele Länder: die Vereinigten Staaten, China, Indien, Japan, Deutschland. Heißt das nun, dass man letztlich mit Geld Glück kauft? Nun ja, irgendwie schon. Die Daten von Stevenson und Wolfers zeigen, dass man mit dem Verdoppeln seines Einkommens auch sein Glück verdoppelt. Diese Beziehung bleibt an allen Punkten des Diagramms. Das bedeutet, wenn ich in China auf dem Land lebe und im Jahr 1000 Dollar verdiene, dass mein Glück dann genauso verstärkt wird durch eine Verdoppelung um 1000 Dollar, wie es passieren würde, wenn ich in den Vereinigten Staaten 80 000 Dollar verdiene und mein Einkommen auf 160 000 gesteigert wird. Wenn ich 80 000 verdiene und eine Erhöhung um 20 000 bekomme – an sich schon ziemlich unwahrscheinlich, oder? –, wird mein Glück nicht sonderlich anwachsen.

Diese Art des Messens von Glück nennt man Lebensbewertung. Im Grunde fragt man Menschen: »Im Allgemeinen betrachtet, wie läuft es bei Ihnen im Moment?« So gemessen macht Sie mehr Geld glücklicher, aber wegen des Verdopplungseffekts geht das nur bis zu einem bestimmten Punkt. »Über einem bestimmten Einkommensniveau übt das Verdienen von noch mehr Geld einen vernachlässigbaren Einfluss auf Ihr Wohlbefinden aus«, sagt MacAskill.

Es gibt noch einen Weg, wie Menschen Glück messen, und der wird als Experience-Sampling-Methode (ESM) bezeichnet. Bei dieser Methode ruft man Menschen im Laufe des Tages an zufällig gewählten Zeitpunkten an und fragt sie: »Wie glücklich sind Sie jetzt, auf einer Skala von 1 bis 10?« Auf diese Weise können die Forscher einschätzen, was die angenehmsten Tätigkeiten sind. Können Sie sich denken, woraus Menschen das größte Glück ziehen? »Sex gewinnt mit deutlichem Vorsprung«, sagt MacAskill. »Die Menschen müssen es unterbrochen haben, um es mit einer 9 oder 10 zu bewerten.«

Experience Sampling ist interessant, weil es sich dabei um das handelt, was als Fokussierungs-Illusion bekannt ist. Ein anderer Philosoph, Michael Plant, erzählte mir davon. »Sie und ich stellen uns vor, wie toll es wäre, Kanye West zu sein, der in seinem Maserati herumfährt, dabei ärgert er sich darüber, im Verkehr festzustecken. Es gibt also eine Diskrepanz zwischen dem, wie wir uns das Leben anderer Menschen vorstellen, oder unserem zukünftigen Leben, und wie es ist, wenn wir es leben.«

Anders ausgedrückt sehen wir auf Kanyes Wagen und halten das für cool, das hätte ich gern, aber wir fokussieren uns nicht auf das, was die Person in dem Wagen erlebt. Wir werden von unseren Wünschen irregeführt. Nebenbei bemerkt, da wir über Augenblicke flüchtigen Glücks sprechen, an der Wand des Pubs, in dem wir uns treffen, hängt ein Schild mit der Aufschrift: »Hier hat Bill Clinton nicht auf Lunge geraucht, als er ein Rhodes Scholar in Oxford war.«

Zurück zu MacAskill. »Bei der Experience-Sampling-Messung bekommt man keine Steigerung des Glücks über 75 000 Dollar je Haushalt«, sagt er. Er verweist auf einen Artikel von Daniel Kahneman und Angus Deaton von der Princeton University, bei dem 450 000 solcher empirischen Antworten von 1000 US-Bürgern analysiert wurden.[184]

Lassen Sie uns also rekapitulieren. Wenn Sie Glück als Ganzes messen, unter Verwendung der Lebensbewertungsmethode, stellen Sie fest, dass das Glück kontinuierlich mit dem Einkommen steigt. Wenn Sie die Experience-Sampling-Methode anwenden, das Maß des emotionalen Glücks von Augenblick zu Augenblick, stellen Sie fest, dass es nach einem bestimmten, überraschend niedrigen Einkommensniveau nicht weiter ansteigt.

»In Großbritannien liegt das bei 25 000 Pfund pro Person«, sagt MacAskill. Dies scheint ein guter Moment zu sein, die Tatsache anzusprechen, dass er mit 25 000 Pfund in einer teuren Stadt auskommt. »Ich spende alles über 25 000 und gehöre trotzdem zu den reichsten 50 Prozent des Landes. Und wenn die 50 Prozent, die ärmer sind als ich, immer noch leben können, dann kann ich das ja wohl auch.«

Dazu fällt mir nicht viel ein, was ich sagen könnte, ohne mich wie Scrooge anzuhören oder, korrekter ausgedrückt, wie der in London wohnhafte Mittelschicht-Journalist, der ich bin. Aber ich mache dennoch weiter. Wie kann er sich eine Wohnung leisten?

»Ich zahle ein bisschen mehr als 500 Pfund im Monat in einer WG. Ich lebe mit zehn anderen Leuten in einem Haus. Das ist toll, ich bin sehr viel glücklicher in einer WG, als ich es allein oder nur mit meiner Partnerin wäre – wegen des Gemeinschaftsgefühls.«

MacAskill hat wirklich eine sehr wohlwollende Art, mir zu sagen, wie bürgerlich ich bin. Ich vermute mal, dass er darin eine Menge Übung hat. »97 Prozent der Weltbevölkerung müssen mit weniger auskommen.

Es ist also ein bisschen seltsam, wenn Menschen sagen ›Wie kannst du davon leben?‹ Es ist ziemlich bürgerlich, denn 97 Prozent der Weltbevölkerung tun es. Sie kommen prima zurecht.«

Im Regal steht ein Vintage-Schwarzweißfoto von einem ernst dreinblickenden jungen Mann. Um davon abzulenken, wie selbstsüchtig und konsumgetrieben ich bin, frage ich, wer der Mann ist.

Es ist Wassili Archipov, dem die Ehre gebührt, die Welt gerettet zu haben. Archipow war ein sowjetischer Marineoffizier, der am 27. Oktober 1962 an Bord eines U-Bootes war, das auf Befehle aus Moskau wartete. Es war der Höhepunkt der Kubakrise. Der U-Boot-Kommandant entschied, nachdem er nichts aus Moskau gehört hatte, Nuklearwaffen abzufeuern. Für den Abschuss war die Zustimmung dreier Offiziere notwendig. Archipow lehnte anfangs als Einziger ab und konnte den Kommandanten schließlich auf seine Seite ziehen. Wäre es zu dem Beschuss gekommen, hätten die USA sofort entsprechend reagiert und ein nuklearer Krieg wäre ausgebrochen. Später sagte ein Berater zu John F. Kennedy, dass es der gefährlichste Moment in der Menschheitsgeschichte gewesen sei.[185] Archipows Foto hängt zur Inspiration hier im Centre for Effective Altruism.

McAskill sagt, dass sich sein Leben seit dem Geben des Versprechens stark verbessert habe: »Ich bin sehr viel glücklicher als vorher. Ich glaube, ich habe eine ziemlich gute Vorstellung davon, wie mein Leben sonst aussehen würde.«

Das Glück scheint daher zu rühren, etwas zu tun, aus dem er große Befriedigung zieht, etwas, das sich auch moralisch bezahlt macht, da er mit dem gespendeten Geld das Glück anderer mehr verbessert, als dass es seins verringert. »Ich habe kein Auto und nicht viele materielle Besitztümer, ich glaube, die würden mein Leben verschlechtern. Wenn ich eine Jacht hätte, würde mich das stressen, so hingegen muss ich mir keine Gedanken darüber machen.«

Ehrlich gesagt hätte ich gerne eine Jacht, aber ich bin nicht gierig und wäre schon froh über ein Ruderboot. Ich schweife ab und überlege, was von beidem mir wohl lieber wäre, als MacAskill sagt: »Einer unserer Mitarbeiter besitzt nur 100 Dinge.«

Ich bitte ihn, das zu wiederholen.

»Er besitzt nur etwa 100 Dinge. Er ist Minimalist.«

Meine erste Reaktion besteht nicht etwa in Bewunderung, sondern in der Frage, wie viele Unterhosen dieser Mann besitzt.

»Zwei«, antwortet MacAskill.

Mit dem Burschen muss ich reden.

Pablo Stafforini ist ein argentinischer Tangotänzer und Philosoph mit markantem Kinn und zerzausten Haaren, der in Oxford lebt. Er arbeitet als Forschungsanalytiker am Centre for Effective Altruism. »Ich strebe keine bestimmte Anzahl an«, sagt er. »Stattdessen versuche ich, der Entscheidungsregel zu folgen, so viel Zeug wie möglich loszuwerden.« Derzeit besitzt er etwa 70 Dinge. Er glaubt, dass Menschen »tendenziös« auf das Anhäufen von Ressourcen aus sind – dass wir quasi in einem konsumistischen System und auf einer Entwicklungsstufe gefangen sind, das uns zum Ansammeln zu vieler Dinge bringt: »Diese Entscheidungsregel ist ein Versuch, diese Ausrichtung zu korrigieren. Das Ziel ist, ein reicheres, erfüllteres Leben zu führen.«

Als Philosoph war er vertraut mit den Erkenntnissen aus psychologischen Studien, von denen wir gerade gehört haben: dass es die Menschen meistens glücklicher macht, Geld für Erlebnisse statt für materielle Güter auszugeben. Er stellte zudem fest, dass seine eigenen Besitztümer – einschließlich eines Klaviers und einer Bibliothek mit etwa 3000 Büchern – zu einer Beeinträchtigung wurden. Es war eine Qual, und zwar eine kostspielige, seine Bibliothek von der Uni in Toronto nach Oxford zu verschiffen. Deshalb nahm er sich vor, nahezu alles loszuwerden, und verkündete das auf Facebook. Er verkaufte das Klavier und die Bücher. Wenn er jetzt etwas kaufen möchte, wird es einem strengen Test unterzogen: »Brauche ich das wirklich? Wird es mich glücklicher machen?«

Er besitzt ein paar Kleidungsstücke, ein Paar Stiefel, Schuhe und Hosen zum Tangotanzen, einen anständigen Laptop und ein bisschen Krimskrams. Nie zuvor bin ich einem Erwachsenen begegnet, der so wenig besitzt. Außerdem spendet er einen wesentlichen Prozentsatz seines Einkommens der Wohlfahrt. Manche Menschen halten ihn für verrückt. »Diese Leute denken meistens, ich würde unter einer niedlichen oder lustigen Art von Macke leiden«, sagt er. »Alles in allem bekomme ich aber sehr positive Reaktionen.«

Er räumt ein, dass er *denkt*, er sei jetzt glücklicher, nachdem er seine irdischen Güter abgestoßen hat. Er ist vorsichtig mit der Schlussfolgerung, dass er als Minimalist nun glücklicher sei – aber so ist der Anhänger der Heuristischen Methode in der Philosophie, selbst der lebenslustige, tanzende. »Man sollte nicht vergessen, dass uns die psychologische Fachliteratur lehrt, dass Menschen sehr unzuverlässig im Sammeln und Aggregieren vergangener Erfahrungen sind«, sagt er. Anders ausgedrückt, *fühlt* er sich glücklicher, würde jedoch nicht unterschreiben, dass das wahr ist.

Als Shirley Parsons sagte, ihre »Werkseinstellung« sei Glücklichsein, was meinte sie damit? Sie scheint auf die allgemeine Wahrnehmung zu verweisen, dass manche Menschen glücklicher sind als andere. Wir alle kennen Menschen, die stets positiv und heiter sind und die nach einem negativen Erlebnis auf ein stabiles Glücksniveau zurückkehren. Die Psychologie hat dafür eine Bezeichnung. Es ist die hedonistische Adaptation (oder auch hedonistische Tretmühle) und sie funktioniert in beide Richtungen: Das bedeutet, dass Sie sowohl nach einem positiven wie nach einem negativen Ereignis relativ schnell wieder auf ein stabiles Glücks-Level zurückkehren, sogar wenn Ihr Glück durch etwas wie einen Lotteriegewinn in die Höhe geschossen ist.

»Menschen gewöhnen sich an Dinge«, sagt Michael Plant. »Nichts fühlt sich sehr lange besonders gut oder schlecht an. Geburten, Todesfälle, Beförderungen, Degradierungen. Manche Menschen sprechen von einer Sollwert-Theorie – was auch immer passiert, du kehrst zurück zum Sollwert.«

Angenommen, es gibt Beweise für diesen Sollwert, an den wir immer wieder zurückkehren, müssen wir uns fragen: Können wir irgendetwas tun, um unser Glück langfristig zu steigern?

Zunächst müssen wir verstehen, wie die Basislinie ursprünglich gesetzt wird. Leider ist das ziemlich kompliziert. Es ist unstrittig anzunehmen, dass die Gene hierbei eine Rolle spielen, da es bei fast allen Dingen so ist, wie wir im Verlauf dieses Buches gesehen haben. Strittig sind jedoch Behauptungen, ein spezifisches genetisches Element gefunden zu haben, das die Menschen vermutlich glücklicher macht (oder anfälliger für Depressionen). Sie können sich vorstellen, was auf dem Spiel steht, falls und wenn solche genetischen Komponenten gefunden werden. Ich sehe schon die Marketingkampagne für Glückspillen.

Eine derartige Behauptung hat während der vergangenen 15 Jahre eine umfangreiche Forschungstätigkeit entfacht.

Besagte Variante ist ein für den Serotonintransport zuständiges Gen auf dem Chromosom 17. Sie haben schon von Serotonin gehört, einem Hormon, das gemeinhin mit Glückgefühlen in Verbindung gebracht wird. Wenn mehr davon im Blutkreislauf ist, fühlen wir uns in der Regel glücklicher, deshalb verhindern Arzneistoffe wie Fluoxetin, dass es wieder aufgenommen wird. Dies kann Menschen helfen, die unter Depressionen leiden. Die Aufgabe des für den Serotonintransport verantwortlichen Gens besteht darin, ein Protein herzustellen, das das Serotonin abtransportiert, damit es recycelt wird.

Wie bei den meisten Genen gibt es einen Bereich des Serotonintransporters, der kontrolliert, wie viel von dem Genprodukt hergestellt wird. Er kontrolliert, ob stärker oder schwächer exprimiert wird, das muss man sich in etwa so vorstellen wie beim Wasserhahn, der kontrolliert, wie viel Wasser in die Badewanne läuft. 1994 entdeckten Wissenschaftler, dass dieser Bereich, 5-HTTLPR, in zwei Formen vorkommt, einer langen und einer kurzen. Menschen mit der langen Form machen mehr aus dem Produkt als jene mit der kurzen Form, und mehr von dem Transporterprodukt bedeutet, dass weniger Serotonin in Umlauf ist als bei Menschen mit der kurzen Form. Diese Entdeckung ließ die Neurowissenschaftler und Psychiater sofort fragen: Wie wirkt sich dieser Unterschied auf das Verhalten von Menschen aus?

2003 wartete ein Artikel in der Fachzeitschrift *Science* mit einer Antwort auf, der einschlug wie eine Bombe.[186] In einer kleinen Studie mit jungen Männern und Frauen in Dunedin, Neuseeland, wurde festgestellt, dass Menschen mit der kürzeren Form des Gens anfälliger für Depressionen oder gar Selbstmord sind als Menschen mit der langen Form.

Seither haben Hunderte von Forschungsberichten versucht, die Wirkung des 5-HTTLPR-Gens zu erforschen.[187] Es ist nicht eindeutig, und bei einem Zustand, der so komplex ist wie Depression und von dem bekannt ist, dass er durch viele Faktoren beeinflusst wird, würde man nicht erwarten, dass das Verhalten auf einem einzelnen Gen basiert. Allerdings begannen die Hinweise nahezulegen, dass Menschen mit einer kurzen Form eine höhere Depressionsrate zeigen. Eine Analyse der Daten von 2574 Teenagern, die an der US National Longitudinal Study of Adolescent Health teilgenommen haben, ermöglichte einen Vergleich des genetischen Status mit Antworten zur Lebenszufriedenheit. Jan Emmanuel De Neve, mittlerweile an der Saïd Business School und der University of Oxford tätig, stellte fest, dass Menschen mit der langen Variante des 5-HTTLPR glücklicher sind. Das, so nimmt er an, könnte die Unterschiede bei den Basisniveaus des Glücks erklären.[188]

Aber De Neves eigenes Follow-up lieferte uneinheitliche Ergebnisse.[189] Das zeigt uns, so warnt Robert Plomin, der Intelligenzforscher, dem wir bereits in Kapitel 1 begegnet sind, dass riesige Datenmengen nötig sind, um Beziehungen zwischen Genvarianten und komplexen Eigenschaften zu finden. Es hilft nichts, die DNA von ein paar Hundert

Studenten oder auch ein paar Tausend Menschen als Stichprobe für die Studie zu nehmen. Man braucht die DNA von Hunderttausenden. Diese Datenmengen stehen erst jetzt allmählich zur Verfügung. 2016 gehörte De Neve zu den Autoren einer solchen Studie, die die genetischen Einflüsse auf das subjektive Wohlbefinden von 298 420 Menschen untersuchte.

Unter den Millionen von Unterschieden in der DNA fand das Team drei genetische Varianten (zwei auf Chromosom 5 und eine auf Chromosom 20), die mit Wohlbefinden in Verbindung stehen. Zusammen sind sie für lediglich 0,9 Prozent der Unterschiede beim Wohlbefinden von Menschen verantwortlich. Einerseits haben wir also stabil entdeckte genetische Elemente, die definitiv zum Wohlbefinden beitragen. Andererseits ist die Aussagekraft jeder Variante winzig. Selbst wenn man alle genetischen Einflüsse addiert, einschließlich der Tausenden noch unbekannten Varianten, so sagt De Neves, ist der Umwelteinfluss auf Glück und Depression sehr wahrscheinlich größer als der genetische Einfluss.

Diese größeren Datenmengen haben auch die Sache verworrener gemacht, wenn es um 5-HTTLPR geht. 2017 gab es eine große Neuanalyse aller Daten zu 5-HTTLPR, Stress und Depression. Die Autoren, und es sind Dutzende, untersuchten 31 Datensets, die Informationen zu 38 802 Menschen enthielten. Die Schlussfolgerung lässt erfolgreich die Luft aus der Idee, dass es einen Zusammenhang zwischen dem kurzen 5-HTTLPR-Genotyp und Depression gibt.[190]

All das bedeutet, dass die Suche nach einem »Glücksgen« vorbei ist. Die Suche nach den Tausenden Varianten, die zusammen unser Glück verstärken – die geht jedoch weiter. Der führende Autor der Metaanalyse von 2017 ist Robert Culverhouse, Professor an der Washington University St Louis School of Medicine in Missouri. Er sagt, dass man in den vergangenen Jahren einen Konsens erreicht habe. Für komplexe Fähigkeiten, wie die in diesem Buch untersuchten, gibt es viele Hundert genetische Varianten, die interagieren, um die Entwicklung der Fähigkeit zu beeinflussen: »Der Einfluss einer bestimmten, isolierten Genvariante ist bescheiden.« Das bedeutet, wir sollten keine einfachen genbasierten Therapien erwarten, so wie Genom-Editierung oder ein Medikament, das auf ein einzelnes Gen abzielt, und sollten skeptisch sein bezüglich jeglichen Behauptungen des Gegenteils. »Eine direktere Anwendung genetischer Erkenntnisse auf komplexe Fähigkeiten«, so Culverhouse, »scheint die personalisierte Behandlung, basierend auf einem genetischen Profil, zu sein.«

Obwohl die Auswirkungen bescheiden sind, ist es die Suche nach den Varianten, die mit verschiedenen Fähigkeiten in Verbindung stehen, in jedem Fall wert. Das wird zu Erkenntnissen über die Mechanismen führen, gemäß denen sich die Fähigkeiten entwickeln, und das könnte neue Behandlungsmethoden nach sich ziehen. Und obwohl die bestätigten Verbindungen zwischen genetischen Varianten und Wohlbefinden nur einen winzigen Teil der Fähigkeit erklären, heißt das nicht, dass es nicht eine große Zahl anderer unentdeckter, genetischer Verbindungen gibt.

Es gibt sie. Gene spielen eine wichtige Rolle bei Depressionen, und De Neves Arbeit – unter Einsatz von Zwillingsstudien – zeigt, dass sie für etwa ein Drittel der Unterschiede bei Menschen in Bezug auf das Wohlbefinden verantwortlich sind.

Das Interesse an 5-HTTLPR wird nicht verschwinden. Auch Kathryn Lester gehört zu den Autoren der Arbeit von 2017. Sie ist Psychologin an der University of Sussex. Sie erzählt mir, dass eines der Probleme, selbst bei Metaanalysen von Wohlbefinden und Depressionen, in der Heterogenität – Uneinheitlichkeit – der Stichproben besteht. Zum Beispiel messen manche Studien das individuelle Wohlbefinden mittels selbst dokumentierter Einschätzungen, während andere persönliche Befragungen durchführen. Beide Methoden haben unterschiedliche Genauigkeitslevel. Eine Metaanalyse versucht die Ungleichheit zu minimieren, ist aber immer noch angreifbar. »Deshalb«, so Lester, »wird die Kontroverse bezüglich der Interaktion zwischen dem 5-HTTLPR-Genotyp und der Auswirkung von Stressbelastung auf Depressionen wohl noch weitergehen.«

So wie Culverhouse sagt auch Lester, dass wir zwar noch weit davon entfernt sind, mit genbasierten Behandlungen unser Wohlbefinden zu steigern, dass dieses komplexe, sich abzeichnende Verständnis der Genetik jedoch vielversprechend sei. Es wird den Forschern ermöglichen, biologische Pfade im Gehirn zu identifizieren sowie Menschen, die mehr oder weniger auf vorhandene Behandlungsmöglichkeiten ansprechen. Momentan sieht es jedoch so aus, als könnten wir die Basislinie nicht verschieben, die unsere »Werkseinstellung« ist.

Tim Harrower, der Neurologe von Shirley Parson, sagt, dass es keine wirkliche physische Genesung vom Locked-in-Syndrom gibt: »Das ist das Traurige daran. Die Möglichkeiten sind im Allgemeinen sehr beschränkt.« Im Allgemeinen, aber nicht immer. Ein Neurowissenschaftler, mit dem ich mich unterhielt, schlug mir vor, eine Frau namens Kate Allatt zu kontaktieren. Sie ist der lebende Beweis, dass es manchmal eine bemerkenswerte Genesung geben kann.

Allatt erzählt, dass sie während ihrer Schulzeit in Sheffield für jeden Spaß zu haben war; sie habe ziemlich viel angestellt. Aber als ein Berufsberater in der Schule zu ihr sagte, sie könne nur Fabrikarbeiterin werden, machte sie das wütend. »Das hat mir geholfen«, sagt sie. »Wenn jetzt jemand sagt, ›du kannst nicht‹, antworte ich, ›dann passt mal auf‹.«

Sie war stets lebensbejahend und zielstrebig. Sie entwickelte sich zur Querfeldeinläuferin, legte in der Woche schon einmal 70 Meilen zurück. Sie hatte drei Kinder und einen Vollzeitjob. Aber selbst diese Herausforderungen waren nichts im Vergleich zu der, die sie am 7. Februar 2010 erlebte, als sie 39 Jahre alt war.

Allatt lag im Bett mit Beschwerden, die die Ärzte für Migräne gehalten hatten. An jenem Abend schaffte sie es, nach unten zu wanken zu ihrem Ehemann und ihn zu fragen: »Was passiert mit mir?« – Heraus kam jedoch unverständliches Lallen. Sie brach zusammen, erlitt einen massiven Hirnschlag.

Als sie im Northern General Hospital von Sheffield wieder zu sich kam, war es nach ihren eigenen Angaben, als würde sie in einem Sarg erwachen. Sie lag auf der Intensivstation, komplett gelähmt; in ihrem Körper eingeschlossen, mit einer Maschine, die für sie atmete. Ihrem Mann wurde gesagt, dass es für sie besser sei zu sterben. Allatt, bei klarem Bewusstsein, hatte furchtbare Angst, dass die Ärzte die lebenserhaltende Maschine abschalten würden, aber sie war unfähig, ihre Ängste mitzuteilen.

Schließlich begann sie, über Blinzeln mit Freunden und der Familie zu kommunizieren. Sie wollte unbedingt wieder gesund werden und arbeitete wie verrückt an ihrer Genesung. »Meiner Familie wurde gesagt, sie sollte mit ihrem Leben weitermachen«, erzählte sie mir. »Sie schrieben mich ab und schraubten die Erwartungen herunter, bevor wir auch nur eine Chance hatten, es zu versuchen, und das machte mich wütend. Ich sagte, wisst ihr was, das nehme ich nicht hin. Ich habe drei Kinder zu Hause, ich werde alles versuchen. Und dann habe ich mich angestrengt, wieder und wieder und wieder.«

Ihr ganzer Fokus war darauf ausgerichtet zu versuchen, ihre Bewegungsfähigkeit wiederzuerlangen. Nach acht Wochen auf der Intensivstation gelang es ihr, den rechten Daumen zwei Millimeter zu bewegen. Das war ein Anfang. Schließlich schaffte sie es, wieder zu sprechen. Und unglaublich, entgegen allen Erwartungen konnte sie das Krankenhaus auf eigenen Füßen verlassen. (Das Video davon kann man sich auf YouTube anschauen und es ist sehr bewegend.) Ein Jahr später nahm sie an einem 1-Meilen-Lauf teil. Heute ist sie wieder gesund und lebt mit ihrer Familie zusammen. Sie hält Vorträge und besucht Menschen, die unter dem Locked-in-Syndrom leiden, versucht ihnen dabei zu helfen, ihre Situation zu verbessern, und ermutigt sie mit ihrer Geschichte.

Parashkev Nachev ist Neurologe am Fachbereich für Gehirnwissenschaften, University College London, und vertraut mit Allatts Fall. Ich treffe mich mit ihm, um herauszufinden, wie es ihr gelungen ist, wieder gesund zu werden. Das Gehirn, so erklärt er, entwickelt sich durch Selbstorganisation, und es benötigt Zufall und Glück, um die benötigte Komplexität zu erlangen. So gesehen entwickelt es sich durch »Trial and Error«. Wenn es beschädigt ist, kann es sich entweder neu organisieren, um die verlorene Funktion wieder herzustellen, oder es bleibt beschädigt. Neuorganisation erfordert jedoch viel Flexibilität, um neue Wege des Agierens zu entdecken und auszuprobieren. »An der Stelle kommt Kate ins Spiel«, sagt Nachev. »Ihr wahnsinniger, übermenschlicher Antrieb bedeutete, dass sie sehr viel mehr ›testete‹, als andere in ihrem Zustand, vermutlich mehr als jeder andere Patient, der mir bisher begegnet ist. Deshalb war das Gehirn in der Lage, sich in weit größerem Ausmaß selbst zu organisieren als bei einem durchschnittlichen Menschen.«

Am Ende dieses Buches haben wir also endlich jemanden gefunden, der tatsächlich als übermenschlich bezeichnet wird. Allatt sagt ihrerseits, dass der Schlüssel zur Verbesserung das Versuchen sei: »Ich sage das jetzt schon seit Jahren und die Wissenschaftler verstehen meine Denkweise endlich.«

Wie Will MacAskill hat auch Allatt festgestellt, dass es ihr Wohlbefinden steigert, anderen zu helfen.[191] Als ich sie frage, was ihr Erlebnis ihr über das Glück gesagt hat, erzählt sie mir von einem ehemaligen finnischen Model, das sie kennengelernt hat. 1995 lebte Kati van der Hoeven ihren Traum. Sie war 20 Jahre alt, ein international gefragtes Model und lebte in Los Angeles. Als sie ihre Familie in Finnland besuchte, erlitt sie einen schweren Schlaganfall und war danach Locked-in. Das war vor 22 Jahren. Sie ist immer noch gelähmt, aber mittlerweile verheiratet, lebt in ihrem eigenen Haus und ist glücklich – Allatt sagt, dass Kati und ihr Mann die glücklichsten Menschen seien, die ihr je begegnet sind.

Natürlich kann Kati nicht sprechen, deshalb kontaktiere ich sie über Facebook und E-Mail. Sie antwortet so schnell, dass ich denke, jemand anderer muss für sie antworten, aber dann zeigt sie mir ein Video, in dem zu sehen ist, wie sie den Computer bedient. Auf ihrer Stirn befindet sich ein kleiner reflektierender Punkt und ein Infrarotsensor an ihrem Computer nimmt auf, wo sie hinschaut. Auf diese Weise kann sie einen Cursor schnell über eine virtuelle Tastatur bewegen.

Sie vermisst das Tanzen und natürlich das Sprechen. Aber sie sagt, dass sie das, was ihr passiert ist, nicht länger als Tragödie ansieht.[192] Sie ist heute glücklicher, als sie es zu ihrer Modelzeit war. »Glück ist für mich Liebe, nicht nur das Erhalten von Liebe, sondern auch das Geben, sie zu teilen«, erklärt sie. (Nicht nur mit ihrem Mann, Henning, sondern auch mit ihrem Hund Happy.) »Zweitens«, sagt sie über das Glück, »ist es, einen Sinn im Leben zu haben und etwas im Leben anderer Menschen zu bewirken, wie klein das auch sein mag.«

Die Finnen haben ein Wort *sisu*, das so etwas bedeutet wie »Mut im Angesicht der Not« oder »Tapferkeit unter schwierigsten Bedingungen«. Es hat die Bedeutung von Gleichmut, wie wir sie in der Parabel von dem Bauern und dem Pferd gesehen haben, und auch von Stressbewältigung. (Gleichmut, der Umgang von sowohl guten als auch schlechten Ereignissen mit der gleichen Gelassenheit ist einer der Sieben Faktoren der Erleuchtung, wie Buddha sie lehrt.)[193]

Viele der Menschen mit Locked-in-Syndrom kommen in Kontakt mit Kati. Sie lesen ihre Blogs oder sehen sie auf YouTube, oder sehen sie, wie sie zusammen mit Henning einen Vortrag hält. Die meisten von ihnen, so erzählt sie, kommen noch nicht damit klar, was passiert ist. »Damit meine ich, dass sie nicht das Gute darin sehen und nicht anfangen, etwas über sich zu lernen.« Was sie ihnen beibringen möchte, ist *sisu*. Vor ihrem Schlaganfall, sagt sie, wurde ihr ganzes Handeln von gesellschaftlichen Regeln bestimmt, jetzt wird es hauptsächlich von Emotionen gesteuert: Liebe, Mitgefühl, Güte. »Mein Handeln wird weniger von der Gesellschaft beeinflusst als vielmehr davon, was sich für mich richtig oder falsch anfühlt.«

Ich nehme zwei Dinge aus dieser Begegnung mit. Zum einen, dass die meisten Menschen, die sie kontaktieren, noch keinen Frieden mit ihrem Zustand geschlossen haben. Auch wenn ich hier Forschungen zitiere, die zeigen, dass die meisten Menschen mit dem Locked-in-Syndrom glücklich sind, wäre es verrückt, so zu tun, als sei das kein vernichtender Schlag, den man erst einmal verdauen muss.

Das andere ist, dass sogar diejenigen mit angeborenem *sisu* und positiver Einstellung einen Lebenszweck brauchen. Sollten Sie je unter dem Locked-in-Syndrom leiden, wäre es hilfreich, eine positive Lebenseinstellung zu haben. »Ich bezweifle nicht, dass meine glückliche Grundeinstellung und Unfähigkeit, Ärger oder Bestürzung lange aufrechtzuerhalten, mir geholfen haben«, sagt Shirley. »Ich denke, dass es auch hilfreich war, dass ich praktisch und realistisch veranlagt bin.« Shirleys Fall zeigt, in welchem Ausmaß Glück weder Schönheit, Sportlichkeit, Ruhm oder Reichtümer erfordert. Was Sie Moment für Moment erleben, wie Sie sich in Ihrer Haut fühlen, kommt nicht von diesen Dingen. Und auch das andere Hauptglücksmaß, die Lebensbewertung, ist nicht unwiderruflich an die Dinge gebunden, denen wir alle nachjagen. Wenn Sie auf ein Leben zurückschauen und 20 bis 30 Jahre davon locked-in verbracht haben, dann denken Sie vielleicht, und Sie haben sicher recht, dass Ihnen ganz schön übel mitgespielt wurde. Wenn Sie Shirley wären, würden Sie vielleicht zurückschauen und sagen, nun ja, dumm gelaufen, aber ich habe ein paar gute Sachen gemacht. Ich habe diese Abschlüsse gemacht, etwas für meine Bildung getan; ich habe mich und die Bedeutung des Lebens verstehen gelernt. Gestrandet in meinem eigenen Körper, habe ich mich selbst erforscht und verborgene Schätze entdeckt.

Nachev fragt sich, welche Erkenntnisse uns die Geschichten über Menschen mit dem Locked-in-Syndrom für das ganz gewöhnliche Glücksgefühl geben: »Jemand mag behaupten, glücklich zu sein unter

Lebensumständen, die die meisten von uns unerträglich finden würden. Aber ich bin nicht sicher, ob uns das viel darüber sagt, was Glück für den Rest von uns bedeutet.«

Ich denke, das tut es. Mir macht es klar, inwiefern das erfahrungsbezogene Moment-für-Moment-Maß des Glücks das greifbarere und, wie ich finde, wichtigere ist. Es ist dasjenige, an das wir denken, wenn uns jemand fragt, wie es uns geht. Lassen Sie uns die Dinge nicht unnötig verkomplizieren. Glück ist einfach. Es ist ein körperliches Gefühl, so wie warm oder kalt, und wir wissen, wenn wir es spüren. Wenn wir das Ganze umfassender bewerten oder eine Weitwinkelperspektive einnehmen wollen, denken wir an das Maß der Lebensbewertung. Wie Plant zu mir sagte: »Wir werden oft sehr viel mehr von der Geschichte unseres Lebens angetrieben als von der momentanen Erfahrung.« Aus Gedichten, Liedern und Romanen wissen wir, dass Geld uns nicht glücklicher macht. Trotzdem ackern wir in einer Tretmühle, um mehr davon zu bekommen. Als Jefferson in der Unabhängigkeitserklärung über das Recht des »Strebens nach Glück« schrieb, meinte er meiner Meinung nach damit das Streben nach einer glücklicheren Gesellschaft als Ganzes. Aber das ist durcheinandergeraten und wir haben eine Welt, in der das Individuum an erster Stelle steht, mit dem persönlichen Lebensbewertungsmaß von Glück. Wir glauben, das Streben nach Glück bedeutet sicherzustellen, dass wir die Lohnerhöhung bekommen, aber wir haben in diesem Kapitel gesehen, dass ab einem bestimmten Niveau, relativ niedrig im Gesamtbild der Mittelschicht, zusätzliches Geld nicht sonderlich zu höherem Wohlbefinden beiträgt. Wir glauben, es bedeutet, so ein Auto wie Kanye haben zu wollen, oder einen Promilebensstil, den wir für cool halten, oder eine bestimmte Hausgröße oder eine bestimmte Schule für unsere Kinder, und wir formen eine Geschichte, inwiefern das Lebenszufriedenheit bringen wird, und wir sind bereit, lange Arbeitswege, viele Stunden und langweilige Jobs – womöglich sogar langweilige Partner – zu ertragen, weil wir denken, dass uns dies hilft, den

Punkt des Glücks zu erreichen. Womöglich kommen wir sogar dorthin, und das ist toll – aber an unserem Glücksempfinden von einem Augenblick zum anderen hat sich vielleicht nichts geändert, und wir müssen das verstehen und bereit dafür sein, oder wir werden ständig mit dem Kopf gegen die Wand laufen. Möglicherweise kann eine entwicklungsgeschichtliche Perspektive helfen. Vor Hunderttausenden von Jahren ergab es durchaus Sinn, großen Wert auf Ressourcen wie einen Unterschlupf und Zugang zu Nahrung und Werkzeugen zu legen. Menschen, die diese Dinge besaßen, erlangten einen höheren Status. Nun ist dieser Wunsch nach Ressourcen vereinnahmt worden; er wurde zu einem unkontrollierbaren Bedürfnis nach immer mehr. Dementsprechend kann Fettleibigkeit als evolutionäre Falle gesehen werden – wir entwickelten unseren Appetit zu Zeiten, als süßes und fettes Essen sehr viel knapper war als heute (und wir sehr viel aktiver waren), und unsere Körper können nicht mit den riesigen Mengen billiger Energie umgehen, die ihnen heute zugänglich sind.[194] Konsum ist eine ähnliche Art von evolutionärer Falle.

Die ganz sicher einfachste Veränderung, die wir in unserem Leben, unserer Einstellung, vornehmen können, ist, uns daran zu erinnern, dass die momentane Erfahrung das ist, woran wir denken sollten, wenn wir über unser Glück nachdenken. Möglicherweise ist Kanye nicht glücklich mit seinem Maserati. Richten Sie Ihr Leben so ein, dass Sie so viele Dinge wie möglich tun, die Sie in dem Augenblick glücklich machen.

FAZIT

Menschliche Individuen sind wie komplexe Partituren, aus denen bestimmte Melodien herausgekitzelt werden können.

ZADIE SMITH

Der Mensch ist ein Seil, geknüpft zwischen Tier und Übermensch – ein Seil über einem Abgrunde.

FRIEDRICH NIETZSCHE, *ALSO SPRACH ZARATHUSTRA*

Lass mich eines klar sagen; du musst Platz machen für den Supermenschen.

DAVID BOWIE, »OH! YOU PRETTY THINGS«

Als ich vor ein paar Tagen mit dem Rad längs der Mall zum Buckingham Palace fuhr, sah ich zufällig, wie ein Kind von seinen Eltern ermahnt wurde. »Für wen hältst du dich?«, schrie die Mutter. Ich radelte weiter und hörte nichts mehr (in Anbetracht dessen, wo wir uns befanden, lautete der nächste Satz vielleicht: »Denkst du, du wärst die verdammte Queen?«). Aber ich dachte vor dem Hintergrund der Menschen, die wir in diesem Buch kennengelernt haben, über diesen Satz nach. Für wen halte ich mich? Ich denke, ich gehöre zu einer Spezies mit einem weit größeren Potenzial, als es mir in meinem alltäglichen Leben bewusst ist.

Wenn ich von bemerkenswertem Überleben oder Mut lese oder großartige Werke der Kunst, Literatur und Wissenschaft als Höhepunkte menschlicher Leistungen bewundere, dann spüre ich, dass die Menschen, die solche Meisterleistungen vollführen und erreichen, anders sind. Wir, die breite Masse, sind keine Supermenschen, genauso wenig wie die meisten Menschen, denen wir begegnen. Mir ist jedoch nachträglich klar geworden, dass uns etwas miteinander verbindet. Wir können im Ruhm dieser Exemplare unserer Spezies baden, weil wir ähnliche Eigenschaften haben.

Mal überlegen. Mein Gedächtnis ist nur Durchschnitt, aber wenn ich wollte, könnte ich es trainieren. Ich bezweifle stark, dass ich den Badwater-Ultramarathon laufen könnte, aber ich könnte einen normalen Marathon schaffen, wenn ich es mir vornehmen würde. Ich werde nie den Nobelpreis in Naturwissenschaften gewinnen, aber ich habe einmal einen Artikel in *Science* veröffentlicht.[195] Ich werde nie im Royal Opera House singen, aber nach ein bisschen Üben blamiere ich mich zumindest nicht mehr beim Karaoke.[196] Zumindest in gewissem Umfang steckt in uns allen Potenzial.

Wir haben bei unserer Beschäftigung mit diesem Thema eine Reihe unterschiedlicher Fähigkeiten abgedeckt. Intelligenz und Tapferkeit, Singen und Ausdauer. Resilienz und Schlaf, langes Leben und Glück. Zwischen allen gibt es jedoch ein verbindendes Element: Es gibt Abstufungen davon und die kommen in uns allen zum Ausdruck. Sie sind Teil der Farbpalette, die uns zu Menschen macht; möglicherweise sind sie die Grundfarben darin.[197] Hamlets Rede »Welch ein Meisterwerk ist der Mensch!«, fällt einem ein, aber nachdem er die Vernunft und unbegrenzten Fähigkeiten des Menschen gepriesen hat, lehnt er selbigen säuerlich ab: »Ich habe keine Lust am Manne und am Weibe.«[198] Da unterscheiden sich unsere Ansichten: Am Ende unserer Untersuchung bin ich alles andere als gegen die Menschen – Hamlet ist deprimiert und ich erlebe ein Hoch.[199]

Wie wir gesehen haben, stehen die Wunder der Evolution lediglich an einem Ende der Fähigkeitsskala. Strittig ist, wie sie dort hinkommen. Für etliche der Eigenschaften, die wir untersucht haben, scheint sicher zu sein, dass die Menschen, die ich getroffen habe, die Träger von kostbarer genetischer Fracht sind, die ihnen geholfen hat, so großartig zu werden. Intelligenz, Gesangsfähigkeit und Langlebigkeit sind die eindeutigsten Beispiele. Aber selbst bei diesen braucht man eine vorteilhafte Umgebung, um ihre volle Entwicklung zu ermöglichen. Mozart wurde nicht klavierspielend geboren; Magnus Carlsen musste das Schachspielen erst lernen. Bei anderen Eigenschaften – zum Beispiel Erinnerungsvermögen und Ausdauer – können Sie ein hohes Niveau erreichen, egal, welches genetische Blatt Sie in der Hand halten.

Wir haben im Verlaufe dieses Buches gesehen: Wie gut Sie etwas können, hängt davon ab, wie Sie aufgewachsen sind, was Sie essen und was Sie erleben, wie Sie trainieren und üben, und davon, was Sie mit auf die Welt bringen. Die Umgebung fördert und modifiziert Ihre Gene und interagiert mit ihnen. Sie überwältigt den Einfluss unserer Gene nicht – sie arbeitet mit ihnen, schaltet sie ein und aus, stärkt einige und unterdrückt andere. Es gibt nicht so etwas wie »Natur versus Umwelt«. Es heißt nie Gene *oder* Umwelt, es ist immer beides, zusammen. Diese Redewendung besteht fort in der gängigen Vorstellung, ein vorzeitliches Mem, das sein Verfallsdatum längst überschritten hat; aber von Genetikern schon lange als schlichtweg falsch abgelehnt wurde. Hierzu passt ein anderes Zitat aus *Hamlet*: »Denn die Übung kann fast das Gepräge der Natur verändern.« Der Prinz versucht, seine Mutter davon abzuhalten, mit seinem Onkel zu schlafen, sagt, wenn sie übe, *nicht* zu Claudius ins Bett zu steigen, könne ihr inneres Bedürfnis, das zu tun, reduziert werden. Ich wundere mich, dass Shakespeare, das Wort »fast« eingefügt hat. Übung kann fast die angeborene Fähigkeit übertrumpfen, so verstehe ich das.[200]

Komplexe Fähigkeiten werden von Tausenden Genen beeinflusst. Ein Gen, von dem zum Beispiel bestätigt wurde, dass es eine Auswirkung auf die Intelligenz hat, wird auch bei vielen anderen Fähigkeiten eine

Rolle spielen. Der genetische Einfluss ist verwischt. Das ist nicht sonderlich überraschend, da Intelligenz und, zum Beispiel, Erinnerungsvermögen oder Sprachfähigkeit oder Resilienz lediglich Kategorien sind, die wir zugeordnet haben, um den Menschen besser beschreiben und verstehen zu können. Diese Kategorien machen die chaotische Realität handhabbar; es sind keine platonischen Ideale. Die Fachbezeichnung für diesen verwischenden Effekt in der Genetik ist Pleiotropie (die Kontrolle mehrerer Merkmale durch ein Gen). Mit Intelligenz in Verbindung stehende Gene beeinflussen vermutlich auch das Gedächtnis, die Sprachfähigkeit, Fokus und Glück und wahrscheinlich Langlebigkeit und Resilienz. Und umgekehrt. Zum Beispiel fand eine Studie von Vietnamveteranen eine Verbindung zwischen Intelligenz und Gesundheit, vielleicht weil niedrige Intelligenz und schlechte Gesundheit gemeinsame genetische Faktoren aufweisen,[201] und eine Analyse von drei Untersuchungen unterschiedlicher Zwillinge zeigte, dass es eine kleine Verbindung zwischen Intelligenz und Lebensdauer gibt – klügere Menschen leben länger – und dass diese Verbindung genetisch ist.[202]

Dieses Verwischen und diese Wechselbeziehung bedeuten nicht, dass Genetik eine geringere Rolle beim Einfluss auf unsere sportliche Fähigkeit spielt oder unsere Intelligenz oder die Wahrscheinlichkeit, dass wir 100 Jahre leben: Es gibt immer noch eine starke genetische Komponente. Abgesehen von einer geringen Zahl Mutationen, wie die Mendelsche Krankheit Mukoviszidose, über die wir in Kapitel 9 gesprochen haben, kann man keinen Bogen schlagen von einem bestimmten Gen zu einer bestimmten Verhaltensweise oder einer physiologischen Auswirkung.

Und warum sträuben wir uns dann so gegen die Vorstellung des genetischen Einflusses? Zahlreiche Bestseller jüngeren Datums (ich denke an *GRIT – Die neue Formel zum Erfolg: Mit Begeisterung und Ausdauer ans Ziel* von Angela Duckworth; *Peak* von Anders Ericsson und Robert Pool; *Die Talent-Lüge: Warum wir (fast) alles erreichen können* von Daniel Coyle; *Überflieger: Warum manche Menschen erfolgreich sind –*

und andere nicht von Malcom Gladwell; *Talent wird überschätzt: Welche Erfolgsfaktoren wirklich zählen* von Geoff Colvin; und wie ist es mit diesem Wunschtraum-Titel: *Das Genie in uns: Neue Erkenntnisse über Begabung und Intelligenz* von David Shenk) betonen die Bedeutung des Lernens gegenüber der Vererbung und spielen die Rolle angeborener Fähigkeiten herunter. Zum Teil liegt das daran, dass wir gemeinhin eine falsche Vorstellung von Genetik haben. Das Mem stellt Natur *gegen* Umwelt, und die Menschen denken, die Natur sei unveränderlich und nicht modifizierbar. Ist sie doch. Modifikationen können bei sämtlichen Fähigkeiten auftreten, die wir in diesem Buch besprochen haben. Gene werden ein- oder ausgeschaltet, entsprechend der Forderungen, die an sie gestellt werden, und sie werden durch Training, Ernährung und andere Umwelteinflüsse modifiziert. Die Untersuchung dieser Art von Modifikation nennt sich Epigenetik.

Der Widerwille, einen genetischen Einfluss auf unser Handeln zu akzeptieren, könnte ideologisch sein. Niemandem gefällt die Vorstellung, dass Gene unser Schicksal bestimmen. Nun ja, niemand sagt das, es ist ein Strohmann-Argument. Dann sind da noch die Makel in der Geschichte und die Entsetzen der Eugenikbewegung in Großbritannien, Skandinavien, Kanada und den Vereinigten Staaten und natürlich in Deutschland. Aber das ist Politik und keine Wissenschaft. Wenn uns die moderne Wissenschaft sagt, dass es eine genetische Komponente bei Hochleistungen bezüglich dieser oder jener Fähigkeit gibt, wie wir es in diesem Buch gesehen haben, dann ist es eben so. Akzeptieren wir das Unwiderlegbare und lassen wir zu, dass es uns stark macht. Zum einen wird es Menschen ermöglichen, ihre Ressourcen an den richtigen Stellen zu verwenden. Zum anderen werden mehr Menschen durch Training Größeres erreichen können, wenn wir erst einmal mehr von dem genetischen Einfluss auf das Können verstanden haben. Das ist vergleichbar mit der fortgeschrittenen Auseinandersetzung bezüglich des Messens des IQs: Indem wir uns damit beschäftigen, können wir jenen besser helfen, die herkömmlich vernachlässigt werden. David Card und Laura Giuliano an der University of California, Irvine, zeigten, inwiefern die Einführung des IQ-Screenings in einem großen Schulbezirk in Florida zu einer Steigerung der Anzahl hispanischer und weiblicher Studenten sowie Studenten aus einkommensschwachen Familien in Programme für begabte Kinder führte[203], und Robert Plomin argumentiert, dass IQ-Tests den Bildungsstand für alle Kinder verbessern können.[204] Nebenbei bemerkt, stellen Sie sich doch einmal vor, es gäbe keinen genetischen Einfluss auf die Intelligenz. Wenn allein Unterschiede beim Aufwachsen die Intelligenz bestimmen würden, dann wäre jeder mit einem unterprivilegierten Hintergrund weniger intelligent gegenüber jenen mit einem vorteilhaften Hintergrund.

Was heißt das für Sie als Leser, der sich aufmacht, um zum Experten zu werden? Oder für diejenigen, die Eltern sind oder sein wollen und darüber nachdenken, wie sie ihre Kinder am besten anleiten? Es bedeutet, dass man keine unrealistischen Ziele setzen soll. Es bedeutet, verschiedene Dinge auszuprobieren – wie Goldlöckchen –, bis Sie etwas finden, das zu Ihnen passt. Wenn Sie feststellen, dass Sie für etwas ein Geschick haben, machen Sie weiter. Wenn Ihnen klar wird, dass Sie nicht über das verfügen, was für eine bestimmte Karriere notwendig ist, dann hören Sie auf. Tun Sie es, weil es Ihnen Spaß macht und nicht, weil Sie ein Experte werden wollen. Denken Sie daran, dass unser Antrieb auch ein Teil unserer genetischen Mitgift ist. Das war für mich eine der größten Entdeckungen bei der Recherche für dieses Buch: herauszufinden, dass der Hang zum Üben an sich ein starkes genetisches Element aufweist, wie wir in Kapitel 6 gesehen haben. Ich habe nie darüber nachgedacht, dass Fähigkeiten wie Hartnäckigkeit oder Mut eine genetische Komponente haben. Ist aber so. Nehmen Sie es sich nicht übel, wenn Sie nicht das Niveau der Leute in diesem Buch erreichen: Nur wenige tun das.

Ich weiß noch, dass ich meine Mutter einmal gefragt habe, eine erfolgreiche Autorin von Büchern für Kinder und Jugendliche, warum

---

sie sich überhaupt die Mühe mache, zu schreiben. Ich glaube, wir hatten beide gerade einen Roman von Philip Pullman gelesen. Sie hat eine Menge Bücher verkauft, aber nach eigener Aussage würde sie nie ein Pullman oder Roald Dahl oder eine J.K. Rowling werden. Sie schrieb, so sagte sie mir, weil es sie glücklich mache, ein kleines bisschen zum Leben beizutragen. Die Wunder der Evolution in diesem Buch zu treffen hat mich nicht vor Angst erzittern lassen, weil ich nicht in der Lage bin, das zu erreichen, was sie geschafft haben; sie haben mich inspiriert, ein bisschen mehr in das zu stecken, was ich mache. Zu laufen oder zumindest ein paar Fitnessübungen zu machen wegen der positiven Schwingungen, die sie einem verschaffen. Räumen Sie Ihrem Schlaf so viel Priorität ein wie dem sicheren Überqueren der Fahrbahn oder der Gesundheit Ihrer Kinder – Sie werden sich besser fühlen, besser denken können, und es wird sich langfristig bezahlt machen. Sie müssen sich nicht so verbissen auf etwas konzentrieren, dass Sie in der Lage sind, einen Formel-1-Wagen zu fahren oder um die Welt zu segeln, aber ein bisschen darüber nachzudenken, wie man im Augenblick lebt, könnte Ihr Leben verbessern und möglicherweise sogar Ihr Glück. Ich hoffe, dass ich niemals in eine so schreckliche Situation komme wie Carmen Tarleton oder Alex Lewis, aber mit Rückschlägen müssen wir alle klarkommen. Wir sind belastbar; wir sind dafür ausgerüstet, diese durchzustehen.

Für mich ist das genug, aber ich weiß, dass viele Menschen nicht akzeptieren wollen, keine Supermenschen zu sein. Das ist einer der Gründe, warum sich die von mir genannten Bücher so gut verkaufen und warum so viel geforscht wird in Bereichen wie Intelligenz, Musikalität und Langlebigkeit. Sogar über das Schlafen. Erinnern Sie sich an das *DEC2*-Gen, über das wir in Kapitel 10 gesprochen haben? Menschen mit einer besonderen Version dieses Gens kommen mit weniger Schlaf aus als der Rest von uns und einige Wissenschaftler sprechen unumwunden aus, dass die Menschen in der Zukunft genetisch verbessert werden.[205]

Der Harvard-Genetiker George Church spricht von genetischen Varianten, die unter Umständen in das menschliche Genom editiert werden können.[206]

Die Zunahme von Methoden zur Genom-Editierung wie Clustered Regularly Interspaced Short Palindromic Repeats (CRISPR) hat große Aufregung[207] (und Besorgnis) geweckt. Forschungsgruppen in China[208] und den Vereinigten Staaten[209] haben bereits versucht (mit gemischtem Erfolg), diese Methode beim Modifizieren menschlicher Embryos anzuwenden. Auch wenn die Logistik ausgearbeitet und ihre Sicherheit demonstriert wurde, verweist die pleiotrope Natur unserer Gene darauf, wie schwierig es sein wird, signifikante Veränderungen bei der Menschheit durchzuführen. Intelligenz, Lebensdauer, Musikalität und Persönlichkeit sind genetisch wesentlich komplexer, als wir einst dachten. Nichtsdestotrotz werden die Menschen es versuchen. Genetische Technik hat bei Tieren zur Steigerung von Intelligenz und Lebensdauer geführt. Ratten werden klüger gemacht, indem man ein einzelnes Gen, *NR2B*, modifiziert, wodurch die Lern- und Merkfähigkeit der Tiere gesteigert wird.[210] Dieses Gen scheint den Neuronen zu ermöglichen, länger miteinander zu kommunizieren. Bei dem Fadenwurm *Caenorhabditis elegans* führten kleine Änderungen an zwei genetischen Bahnen, die mit dem Altern verbunden sind, zu einer fünffachen Steigerung der Lebensdauer.[211]

Eine Frage: Der moderne Mensch entwickelte sich vor etwa 200 000 Jahren. Sind wir nun »mehr« Mensch, weil einige Mitglieder unserer Spezies großartige Dinge vollbracht haben? Nein – denn genauso wie uns Menschen der Gegenwart etwas mit den Wundern der Evolution in diesem Buch verbindet, verbindet uns etwas mit den prähistorischen Menschen. Aber sehen Sie uns an. Wir sind größer, gesünder, klüger; wir leben länger, wir erreichen mehr. Wir sind deshalb nicht mehr Mensch, sondern wir nutzen mehr von unserem Potenzial. Wie viel mehr ist noch da?

Sehr viel mehr. Hier ist ein kleiner Eindruck.

2016 und 2017 gab es beispiellose Durchbrüche beim Verstehen des alten Spiels Go. Was passiert war, war, dass eine Künstliche Intelligenz, (KI) genannt AlphaGo, gegen die weltbesten Spieler angetreten ist und gewonnen hat.

Es spielte Züge, die in der 3000-jährigen Geschichte des Spiels nie zuvor gesehen wurden. Aber die besten Spieler der Welt steigerten sich. Lee Sedol aus Südkorea und Ke Jie aus China veränderten und verbesserten ihre Spielweise auf Basis dessen, was die Künstliche Intelligenz ihnen gezeigt hatte. »Nach meinem Spiel gegen AlphaGo habe ich das Spiel grundlegend überdacht und sehe nun, dass mir diese Betrachtung enorm hilft«, sagt Jie. »Obwohl ich verloren habe, entdeckte ich, dass die Möglichkeiten von Go gewaltig sind und sich das Spiel weiterentwickelt.«[212] Anschließend gewann Jie 22 Spiele in Serie.

Demis Hassabis ist Mitgründer von Google DeepMind, dem in London ansässigen Labor, das AlphaGo und seinen noch beeindruckenderen Nachfolger AlphaZero entwickelte.[213] Er sagt, dass die Reaktion von Jie und Sedol zeige, was Künstliche Intelligenz für die Menschheit tun kann. Wir fürchten alle, dass KI uns unsere Jobs nimmt, aber das ist unangebracht. KI zeigt uns, wer wir sein können. »Menschliche, durch KI verstärkte Genialität, wird unser wahres Potenzial freisetzen«, sagt Hassabis.

Ich kann mir vorstellen, wie KI etliche der in diesem Buch behandelten Fähigkeiten verstärkt und verbessert. Intelligenz und Kreativität ganz sicher. Auch Erinnerungsvermögen, Sprache und Fokus. Ich bin sicher, dass von KI unterstützte Durchbrüche in der Medizinwissenschaft unsere Lebensdauer und Resilienz ebenfalls beeinflussen werden. Heißt das, wir werden »posthuman«? Wird es die Kluft zwischen dem Haben und Nicht-Haben vergrößern?

Auch ohne KI haben die Menschen, denen ich im Laufe dieses Buches begegnet bin, meine Begeisterung über das Potenzial der menschlichen Spezies geweckt. In uns steckt noch viel mehr. Auch das hat mich angetrieben, dieses Buch zu schreiben.

Anders Sandberg im Future of Humanity Institute in Oxford interessiert sich neben anderen Dingen für das Messen des zukünftigen Potenzials der Menschheit. Wir stehen vor unleugbaren existenziellen Bedrohungen. Da ist der Klimawandel, die synthetische Biologie, Atomkrieg und (ironischerweise, da ich gerade ihre Tugenden gepriesen habe) die Künstliche Intelligenz. Eine Möglichkeit, das Risiko zu messen, mit dem wir konfrontiert sind, besteht darin, zu berechnen, was Philosophen als die »Größe der Zukunft« bezeichnen, anders ausgedrückt: die Anzahl zukünftiger Leben, die möglich ist. Sandberg macht das und die Zahlen sind mehr als astronomisch. Derzeit vorhandene Bedrohungen der Menschheit gefährden zwischen 800 Milliarden und 3,92 x 10^{100} zukünftige menschliche Leben.[214] Wir sollten uns zusammennehmen, sagt er, diesen zukünftigen Leben und unserem Potenzial zuliebe.

In diesem Buch haben wir uns mit Beispielen der Besten von uns beschäftigt. Zu Beginn haben wir uns angesehen, warum wir mehr erreichen als Schimpansen, und die Fähigkeiten in diesem Buch – unsere Kultur, unsere Menschlichkeit – können viel dazu beitragen, das zu erklären. Die andere Sache, die wir natürlich auf einem weitaus höheren Niveau als Schimpansen betreiben, ist das Zusammenarbeiten. Diese Fähigkeit wird stärker denn je benötigt. Ich habe die Fülle der menschlichen Spezies bewundert und war begeistert angesichts unserer Möglichkeiten. Wir müssen uns diese Fähigkeiten zunutze machen, die derzeitigen Extreme menschlichen Potenzials – und sie einsetzen, um die Probleme zu lösen, mit denen unsere Spezies konfrontiert ist.

DANKSAGUNG

Dieses Buch zu schreiben war unglaublich unterhaltsam und erfüllend. Der Dank dafür gebührt allen Menschen, die ich auf meinem Weg getroffen und interviewt habe, sowohl den Wissenschaftlern als auch jenen, die in den Kapiteln zu den Wundern der Evolution zählen. Ihr seid zu viele, als dass ich alle namentlich nennen könnte – die Namen werden jedoch im Text erwähnt –, aber danke für eure großzügige Bereitstellung von Zeit, um mir von eurem Leben und eurer Arbeit zu erzählen. Ich hatte ja keine Ahnung, wie inspirierend es sein würde, euch zu treffen und eure Geschichten zu hören.

New Scientist ist eine wunderbar anregende Organisation und mehr als zehn Jahre Teil des Magazins zu sein, hat meine Art zu denken stark geprägt. Vielen Dank an meine Kollegen für das Erschaffen einer Atmosphäre voller Fragen und Fantasie und danke auch meinen Chefs, dass sie mir die Flexibilität gewährt haben, um dieses Buch schreiben zu können.

Etliche Menschen haben verschiedene Teile dieses Buches gelesen und kommentiert: Celeste Biever, Jessica Hamzelou, Laura Gallagher, Simon Fisher, Marie-Christine Nizzi, Stuart Ritchie, Miriam Mosing und Jakke Tamminen. Vielen Dank, dass ihr euch die Zeit genommen habt; jegliche Fehler gehen natürlich auf mein Konto. Für Rat und Ermutigung während des Weges danke ich meinen Schreibkollegen Helen Thomson, Gaia Vince, Jo Marchant und Vic James. Jakke Tamminen und David Morgan haben mich netterweise an ein EEG angeschlossen und in ihrem Schlaflabor schlafen lassen. All die Menschen in diesem Buch zu treffen bedurfte einer Menge Organisation, was nicht möglich gewesen wäre ohne die Hilfe und das großartige Wohlwollen vieler, einschließlich den Bewohnern und Mitarbeitern des Royal Hospital Chelsea; dem Team bei Williams Grand Prix Engineering; dem Royal Opera House; dem Brigham and Women's Hospital, Boston; Debora Price von der British Society of Gerontology; sowie Tim Harrower vom Royal Devon and Exeter Foundation Trust Hospital.

Das Lektorenteam bei Little, Brown – Tim Whiting und Nithya Rae –, Korrektor Steve Gove sowie Ben Loehnen bei Simon & Schuster waren fantastisch. Insbesondere möchte ich mich bei meinem wunderbaren und unermüdlichen Agenten, Patrick Walsh, bedanken, der entscheidend dafür sorgte, dass aus einer ersten Idee ein Buch wurde.

Ich danke meiner wunderbaren Mutter, die mich aufgezogen hat beim klackernden Geräusch einer Schreibmaschine – sie zeigte mir, wie auch ich Autor werden konnte. Danke auch meinen anderen, mich unheimlich unterstützenden, engeren und entfernteren Familienangehörigen – mein Vater, meine Schwester Gemma und all die Angeheirateten (ein besonderes Hoch auf Ros – Rettungsschwimmer) sowie meinen Kindern, Molly und Iris.

Die Leute sagen, ein Buch zu schreiben sei so, wie ein Kind zu bekommen. Aber während der Arbeit an diesem Buch war meine Partnerin Laura wirklich schwanger. Ich danke ihr nicht nur für das Tolerieren meiner gelegentlichen physischen und geistigen Abwesenheit während dieser Phase, sondern auch für die viele Liebe und Unterstützung, die sie mir auf dem Weg zukommen ließ. Als meine erste Leserin hat sie meine Arbeit enorm verbessert, aber darüber hinaus verbessert sie auch mein Leben. Dieses Buch ist für sie.

LITERATUR

Erinnerung

Plinius Secundus: *Die Naturgeschichte des Caius Plinius Secundus*, Wiesbaden: marixverlag 2007

Jean-Paul Sartre: *Der Ekel*, Reinbek: Rowohlt 1976

Nicola Wilson: *Plaques and Tangles*, London: Faber, 2015

Sprache

Karl Marx & Friedrich Engels: *Die deutsche Ideologie*, MEW 3, S. 30, 1845/1846

David Foster Wallace: *Unendlicher Spaß*. Köln: Kiepenheuer & Witsch 2009

Fokus

Yamamoto Tsunetomo: *Hagakure – Der Weg des Samurai*, Frankfurt: Angkor 2012 (Neuaufl.)

Laufen

Haruki Murakami: *Wovon ich rede, wenn ich vom Laufen rede.* Köln: DuMont 2018

Resilienz

Hilary Mantel: *Falken*, Köln: DuMont 2014

Ann S. Masten: *Resilienz: Modelle, Fakten & Neurobiologie, Das ganz normale Wunder entschlüsselt*, Paderborn: Junfermann Verlag 2016

Schlafen

Tomas Tranströmer: Nocturne, in: *In meinem Schatten werde ich getragen*, Frankfurt: Fischer 2013, S. 76

William Shakespeare: *Sämtliche Werke in vier Bänden. Band 3*, Berlin: Aufbau 1975, S. 259–263

Glück

Ali Smith: *Im Hotel*, München: Sammlung Luchterhand 2007, S. 26

Fazit

Zadie Smith: On Optimism and Despair, in: *New York Review of Books*, 22. Dezember 2016

Friedrich Nietzsche: *Also sprach Zarathustra*, Hamburg: Nikol 2011

David Bowie: »Oh! You Pretty Things«, auf Hunky Dory © RCA 1971

ANMERKUNGEN

1 *Current Biology*, DOI: 10.1016/j.cub.2010.11.024

2 *Current Biology*, DOI: 10.1016/j.cub.2006.12.042

3 *Proceedings of the National Academy of Sciences*, DOI: 10.1073/pnas.0702624104

4 *Journal of Human Evolution*, doi.org/smp

5 *Scientific Reports*, DOI: 10.1038/srep22219

6 https://www.newscientist.com/article/mg23130890-600-metaphysics-special-where-do-good-and-evil-come-from/

7 *Frontiers in Psychology*, DOI: 10.3389/fpsyg.2014.00878

8 https://www.telegraph.co.uk/men/the-filter/football-mad-mobbed-by-girls-and-easily-bored-meet-magnus-carlse/

9 *Psychology and Aging*, DOI:10.1037/0882-7974.22.2.291

10 *Journal of Intelligence*, DOI: j.intell.2017.01.013

11 *Intelligence*, 45 (2014), 81–103 http://dx.doi.org/10.1016/j.intell.2013.12.001

12 *British Medical Journal*, DOI: 10.1136/bmj.j2708

13 Weitere Informationen unter: http://slatestarcodex.com/2017/09/27/against-individual-iq-worries/

14 *Molecular Psychiatry*, DOI: 10.1038/mp.2014.105

15 https://www.theatlantic.com/health/archive/2014/01/the-darkside-of-emotional-intelligence/282720/

16 *Journal of Applied Psychology*, DOI: 10.1037/a0037681

17 http://www.teds.ac.uk

18 Plomin et al., ›Nature, nurture, and cognitive development from 1 to 16 years: a parent-offspring adoption study‹. *Psychological Science*, 8 (1997), S. 442–7

19 *Intelligence*, DOI: j.intell.2014.11.005

20 *Nature Genetics*, DOI: 10.1038/ng.3869

[21] *Psychological Science*, DOI: 10.1111/j.1467-9280.2007.02007.x

[22] *Nature Communications*, DOI: 10.1038/ncomms2374

[23] *Psychological Science*, DOI: 10.1111/j.1467-9280.2008.02175.x

[24] *Trends in Cognitive Sciences*, DOI:10.1016/j.tics.2016.05.010

[25] https://www.newscientist.com/article/mg23431260-200-howto-daydream-your-way-to-better-learning-and-concentration/

[26] *Developmental Psychology*, DOI: 10.1037/a0015864

[27] Dank an Felipe De Brigard, darauf hingewiesen zu haben; siehe *Synthese*, DOI: 10.1007/s11229-013-0247-7

[28] https://stuff.mit.edu/afs/sipb/contrib/pi/pi-billion.txt

[29] *Neurocase*, DOI: 10.1080/13554790701844945

[30] http://www.worldmemorychampionships.com

[31] *Neuron*, DOI: 10.1016/j.neuron.2017.02.003

[32] *Neurocase*, DOI: 10.1080/13554790500473680

[33] *Frontiers in Psychology*, DOI: 10.3389/fpsyg.2015.02017

[34] *Memory*, DOI: 10.1080/09658211.2015.1061011

[35] https://www.theguardian.com/science/2017/feb/08/total-recall-the-people-who-never-forget

[36] *PNAS*, DOI: 10.1073/pnas.1314373110

[37] *Nature*, DOI: 10.1038/35021052

[38] *Psychological Science*, DOI: 10.1111/j.1467-9280.2008.02245.x

[39] *Brain Structure and Function*, DOI: 10.1007/s00429-015-1145-1

[40] *Synthese*, DOI: 10.1007/s11229-013-0247-7

[41] *Psychology and Aging*, DOI: 10.1037/pag0000133

[42] http://rosettaproject.org/blog/02013/mar/28/new-estimates-on-rate-of-language-loss/

[43] http://www.polyglotassociation.org/

[44] *Brain and Language*, DOI: 10.1016/S0093-934X(03)00360-2

[45] *NeuroImage*, DOI:10.1016/j.neuroimage.2012.06.043

[46] *NeuroImage*, DOI: 10.1016/j.neuroimage.2015.10.020

[47] *Behavioural Neurology*, DOI: 10.1155/2014/808137

[48] *PLoS ONE*, DOI: 10.1371/journal.pone.0094842

[49] *Psychological Science*, DOI: 10.1177/0956797611432178

[50] *Trends in Cognitive Sciences*, DOI: 10.1016/j.tics.2016.08.004

[51] *Nature Genetics*, DOI: 10.1038/ng0298-168

52 *Nature*, DOI: 10.1038/35097076

53 *Proceedings of the National Academy of Sciences*, vol. 92, S. 930–3

54 *Trends in Genetics*, DOI: 10.1016/j.tig.2017.07.002

55 *Nature*, DOI: 10.1038/nature01025

56 *Current Biology*, DOI: 10.1016/j.cub.2008.01.060

57 *Proceedings of the National Academy of Sciences*, DOI:10.1073/PNAS.1414542111

58 *Journal of Neuroscience*, DOI: 10.1523/JNEUROSCI.4706-14.2015

59 Das ist zutreffend, wenn wir eine Sprache auf die traditionelle Weise lernen und nicht durch die Immersionsmethode. Aber was ist mit dem Lernen unserer ersten Sprache? Wir übernehmen komplexe grammatische Regeln und wenden sie erfolgreich an, ohne uns dieser Regeln explizit bewusst zu sein.

60 http://www.thedrive.com/start-finish/11544/jacques-villeneuvesays-lance-stroll-might-be-worst-rookie-in-f1-history

61 http://www.williamsf1.com/racing/news/2017/06/azerbaijan-grand-prix

62 *Cerebral Cortex*, DOI: 10.1093/cercor/bhw214

63 *Nature Reviews Neuroscience*, DOI: 10.1038/nrn3916

64 *Pain*, DOI: 10.1016/j.pain.2010.10.006

65 *Emotion*, DOI: 10.1037/a0018334

66 *Neuroscience of Consciousness*, DOI: 10.1093/nc/niw007

67 *Proceedings of the National Academy of Sciences*, DOI: 10.1073/pnas.0707678104

68 Eine kurze Warnung: Nicht jeder kommt in den Genuss des positiven Nutzens von Achtsamkeitsmeditation. Zwei in Großbritannien ansässige Forscher, Miguel Farias an der Coventry University und Catherine Wikholm an der University of Surrey, haben in *The Buddha* über die potenziellen unerwarteten Folgen geschrieben.

69 *Frontiers in Psychology*, DOI: 10.3389/fpsyg.2014.01220

70 *Frontiers in Psychology*, DOI: 10.3389/fpsyg.2017.00647

71 https://www.gov.uk/government/news/ied-search-teams-honoured-with-new-badge

72 http://www.bbc.co.uk/news/uk-england-25354632

73 *Nature Neuroscience*, DOI: 10.1038/nn2032

74 *Nature Neuroscience*, DOI: 10.1038/nn.3323

75 http://abcnews.go.com/US/hero-mom-describes-chased-offcarjackers-gas-station/story?id=36496307

[76] *Neuron*, DOI: 10.1016/j.neuron.2010.06.009

[77] Anders Ericsson, *Peak: Secrets from the New Science of Expertise* (Eamon Dolan/Houghton Mifflin, 2016) S. xviii

[78] *Psychological Review*, DOI: 10.1037//0033-295X.100.3.363

[79] *British Journal of Sports Medicine*, DOI: 10.1136/bjsports-2012-091767

[80] Ericsson, *Peak: Secrets from the New Science of Expertise*, S. 110.

[81] *Psychological Bulletin*, DOI: 10.1037/bul0000033

[82] *Intelligence*, DOI: 10.1016/j.intell.2013.04.001

[83] *Frontiers in Psychology*, DOI: 10.3389/fpsyg.2014.00646

[84] https://alanwilliams123.wordpress.com/2015/06/30/northern-voices-opera-project-the-survey/und https://www.thetimes.co.uk/article/opera-the-arsonists-to-be-sung-in-yorkshire-accent-alanedward-williams-ian-mcmillan-39xfpkhjc

[85] *Psychological Science*, DOI: 10.1177/0956797614541990

[86] Ich fand es schon immer unglaublich respektlos zu denken, man könne das geniale Songschreiben eines John Lennon und Paul McCartney durch reines Üben erreichen. Und dann las ich folgenden Kommentar von McCartney: »In Hamburg gibt es eine Menge Bands, die 10 000 Stunden investiert und es nicht geschafft haben, es ist also keine unumstößliche Theorie«, sagte er der Zeitschrift *Q*. »Ich glaube nicht, dass es das Gesetz gibt, wenn du so und so viel arbeitest, dass du dann genauso erfolgreich wirst wie die Beatles.« (Aus: http://www.cbc.ca/news/entertainment/interviewpaul-mccartney-heads-to-canada-1.942764). In jedem Fall kam eine gründliche Analyse der Hamburger Zeit der Beatles zu dem Ergebnis, dass sie insgesamt nur etwa 1100 Stunden gespielt haben.

[87] *Psychonomic Bulletin and Review,* DOI 10.3758/s13423-014-0671-9

[88] https://www.telegraph.co.uk/opera/what-to-see/written-skin-one-operatic-masterpieces-time-review/

[89] http://www.lemonde.fr/culture/article/2012/07/09/writtenon-skin-le-meilleur-opera-ecrit-depuis-vingt-ans_1731145_3246.html

[90] https://www.japantimes.co.jp/life/2016/05/28/lifestyle/whispers-asmr-softly-rising-japan/#.W0oUh-RlLsY

[91] Angela Duckworth, *Grit – why passion and resilience are the secrets to success*. Vermilion, 2017. (dt. Titel: GRIT – Die neue Formel zum Erfolg, C. Bertelsmann Verlag, 2017)

[92] *Journal of Personality and Social Psychology*, DOI: 10.1037/0022-3514.92.6.1087

[93] *Journal of Medical Genetics*, DOI: 10.1136/jmedgenet-2012-101209

[94] http://jmg.bmj.com/content/45/7/451

[95] *Scientific Reports*, DOI: 10.1038/srep39707

[96] ›Savant Syndrome: A Compelling Case for Innate Talent‹, DOI: 10.1093/acprof:oso/9780199794003.003.0007

[97] *Frontiers in Psychology*, DOI: 10.3389/fpsyg.2014.00658

[98] *Proceedings of the National Academy of Sciences*, DOI: 10.1073/pnas.1408777111

[99] DOI: 10.1080/02640414.2016.1265662

[100] *Developmental Review*, DOI: 10.1006/drev.1999.0504

[101] *Perspectives on Psychological Science*, DOI: 10.1177/1745691616635600

[102] E-Mail-Korrespondenz mit dem Autor.

[103] http://www.runnersworld.com/elite-runners/dean-karzes-runs-350-miles

[104] http://www.dailymail.co.uk/news/article-3588109/Super-humanmarathon-runner-Dean-Karnazes-jog-350-miles-without-stoppingthanks-rare-genetic-condition.html

[105] http://www.bbc.co.uk/news/magazine-17600061

[106] http://barefootrunning.fas.harvard.edu

[107] *Journal of Sport and Health Science*, DOI: 10.1016/j.jshs.2014.03.009

[108] http://www.menshealth.com/fitness/the-men-who-live-forever

[109] http://running.competitor.com/2015/04/news/tarahumararunning-tribe-featured-in-a-new-documentary_125766

[110] http://www.latinospost.com/articles/77223/20151102/tarahumara-athletes-win-world-indigenous-games.htm

[111] *American Journal of Human Biology*, DOI: 10.1002/ajhb.22607

[112] *American Journal of Human Biology*, DOI: 10.1002/ajhb.22239

[113] https://www.nytimes.com/2015/03/07/sports/caballo-blanco-ultramarathon-is-canceled-over-threat-of-drug-violence.html

[114] https://www.aljazeera.com/indepth/features/2016/01/running-lives-mexico-teenage-raramuri-160127090310518.html

[115] https://www.theguardian.com/lifeandstyle/2015/mar/31/japanese-monks-mount-hiei-1000-marathons-1000-days

[116] Danke für den Beitrag, Celeste Biever.

[117] Kinder lernen aus Märchen, dass man vorsichtig mit dem sein muss, was man sich von einem Flaschengeist wünscht. Sie lernen es aus Märchen oder aus Science-Fiction-Geschichten. Ich erinnere mich daran, als Kind Fredric Browns Kurzgeschichte *Große verloren gegangene Entdeckungen III* gelesen zu haben. Darin entwickelt der Held eine Droge, die ihn unsterblich macht. Er ist jedoch unsicher, ob er sie nehmen soll. Schließlich im Krankenhaus auf dem Totenbett

überwältigt die Angst, vergessen zu werden, seine Angst vor der Ewigkeit, und er schluckt die Pille. Er fällt ins Koma … und lebt für immer. Da im Krankenhaus Bettenknappheit herrscht, beerdigt man ihn.

[118] http://www.un.org/esa/population/publications/worldageing19502050/pdf/90chapteriv.pdf

[119] *Human Genetics*: https://www.ncbi.nlm.nih.gov/pubmed/8786073/

[120] *Human Genetics*, DOI: 10.1007/s00439-006-0144-y

[121] https://www.nytimes.com/1997/08/05/world/jeanne-calment-world-s-elder-dies-at-122.html

[122] http://web.archive.org/web/20010113103900/http://entomology.ucdavis.edu/courses/hde19/lecture3.html

[123] *Journal of the American Geriatrics Society*, DOI: 10.1111/j.1532-5415.2011.03498.x

[124] Dong, X., Milholland, B. and Vijg, J., ›Evidence for a limit to human lifespan‹ *Nature* 538 (2016), S. 257–9

[125] *Nature*, DOI: 10.1038/nature22784

[126] *Nursing Open*, DOI: 10.1002/nop2.44

[127] http://www.dailymail.co.uk/femail/article-1008681/Alcoholcigarettes-chocolates-sweets--The-secrets-long-life.html

[128] *Nature Genetics*, DOI: 10.1038/ng0194-29

[129] *Rejuvenation Research*, DOI: 10.1089/rej.2014.1605

[130] *Neurobiology of Aging*, DOI: 10.1016/j.neurobiolaging.2012.08.019

[131] *Nature Reviews Genetics*, DOI: 10.1038/nrg1871

[132] *International Journal of Epidemiology*, 2017, 1–11, DOI: 10.1093/ije/dyx053

[133] *Journal of Gerontology*, DOI: 10.1093/gerona/glr223

[134] *PLoS ONE*, DOI: 10.1371/journal.pone.0029848

[135] *Journals of Gerontology Series A: Biological Sciences and Medical Sciences*, 15. März 2017, DOI: 10.1093/gerona/glx027

[136] *Human Molecular Genetics*, DOI: 10.1093/hmg/ddu139

[137] *Journals of Gerontology Series A: Biological Sciences and Medical Sciences*, DOI: 10.1093/gerona/glx053

[138] Diese Arbeit, wie mir Nir Barzilai mitteilte, ist momentan im Druck bei einer Fachzeitschrift über Herz-Kreislauf-Erkrankungen.

[139] *Frontiers in Genetics*, DOI: 10.3389/fgene.2011.00090

[140] *Health Affairs (Millwood)*, DOI: 10.1377/hlthaff.2013.0052

[141] *Neuroscientist*, DOI: 10.1177/107385840000600114

142 *Nature*, DOI: 10.1038/nature10357

143 *Cell*, DOI: 10.1016/j.cell.2013.04.015

144 *Nature Medicine*, DOI: 10.1038/nm.3898

145 http://bioviva-science.com/blog/one-year-anniversary-of-biovivas-gene-therapy-against-human-aging/

146 *Proceedings of the National Academy of Sciences*, DOI: 10.1073/pnas.0906191106

147 http://onlinelibrary.wiley.com/doi/10.1002/emmm.201200245/full

148 You can see him here: https://www.youtube.com/watch?v=IEAejwYBiIE

149 *Nature*, DOI: 10.1038/nature11432

150 Mattison et al., *Nature Communications 8* (2017), DOI: 10.1038/ncomms14063

151 ttps://www.newscientist.com/article/mg22429894-000-everydaydrugs-could-give-extra-years-of-life/

152 http://nymag.com/health/bestdoctors/2014/steve-crohn-aids-2014-6/

153 *Nature Biotechnology*, DOI: 10.1038/nbt.3514

154 https://www.newscientist.com/article/mg21428683-200-watching-surgeons-expand-a-babys-skull/

155 *American Psychologist*, https://www.ncbi.nlm.nih.gov/pubmed/11315249

156 *Scientific Reports*, DOI: 10.1038/srep17159

157 *Sleep*, DOI: 10.1016/j.slsci.2016.01.003

158 https://www.researchgate.net/scientific-contributions/33359804_Allan_Rechtschaffen

159 https://www.sciencealert.com/watch-here-s-what-happened-when-a-teenager-stayed-awake-for-11-days-straight

160 *Proceedings of the National Academy of Sciences*, DOI: 10.1073/pnas.0305404101

161 *Nature*, DOI: 10.1038/nature02663

162 Otto Loewi, »An Autobiographical Sketch«, in: *Perspectives in Biological, Medicine 4* (1960), S. 1–25

163 *Sleep*, DOI: 10.5665/sleep.1974

164 *International Journal of Dream Research*, DOI: 10.11588/ijodr.2009.2.142

165 https://www.newscientist.com/article/mg23331130-400-healyourself-from-inside-your-dreams/

166 *Imagination. Cognition and Personality*, DOI: 10.2190/IC.31.3.f

167 http://www.technologyreview.com/view/424608/extra-sleepboosts-basketball-players-prowess/

[168] *Sleep*, DOI: 10.5665/SLEEP.1132

[169] https://www.theguardian.com/us-news/2017/may/31/what-is-covfefe-donald-trump-baffles-twitter-post

[170] *Sleep Health*, DOI: 10.1016/j.sleh.2014.12.010

[171] http://www.neurologyadvisor.com/sleep-2017/cvd-and-strokemortality-risks-linked-to-sleep-duration/article/668280/

[172] https://www.hellomagazine.com/profiles/martha-stewart/

[173] *Trends in Genetics*, DOI: 10.1016/j.tig.2012.08.002

[174] *Science*, DOI: 10.1126/science.1174443

[175] *Journal of Sleep Research*, 10, S. 173–9

[176] *Science*, DOI: 10.1126/science.1180962

[177] *Science*, DOI: 10.1126/science.1241224

[178] *Brain*, DOI: 10.1093/brain/awx148

[179] http://www.npr.org/sections/health-shots/2015/01/09/376084137/trapped-in-his-body-for-12-years-a-man-breaks-free

[180] *Consciousness and Cognition*, DOI: 10.1016/j.concog.2011.10.010

[181] *BMJ Open*, DOI: 10.1136/bmjopen-2010-000039

[182] Richard Easterlin, »Does Economic Growth Improve the Human Lot? Some Empirical Evidence« (pdf). In: Paul A. David, Melvin W. Reder. *Nations and Households in Economic Growth: Essays in Honor of Moses Abramovitz* (New York: Academic Press, 1974)

[183] http://www.nber.org/papers/w14282

[184] *Proceedings of the National Academy of Sciences*, DOI: 10.1073/pnas.1011492107

[185] http://www.latinamericanstudies.org/cold-war/sovietsbomb.htm

[186] *Science*, DOI: 10.1126/science.1083968

[187] *Molecular Psychiatry*, DOI: 10.1038/sj.mp.4001789

[188] *Journal of Human Genetics*, DOI: 10.1038/jhg.2011.39

[189] *Journal of Neuroscience, Psychology, and Economics*, DOI: 10.1037/a0030292

[190] *Molecular Psychiatry*, DOI: 10.1038/mp.2017.44

[191] http://www.huffingtonpost.co.uk/kate-allatt/wellbeingvolunteering_b_15425654.html

[192] http://www.huffingtonpost.co.uk/author/henning-van-der-hoeven

[193] Das las ich in James Kingsland, *Siddhartha's Brain (London: Robinson, 2016).*

[194] *Nature Genetics*, DOI: 10.1038/ng.3620

195 *Science*, DOI: 10.1126/science.1064815 – diese Leistung ist ausschließlich auf die Fähigkeiten und Großzügigkeit des ersten Autors zurückzuführen.

196 Genau genommen stimmt das nicht: Ich blamiere mich.

197 Natürlich haben wir uns in diesem Buch nur Fähigkeiten und Eigenschaften angesehen, keine Gefühle wie Liebe und Trauer, die ebenfalls entscheidend für das Menschsein sind.

198 Ich kann diese Zeilen nie lesen, ohne Richard E. Grant vor mir zu sehen, wie er die Worte am Ende von *Withnail & I* so wunderbar ausspeit.

199 Es wird behauptet, dass Shakespeare in Hamlet die Symptome dessen beschreibt, was wir heute als bipolare Störung bezeichnen. Siehe: https://www.newscientist.com/article/mg22229654-900-shakespearethe-godfather-of-modern-medicine/

200 Es versteht sich von selbst, dass Shakespeare ein beispielloses und unübertroffenes Verständnis der menschlichen Natur hatte; was ihn 500 Jahre später aus meiner Sicht so interessant und zitierenswert macht, ist, dass er anscheinend intuitiv die Rolle der Natur verstanden hat, der Gene, auch wenn er manchmal ein bisschen zu dick aufträgt. Ein Beispiel: Shakespeare lässt Prospero über den niederträchtigen Caliban sagen: »Ein Teufel, ein geborner Teufel ist's / an dessen Art Erziehung nimmer haftet.« Wäre Caliban in jedem Fall niederträchtig geworden? Beharrt Prospero darauf, um sein Gewissen zu entlasten? Oder glaubte Shakespeare – glauben wir – wirklich, dass jemand böse *zur Welt kommen kann*? Hätte Hitler als mürrischer alter Bauer enden können, hätte es nicht einige katastrophale Wendungen des, äh, Schicksals gegeben?

201 *Intelligence*, DOI: 10.1016/j.intell.2009.03.008

202 *International Journal of Epidemiology*, DOI: 10.1093/ije/dyv112

203 *Proceedings of the National Academy of Sciences*, DOI: 10.1073/pnas.1605043113

204 Kathryn Asbury und Robert Plomin, *G is for Genes: The Impact of Genetics on Education and Achievement* (Oxford: Wiley-Blackwell, 2013)

205 https://www.scientificamerican.com/article/improving-humans-with-customized-genes-sparks-debate-among-scientists1/

206 https://ipscell.com/2015/03/georgechurchinterview/ und https://ipscell.com/2016/04/new-chat-with-george-church-on-crispring-people-zika-weapons-more/

207 Zum Beispiel: https://www.newscientist.com/article/mg22830500-500-will-crispr-gene-editing-technology-lead-to-designer-babies/

208 *Molecular Genetics and Genomics*, DOI: 10.1007/s00438-017-1299-z

209 *bioRxiv*, DOI: 10.1101/181255

210 Public Library of Science, DOI:10.1371/journal.pone.0007486

[211] *Cell Reports*, DOI: 10.1016/j.celrep.2013.11.018

[212] Zitiert in diesem Tweet von Demis Hassabis: https://twitter.com/demishassabis/status/884915065715085312

[213] https://en.chessbase.com/post/the-future-is-here-alphazero-learns-chess

[214] Diese Zahlen wurden bei einem öffentlichen Vortrag im New Scientist Live, September 2017, vorgestellt.

REGISTER

E

F

G

H

M

N

O

P

R

S

T

U

V

W